伯林文集

以赛亚·伯林爵士
（Sir Isaiah Berlin，1909—1997）

英国哲学家、观念史学家、20世纪著名自由主义知识分子。生于俄国犹太家庭，童年目睹俄国革命，1921年随父母前往英国。1928年进入牛津大学攻读哲学，1939年撰写《卡尔·马克思》，1944年转向观念史研究。1957年就任牛津大学社会与政治理论教授，发表具有开创性的“两种自由概念”演说，同年获封爵士。1966年参与创办牛津大学沃尔夫森学院并出任首任院长。作为杰出的观念史学家和学科主要奠基人，先后被授予耶路撒冷文学奖和伊拉斯谟奖。

伯林文集

卡尔·马克思（1939）
启蒙的时代（1956）
俄国思想家（1978）
概念与范畴（1978）
反潮流（1979）
个人印象（1980）
扭曲的人性之材（1990）
现实感（1996）
人类的恰当研究（文选，1997）
浪漫主义的根源（1999）
观念的力量（2000）
启蒙的三个批评者（2000）
自由及其背叛（2002）
自由论（2002）
苏联的心灵（2004）
浪漫主义时代的政治观念（2006）
伯林书信集 卷一（2004）
伯林书信集 卷二（2009）
伯林书信集 卷三（2013）
伯林书信集 卷四（2015）

特别收录

伯林谈话录（1992）
伯林传（1998）
未完的对话（2006）

扭曲的人性之材

（增订版）

The Crooked Timber of Humanity

[英国] 以赛亚·伯林 —— 著
[英国] 亨利·哈代 —— 编
岳秀坤 —— 译

译林出版社

图书在版编目（CIP）数据

扭曲的人性之材 /（英）以赛亚·伯林（Isaiah Berlin）著；（英）亨利·哈代（Henry Hardy）编；岳秀坤译．—南京：译林出版社，2021.3（2023.3重印）
（伯林文集）
书名原文：The Crooked Timber of Humanity
ISBN 978-7-5447-8513-6

Ⅰ.①扭… Ⅱ.①伯… ②亨… ③岳… Ⅲ.①人性－研究 Ⅳ.①B038

中国版本图书馆 CIP 数据核字（2020）第 238874 号

For more information about Isaiah Berlin visit https:// isaiah-berlin.wolfson.ox.ac.uk /

扭曲的人性之材（增订版）［英国］以赛亚·伯林／著　［英国］亨利·哈代／编
岳秀坤／译

责任编辑　马爱新
装帧设计　韦　枫
校　　对　孙玉兰
责任印制　单　莉

原文出版　Princeton University Press, 2013
出版发行　译林出版社
地　　址　南京市湖南路 1 号 A 楼
邮　　箱　yilin@yilin.com
网　　址　www.yilin.com
市场热线　025-86633278
排　　版　南京展望文化发展有限公司
印　　刷　南京新世纪联盟印务有限公司
开　　本　850 毫米 ×1168 毫米　1/32
印　　张　14.5
插　　页　4
版　　次　2021 年 1 月第 1 版
印　　次　2023 年 3 月第 2 次印刷
书　　号　ISBN 978-7-5447-8513-6
定　　价　88.00 元

献给乔恩·斯塔尔沃西

[A]us so krummem Holze, als woraus der Mensch gemacht ist, kann nichts ganz Gerades gezimmert werden.

Out of the crooked timber of humanity
no straight thing was ever made.

人性这根曲木，绝然造不出任何笔直之物。

——伊曼纽尔·康德[1]

[1] 以上英译文是以赛亚·伯林习惯使用的。更正式的表达是："Out of timber as crooked as that from which man is made nothing entirely straight can be built."（扭曲的人性之材，造不出任何笔直之物。）出自康德《世界公民观点之下的普遍历史观念》（Immanuel Kant，'Idee zu einer allgemeinen Geschichte in weltbürgerlicher Absicht'，1784），《康德全集》（*Kant's gesammelte Schriften*，柏林，1900— ），第8卷，第23页，第22行；参见下文第xi页码。参较《传道书》：'Consider the work of God: for who can make that straight, which he hath made crooked?'（你要察看神的作为，因为神使为曲的，谁能变为直呢？）

目　录

前　言

约翰·班维尔

以赛亚·伯林是20世纪最激动人心的思想家之一。本书所收录的他的论文涉及我们这个时代最紧要的若干问题，成文于1950年代末到1980年代，跨度长达三十年。伯林有一种独一无二的腔调，不管是落在纸面上，站在演讲大厅里，或是面对麦克风，都是一样的，这就是他的魅力所在。他的语速之快令人咋舌，约瑟夫·布罗茨基（Joseph Brodsky）说他讲英语比讲俄语还快，“简直像在追赶光速”[1]；而句子的长度和复杂性，除了普鲁斯特之外，罕见其匹。不过，他要表达的意涵却是毫不掩饰的直白，阐述的观念与洞见明晰晓畅。伯林的传记作者叶礼庭说：“他这种飞奔跳跃式的说话方式其实是一种思维方式：他说话的时候，提出一个命题，同时预想着各种反对意见和限定条件，于是就把命题和条件综合到一起，在同一句子里加以表述。”[2]

对读者和听众来说，这就产生了一种让人有点儿眩晕的古怪效果，思想的火花噼啪作响，好比是骑在豪华而又嘈杂的旋转木马上，一圈一圈地转个不停。有谁能想到，一本副标题是“观 xi

[1]《以赛亚·伯林八十岁了》，《纽约书评》（‘Isaiah Berlin at Eighty’, *New York Review of Books*）17，1989年8月，第44—45页，在第44页。

[2] 叶礼庭：《伯林传》（Michael Ignatieff, *Isaiah Berlin: A Life*，伦敦 / 纽约，1998），第4页。

念史论集”（Chapters in the History of Ideas）的书，能给人这么多的乐趣呢？伯林从一开始就被抛到事件中心，之后漫长的余生一直如此。1909 年，他出生在里加，那儿从前是汉萨同盟的一个贸易港，是当时俄罗斯帝国一个省（即如今的拉脱维亚）的首府。[1] 伯林是一个富有的犹太家庭唯一一个活下来的孩子，他们家后来搬到了彼得格勒、圣彼得堡，在那儿经历了 1917 年的二月革命和十月革命。青年时代的伯林仍保持着对这些事件的鲜活的记忆。在二月，伯林看到反对沙皇的人群在街头聚集，一路涌向冬宫。他那时候尽管才七岁，已经多少可以理解这种席卷全城的革命狂欢。

不过，给他留下最深刻印记的经验，是一次群众暴力的冲击。那是二月革命行将结束的一天，他和他的家庭女教师出门散步时遇到的事。他记得，当时他在路边的书报摊停下来，翻看一本儒勒·凡尔纳的书，一群人冲了过去，拖着一个惊恐万分的警察，去施以私刑。叶礼庭写道：“多年以后，到了 1930 年代，当同时代人醉心于革命的马克思主义的时候，1917 年的记忆在伯林这里却挥之不去，加深了他对身体暴力的恐惧，以及对于政治实验的怀疑，也让他更加坚持终其一生的选择——亦即偏好一切暂时性的妥协，由此维持政治秩序的稳定，而免于陷入恐怖。”[2]

1921 年伯林一家移居伦敦，在那里度过了整个 1930 年代。刚到英国时，以赛亚十一岁，几乎一句英语都不会说。他后来讲，

[1] 1795 年拉脱维亚划归俄罗斯帝国的库兰省，直至 1918 年独立建国。——译注
[2] 叶礼庭：《伯林传》，第 24 页。

当时他只认识四十个英语单词，包括《黛西·贝尔》（《双人自行车》）的歌词，不过，一年时间里他就可以自如使用这门语言了。在伦敦的圣保罗学校，还有后来的牛津大学基督圣体学院， xii 伯林都是优等生。二十三岁的时候，他入选全灵学院的研究员。除了战时的几年，伯林一生都是牛津人。第二次世界大战期间，他为设在纽约的英国信息处（British Information Services）工作，之后又服务于英国设在华盛顿和莫斯科的使馆。战争结束时，他遇到了俄国女诗人安娜·阿赫玛托娃（Anna Akhmatova）。这次传奇性的邂逅，给他们两个人留下了持久的影响，并且导致了苏联政府对阿赫玛托娃愈演愈烈的严酷对待。

伯林这些越出平静的学术圈、闯入躁动丛林的冒险之举，让职业的哲学圈子对他产生了某种程度的不满。事实上，伯林终其一生都让牛津剑桥的高层有些心存疑虑，尽管在他的好友里面，有哲学家斯图尔特·汉普希尔（Stuart Hampshire）、奥斯汀（J. L. Austin）和艾耶尔（A. J. Ayer），后者也是热心聚会的活跃分子，甚至比伯林还要积极。而且，1966 年，牛津大学沃尔夫森学院设立了一个项目，伯林是主要推动者，就像叶礼庭所做的评论，此举意味着“伯林不得不调动他在政治方面的灵敏度，而他的朋友们之前从未察觉他有这能力”。[1] 基金是由英国大百货公司的老板伊萨克·沃尔夫森爵士设立的，钱来自福特基金会和沃尔夫森基金会。两家机构都是伯林跑去化缘并且顺利谈了下来，所以，毫不奇怪，高层有点儿不屑之音。

活动家伯林和哲学家伯林是一体的。他对世俗的经验世界

[1] 叶礼庭：《伯林传》，第 264 页。

兴趣浓厚，并且愿意投入其中。他坚信，时刻不忘历史的教训，并且参与自己所处时代的各种政治活动，是思想家的责任。第二次世界大战期间，他从华盛顿发回的电讯，在白厅和陆军部
xiii 的决策者那里声名远扬。他的传记作者说，伯林在驻美使馆并没有专门的任务或是职位，他“在华盛顿各种政府机构之间自由活动，吃吃喝喝，八卦闲聊，每周整理一次美国方面舆论的摘要材料，寄给外交部，再由外交部送达包括内阁在内的白厅各部门”。[1] 每周阅读伯林报告的人里面，有温斯顿·丘吉尔，还有外交大臣安东尼·艾登。这些是官方的版本；还有另一种秘密的版本，“夹带私货”，是写给他在伦敦的朋友们看的，里面的小道消息如果让“白厅那些老花眼看到，会觉得太刺眼了”。[2] 想象一下，假如你也是在配给、限电和夜间轰炸的情况下，收到来自大洋彼岸的**那些**光芒四射的信件的人之一，会是什么样的感受。

因此，伯林是那种哲人和实干家的理想的混合体。然而，无论是思想还是行动，他对所能达到的限度均不抱幻想。“我们只能做我们能做的事，但那些事我们必须做到，克服一切困难。”[3] 他明白，像他这种对人间事务及其问题的改良主义观点，不太可能跟那些怀着良好愿望而又没有耐心的年轻男女合上节拍，更不可能去阻止那些“身后有一批大军的先知们”。[4] 然而，

[1] 叶礼庭：《伯林传》，第 112 页。

[2] 尼古拉斯（H. G. Nicholas）致伯林的信，1943 年 5 月 21 日，引自同上书，第 113 页。

[3] 本书第 19 页（下引本书仅列页码）。［书中凡提到本书页码，均指边码，即原英文本页码。——译注］

[4] 第 1 页。

他坚持认为："也许，我们能做的最好的选择，就是设法在各
种人类群体的不同欲求之间促进某种平衡，当然是不稳定的平
衡——至少是遏制他们消灭对方的企图，有可能的话，阻止他
们彼此伤害。"他承认，这种想法"在表面上看来，并不是一
个非常激动人心的计划［……］不是那种可以激励人们去牺牲、
去殉难、去开创英雄业绩的热情的战斗口号"。[1] 不过，他所提 xiv
倡的也许就是能够做到的极致，当然，就像他所说的，这也是
必须去做的。

伯林关于政治、社会的哲学，其核心原则就像一切明智的原理一样，是十分简洁的，他在自己的作品中反复地加以陈述。他把自己秉持的学说称之为多元主义，并且将其推崇至上。本书所收录的第一篇论文，反讽式地题为"理想的追求"，其中给出了何谓多元主义的一种显白的定义：

> 这样一种概念——人们追求的目标也许有种种不同，不过仍然是充分合理的，充分人性的，能够彼此理解，相互同情，并且可以从对方那里获益……在不同时空的文化之间，彼此的交流之所以可能，仅仅在于使人之为人的东西对它们来说是相通的，是它们沟通的桥梁。[2]

当然，危险之处在于，多元主义有可能混同于相对主义——有人会说那是纯粹的相对主义；而在《理想的追求》一文中，

[1] 第 50 页。
[2] 第 11 页。

伯林斩钉截铁地在二者之间做出区分，让我们承认并且接受这一区别。此文的核心观念在这本文集中随处可见回响。伯林写到，像维柯和赫尔德那样的思想家，甚至包括更有害的马基雅维利，均认为某种文化的成员可以毫无困难地理解“另一种文化或者社会的价值、理念和生活形式，即便是时空迢遥”。[1] 也许人们无法接受这些“外国的”“异乡的”价值观念，“但是如果他们充分地敞开自己的心灵，就有可能认识到，对方也是一个不折不扣的人，可以与之交流，只是此时，对方生活在一套完全不同的价值观念之下；不管怎么说，这些不同的价值观念，他们也可以视之为价值、生活的目的，而实现了这种价值和目的，人类可达到完满”。[2] 这就是多元主义者的看法，而相对主义则全然不同：“我用这个词来指称这样一种学说：一个人，
xv 或一个群体，其判断仅仅是表达或者陈述某种口味、情感倾向或看法，因此，只判定是什么的问题，而与分清它的对与错没有什么客观的联系。”[3] 就像他在另一处地方所强调的，“客观价值的世界是存在的”。[4]

《纽约书评》杂志编辑、伯林的好朋友罗伯特·希尔弗斯（Robert Silvers）曾经复述伯林讲过的故事：某夜，在牛津的一张饭桌上，客人们被要求说一说他们最希望跟哪位历史人物共进晚餐，伯林毫不犹豫说到——威廉·詹姆斯（William James）。在多元主义的当代鼓吹者看来，《多元宇宙》的这位作

[1] 第 11 页。
[2] 同上。
[3] 第 83 页。
[4] 第 11 页。

者是他理想的共餐伙伴，这一点毫不奇怪。这倒是提醒了我们，注意这两位妙趣横生、睿智圆融的人物之间的相似之处。像伯林一样，詹姆斯是一个深深介入凡人日常生活的哲学家。他认为，对于完整的、有益的生活来说，“不彻底、‘更多’、不确定、不牢靠、可能性、事实、新奇、妥协、改进与成功”，这些都是不可或缺的。[1]伯林肯定会对此表示赞同。他们都对多样性和异端抱有热情，都对一个既值得效仿，又让人喜爱的世界怀有期待。

跟所有让读者振奋的著作一样，在《扭曲的人性之材》里也是有英雄、有恶棍，不过，因为作者心思之细密、气度之宽弘，这里所写到的恶行与伟绩又有其不同之处，实际上，有时还会角色互换。文集设计得很漂亮，呈现出一种古典式的拱形结构——伯林遇到的是亨利·哈代这样的编辑，如此忠实，如此审慎，又有创造力。[2]文集的拱顶石是一篇权威性的论文，讨论约瑟夫·德·迈斯特，这是伯林的杰作之一。[3]在伯林之前， xvi
这个令人畏惧的人物可以说已经消退到阴影里了，是伯林将其拉回到了日光之下，带给我们震惊与敬畏，当然，同时他也有所保留、有所警示。这篇文章的写作历时几十年，在1960年搁笔，等待进一步的修改，但是从来没有被改定。它为迈斯特冷

[1] 威廉·詹姆斯：《讲义手稿》（William James, *Manuscript Lectures*，马萨诸塞州剑桥，1988），第426页。

[2] 正如艾伦·布洛克（Alan Bullock）所指出的，一部名之为《扭曲的人性之材》的文集以一篇名为《压弯的树枝》为结尾，这是多么的恰当！

[3] 1960年，他将此文投给《观念史杂志》（*Journal for the History of Ideas*），结果被杂志拒绝了，要求他作难以接受的大幅度删减与修改，于是他干脆放弃发表。正如亨利·哈代所评论的，这就好比《神学杂志》拒绝了圣保罗的书札，理由是它内容重复，涉及的大多是读者熟悉的领域。

酷、残忍的思想勾勒出错综复杂的线条，这种思想既是复古式的，又是预言式的。推崇教皇绝对权力主义的天主教徒迈斯特，作为外交人员在圣彼得堡流亡期间，用华丽的言辞斥责革命者、浪漫派、经验主义者、自由派、技术专家、世俗论者、平等派，得到他赞美的唯有教皇，或者至少是天主教会、耶稣会士、像他自己这样的少数几个硕果仅存的不合时宜的人，只有他们有可能阻挡污浊的现代潮流。按伯林所做的性格描述，迈斯特是“法国人、天主教徒、绅士”。[1]此文精彩至极，它是如此使人振奋，又同样让人忧心，淋漓尽致地展示了伯林的全面与透彻。

伯林会是自摩西带着律法石板下山之后犹太知识分子所写下的那些绵长、悠扬的伟大辞句的曲终奏雅，画上的最后一个句点吗？他最让人佩服的特质之一，就是毫不留情、风趣诙谐地开自己玩笑，虽然有时候带了点不真诚的味道。他对一个通信者说，“我对自己写的东西一点也不自信”，“就像纸币一样，如果是你自己造的，那看起来就是假的”。[2]就伯林的作品而言，我们作为他的读者，有权利表示不同看法。在刚刚过去的这个血雨腥风的世纪里，我们这些幸存者能听到的，几乎没有比他
xvii 更真实、更令人信服的声音了。[3]

[1] 第 98 页。
[2] 伯林致杰克·史蒂芬逊（1963 年 1 月 21 日），引自叶礼庭，前引书（第 xi 页注释 2），第 262 页。
[3] Foreword © John Banville 2013.

编者序言

并非全部，亦非终结。

——J. L. 奥斯丁，《梦》[1]

本书起初是接续四卷本伯林著作的第五卷。1970 年底，四卷本以“选集”（*Selected Writings*）的名义问世[2]，我把以赛亚・伯林已发表过但此前未集中刊布的大部分论文收集成书。伯林的许多论文散见各处，一般不易见到，而且多数已经不再印行，此前收集并重刊的论文仅有六篇。[3] 这四卷著作，以及其中一卷（《反潮流》）所附的伯林著述目录[4]，本书的初版，一

[1] “假装”，《亚里士多德学会记录》（‘Pretending’, *Proceedings of the Aristotelian Society*）增补卷。32 (1958)，第 278 页注释 16（“我梦见了一句名言，可以作为清醒哲学的座右铭”）。
[2]《俄国思想家》（*Russian Thinkers*，与 Aileen Kelly 合编，伦敦和纽约。1978；第 2 版，伦敦等，2008），《概念与范畴：哲学论文集》（*Concepts and Categories: Philosophical Essays*，伦敦，1979；纽约，1979；第 2 版，普林斯顿，2013），《反潮流：观念史论文集》（*Against the Current: Essays in the History of Ideas*，伦敦，1979；纽约，1980；第 2 版，普林斯顿，2013），《个人印象》（*Personal Impressions*，伦敦，1980；纽约，1981；增订第 2 版，伦敦，1998；普林斯顿，2001；增订第 3 版，伦敦和普林斯顿，2014）。本书初版于伦敦，1990，以及纽约，1991（第 2 版，普林斯顿和伦敦，2014）。
[3] 见《自由四论》（*Four Essays on Liberty*，伦敦和纽约，1969，现在合并入《自由论》，*Liberty*，牛津和纽约，2002）以及《维柯与赫尔德：观念史研究二题》（*Vico and Herder: Two Studies in the History of Ideas*，伦敦和纽约，1976，现在合并入《启蒙的三个批评者》，*Three Critics of the Enlightenment: Vico*，*Hamann*，*Herder*，伦敦和普林斯顿，2000；第 2 版，普林斯顿和伦敦，2013）。其他纂集仅见于译本。
[4] 最新的印刷版本是普林斯顿大学出版社 2001 年第一版，此外，还在以下网站上随时更新：“以赛亚・伯林虚拟图书馆”（http://berlin.wolf.ox.ac.uk）；以赛亚・伯林文献基金会的官方网站（https://isaiah-berlin.wolfson.ox.ac.uk/, 互动形式）。

xix 本短文的集子[1]，还有我编辑出版的五卷未刊文集[2]，使读者得见的伯林全部论著比以前多了许多。

本书（初版于1990年）跟《反潮流》一样，也是关于观念史研究的，不仅在形式上，从内容方面看，也的确是四卷本“选集”的补充。其中包括，伯林早期写作的一篇未刊论文，三篇作于1980年代的论文，以及四篇因故未收入《反潮流》的论文。我在《反潮流》一书前言中已对个中缘由有所交代。这四篇论文，其中三篇，很高兴后来可以结集重刊了；第四篇，“压弯的树枝”，只因为与《反潮流》中的另一篇同一主题（即民族主义）的论文较为相似而被略掉，但无论如何，其中还是有许多独特的内容，因而在这本不同的文集中，它有充分的理由得到一席之地。

讨论约瑟夫·德·迈斯特的一篇论文，是本书首次发表。此文经历了漫长的孕育期，至少从1940年代就开始撰写，因为文章的长度及其内容被《观念史杂志》拒稿之后，在1960年暂时搁置，以待将来进一步的修改。不过，这篇文章已经非常接近发表的水平，而且价值相当高，收入本书应该是合理的。伯

[1]《观念的力量》（*The Power of Ideas*，伦敦和普林斯顿，2000）.

[2]《北方的巫师》（*The Magus of the North: J. G. Hamann and the Origins of Modern Irrationalism*，伦敦，1993；纽约，1994，已合并入《启蒙的三个批评者》[*Three Critics of the Enlightenment*，第xix页注释3]），《现实感》（*The Sense of Reality: Studies in Ideas and their History*，伦敦，1996；纽约，1997；第2版，普林斯顿，2019），《浪漫主义的根源》（*The Roots of Romanticism*，伦敦和普林斯顿，1999；第2版，普林斯顿，2013），《自由及其背叛》（*Freedom and its Betrayal*，伦敦和普林斯顿，2002；第二版，普林斯顿，2014），以及《苏联的心灵》（*The Soviet Mind*，华盛顿，2004；第2版，华盛顿，2016。部分内容曾经发表，有时候用的是笔名）。此外，还有一本从他的全部著述中筛选出来的集子，目的是给读者提供伯林的精要，即《人类的恰当研究：文选》（*The Proper Study of Mankind: An Anthology of Essays*，与Roger Hausheer合编，伦敦，1997；纽约，1998；第2版，伦敦，2013）。

林后来补充了几个新的段落，还重写了几段，但他并没有在充分考虑此后有关迈斯特的研究的基础上，对此文进行系统的修改；不过，那并没有影响到它的核心论题。

本书收录论文来源不一，其原始发表情况的详细信息如下：

“理想的追求”，伯林 1988 年 2 月 15 日在都灵的庆祝会上 xx
的发言就是此文的撮要，当时他荣获首次为“发达社会的伦理维度”而设的乔瓦尼·阿涅利议员国际奖，后由阿涅利基金会（用英文与意大利文）出版，同时也刊登在 1988 年 3 月 17 日的《纽约书评》上。

“乌托邦观念在西方的衰落”，1978 年由日本基金会在东京出版，后又收入 J. M. 波特和理查德·弗农编辑的《一元、多元与政治：纪念 F. M. 巴纳德论文集》。[1]

“维柯与文化史”，发表于利·考曼等人编辑的《有多少问题？——西德尼·摩根贝沙纪念文集》。[2]

“18 世纪欧洲思想中所谓的相对主义”，最初发表于《18 世纪不列颠研究》杂志 1983 年第 3 期，修订版收入彭帕与德雷编辑的《历史中的实质和形式：历史哲学论文集》。[3]

“欧洲的统一及其变迁”，是 1959 年 11 月 21 日伯林在欧洲文化基金会于维也纳召开的第二届年会上的演说词，同年由该基金会于阿姆斯特丹（用英语和法语）印行了小册子。

[1] J. M. Porter and Richard Vernon 编，*Unity, Plurality and Politics: Essays in Honor of F. M. Barnard*. 伦敦和悉尼，1986: Croom Helm。

[2] L. Cauman, Parsons 和 R. Schwartz 编辑，*How Many Questions? Essays in Honor of Sidney Morgenbesser*. 印第安纳波利斯，1983: Hackett。

[3] L. Pompa 和 W. H. Dray 编，*Substance and Form in History: A Collection of Essays of History*. 爱丁堡，1981；爱丁堡大学出版社。

“浪漫意志的神化：反抗理想世界的神话”，该文的意大利语译文刊登于《意大利文学》（*Lettere italiane*）第 27 卷（1975），本书首次发表其最初的英文本。

“压弯的树枝：论民族主义的兴起”，发表于《外交事务》（*Foreign Affairs*）1972 年第 51 期。

因为是在不同的讨论背景下探讨相同或相近的主题，这些论文中有些讨论像四卷本《选集》一样，不可避免地有一定程度的重叠。每一篇论文写作时都是完全独立的，并没有做承前启后的考虑。除了必要的纠错以外，以前刊发过的这些文章基本上均保持原貌，补充了之前没有的文献出处。[1]

xxi 附录部分是这个版本新增加的，包括了我考虑内容属于同一序列的先前未编入集子的文章，以及与本书论题或文章有关的数封通信。伯林关于罗素《西方哲学史》的精彩评论，让我们知道他自己对于哲学的理解，以及他对于罗素之论述的看法，罗素的优点与弱点都被他敏锐地抓住了。伯林给罗伯特·科奇斯（Robert Kocis）和罗纳德·麦金尼（Ronald H. McKinney）的公开答复，以及他写给贝阿塔·波兰诺夫斯卡—塞古尔斯卡（Beata Polanowska-Sygulska）的信，有助于澄清他关于人性的概念，无论是人所共有的一面，还是群体之间、个体之间差异的一面。

关于人类的一致性与差异性之间的关系，伯林在思考中给予了充分的、清晰的阐释，这里收录的若干片断（不止于此）

[1]“理想的追求”“浪漫意志的神化”两文在原先发表时没有注释，本书先前的几个版本也没有加文献出处。后来收录到《关于人类的恰当研究》（第 xx 页 / 注释 1）一书时补充了文献出处，现在本书也同样做了补充。

就是他此类论述的重要证据。伯林写给阿兰·贝桑松（Alain Besançon）、皮耶罗·加斯塔尔多（Piero Gastaldo）的信，让他有关迈斯特的观点更为丰满；写给基尔特·冯·克里姆普特（Geert van Cleemput）的信，有助于澄清他关于用良性的民族意识来对抗有害的民族主义的看法。感谢阿尔·伯特兰（Al Bertrand）帮我选择了这些材料。

这个新版经过了重新排版，页码跟初版不一样了。这可能会给那些仍然想参考初版的读者造成不便。我在网页上贴出了两个版本的页码对照（http://berlin.wolf.ox.ac.uk/published_works/cth/concordance.html），以便读者可以在二者之间做参照。

本书的标题（是我建议的），来自伯林常爱引用的康德的一句话，他又做了润饰：“人性这根曲木，绝然造不出任何笔直之物。”[1] 伯林总是将此语的翻译归之于柯林伍德，但实际上 xxii
他并不是原封不动地照搬柯林伍德的译法。这一引文并非出自柯林伍德的已刊著作，而见于其未刊手稿，时间标为 1929 年，是一份关于历史哲学的讲演稿，译文如下：“人性之木纹理交错，从中造不出笔直之物。”[2] 伯林很可能听过这次演讲，而且对这

[1] “Out of the crooked timber of humanity no straight thing was ever made.” 此语的德文原文，以及另一种更为字面化的翻译，均见第 vii 页的题记。

[2] 英文为：“Out of the cross-grained timber of human nature nothing quite straight can be made.” 应该指出一点，柯林伍德最初写的是“crooked”，后来划掉了（现在仍然可以看出来），代之以“cross-grained”一词。这一改动可能是在做了演讲之后；或者，同一段落也许在没有保存下来的另一次演讲中以另一种面目出现过。真相有可能难以再弄清了。我很想向杜森（W. J. van de Dussen）先生表示感谢，是他给我指出了柯林伍德手稿中的正确位置，还要感谢特丽莎·史密斯，柯林伍德的女儿，也是其著作的保管人，允许我引用此语。柯林伍德的手稿现存博德利图书馆，上述演讲稿标记为“II (T.T. 1929)”，盒子标记是 Dep. Collingwood 12/6，该引语出现在第 3 页之后，感谢特丽莎·史密斯允许复制在下页。

段话印象很深，后来便在他的记忆之中孕育成熟了。

编辑此书时，我再次得到了众多学者的热情襄助。如 Roger Hausheer 先生，如果没有他的建议，讨论迈斯特的论文就有可能不会收入；在其他方面，他也给予了许多支持，恕不一一列举。有几处隐晦的疑难问题，我或许要费时甚久，还有可能徒劳无功，而 Leofranc Holford Strevens 先生为我提供了直截了当的答案。Richard Lebrun 凭借他有关迈斯特的专业知识储存，给了我无比慷慨和高效的帮助。有关赫尔德和洛克，Frederick Barnard 先生给予的帮助最多。其他个别问题的解决，我还要感谢 John Batchelor，Clifford Geertz，David Klinck，Jean O'Grady，John M. Robson，Cedric Watts。我的妻子安妮细心地核查了两遍校样。伯林的秘书帕特·尤特金，一如既往地提供了慷慨大方、不可或缺的支持和帮助。

亨利·哈代

赫斯沃尔，2012 年 4 月

（本次印刷又有更新）

reconciliation of man's social and individualistic tendencies, ensuring him the greatest possible degree of individual freedom together with the greatest possible degree of social protection. Kant was no doubt thinking of Rousseau, who stated the problem of political theory thus:— "To find a form of association which protects with the whole common force the person & property of each associate, & in virtue of which everyone, while uniting himself to all, only obeys himself & remains as free as before" (Contrat social, I, vi). In civil society, he says, each man interferes with the rest only in such a way as to stimulate them to self-improvement, like trees in a wood, which by depriving each other of light & air compel each other to grow taller and develop long straight stems. But the development of such a civil society of free and equal persons is an exceedingly difficult matter, for man is a brute that needs a master to restrain and dominate his brutishness; but he can only have human masters, and the supreme master of all is still only a man. Out of the cross-grained timber of human nature nothing quite straight can be made. We cannot rely on finding perfection anywhere; and the problem of creating a society which shall genuinely protect everyone's rights must therefore be solved, not by a change of heart in men, but by the building-up of a system of international relationships governed by law. And the process of creating this system, once more, is set going by the operation of man's conflicting social instincts. War is an attempt — not an attempt on the part of men, but an attempt on the part of nature — to bring about new international relations by the destruction of the old, and so by degrees to approximate to a perfect international society. Kant seems to

柯林伍德讲义的一页（见本书第xxiii页注释2）
显示了本书书名的来源

理想的追求

一

在我看来，对 20 世纪的人类历史影响最大的因素有两个。其一是自然科学和技术的发展，这显然是我们这个时代最辉煌的丰功伟业，各方面已经给予它非常多的关注。另一个因素毫无疑问，就是改变了全人类生活的意识形态大潮——俄国革命及其后果，其中包括了极左与极右的极权主义专制、民族主义、法西斯主义及（在某些地方的）宗教偏执狂的爆发，而耐人寻味的是，那些 19 世纪最敏锐的社会思想家们，却无一人曾对此有所预见。

两三百年以后，如果人类那时候还存在的话，我们的后代回过头来看这个时代，我想正是这两种现象将会被他们看成是 20 世纪的突出特征，最有解释和分析的必要。然而也应该知道，这些波澜壮阔的运动其实都是肇始于人们头脑中的某些观念，亦即人与人之间曾经是、现在是、可能是以及应该是怎样的关系；同时还应该知道，在领袖们——尤其是那些身后有一批大军的先知——头脑中某些最高目标的名义下，这些关系是如何被改变的。这些观念正是伦理学的要义。伦理学思想就是要系统地检讨人们相互之间的关系，人类对待别人的行为方式
1 由以产生的概念、利益和观念，以及种种人生目的所由以建基的价值体系。生命应该如何度过，男人与女人应该是什么、应该做什么，此类信念是道德研究的对象；而一旦问题转到群体和种族——实际上是作为一个整体的人类，则称之为政治哲学，也就是应用于社会的伦理学。

假如我们希望理解自己所生活的这个经常是充满暴力的世界（除非我们试图去弄懂它，否则就别指望可以在这个世界上理性地行动），就不能仅仅关注影响我们的那些非个人性的巨大力量——自然的和人为的。引导人们行动的目的和动机，是应该根据我们认识和理解的一切来观察的；有关它们的根源和发展，它们的本质，以及最重要的，它们的有效性，都应该调动我们所有的理智资源，对其加以批判的检讨。且不说揭示人类彼此关系之真理这种认识行为本身的内在价值，上述这一紧迫的要求也使得伦理学成为具有头等重要性的领域。只有那些未开化的野蛮人才会不关心这样一些问题：他们来自何方？如何来到这儿，又将去向何方？以及他们是否愿意这样走下去？如果愿意的话，原因何在？如果不愿意，又是何种理由？

关于体现这些价值和目的的生活观，有种种不同的理念，而研究这些理念正是我耗费我人生长长的四十年光阴，想要弄明白的事情。我很愿意谈一谈我是怎样被这一题目吸引住的，尤其是改变我关于伦理学核心之认识的转折点。如此一来，就会在一定程度上不可避免地带一点儿自传性质——对此我要表示歉意，但是只有这样我才能谈下去。 2

二

年轻的时候我读过托尔斯泰的《战争与和平》，那已经是很久以前的事了。只是到后来，这部名著才对我产生真正的影响，同时影响我的还有19世纪其他俄罗斯作者的作品，其中既有小说家，也有社会思想家。我的观点的形成跟这些作者有很大关系。我过去认为——现在还这么想：这些作者的目的从根本上讲，或许并不是对个人、社会团体或阶级相互之间的生活和关系给予客观如实的描述，也不是对它们进行心理学或社会学的分析——当然，他们之中的佼佼者的确可以做到这一点，但不具有可比性。依我看，他们的方法在本质上是道德的：他们关注最多的是不公正，压迫，人与人之间荒谬的关系，以及壁垒或陈规的禁锢（亦即屈从于人造的枷锁），还有愚昧、自私、残暴、屈辱、奴性、贫困、无助、仇恨、绝望，诸如此类——这些到底是谁的责任？简言之，他们关心的是这些人类经验的本质以及它们在人类境况中的根源；不过，其中隐含的首先是俄罗斯的人类境况。而且反过来，他们也希望知道，如何才能实现相反的一面，那将是真理、爱心、诚实、公正、安全的国度，人类的自尊、庄严、独立、自由以及精神圆满都得以实现，人与人的关系以此为基础而建立。

有些人，像托尔斯泰，在纯朴的人那未被文明腐蚀的观念中找到了答案；又如卢梭，他更愿意相信农民的道德世界和儿童没什么两样，没有被文明的传统和制度所扭曲，而后者则是人类罪恶——贪婪、自私、精神愚昧的产物；相信要是人们能看到真理就在他们的脚边，世界就有可能得到拯救；要是他们能看一看，真理就在耶稣的福音——“登山宝训”[1]里。在这些俄罗斯思想家中，也有人对科学的理性主义抱有信心，或者是寄希望于以一种有关历史变化的真实理论为基础的社会和政

[1]“登山宝训”（Sermon on the Mount），指耶稣在山上对其门徒的训示，内容系基督教的基本教义。——译注

治革命。其他人或者回到东正教理论中寻找答案，或者是转向 3
西方式的自由民主，又或者回归于曾经被彼得大帝及其后继者的改革所遮蔽的古代的斯拉夫价值观。

所有这些观点的共同之处在于，他们都相信解答核心问题的答案是存在的，并且可以发现，进而可以凭借大量无私的努力，在现世中使它成为现实。他们全都相信人类之本质就在于能够选择如何生存：只要对那些真实的理念有足够的热情和奉献精神，就可能依此来改变社会。即便有些人（像托尔斯泰）有时也会考虑到，人并非真正自由，而是受他无法控制的因素所决定的，但他们更加深信的是（托尔斯泰正是如此）：假如自由只是一种幻觉，它也是人类的生存与思考必不可少的一种幻觉。以上这些都不属于学校教育的内容——学校教的是希腊和拉丁语的著作家，这只是我自己的想法。

进牛津大学读书之后，我开始阅读大哲学家们的著作，并且发现一些大人物（尤其是在伦理和政治思想领域）也持有我上面所说的想法。苏格拉底认为，如果可以用理性的方法在我们关于外部世界的知识中建立确定性的话（太阳要比伯罗奔尼撒半岛大好多倍，但是它在天上看起来多么小啊！——阿那克萨哥拉[1]不就已经发现了这样的真理吗？），同样的方法在人类的行为领域——如何生活，成为什么——肯定也会产生同样的确定性。这一点可以通过理性的论证得到证明。柏拉图认为，把握了这种确定性的智者精英们应该被授予统治那些在理智方

[1] 阿那克萨哥拉（Anaxagoras），古希腊哲学家，发现日月蚀的真正原因，著作《论自然》仅存片断。——译注

面天赋较弱的人的权力，并且，行事应遵照解决个人和社会问题的正确方式所规定的模式。斯多葛派认为，依据理性来安排
4 自己生活的任何人都有能力找到解决的办法。犹太教徒、穆斯林和基督教徒（我对佛教知之甚少）则相信，真正的答案是由神向他选定的先知和圣徒昭示的，而且他们接受有资格的导师对这些被昭示的真理所做的解释，并认同他们所归属的传统。

在17世纪的理性主义者看来，答案是可以找到的，只是要借助一种形而上的洞见——这是所有人都赋有的理性之光的一种特殊的应用。而18世纪的经验主义者，则对以数学方法为基础的自然科学所开启的广阔的新知识领域印象深刻，它清除了众多的错误、迷信和教条的妄语；而且，他们像苏格拉底一样问自己，为什么同样的方法不可以在人类事务领域中成功地建立相似的不可辩驳的法则呢？运用自然科学发现的新方法，同样可以在社会领域中引进秩序：发现一致性，提出假设并且通过实验来检验；以此为基础建立法则，进而可以发现特殊经验领域的法则是和更广范围的法则相联系的；而后者又和更广一层的法则相关，如此外推，直到建立一个巨大的和谐的系统，它由不可辩驳的逻辑关系联结，并且可以用精确的——也就是数学的——术语系统地阐述。

将社会加以理性的重组，就可以消弭精神的、心智的迷误，摆脱偏见和虚妄的控制，不再盲从未加验证的教条，并将终结压迫人之体制的愚蠢、残暴，从而，也就终结了这些心智阴影之所以孕育和滋生的温床。实现此目的，所需要的是：明确界定人类的根本需求，并且找出满足这些需求的方式。如

此，将会创造出一个快乐、自由、公正、美善、和谐的世界，这也是1794年孔多塞在牢狱之中激动地预言的世界。这种观念，是19世纪所有进步思想的根基；同时，也是我在牛津求学时吸收的多数批判的经验主义思想的核心。 5

三

在某一刻，我意识到，所有这些观念的共同之处是一个柏拉图式的理念：首先，像在科学中一样，所有真正的问题都应该有且只有一个真正的答案，而其他的答案都必然是错误的；其次，必定有一条可靠的途径导向这些真理的发现；再次，真正的答案，如果找到了的话，必定彼此融洽、俱成一体，因为真理不可能是相互矛盾的——这一点是我们先验地（apriori）知道的。这种无所不包的理念才是对宇宙的七巧板式谜题的解决之道。至于伦理道德方面，那时我们会发现，完美的生活必定是，而且应该是，建立在对于统治宇宙之法则的正确理解基础之上的。

我们或许永远达不到真理这种完美的认识状态：也许是因为我们智力愚钝、过于低能、腐化堕落，或者是罪孽深重而无法把握它。可能有太多的障碍，无论是智识精神，还是外部物质方面。此外，像我前面说过的，应该循着哪条道路去追索，也是意见纷纭：有人去教堂里寻找，有人却埋头于实验室；有人相信直觉，有人依靠实验，有人仰赖神秘的幻想，有人则坚信数学的计算。不过，这些真正的答案，或者是一个最终的体系（所有真正的答案是交织在一起的），即便我们自己不能发现它们，它们也必定存在——除非问题不是真正的问题。必定会有某人能够知道真正的答案：也许是天堂里的亚当；也许我们只有等到世界末日才会知道。如果我们人类不能知道，那么也许天使会知道；如果不是天使，上帝总会知道的。这些永恒的真理，从原则上说，一定是可知的。

有些 19 世纪的思想家，像黑格尔和马克思就认为，这个问题并不是那么简单。并没有永恒的真理，有的只是历史的发
6 展，连续的变化；在进化的阶梯上，每迈出新的一步，人类的视域都会改变；历史是一个多幕剧，它在观念领域或现实领域中的力量冲突的推动之下前进，有时称之为辩证地前进，其表现形式是战争和革命，是国家、阶级、文化或运动潮流的暴力颠覆。然而，在经过了不可避免的挫折、失败、旧病复发，甚至是回归野蛮之后，孔多塞的梦想终将化为现实。这一大戏将会圆满收尾——此前，人的理性已经取得了很多胜利，而且，它永远不会被阻挡。人类不再是自然的牺牲品，也不再是自己那些很大程度上不合理性的社会的牺牲品：理性终将胜利；普遍的和谐终将实现；真正的历史终将开始。

若非如此，“进步”观念，“历史”观念，还有什么意义呢？从无知到有知，从迷信和天真的幻想到直接地把握实在，到认识真正的目标、真正的价值以及客观的真理，不管会有什么样的曲折，难道这样一种运动的过程是不存在的吗？历史有可能仅仅是由于物质因素和随机选择而共同导致的一种事件和事件的无目的的连续；或者，历史只是一个完全合乎逻辑抑或狂暴无理的故事？这都是不可思议的。当男人和女人掌握了自己的命运，而不再是自私自利的生物，也不再是他们不可理

解的隐蔽力量的玩物，黎明就到来了。至少有一点，并非是我们无法想象的，即这样一个人间的天堂可能会是什么样子。而且，如果可以作这样的设想，在某种程度上，我们就能朝着它去努力。这一点一直是西方伦理思想的核心，从希腊人到中世纪基督徒的各种梦想，从文艺复兴到19世纪的进步思想；事实上，直到今天，还有很多人有这种想法。

四

在我阅读经历的某个阶段，很自然地读到了马基雅维利的
重要著作。它们给我的影响至深且久，动摇了我早期的信念。 7
我从中得到的并非这些表面的说教：如何获取和捍卫政治权力；统治者应该借助哪些力量或计谋来采取行动以实现社会重建；或者保护他们自己和他们的国家免受内部或外部敌人的攻击；或者，如果希望他们的国家繁荣昌盛的话，统治者应具备什么样的主要素质，公民们又该具备什么样的素质。我学到的是别的东西。马基雅维利并不是一个历史主义者：他认为，重建罗马共和国或者早期元首制的罗马是有可能的。他坚信，要达到这一目的，需要一个由勇敢、机智、聪明、天才的人构成的统治阶级，他们知道如何把握和利用时机，还要有受到国家充分保护、热爱国家并且以它为荣的公民，他们是强壮的、异教徒的典型。这就是罗马何以强大起来，并且征服世界的原因，而正是由于缺少了这种智慧、生命力和冒险的勇气（它们是狮子和狐狸的品质），最终导致了罗马的衰败。堕落的国家被那些保有这些美德的勇敢入侵者征服。

与此同时，马基雅维利也提出了基督教美德的概念——谦卑、逆来顺受以及寄希望于死后的救赎；带着平素的风趣，他评论道：如果要建立一个罗马式的国家，这些品质并无助益——那些把基督教的道德观念奉作生活信条的人，注定会被无情地追逐权力的人践踏，只有后者才能够重建并控制马基雅维利所希望看到的共和国。但他并没有贬斥基督徒的美德。他仅仅是指出，这两种品德是互不相容的，而且他并不认为有任何超越的标准，可让我们据以判断何种生活对人而言是恰切的。在他看来，德行（virtù）和基督徒价值的结合是不可能的。他只是让你来自行选择——而他知道自己的偏好是什么。

人类现在和过去所追求的超越的价值并不必然都是相容
8 无间的，认识到这一点对我震动很大；这一观念已深植在我的脑海之中。它推翻了我从前以“长青哲学”（philosophia perennis）为基础的假设；过去我认为，解决生活的核心问题的真正答案、真正目标是不可能有冲突的。

后来我又遇到了维柯的《新科学》(*La scienza nuova*)。那时候在牛津还很少有人听说过维柯，但是有一位哲学家R. G. 柯林伍德，曾经翻译过克罗齐关于维柯的著作，而且他还建议我阅读此书。正是它让我看到了新事物。维柯看起来很关心人类文化的连续性——在他看来，每一个社会对于实在，对于它处身的世界，对于它自身以及它和自身过去的关系，对于自然，对于它所为之奋斗的东西，都有一套自己的看法。这套看法是透过社会成员的所作所为和所思所感而传达出来的，就表达或体现在他们所使用的语言形式和词语类型之中，以及他们所崇拜的形式、隐喻和形象，还有他们所建构的习俗制度之中；它们体现并且传达了他们对实在以及自己在该实在之中的位置的想象，他们依靠这种想象而生活。每一个连续的社会整体，彼此的看法并不相同；各自有其自身的专长、价值以及创造的模式，彼此不可比较——每一个都应该用它自己的术语来理解，是理解，而不一定是评判。

维柯告诉我们，荷马时代的希腊人，统治阶级是残忍、野蛮、卑鄙的，他们压迫弱者；但是，他们创造了《伊利亚特》和《奥德赛》，这是我们在远为文明的今天无法完成的作品。这种伟大的创造天赋是属于他们的，一旦人们对世界的看法改变了，那种类型的创造的可能性也就消失了。就我们而言，我们也有自己的科学、自己的思想家、自己的诗人，但是从古代一直延续到现代的阶梯是不存在的。这样看来，再说拉辛[1]是比索福克勒斯[2]更好的诗人，巴赫是一个初级的贝多芬，或者说印象派画家是佛罗伦萨画家可望而不可即的高峰，就太荒唐 9
了。各种文化的价值是不同的，而且也不一定彼此相容。伏尔泰认为，犹如暗夜中的几个亮点的古希腊的雅典、文艺复兴时期的佛罗伦萨、路易十四伟大世纪（grand siècle）时代的法国，和他的时代，其价值和理念并没有什么不同；然而，他的这一想法是错误的。[3]马基雅维利的罗马实际上并不存在。对维柯而言，文明是多元的（它们也有重复的循环，但这并不重

[1] 拉辛（Jean Baptiste Racine，1639—1699），法国古典主义时期戏剧家。——译注
[2] 索福克勒斯（Sophocles），生活在公元前5世纪，希腊剧作家、政治家。——译注
[3] 伏尔泰这种本质一致的启蒙概念，似乎不可避免地要导致这样一个结论：照他的看法，拜伦跟孔子可以一席欢聚，索福克勒斯到了文艺复兴初期的佛罗伦萨也会感到轻松自如，而美洲土著的塞内卡人来到德芳侯爵夫人的沙龙或是腓特烈大帝的宫廷，也一样会称心如意。

要），各自有其独特的模式。马基雅维利传达了两种彼此矛盾的看法：有这样一些社会，其文化之塑造成型依赖于某些价值观念，而这些观念以自身为目的，而且是最终的目的；这些社会互不相同，但并非在一切方面都不同（因为他们都是人），只是在某些关键的、不可调和的方面存在差异，从而最终无法融为一体。

这时，我自然就转向了18世纪的德国思想家赫尔德。维柯设想了一个文明的序列，而赫尔德则更进一步，比较了不同地域和不同时期的民族文化，并提出每一个社会都有他所谓的引力中心，彼此各不相同。按照他的想法，如果要理解斯堪的纳维亚的萨迦（即英雄传说）或者《圣经》里的诗篇，我们不应该使用18世纪巴黎批评家们的审美标准。人们生活、思考、感受以及交谈的方式，他们穿的衣服，唱的歌，崇拜的神，吃的食物，他们固有的预设、风俗和习惯等等，每一样都有自己的“生活风格”，而正是它们创造了社会。不同的社会彼此之间可能有很多相似之处，但是希腊人不同于信奉路德教的德国人，而中国人又与前两者有所不同；他们追求、恐惧或崇拜的
10 对象都鲜有类似之处。

这种观点被称为文化或道德的相对主义——这也正是我所敬重的著名学者，也是我的朋友阿纳尔多·莫米里亚诺[1]先生关于维柯和赫尔德的推想。但是，他错了。这并不是相对主义。某一种文化之内的人，利用想象的洞察力，也可以理解

[1] 阿纳尔多·莫米里亚诺（Arnaldo Momigliano，1908—1987），意大利学者，研究专长为西方古典学、史学史。——译注

（维柯称之为 entrare）另一种文化或者社会的价值、理念和生活形式，即便是时空迢遥。他们或许会觉得这些价值不可接受，但是如果他们充分地敞开自己的心灵，就有可能认识到，对方也是一个不折不扣的人，可以与之交流，只是此时，对方生活在一套完全不同的价值观念之下；不管怎么说，这些不同的价值观念，他们也可以视之为价值、生活的目的，而实现了这种价值和目的，人类可达到完满。

“我喜欢咖啡，而你喜欢香槟。我们口味不同，没什么可说的。”这是相对主义。但是赫尔德、维柯的观点并不是这种：我更想称之为多元论，也就是说这样一种概念——人们追求的目标也许有种种不同，不过仍然是充分合理的，充分人性的，能够彼此理解、相互同情，并且可以从对方那里获益，就像我们阅读柏拉图著作或者中古日本的小说一样，即使其世界、其观念离我们何其遥远。当然，假如我们与这些遥远的形象没有任何共通之处的话，每一种文明将会封闭在自己密不透风的气泡里面，我们根本没有可能弄懂它们；这就是斯宾格勒的文明类型学所描述的状况。在不同时空的文化之间，彼此的交流之所以可能，仅仅在于使人之为人的东西对它们来说是相通的，是它们沟通的桥梁。不过，我们的价值只是我们的，而他们的价值属于他们。我们可以评价、臧否其他文化的价值，而不能托词说全然不懂，或者简单地认定它们是主观的产物，是生活在与我们不同的环境之中、品位不同、语言不同的一些存在所造出来的东西。

客观价值的世界是存在的。我这么说的意思是指，人们只 11
是为了那些目标本身而去追求它们，其他的东西都以它们为目的。我并非不知道希腊人看重什么，他们的价值或许并非我看重的，不过，我可以理解，在他们看来应该怎样去生活，我会钦佩和尊敬他们，甚至想象我自己也去追求同样的东西——尽管我不会或者不愿意那么去做；就算我愿意的话，也不可能做到。生活的形式有种种不同。目标和道德原则也是多样的。但是，也不是无限之多：它们必定还是在人类的视域之内。若非如此，那就超出了人类的范围了。如果我看到有人崇拜树，原因并非把树当作肥沃的象征，或者认为它有神性，拥有神奇的生命和力量，也不是因为此树林是祭献给雅典娜的，而只是因为它们是木头的；而且，我再问他们为什么崇拜木头，他们只是说"就因为它们是木头"而不说别的，那么，我就不能搞明白他们的意思。如果说他们是人，他们并非我可以与之交流的人，那么这中间的的确确有障碍。对我来说，他们不是人。假如我弄不明白去追求那样一种生活会是什么样的话，我甚至都不能称他们的价值是主观的。

有一点是清楚的，就是不同的价值可能会有冲突——所以不同的文明会有抵触。不同的文化之间，同一文化的不同群体之间，甚至在你我之间，都有可能是相互抵触的。比如，你永远都认为应该实话实说，无论什么情况；而我不这么想，因为我相信讲实话有时候会太让人痛苦，伤害太大。我们可以交流彼此的看法，我们可以努力达成共识，但最后仍会发现，你所追求的东西和我献身的目标之间，还是不可调和的。就个人而言，他自身也会有价值的冲突；不过，即便有此种冲突，也并不意味着，其中有的价值是正确的，而另外一些价值是错误的。公正，严格的公正，对某些人来说，就是一种绝对的价值；不过，在有些具体的情况下，它跟其他一些在他们看来并不逊色的绝对价值，像宽容、同情，也不是协调一致的。

许多世纪以来，自由和平等都是人们追求的基本目标之一。不过，豺狼的完全自由就意味着羔羊的死亡，强势的、多 12
才多艺的那些人的完全自由，对那些弱者和天赋较弱的人的正当存在的权利来说，也是无法达到和谐的。艺术家，为了创作一件杰作，也许会把他的家庭拖入穷困、悲惨的境地，而他并不放在心上。我们可以谴责他，甚至宣称，为了满足人的需要，杰作也可以牺牲；或者，我们也可以跟他站在同一立场。这两种态度，其中所体现的价值观，对于某些男人和某些女人来说，就是绝对的，而对我们来说，如果我们具有人类的同情心、想象力或者理解力的话，两方面都可以理解。平等，也许就意味着要限制那些有统治欲望的人的自由；为了照顾社会福利，让饥者有食，寒者有衣，无家可归者有一席之地，也为了照顾其他人享有自由，让正义和公平得以实现，自由，也许就必须打折扣。而如果连起码的一点自由都没有，我们就没有了选择，也就没有了人之为人——按照我们对人这个字的理解——的可能性。

让安提戈涅左右为难的困境，索福克勒斯有过一种解决的办法，萨特表示了相反的意见，而黑格尔提议“升华”到更高的层次——给那些为这种困境所烦恼的人提供了稀薄的安慰。自发性，这种绝妙的人类素质，却与有组织的计划，以及对于是什么、有多少、在哪里的精确计算等等这些能力，不能和谐共存；而后者正是人类社会财富的主要倚赖。最近发生的历史，已经让我们认识到了让人为难的二者择一的情形。为了抵抗恐怖暴政，就应该让一个人不惜任何代价，甚至牺牲他的父母或者孩子的生命吗？为了得到危险的叛徒或罪犯的消息，小孩也要受严刑拷问吗？

这些价值的冲突，正是他们是谁、我们又是谁的本质的差别。如果有人告诉我们，这些矛盾将会在某个完美社会中得到解决，在那里，所有美好的东西都在根本上和谐一致，那么，我们应该这样回答他们：他们所谓的那些美好的东西，与我们
13 的价值有冲突，他们所赋予其中的意义，并不属于我们。我们必须承认，那样一个世界，在其中我们见到的所有东西，包括矛盾的价值，若都没有了任何冲突，它已经完全超出了我们的知识范围之外；在那个世界里，那些和谐的原则，已经不是我们在日常生活中所熟悉的原则；如果说它们发生了什么变化，只能说它们变成了让地球上的我们无法认识的观念。然而，我们恰恰生活在地球上，我们必须在这里思考和行动。

完美的世界，最后的解决，一切美好事物和谐共存，这样一些概念，对我来说，并不仅仅是无法实现的——这是不言自明的道理——而且它在概念上也不够圆融；我不能够理解，这种和谐究竟意味着什么。有些至善（Great Goods）是不能够一起共存的。这是概念上的事实。我们注定要面对选择，每一次选择都伴随着无可挽回的损失。有些人是知足的：不加质疑地接受按某种规训来生活；或者欣然服从精神领袖或世俗领袖的统治，把他们的话当作金科玉律；或者是，凭借自己的办法，清楚、坚定地知道了该做什么、应该怎样去做，不容有任何怀疑。但我只能说，满足于这些教条的人是自己造成的近视之牺牲品，护目镜或许会令人满足，但无助于理解人之为人的实质。

五

理论上的反对理由就讲到这里，在我看来，它对于将完美国家视为值得我们追求的恰当目标这一概念是致命的。此外，还有一个更为实际的社会心理方面的阻碍，可以向那些盲目信从的人们指出；人性已经与之相伴了如此之久的盲信，它抵制任何一种哲学的讨论。无论就个人还是社会生活而言，有些问题可以解决，有些疾病可以治愈，这一点的确是事实。我们可 14
以帮助某人摆脱饥饿、穷困或者不公平的对待，我们可以把某人从奴役或囚禁中解救出来，可以做好事——所有人都会有一种基本的善恶感，无论他们属于哪一种文化。然而，所有关于社会的研究都表明，每一种解决方案都造成了新的局面，其中又产生出新的需要和新的问题，又有新的要求。孩子们已经获得了他们的父母和祖父母渴望的东西——更多的自由、更多的物质财富、更公正的社会；然而忘掉了过去的病痛，孩子们还要面对新的问题，由老问题的解决而产生的新问题，即便是这些新问题也解决了，也造成了新的局面，相应又会有不可预测的新需求，如此等等，以至无穷。

对于未知的后果之后果而导致的后果，我们不能为之立法。马克思主义者告诉我们，一旦战争结束，真正的历史开始了，新的问题出现了，也会有新的解决办法，借助和谐的无阶级社会的统一力量，这一点可以和平地实现。在我看来，这只是一种形而上的乐观主义，毫无历史经验为证。如果说，在一个社会里，所有人都接受同样的目标，通过技术手段，所有问题都能解决；这样一个社会，就根本谈不上有什么人的内在生命、道德、精神和美学的想象力。难道为了这样一个社会，男人和女人值得为之毁灭，让社会为之受缚吗？乌托邦自有它的价值，再没有什么比乌托邦更能够如此神奇地扩展人类潜在的想象视域，但是以乌托邦为行动的向导，它的的确确将会产生致命的后果。赫拉克利特说得对，事物永远不会静止不动。

因此，我可以得出我的结论：关于最后解决方案的设想，不仅仅是不可实践的，而且，如果我说得对，其中所包含的不同价值，还会彼此冲突，不够圆融。最后解决方案的可能性——即使我们忘掉了在希特勒的时代这个词组的可怕含义——将被
15 证明只是一种幻觉，而且是非常危险的一种幻觉。假如真的有人相信这种解决方案是可能实现的，那么他们就会以为无论付出怎样的代价都不为过：让人类从此获得永远的公平、快乐、创造力、和谐美满，还有什么样的代价可以说太高呢？为了制作这样一个煎蛋，肯定是打破多少鸡蛋都无所谓了——这就是列宁、托洛茨基等的信念，我所知道的波尔布特更是如此。既然我知道的是通向社会问题的最后解决的、唯一正确的道路，那么我就知道怎样来驾驶人类这辆大篷车；而且，为了到达目的地，既然你不懂我所知道的东西，你就不应该有选择的自由，哪怕是最低限度的也不行。你断定某一种政策会让你更幸福，更自由，或者给你呼吸的空间，但是我知道你是错误的，我知道你需要的是什么以及所有人需要的是什么；而且，如果遇到了因为无知或者因为恶意而做出的抵制，那就必须坚决打击，为了数亿人的永远幸福，成百上千人的毁灭也许是必需的。拥有知识的我们，除了心甘情愿地把他们都牺牲掉，又能

有什么选择呢?

有些武装起来的先知谋求解放全人类，有些只是解放他们自己的种族，因为他们有更高贵的品质，不过无论哪一种情况，无数人在战争和革命中遭到屠杀都是人们为了子孙后代的幸福，必须付出的代价——毒气室、古拉格、种族灭绝，这些穷凶极恶的东西，让20世纪在人类历史上被牢记。如果你解放全人类的愿望是真诚的话，你必须要硬起心肠，不要计算付出的代价。

早在一个多世纪之前，激进的俄罗斯思想家赫尔岑，就对上述观念给出了答案。在他的《彼岸书》(它实际上是1848年革命的讣闻)中，赫尔岑说，在他的时代，一种新的人类献祭的形式已经出现了，活生生的人被摆上了抽象物（比如国家、教会、政党、阶级、进步、历史的力量）的祭坛。在赫尔岑的时代，还有我们这个时代，这些抽象物全都是人们乞灵祈求的对象：如果它们要求屠杀活人，它们肯定能得到满足。以下是
赫尔岑的原话： 16

> 如果进步是我们的目标，那我们是在为谁辛苦呢？谁是这位摩洛神[1]，当那些辛苦工作的人接近他，不是奖赏他们，反而退后，远离他们，对于那些疲惫而认命的大众，呼喊着“morituri te salutant”[2]的，所给的安慰也只不过

[1] 摩洛神（Moloch），《圣经·旧约》中，腓尼基等地所信奉的神灵，信徒用儿童向他献祭。——译注

[2]“赴死者向您致敬”。

> 是一种［……］嘲弄性的答案：在他们死后，大地上的一切都将变得美好起来。难道你真的希望判罚那些今天活着的人们，罚他们去做可怜的纤夫［……］那样悲惨的角色，膝盖埋在泥里，拖曳一艘［……］旗帜上写着“未来的进步”的［……］驳船吗？［……］一个无限遥远的目标，就不是目标了，只是［……］一个欺骗；目标应该是离得比较近的，起码应该像是工人的工资，或者是劳动时的快乐。[1]

有一件事是我们可以确认的，就是牺牲的事实，有些人濒临死亡，有些人已经死了。然而，他们为之而献身的理想，仍未实现。鸡蛋已经打破了，打破鸡蛋的习惯也养成了，但是那煎蛋还没有见到呢。如果人民的处境过于凄惨，为了实现短期的目标而牺牲人和进行高压，也许这样的措施并不为过。但是，无论是现在，还是其他任何时候，为了遥远目标而制造大屠杀，却只是对于人类珍视的一切开了一个残酷的玩笑。

六

如果实现最终和谐的可能性，这一古老的持久不断的信念，只是一种谬误，而我前面提到的那些思想家（马基雅维利、维柯、赫尔德、赫尔岑）的立场确有合理之处的话；而

[1] 赫尔岑，《三十卷集》（A. I. Gertsen, *Sobranie sochinenii v tridtsati tomakh*。莫斯科，1954—1966），第六卷，第 34 页。

且，如果我们承认至善也有冲突，尽管有些可以和谐并存，有 17
些却不能——简言之，无论是原则上，还是实践中，一个人都不可能拥有一切；抑或，如果人的创造力所倚赖的是各种各样相互排斥的选择的话：那么，就像车尔尼雪夫斯基和列宁所追问的，“怎么办”？在这么多可能性之间，我们该如何取舍？我们为了什么去牺牲，牺牲什么，又该牺牲多少呢？我认为，明确的答案是找不到的。不过，冲突即便不能避免，却有可能缓和。各种意见可以平衡、折衷：在具体情况下，并不是每一种意见都有同等的力量，这些讲自由，那些谈平等；有的持尖锐的道德谴责，有的说要理解某种具体的人类处境；有的要完全发挥法律的威力，有的主张保留赦免权；要让饥者有食、寒者有衣、病者得治、无家可归者有避难的居所。必须排出一个优先次序，虽然这不是最终的、绝对的。

最起码的公共义务，就是要避免极端的痛苦。革命、战争、暗杀，这些极端的手段在人绝望的境地之下，也许是可以采取的。但是，历史经验告诉我们，它们产生的后果从来都是难以预料的；这种行动能否带来改进，是无法保证的，甚至有时连可靠一点的把握都没有。在个人生活中或制定公共政策时，我们可能会冒风险采取极端行动，但是我们始终应该意识到——永远也不要忘记——我们也许是做出了错误的决定，而且，这种手段的后果必然总是让无辜的人遭受本来可以避免的伤害。因此，我们不得不参与所谓的公平交易（trade-offs）规则；在具体情况下，种种规则、价值和原则，彼此之间都不得不做各种程度的相互让步。功利主义的解决办法有时候是错误的，不过，我猜想，多数情况下还是有用的。能做的最好的事，可以视为一条基本原则的，就是维持一种不稳定的平衡，以此来防止陷入绝境，或者是做出不可忍受的选择——这是对一个文明社会的基本要求；在我们有限的知识领域之内，依据我们对于个人和社会的不够完整的理解，这个基本要求值得我们始终努力。此时保持一点谦卑，是很有必要的。

18 看起来，这个答案或许过于平淡，不是充满理想的年轻人所希望的那一种答案——如果有必要的话，他们将去战斗和受苦，以争取一个崭新的、更加高贵的社会。当然，我们没有必要过分渲染各种价值的冲突——对于对与错、善与恶的区分，在漫长的时间历程中，不同社会的人们早已有过大量的广泛的共识。当然，不同的传统、看法、态度或有合情合理的差异；基本的原则可能横切太多的人类需求。具体的情境几乎就意味着一切。没有躲避的余地，我们必须有所决断，有时候，道德风险就是不能避免的。我们可以努力做到的，就是不忽视任何相关的因素；我们所寻求实现的那些目的，应该视为生活整体之中的构成因素，我们的决定可能会提升它，也可能会毁灭它。

然而，归根结底，这并不纯粹是一个主观判断的问题：它是由某人所属社会的那些生活方式决定的，在人类历史上，在不同的社会中，大多数的人普遍持有某些价值——无论它们是否彼此冲突。普遍的价值即便不多，最低限度总是有的，没有它，人类社会就无法生存。今天，很少会有人为了追求快乐、利益，甚至是政治的优良，去为奴隶制、杀人祭神、纳粹的毒气室或者肉体的酷刑辩护；不会再像法国和俄国革命时所主张的那样，赞同子女有公开抨击其父母的责任；更不会认可冷酷无情的杀戮。在这一问题上妥协，是没有正当理由的。然而，另一方面，我并不认为，追求完美状态是结束流血的药方，即便这是理想主义者一腔赤诚的愿望。过去的伦理学家，再没有比康德更为严谨的了，但是他就曾在启蒙的时刻讲过，“人性这根曲木，绝然造不出任何笔直之物”。[1] 教条化地信奉某些方案，强迫人们穿上统一的制服，如此做法几乎总是会导向不 19
人道的结果。我们只能做我们能做的事，但那些事我们必须做到，克服一切困难。

当然，在社会或者政治方面，总会有冲突发生；由于绝对的价值之间必然会有矛盾，这就使得冲突在所难免。然而，我相信，通过促成和保持一种不稳定的平衡状态，这些冲突可以降低到最小；这种不稳定的平衡会不断遭到威胁，也不断需要修复——而这一点，我再重复一遍，恰恰就是文明社会的前提，也是合乎道德的行为之前提，否则，我们人类就必定会不知所终了。你是不是要说，这种解决问题的办法有点太灰暗了？不像那些鼓舞人心的领导人所号召的那种英勇的行为？不过，假如这种看法之中还有一些真理的话，也许就足够了。我们这个时代的一位杰出的美国哲学家，曾经讲过这样一句话：并没有一种先验的理由，可以据以假定：真理，当它被发现的时候，将必然证明是有趣的。[2] 只要它是真理，或者，甚至只

[1] 同前引书（第 vii 页注释 1）。

[2] C.I. 刘易斯，《心灵与世界秩序：知识理论纲要》（C. I. Lewis, *Mind and the World-Order: Outline of a Theory of Knowledge*，纽约，1929），第 339 页。“纵然真理是复杂的，而且有时会令人感到幻灭，用更戏剧化的、更让人舒适的简洁性来取而代之，也仍然是不可取的。”

是近似于真理，就已经足够了；因而，我并不因为提出了这样一种看法而感到抱歉。托尔斯泰说过，真理，过去、现在和将来都是美好的。我并不知道在伦理学的领域内是否也是如此；不过，对我来说，这似乎足够接近于我们大多数人甘愿信奉的
20 东西，不应被过于轻率地忽略掉。[1]

[1]《五月的塞瓦斯托波尔》（*Sevastopol in May*），第 16 章。

乌托邦观念在西方的衰落

完美社会的理念是一个非常古老的梦想。或许是由于现实中有种种弊病，让人们想象假如没有了这些问题，世界将会怎样。亦即设想某种理想的状态，那儿没有痛苦和饥饿，也没有危险、贫困和恐惧，不会辛苦劳作、终日惶惶；或许，乌托邦是有人刻意虚构的讽世之作，目的在于批评现实的世界，谴责那些当权者或者那些过于温顺的被统治者；也有可能，乌托邦只是群体的幻想，纯粹是诗性想象的演示而已。

大致说来，西方世界的乌托邦都包含一些同样的因素：一个处于纯粹和谐状态的社会，那里所有的成员都和平相处，彼此互爱，免于皮肉之苦，远离任何欲望，也不用担惊受怕，没有低贱的劳作，没有妒忌和失落，不会受到不公正的或者暴力的对待，生活永恒不变，阳光普照，气候温和，人们生活在无限丰饶的大自然之中。大多数（也许是所有的）乌托邦有一个重要特征：它们都是静止不变的。什么都不会变动，因为它们已臻完美之境——不需要创新或者改变；人们的一切自然需要都已经得到了满足，当然没有人会想要改变这样一种状况。

这种想法基于一种假设，亦即人都有固定不变的特性，都有某种普遍的、共同的、永恒的目标。一旦达到了这些目标，人性也
21 就彻底实现了。正是这种普遍实现的观念，预先假定了人类要寻求共同的终极目标，无论何时何地，都别无二致。如若不然，乌托邦不能成其为乌托邦，那么，完美社会就不可能让所有人都满意了。

多数乌托邦都会追溯到遥远的过去：很久很久以前，有一个黄金时代。所以，荷马讲到快乐的费阿刻斯人[1]，以及清白

[1] 费阿刻斯人（Phaeacians），荷马史诗《奥德赛》中一个岛屿上的居民，以航海为生。——译注

无辜的埃塞俄比亚人，宙斯喜欢跟他们住在一起；还歌唱那幸福小岛[1]。赫西俄德也提到曾经有一个黄金时代，此后接下来的时代越来越糟糕，延续到他所生活的时期，就糟糕透顶了。在《会饮篇》（*Symposium*）中，柏拉图曾经谈到，在一个遥远而又快乐的过去，人类一度是圆形的，后来分成了两半，从此以后，每一半为了恢复圆形、不留缺憾而一直在寻找他的另一半。他也提到过亚特兰蒂斯的幸福生活，不过那里因为某种自然的灾难已经永远消失了。维吉尔讲述过萨杜恩王国（Saturnia regna），那里的一切都是美好的。希腊文《圣经》里提到了一个地上的乐园，上帝创造的亚当和夏娃在那里过着清白、快乐、平静的生活（这种情况也许永远不会再现了），后来由于人背叛了他的造物主，酿成了不幸的结局。19 世纪的诗人丁尼生也讲到一处王国，那里“没有冰雹雨雪，也从来不会狂风呼啸”，[2] 由此可见这是一个持久不断的传统，可以一直回溯到荷马时代的梦想——和煦的阳光永远普照着一个平静无风的世界。

这些诗人相信黄金时代已是不再复返的过去，而还有一些思想家相信，黄金时代仍然会再次到来。犹太先知以赛亚告诉
我们：“到世界末日”人们“将会化剑为犁，民族之间不再刀 22
剑相向，他们将不知道战争为何物［……］狼与骆驼共处，豹和小山羊同卧［……］沙漠将焕发生机，繁花似锦［……］忧

[1] 幸福小岛（Isles of the Blest），又叫“Fortunate Isles”，古代传说中西方海域中的小岛，那些幸运之人的灵魂被神灵接纳，在岛上的乐园里过着幸福的生活。——译注

[2]《亚瑟王之死》（*Morte d'Arthur*）。

伤与哀痛都将无影无踪”。[1] 与此相似，圣保罗也谈到了这样一个世界，那里“不分犹太人与希腊人”，“不分男人与女人”，“也不分约束与自由”。所有人都平等地、充分地沐浴着上帝的光辉。[2]

所有这些世界，无论它们被设想为人间的乐园，还是超越阴间的某处所在，其共通之处是都展现为一种静止不变的完美状态。人性于此最终得以彻底实现，一切都是静止的、不变的、永恒的。

这种理念可能采取不同的社会和政治形式，既有专制的，也有民主的。在柏拉图的共和国里，它是一种由三个阶级构成的严格的、统一的等级制。其基础是这样一个前提：人性分为三种类型，每一种都可以完全实现，并且共同组成一个彼此相关的和谐整体。斯多葛派的芝诺构想了一个无政府的社会，所有理性的生物均生活在完全的和平、平等与幸福之中，且不需仰仗制度之赐。如果人是理性的，他们就不需要被控制；理性的生物不需要政府、货币、法庭，以及任何有组织的制度化的生活。在完美的社会中，男人和女人穿着同样的服装，而且靠“同样的牧场”生活。[3] 假如他们是理性的，他们所愿望的一切也必然是合理的，因而有可能完全融洽地转变成现实。芝诺是第一个乌托邦式无政府主义者，他所开创的这一古老传统在我们这个时代突然地——有时甚至是爆发式地——流行开来。

[1]《以赛亚书》2：2，2：4，11：6，35：1，35：10。

[2]《加拉太书》3：28。

[3]《斯多葛派残篇》（*Stoicorum veterum fragmenta*，第一卷，第262页）。希腊文的牧场（pasture）也有法律（law）的意思。（在希腊文里，牧场是 νομός，法律是 νόμος，形近但是两个词。——译注）

希腊世界在城邦时代之后出现了许多乌托邦，这是衰弱的最初征兆。在阿里斯托芬讽刺性的乌托邦之后，紧接着又出现了色奥庞波关于一个完美社会的计划。还有欧赫迈罗斯的乌托邦：幸福的人们生活在阿拉伯海中的岛屿上，那儿没有野兽， 23
没有冬天和春天，永远是温暖柔和的夏季，树上的果实直接掉到人们的嘴里，根本不需要劳动。这些人生活在海岛上一个永远美满的国度里，大海把它和丑恶、混乱的大陆隔开，而那些大陆上的人是愚蠢、不义而又可怜的。

也许曾经有过把这种乌托邦付诸实践的尝试。芝诺的门徒、来自库米的伯劳修斯（Blossius of Cumae），一个罗马的斯多葛主义者，可能就宣扬过或许源自早期的共产主义者亚姆布鲁斯的社会平等论。他被控主张共产主义，鼓动反抗罗马统治的叛乱，被元老院委员会正式审查，实际上是“刑讯拷问”，他们指责他传播颠覆思想——这和美国的麦卡锡式审查不无相似。伯劳修斯、阿里斯托尼库斯和盖约·格拉古都被指控，结果格拉古一家被处以死刑。不过，这些政治事件只是顺便提一下，跟我要说的主题关系不大。在中世纪，乌托邦思想曾经有过明显的消退，原因或许是根据基督教的信仰，人是无法依靠自身独立的奋斗而达到圆满的，只有神的恩宠才能拯救人；而且当他还在人间，是生来就有原罪的创造物时，救赎就不会降临。没有人能够在烦恼的人世间建立一个永恒的居留地，因为我们都是人间的过客，都要争取进入尘世之外的天国。

在所有的乌托邦思想中，无论是基督徒的，还是普通人的，都贯穿了一个恒定的主题：过去曾经有过一个完美的状态，后来发生了某种巨大的灾难：在《圣经》里是背叛之罪——意外地吃掉了禁果；或者是大洪水；或者是来了一些贪玩的巨人，搅乱了整个世界；抑或是人们自作主张修建巴别塔而遭到了惩罚。在希腊神话中，完美状态同样也是被某种灾难所破坏的，比如普罗米修斯的故事，或者丢卡利翁和皮拉夫妇的故事，又或者是潘多拉盒子的故事——太古的统一被打破
24 了，此后的人类历史就持续不断地尝试结束这种分裂状态，恢复平静，如此，完美的状态或有可能再次出现。也许人类的愚昧、邪恶或怯懦会阻碍圆满的实现；也许神不会同意让我们实现圆满；但是，我们的生活——尤其是在诺斯替教派的思想以及神秘主义者的观念里——就是被设想为要把那些属于完美整体的破裂碎片组合到一起的一种苦苦挣扎的追求。宇宙是从完美的整体开始的，或许它也终将复归于一体。这是一种持续存在的观念，它自始至终贯穿了欧洲的思想进程；它是一切古老乌托邦的基础，并且深刻地影响了西方的形而上学、伦理学和政治学思想。在这种意义上，乌托邦主义——破碎的整体及其复原的概念——在整个西方思想中是一条核心线索。正因为如此，尝试着揭示出几条似乎是奠定乌托邦主义之基础的重要假设或许不无裨益。

让我以三个命题的形式来试作说明，在我看来，这就是西方政治思想的核心传统所栖身的一条三腿凳。我也担心这样说会过分简化，不过一份纲要毕竟不同于一本著作，而且过度简化并不总是歪曲真相，往往也会有助于明确议题——我也仅仅如此希望。第一个命题是：对所有真正的命题来说，只能有一个正确的答案，其他所有答案都是错的。如果没有正确的答案，那么这个问题就不是真正的问题。至少在原则上，任何真

正的问题都是可以回答的，而且，正确的答案只能有一个。任何一个问题，假设它是清楚地提出来的，就不可能有两个既不相同而又同时正确的答案。正确答案的根据一定是真实的；而其他所有可能的答案必定都是谬误的体现，或者是以谬误为基础，谬误的表现多种多样。这就是第一个基本预设。

其次，第二个命题是，假定找出这些正确答案的方法一定存在。是否有人知道，或者实际上有无可能知道这一方法，则是另外一个问题；假如构建方法的程序是正确的话，至少在原则上它必定是可以被认识的。

第三个预设，在这里也许至关重要，亦即所有正确的答案 25
必定是毫无例外地彼此相容。它的依据是一条简单的逻辑真理：一个真理不可能和另一个真理相矛盾；一切正确的答案都体现或依据于真理；进而，正确的答案，无论它解答的是有关世界实然的问题，还是人应该做什么的问题，或者是人应该是什么的问题——换句话说，即无论它们回答的问题有关事实还是有关价值（对于那些相信第三条命题的思想者来说，价值问题在某种意义上也是事实问题）——永远都不可能互相矛盾。最终，这些真理将在一个单一的、系统的、彼此联系的整体中合乎逻辑地相互关联。它们会毫无例外地相互保持一致，也就是说，它们会形成一个和谐的整体，因而，当你已经发现了人类生活中所有关键问题的正确答案，并且把它们归结在一起，结果就会成为导向一种完美生活——或者毋宁说就是唯一完美生活——所必需的全部知识的一种方案。

也许世俗的人无缘获得这些知识。关于这一点，可能有很多种理由。有些基督教思想家坚持认为，是原罪使得人不能获得这些知识。或许在原罪之前的伊甸园里，我们曾经沐浴在这些真理光芒的照耀之下，但后来由于我们吃了知识之树的果实，这种光芒也就离开了我们；作为对我们的责罚，在世俗生活中的知识将注定是不完整的。也许我们终有一天会全部认识这些知识，或许是生前，或许是死后。又或者，人们也许永远都不可能认识它：他们的精神过于软弱，抑或，不可征服的大自然造成的障碍过于强大，因而难以认识它。或许只有天使，只有上帝，才有认识它的可能；或者，如果不谈上帝的话，要表达这种信念必须这么说：从根本上说，这些知识是可以想象
26 的，即便没有人得到过或者有得到的可能。因为在原则上，答案必须是可以认识的；若非如此，问题就不是真实的；说一个问题在原则上不可以回答，等于不理解它是哪一种问题——因为理解问题的本质就是认识到哪一种答案可能是它正确的解答，而不论我们的认识是对还是错；所以，可能有的答案的所在范围就是可以设想的；而且，在这一范围之中会有一个答案可能是正确的。否则，对于这一类理性主义思想家来说，理性的思考就会以不解之谜而告终了。而如果恰恰是因为理性之本质而排除了出现这种情况的可能，那么随之而来的结论就是：一切可能有的问题的正确答案加在一起（或许是无限多），就构成了完美的知识。

下面让我来继续这一讨论。除非我们能够想象什么是完美的，否则我们就无法理解不完美意味着什么，这一点是可以断定的。我们可以说，假如我们抱怨人世的状况太糟糕，比如通过指出冲突、悲惨、残忍、邪恶这些“人类的不幸、愚昧和罪恶”——或者简单地说，假如我们断定我们的状况不够完美，

那么这一看法只有在与更完美的世界的比较中，才算是可以理解的；正是通过比较二者之间的差距，我们才能判断我们的世界落后到何种程度。但缺点儿什么呢？这种认为有所欠缺的观念也就意味着完美社会的观念。我认为，这一点正是乌托邦思想的基础，其实很多西方思想一般也是以此为基础的；实际上，它也许就是自毕达哥拉斯和柏拉图以来的西方思想的核心。

就这一点来说，也许有人要问，假若如此，那么答案在哪里呢？也就是说，谁有这样的权威，可以给我们指示理论和实践的正确路径呢？关于这一点（正如我们所预料的），在西方几乎没有一致的看法。有人说，真正的答案要到神圣的文本中去寻找，这些文本可能是出自受神灵启示的先知或者教士们，他们也是这些文本的权威诠释者。也有人否认启示、惯例或传统的有效性，他们说只有精确的自然知识才会产生真正的答案——通过受控的观察、实验，运用逻辑的、数学的方法，来 27
获取答案。大自然并非神庙，而是一个实验室，任何假设都是可检验的，其方法是任何理性的生物都能学习、应用，并可交流与检查的；他们断定，科学或许不能解答我们有意提出的所有问题，不过，它无法解答的问题，别的办法也不能回答——科学就是我们已有的或者将会拥有的唯一值得信赖的工具。此外，也有人说，只有专家才知道答案：他们具有神秘的直觉或形而上的洞见，拥有推理的能力或者科学的技能；或者他们是一些被赋予自然智慧的人，亦即哲人，智力超凡的人。然而，也有人否认这种说法，认为多数重要的真理是所有人都能得到的：每一个人返观本心，返观自己的灵魂，就可以理解他自身及其处身的自然，能够知道应该如何生活、应该做什么，前提是他还没有被其他人的有害影响所蒙蔽——那些人的本性已经被糟糕的制度引入了歧途。这也就是卢梭想要说的话：真理在那些居住在烂熟的城市里的腐化市民之观念和行为中是找不到的，而在一个朴素的农民或者一个天真儿童的纯洁心灵中倒更有发现的可能——托尔斯泰实际上是重复了这一说法；而且，尽管已有弗洛伊德及其后学的著作，这种观点时至今日仍有信服者。

从希腊和犹太—基督徒传统来看，在自觉沉思真正知识的来源这一问题的过程中，几乎没有哪一种观点没有被热情地坚持和教条地认定过。它们之间的意见分歧导致了严重的冲突和流血战争，也不足为怪，因为据信，人类的救赎取决于正确地回答这些问题——这些在人类生活中最折磨人的、最关键的议题。我想指出的一点是，各方均假定了这些问题可以回答。这
28 也就意味着他们普遍持有这样一种信念：可以说，这些答案就是隐藏至深的宝藏，而问题在于如何找出通达宝藏的途径。或者，换一个比喻，人类面对的是拼板玩具的各块碎片，如果你能将其组合在一起，就会形成一个完美的整体，而这正是追求真、善与幸福的目标。我想，这一点是许多西方思想的一个共同的假设。

在 15 世纪欧洲文艺复兴时期迅速传播的乌托邦观念，正是以上述信念为基础的；当时是希腊、罗马的古典著作被重新发现的时期，人们认为它们体现了在中世纪的漫漫长夜中被人所遗忘，或者是被基督教信仰时代的僧侣迷信所压倒或歪曲的真理。作为新学问（the New Learning）之基础的是这样一种信念：知识，并且只有知识，亦即被解放了的人类精神，才

能够拯救我们。反过来，这种观念又是以一切理性主义者的最基本的命题，亦即“德性即知识”为依据的；这一命题由苏格拉底提出，又经柏拉图及其最杰出的学生亚里士多德，还有古希腊那些主要的苏格拉底学派之手得到了发展。知识的范式，对柏拉图来说，其特征是几何学的，在亚里士多德那里，是生物学的；而对文艺复兴时期众多的思想家来说，或许是新柏拉图式的、神秘的，抑或是直觉的或数学的，有机的或机械的，但是他们全都不会怀疑，只有知识才能提供精神、道德和政治方面的拯救。我认为可以作如下假定：如果说人有共同的本性的话，这一本性必定会有一个目的。只有当一个人了解了他真正的愿望之后，他作为人的本性才得以充分地实现。假如一个人能够发现，这个世界上存在些什么，与他自己有什么联系，而他本身又是什么——不管他是借助什么方法，通过何种流行的或传统的认识途径来揭示这一点，那么，他将会认识到，使他自身完满的是什么，换言之，就是使他变得幸福、正义、美善、智慧的是什么。即使认识到了把人从谬误和虚幻中解救出来的是什么，而且真正理解了作为一种有灵有肉的存在应该自觉追求的一切，然而，除了此种认识和理解之外，却不采取相应的行动，那么这并非正确思维，而是不合乎理性的，或者说心智不是那么健全。已经知道了怎样达成你的目的，却不努力 29
去付诸实践，最终只能说你并没有真正理解你的目的。理解就是行动：从某种意义上说，这些早期的思想家们有关理论与实践相统一的想法已经为卡尔·马克思埋下了伏笔。

知识（knowledge），这一西方思想中的核心传统，并不意味着仅仅是描述宇宙中有些什么，还有作为其中的一部分的、与之不可分离的对于价值的认识；换句话说，就是怎样去生活，应该做什么，哪一种生活形式是最好的、价值最大的，以及理由何在。根据“德性即知识”这一原理，人们要惩罚罪犯，是因为他们犯了错误：他们弄错了有益于自己的究竟是什么。假如他们真正认识到使自己受益的是什么，就不会做这些破坏性的事情了——这些行为最终将会伤害行动者本身，抑制他作为一个人的真正目的的实现，也使得他的才能和能力的正常发展受到阻碍。犯罪、丑恶、瑕疵、悲惨，种种表现都是因为人们的无知、幼稚或糊涂。这种无知可能会被那些企图蒙蔽别人以取得统治权的邪恶的家伙所利用，而到最后，可能连他们自己也往往会被自己的宣传所欺骗。“德性即知识”[1] 意味着，假如你知道了什么对人来说是美好的，你如果还是一个理性的生命的话，你就不会放弃它，而去选择其他的生活方式；通过它，一切的向往、心愿、祈愿和渴望都将圆满实现——这也就是我们称之为“希望”的东西的含义所在。分辨实在与表象，区分何者将使得一个人真正获得圆满，而何者仅仅是表面上如此承诺，这就是知识，而且，唯有它才能拯救人。正是这一宏大的柏拉图式的假设——有时是以施洗了的基督教形式出现的——推动了文艺复兴时期那些宏伟的乌托邦观念，像莫尔的奇思妙想、培根的新大西岛、康帕内拉的太阳城，以及其他
30 许多种 17 世纪的基督教乌托邦(其中最著名的是费奈隆 [2] 的乌

[1] 柏拉图，《普罗泰哥拉篇》361b，《美诺篇》87d—88d。

[2] 费奈隆（François Fenelon，1651—1715），法国古典主义的最后一个代表，代表作有《忒勒马科斯历险记》《寓言集》。——译注

托邦）。对理性方法的绝对信仰以及乌托邦著述的涌现，是在古典时代的雅典、文艺复兴时期的意大利、18 世纪的法国以及此后两百年，文化发展的相似阶段都有过的两个特征，甚至现在也并不比稍近和遥远的过去有所减退。即使是那些早期旅行者的游记——过去曾被认为是开阔了人们的眼界，使之认识到人性的错综复杂，从而打击了人类的需求也可以整齐划一，随之可以用一个唯一的、最终的药方治愈人类一切病痛这种信念——现在似乎经常产生相反的效果。例如，在美洲森林中发现的处在原始状态的人就被用来作为一种基本的人性的证据，即所谓的自然人，有自然的需求，如果不是因为被文明、被这些人为的制度所污染，这种自然人本来将会随处可见；究其原因，都是由于那些教士、王公或者其他追逐权力的家伙的荒谬或邪恶而造成的，他们对容易上当受骗的大众施以居心叵测的阴谋诡计，以便巩固自己的统治、剥削大众的劳动。高贵的野蛮人的概念属于一个未被玷污的纯洁人性的神话；根据这一神话，人性原本天真无邪，和周围环境和平共处，自我满足，只是由于接触到堕落的西方城市文化中的恶习，这种状态才遭到破坏。在某个地方，某个真实的或者想象的社会里，人们生活在自然状态之中，而且所有人都应回归到这种自然状态——这一观念正是原始主义者（Primitivist，又称尚古主义）的理论核心；过去一百年里，在各种无政府主义者和民粹主义者的运动里，可以发现这一观念形形色色的变体，它曾经对马克思主义以及各种各样有激进或革命的目标的青年运动产生过深刻影响。

我已经说过，对于所有这些观点和运动来说，其中共有的教条是这样一种观念：存在某些普遍的真理，它对无论何时何地的所有人都是真实的，而且这些真理就体现在普遍的法则之中，比如在斯多葛派、中世纪的教会以及文艺复兴时期法学家们的自然法中，挑战这些法则的话，只会导致恶行、惨剧，造
31 成混乱。的确，这一观念也遭到过质疑，像古希腊的某些智者和怀疑论者，以及普罗泰戈拉，还有希庇阿斯、卡尔涅亚德、皮浪、塞克斯都·恩披里克，以及后来的蒙田和17世纪的怀疑主义者，尤其是孟德斯鸠，他认为，不同环境和气候之下有不同的传统和习俗的人，适合不同的生活方式。不过，这还需要加以区分。的确，亚里士多德引述过的一位智者曾经说过，“火在这里和在波斯一样燃烧，而正义的观念却在我们眼前变化”；[1] 而且孟德斯鸠也认为，一个人在寒冷的气候下就应该穿暖和的衣服，而热的时候就该穿薄的衣服，波斯人的习俗并不适合巴黎人的生活习惯。然而，这样一种对多样性的诉求所导致的结果是，为了实现类似的目标，在不同的环境中选择不同的方式是最有效的。甚至连最著名的怀疑论者大卫·休谟也这么认为。所有这些持怀疑态度的人都不会否认这一点：人类追求的核心目标（即便它们或许并非是先验确立的）是普遍的、统一的，比如，所有人都需要食物、饮用水、居所和安全感；所有人都希望生儿育女；所有人都需要社会交往、正义公平和一定程度的自由，还要有自我表达的途径，如此等等。通向这些目标的途径，也许会有国与国之间、时代跟时代之间的差异，而无论它们在原则上是否可以改变，这些目标本身并不会发生变化；对此我们可以看得非常清楚，因为古代和现代的

[1]《尼各马可伦理学》（*Nicomachean Ethics*）1134b26，此处为意译。

各种社会乌托邦有高度的家族相似性。

马基雅维利对上述假设的抨击的确是非常沉重的。他对这一问题表示了怀疑：是否有可能，哪怕只是在原则上，将一种基督徒的生活观（其中包含了自我牺牲和谦恭）和建立并且维持一个强有力的、辉煌的共和国的可能性结合在一起呢？对于共和国的统治者和公民来说，他们需要的不是谦恭或自我牺牲，而是勇敢、活力和自信等等世俗的美德；就统治者而言，32
他需要有冷漠无情、肆无忌惮的品质，能够以所谓的“为了国家需要”的名义，采取残酷的行动。马基雅维利并没有推演出这种理念冲突的全部意涵，他毕竟不是一个职业的哲学家，不过，他所说的话已经让四个半世纪以来的部分读者深感不安了。但无论如何，一般认为，他所开启的议题可能是被严重忽视了。他的作品被宣称违反了道德，并遭到教会的谴责，而那些在其领域中代表西方思想主流的伦理学家和政治思想家们也都没有完全严肃地对待这些著作。

我想，在某种程度上，马基雅维利确实有其影响：对霍布斯，对卢梭，对费希特和黑格尔，还有，可以肯定地说，对普鲁士的腓特烈大帝——他不惮于允许那些公开反驳他自己观点的言论出版行世；受其影响最明显的，是尼采以及那些被尼采影响的人。不过，总的说来，马基雅维利最扰人不安的一条假设，大部分人却平静地忽略了，那就是某些美德，甚至某些理念之间是不能相容的。这一观念违反了我前面强调过的那个命题：对一切严肃的问题来说，所有真正的答案都必须是相容的。似乎没有人紧抓住这一问题不放：对于那些道德或者政治问题来说，根据其出发的前提条件，基督徒的答案和世俗的答案有无可能是同样有效的？而且，这些不同的前提也不能被证明有错误，而仅仅是互不相容的；并没有什么唯一的超越一切的标准或规范，可以让人在这些完全独立的道德之间作出取舍，或者是调和彼此。这就让那些相信自己是基督徒而希望把属于恺撒的归恺撒的人感到有些不安了。在公共生活和私人生活之间，或者在政治和道德之间，从来不曾严格地划界。太多的地盘被两方面都宣称为己有。这一问题曾经是，而且也只能
33 是一个恼人的问题，而且，像在这些情况下经常会发生的那样，没有人非常积极主动地去面对它。

对于前述的这些假设，还可以从另外一个角度提出质疑。我再次强调，这些假设属于自然法则，亦即人性有一种静止的、不变的本质，其目的永恒不变，对一切时间和地点的所有人都普遍一致，而且，那些掌握了某种适当知识的人将会认识这种人性，甚至还可以圆满实现它。

当新兴的民族国家崛起（在16世纪西欧和北欧宗教改革的进程中，部分也是其结果），有些法学家致力于为这些王国提出它们自己的权利主张和法律规定并且为之辩护——他们大多数是改革者，是为了对抗罗马教会的权威，或者在某些情况下，是为了对抗法兰西王国的中央集权。这些法学家开始辩称，罗马法对他们来说什么都不是，尽管它自己宣称拥有普遍的权威：他们并非罗马人，而是法兰克人、凯尔特人、诺斯人；他们有属于自己的法兰克、巴达维亚[1]、斯堪的纳维亚的

[1] 巴达维亚共和国（Batavian Republic），法国的属国，存在于1795—1806年。——译注

传统；他们居住在朗格多克，从远古时代开始就有他们自己的朗格多克习俗；对他们来说，罗马是什么呢？在法兰西，他们是法兰克征服者的后裔，他们的祖先征服了高卢—罗马人；他们继承了并且希望识别出属于他们自己的法兰克人的、勃艮第人的或赫尔维西亚人的法律；在这里没有罗马法所说的内容，它不适用于他们。让意大利人听命于罗马吧。为什么要让法兰克人、条顿人、维京海盗的子孙们接受一部外国法典的支配，把它当作唯一、普遍的呢？不同的民族、不同的根源、不同的法律、不同的人民、不同的社会、不同的理念。每一个民族都有他们自己的生活方式——让其中一个去支配另外一个，又有什么益处呢？尤其是教皇，他所宣称的精神权威早被宗教改革者否认了。于是，这一符咒——只有一个世界，一部放之四海皆准的法律，以及无论在何时何地，所有人都拥有的一种普遍的目标——就被打破了。法兰克武士们（甚至其后代）根据他们自己的理念构想的完美社会，可能和一个（古代的或现代的）意大利人的乌托邦观念有很大差异，跟印第安人、瑞士人 34
或者土耳其人的乌托邦更是完全不同。由此，相对主义的幽灵显出了它骇人的面目，从而，至少是在社会和政治领域，对于普遍有效的目标这一概念的信念开始动摇了。这样一种感觉适时地随之而生：有着各自起源、传统、个性、观点、概念、范畴以及生活观念的不同社会均可同样接受的宇宙，这一概念不仅有其历史、政治方面的缺陷，逻辑上亦不圆融。

不过话说回来，也许主要是因为处在这样一个自然科学取得辉煌成就的时代，上述这一认识中的意涵并没有被完全揭示出来。因为有伽利略和牛顿一系列革命性的发现以及其他天才的数学家、物理学家和生物学家的贡献，外部世界看起来就像是一个单一的宇宙，比如，举一个著名的例子来说明：每一个物质微粒的运动和位置，运用少数几条相关法则，就可以精确地确定。因此，人们就第一次有可能把一团混沌的观测数据组织成为一个单一、连贯、秩序井然的系统。为什么我们不能把同样的方法应用于人类事务，应用于道德、政治和社会组织，以取得同样的成功呢？为什么可以假定在自然系统之外还有某种秩序只适用于人呢？在植物学、化学、物理学和天文学等一切的新兴科学中，那些对物质对象以及动植物和矿物质有效的办法，正在顺利地融合为一体，它们把针对观测材料和事件的假设变成了可加以验证的科学的结论，进而形成为一个融贯的、科学的系统——为什么这一系统不可以同样适用于人的问题呢？为什么我们不能创建一种或多种关于人的科学，由此而获得与关于外部世界的科学同样清晰和确定的结论呢？

35 这个新的提议是革命性的，而且貌似相当的可信，启蒙时代（尤其是法国的）思想家们就以一种天真的热情欣然接受了。人有一种本性，是可以检视的，就像其他生命的组织和形式一样，能够被观察、分析和检验——这种假设的确合情合理。那么，步骤似乎就很清楚了：首先是用科学的手段去找出人是由什么东西构成的，他的成长需要什么东西，什么东西可以让他感到满足。发现人是什么以及人需要什么之后，接下来就该问，在哪里能够找到这些东西；然后，运用一些适当的发明和发现，以满足人们的需要，借此就可以获得（假如不算十分完美的话）至少是比目前所取得的更加幸福和更加理性的状态。为何以前没有这种认识呢？原因在于，愚蠢、偏见、迷信、无知、遮蔽理性的狂热、对于统治权力的贪婪、恐惧、欲望、野蛮、残忍、褊狭，还有与之相伴的迷狂，共同导致了人们长期被迫面对的可叹的生活处境。他们看不清是什么东西剥夺了他们改善生活所必需的知识，这是不可避免的或刻意的。唯有科学的知识才能拯救我们。这就是法国启蒙运动这一伟大的解放运动的根本的信条。在启蒙运动的时代，人们已经消除了很多的残忍、迷信、偏见和蒙昧主义的行为。

这一伟大的理性主义浪潮适时地引起了一种不可避免的反弹。在我看来，似乎历史事实就是这样的：每当理性主义有了相当大的发展，就常常会出现某种情感上的抵抗，从人身上那些非理性的部分里生长出来的“后坐力”。在公元前 4 世纪到前 3 世纪的希腊，当伟大的苏格拉底学派提出他们重要的理性主义体系的时候，就发生了此种情况；而那些研究希腊祭礼的史学家们，却很少跟我们提起秘密教派、神秘学、非理性主义以及各式各样的神秘主义一度那么的繁盛。人类文明最重要的成绩之一——罗马法，其强力、坚固的建构也有同样遭遇；与之比肩的古代犹太教，其政教合一的宏大建构也紧随着感性 36
的、情感的抵抗，并以基督教的兴起和胜利而达到高潮。在中世纪晚期，出现了对于经院哲学家宏大逻辑建构的反对，亦与之相类。在宗教改革运动期间所发生的事，也不尤相似；到最后，随着科学精神在西方的大获全胜，两个世纪之后，一个强有力的反向运动也出现了。

这一反动的潮流主要兴起于德国。在此，有必要先介绍一下这一时期德国的社会和精神形势。到 17 世纪，甚至在三十年战争的破坏之前，操日耳曼语的诸国就已经发现，在文化上它们落后于莱茵河对岸的邻国（个中原因，我还没有能力讨论）。在整个17世纪，法国人似乎在每一生活领域中，无论精神上，还是物质上，都占据了支配地位。他们的军事力量，他们的社会和经济组织，他们的思想家、科学家、哲学家、画家和作曲家，他们的诗人、剧作家、建筑师——他们在生活中所有人文艺术门类都有杰出表现，这使得法国人成为整个欧洲的首领。在那时（及此后），法国人把文明完全等同于他们自己的文化，也就无可厚非了。

在17世纪，如果说法国人的影响如日中天的话，其他西方国家也出现了引人瞩目的文化繁荣：在伊丽莎白晚期和斯图亚特时期的英格兰就是如此；与西班牙进入黄金时代差不多同时，低地国家也出现了伟大的艺术和科学的复兴。意大利，或许没有达到15世纪文艺复兴初期的高度，但也出现了取得罕见成就的艺术家，尤其是科学家。甚至偏处在欧洲北部的瑞典，也开始激起波澜。

说日耳曼语的人却没有什么类似的东西可以夸耀。如果你问日耳曼诸国在17世纪对欧洲文明最杰出的贡献是什么，简直乏善可陈：除了建筑方面，以及天才的开普勒独树一帜以外，原创的才能似乎只是在神学方面有所展现：诗人、学者、
37 思想家，几乎都资质平平；看来莱布尼茨并没有几个本土的先辈为其先导。我想，德国的经济落后和政治分裂，可以部分地解释出现这一局面的原因；不过，我在此关心的却只是这一局面本身。尽管德国一般层次的教育保持了比较高的水准，他们在生活、艺术和思想方面却相当狭隘。西方先进的各国，尤其是法国，对待日耳曼诸国的态度好像是一种恩主似的冷漠。此

时，倍感羞辱的德国人一方面以法国为样板，开始照猫画虎的模仿，而同时，在另一方面，就像通常所发生的情况，出现了文化上的反动。受到伤害的民族意识要自我肯定，而有时候它多少带了些侵略性的样子。

这对那些落后的国家来说，也是非常正常的一种反应；先进国家总是带着过多的优越感，以一种过于自满的轻蔑态度来看待它们。到了18世纪之初，在信仰虔诚、返观内心的日耳曼诸公国里，有几位精神领袖开始发动反击了。其表现就是对法国人那种世界性影响的激烈贬低：这些法国人，还有他们在各地的追捧者，能够吹嘘的也就是这些空洞的表演。具有崇高意义的，唯有内在的生活和精神的生活，它所关注的是人与人、人与自己、人与上帝的关系；那些精神空虚、物质至上的法国人自作聪明，却丝毫不知道什么是人们生活所依赖的真正价值。就让他们拥有他们的艺术、他们的科学、他们的沙龙、他们的财富，还有他们夸耀的光荣吧。归根结底，这一切都是无用之物——易腐之肉终会全部坏掉。法国哲人们为盲人作王，却也不过是盲人，摸不着那些真正重要的概念；唯有那些概念才关系到经由神圣的自然而沉入人类自身罪恶的根源，那里一片漆黑，极度痛苦，却是不朽的灵魂所在。这就是虔敬之域，是德国人的内在视域。

德国人这一自我想象日渐增强，加重这一趋势的是一种所 38
谓的民族主义愤恨的情绪。赫尔德，一位哲学家、诗人、批评家、牧师，或许是他最早彻底、清晰地预言了这一心态，并且把这一文化上的自我意识提升为一种普遍的原则。起初，作为一位文学史家和随笔作家，他坚持认为价值并非普遍的；每一个人类社会、每一个人（实际上在每一个年龄段和文明阶段）都有自己生活、思想和行动的独特理念、标准及方式。并没有不可改变、普遍永恒的规则或判断标准，可以适用于不同的文化和民族，而且可以用某一套单一的好坏等级来打分——照伏尔泰的说法，法国应该位于人类成就的最顶端，而日耳曼诸国处在宗教蒙昧主义的幽暗之地，又受到地方主义和愚笨的乡村生活方式的狭隘局限，则只能居于末座。每一个社会、每一个时代，都有它自己的文化视野。每一个民族都有它自己的传统、自己的个性、自己的面貌。每一个民族都有它自己的道德引力的中心，而且彼此各不相同：在自己的民族需求的发展过程中，其幸福取决于而且只能取决于它自身独特的个性。

没有什么有说服力的理由，可以为模仿外国的样板或是回归某种遥远的过去辩解。每一个时代、每一个社会，在自己的目标、习惯和价值方面，都各不相同。把人类历史看作一个朝向光明的单一的、普遍的斗争过程，后面的阶段及其体现必将优越于前面的阶段，而原初的东西必然不如成熟老练的东西——这显然是一个大大的谬误。荷马并不是一个原始的阿里奥斯托[1]，莎士比亚也不是一个初级的拉辛（这些并非赫尔德举出的例子）。用一种文化的标准来评判另一种文化，是犯了想象和理解的错误。每一种文化都有其自身的品质，只能由
39 这种文化内部的人来把握。为了理解某种文化，我们所需要运

[1] 阿里奥斯托（Ariosto，1474—1533），意大利作家，以史诗喜剧《疯狂的奥兰多》（*Orlando Furioso*，1532）而闻名。——译注

用的能力，跟我们彼此之间相互理解所依靠的是同一种同情的洞察力，没有了这种能力，也就没有了爱和友谊，没有了真正的人际关系。一个人看另一个人的态度，其基础是（或者应该是）领会到他本身是一个什么样的人，而不是他跟其他人共同的地方是什么；只有自然科学才会抽取共同特征，并加以概括。人与人之间的关系，就是建立在识别个性的基础上，这种个性也许永远不能穷尽描述，更不用说分析了；理解不同的社会、文化和时代也是一样，理解他们是怎样的人、为何而奋斗、有怎样的感受和遭遇、有何创造，以及理解他们如何表达自己、看待自己，如何思考和行动。

人以群居，正因为他们意识到了把他们结合为一体的东西——作为联系纽带的共同谱系、语言、国土和集体经验；这些纽带是独特的、难以把握的，也是根本的。当人们彼此的内在本质、彼此的环境和历史经验相互作用时，他们自然地感受到了文化的边界。希腊文化仅仅是而且永远是属于希腊人的；印第安人，波斯人，法国人就是他们自己，而不是别的什么人。我们的文化就是我们自己的；文化不能比较；每一种文化都有其无限的价值，就好比在上帝面前的每一个灵魂一样。因为喜欢这一个而消灭另一个，就像那些著名的征服者所做的那样，去征服一个社会，破坏一种文明，只是一种恐怖的罪行，剥夺了对方独立自为、按照自己的理性价值而生存的权利。如果你流放一个德国人，赶他到美洲生活，他不可能快乐；他只会备感痛苦，因为人只有生活在理解他的那些人中间，他才会快乐，才会自由地行动。感到孤独，也就是说你置身于周边的人并不知道你想要表达什么的境况。放逐、孤独，也就是说，你发现自己置身于一些人之中，他们的讲话、姿态、书写都是陌生的；其举止、反应、情感、本能的举措，及其想法、快乐和痛苦，都与你相当遥远；他们所受的教育和他们的生活观
40 念，及其生活和生存的气氛和品质，也都跟你不一样。有很多事的确是人所共有的，但最关键的那些事不是。使得人之所以有个性、使他们成为自己、使交流成为可能的东西，恰恰就在于那些跟其他人所做的不一样的地方。差异、特殊性、细微的区别、个体的特征正是关键之所在。

这是一个新的学说。在赫尔德看来，文化差异、文化精髓，尤其是历史发展，跟伏尔泰对其的理解完全不同。对他来说，使德国人之所以成为德国人的是这一事实：他们吃喝、坐卧、穿衣、谋食、赋诗、祭祀、歌咏、战斗、裁决正义、分配财物、管理政治生活等等的方式，都有某种共通的特征，一种定性的品质，一种仅仅属于德国人的模式，而这正是他们在同样的活动上区别于中国人或葡萄牙人的地方。赫尔德认为，这些人，或是这些文化，没有哪一个比其他的更优越，他们彼此仅仅是互有差异；正因为有差异，他们才会追求不同的目标；其中，既有他们特殊的个性，也有他们各自的价值。不同的价值、不同的个性品质都是不可比较的：在赫尔德看来，一个价值的序列假定了有一把唯一的度量尺子，这显然无视于使得人之成为人的本质所在。一个德国人不会因为你把他变成一个次一级的法国人而更加幸福。冰岛人不会因为生活在丹麦而更快乐，欧洲人移民到美洲也是如此。在自己祖先诞生的地方继续生活，说他们自己的语言，在他们的社会、文化习俗的框架之内过自己的生活，唯有如此，人们才能完全实现自身的能力。

人不是自创的，他们诞生在传统的巨流之中（语言尤其重要），这一巨流塑造了他们的思想和情感，形成了他们的内在生命，而且是他们无法摆脱、不能改变的。仅有人所共有的那些品质，并不足以保证一个人或民族的本性完全实现，它还依赖于那些由于人所唯一归属的文化、时间和地点而形成的特性，其重要性至少不亚于前者；假如忽视或是抹掉了这些特性，对人之身与心都是一种破坏。“我并不是在这里思考，而是在这里 41
感受，在这里生活！”[1] 对赫尔德来说，每一种活动，每一种生活方式，其中都有它迥异于其他活动或方式的一种模式。自然的单位，他称之为民众（das Volk），即人民，其首要的要素是国土和语言，而非种族、肤色或信仰。这就是赫尔德一生对说日耳曼语的人们的布道——毕竟，他曾是一位新教的牧师。

不过，假如这是正确的，假如，法国启蒙运动的学说（实际上，如我前文所述，西方世界核心的假定，亦即一切真正的价值都是不可改变、超越时间、普遍适用的）需要作非常大的修正，那么，所谓完美社会的观念，其中必有某种严重的错误。作此推想的基本理由，在以往习见的那些反对乌托邦的意见中并未出现过，它有全然不同的说法。以往的反对意见认为，这样一个完美的社会是不可能实现的，因为人的聪明、技巧、美德都不够，知识达不到所需的程度，或是决心不够强，或是因为带有天生原罪的污点，不可能在这样的生活中达致完美。全体人类共有一个唯一的、完美的社会，这一观念本身必

[1]《赫尔德全集》（*Herder's sämmtliche Werke*，Bernhard Suphan 编，柏林，1877—1913）。第 29 卷，第 366 页。

然是自相矛盾的，因为德国人的瓦哈拉[1]显然不同于法国人理想的未来生活，因为穆斯林的天国跟犹太人或基督徒的天堂也不一样，因为令法国人获得和谐圆满的社会，却可能让德国人感到窒息。但是，假如我们承认就像有多种文化类型一样，完美社会的类型也是多样的，每一种都有其理想的美德灵光，那么，所谓唯一的完美社会的可能性，就成了一个逻辑上不圆融的概念。我认为，这正是现代人对于乌托邦（各式各样的乌托邦）观念之批评的起点。

这一崭新的、真诚的、革命性的世界观（Weltanschauung），受到了德国浪漫主义运动的有力推动。而哲学家费希特则对浪
42 漫主义运动具有非常重要的影响。对年轻的弗里德里希·施莱格尔、蒂克或诺瓦利斯[2]来说，理论、政治和审美方面的各种价值，并非客观给定的，像是钉在某种柏拉图式天空上的星星那样，永恒不动、不可更易，人们要想发现它们，正确的途径只能是：形而上学的洞见、科学的调查、哲学的辩论或是神意的启示。他们认为，价值是具有创造力的人类自己产生出来的。最重要的是，人这种创造物不仅仅赋有理性，同时还拥有意志。意志就是人们的创造机能。他们所设想的人之本性的新模型是从艺术创造的新概念中类推而来的，而不再依据那些客

[1] 瓦哈拉（Valhalla），维京人神话里天堂的一种，是奥丁（Odin）神的殿堂，只接受勇士们的灵魂。——译注

[2] 弗里德里希·施莱格尔（Friedrich Schlegel，1772—1814），即小施莱格尔，德国文学家，倡导浪漫文学思想。与其兄大施莱格尔（Wilhem Schlegel，1767—1845）共同创办德国早期浪漫主义刊物《雅典娜神殿》（*Athenaum*，1798—1800）。蒂克（Johann Ludwig Tieck，1773—1853），德国作家、评论家。诺瓦利斯（Novalis，1772—1801），德国浪漫派诗人。——译注

观准则，后者取自理想化的宇宙本质（la bella natura），或是古典主义的永恒真理、自然法、神圣的立法者。只要将古典学说（甚至还包括新古典主义后期那些人，某些柏拉图主义者，还有像雷诺兹、拉莫[1]这样的理论家）跟浪漫时代的学说稍加比较，这一变化便显而易见。雷诺兹在他有关“伟大风格”（Great Style）的著名演讲中，曾经言之凿凿：如果你画的是一位国王，你就必须以高贵概念为指导。以色列王大卫，或许生前威望不高，其貌不扬，但你不能照实画他，因为他是一位王。所以，你要把他当作一个高贵的人来画；而高贵，这是一种永恒的、不可改变的品质，完整统一，无论是何时何地的任何人都可以同样地感受它；它就像是柏拉图的“理念”似的某种东西，超出了人眼的视线之外，而且不会因为时过境迁或是视角不同而发生改变，画家和雕塑家的使命就是穿透表象的面纱，把握住纯粹高贵之精髓，进而在画布上（大理石上、木头上或是艺术家选用的任何媒介上）将其传达出来。与之相似，拉莫也确信，作曲家的任务就是用声音去表明和谐，亦即永恒不变的数学比例，它包含于宇宙万物的本性之中，而不是献给凡人的耳朵；正是和谐将秩序和美赋予了音乐声响的样式，而 43
得到灵感的艺术家则尽其所能把这种秩序和美创造了出来——毋宁说是复制、“模仿”出来。

受到新的浪漫主义学说影响的人则不这么看。画家就是在创造，而不是在复制。他并不模仿什么，也不必遵循规则，他

[1] 雷诺兹（Joshua Reynolds，1723—1792），英国肖像画家及批评家。拉莫（Jean-Philippe Rameau，1683—1764），法国作曲家及音乐理论家。——译注

只是要表现自我。价值，不是被发现的，而是被创造的；通过想象活动、创作意志，不是去找到价值，而是制造出价值，就像生活方式、政策、计划是被创造的一样，艺术作品也是如此。那么，靠的又是谁之想象，谁之意志呢？费希特提到了自我（ego）；通常，他将其等同于一种超验的、无限的世界精神——人类个体仅仅是其受时空限制、终有一死的表现方式，是有限的汇聚之体，其现实性即来自该种精神，而且要努力追求与它的完美结合。还有人把这一自我等同于其他超人的精神或力量：比如民族，个人仅仅是这一真正的自我之中的一分子；抑或是人民（卢梭的看法比较接近于此），或是国家（如黑格尔）；又或者，等同于一种文化，或时代精神（即 zeitgeist，歌德在《浮士德》里面大加嘲弄的一个概念），或一个阶级，代表了历史前进方向的阶级（如马克思），或是别的什么同样是让人费解的运动、力量或团体。我必将追随的那些价值，就是始终由这一带有神秘色彩的创始者来产生和改变的；我必将追随，就是因为，尽我之所能、我之所诚，作为上帝（或历史、或进步、或民族）的工具，我将它们视同为我自己的。因而，这就跟先前全部传统截然地断裂开。此前认为，真与美、高贵与低贱、对与错、责任、罪恶、终极的善都是不会改变的，是理想的价值，它们（及其对立物）一旦产生即对所有人都是永恒的、一致的。按照古训，“那时时、处处、人人所信者”（quod
44 semper，quod ubique，quod ab omnibus）[1]：唯一的问题就

[1] 文森特：《教义记录》（Vincent of Lérins, *Commonitorium*，2. 3）。英文为：“What is believed everywhere，always，by everyone.”

是如何了解这些价值，知道如何趋善避恶，该实现什么，又该避免什么。

然而，如果说这些价值不是自存的，而是由我的文化、我的民族或我的阶级所创造的，那么，它们就跟你的文化、你的民族或你的阶级所创造的那些价值并不相同；它们就不是普遍的，而且有可能会发生冲突。如果德国人创造的价值不同于葡萄牙人的价值，古希腊人的价值不同于现代法国人的价值，那么一种甚至比智者派、孟德斯鸠或休谟所述更加严重的相对性将会破坏道德与智识世界的统一。赫尔德宣称，亚里士多德属于“他们”，莱布尼茨才是“我们的”。莱布尼茨发言的对象是我们德国人，苏格拉底或亚里士多德则不是。亚里士多德是一个伟大的思想家，但我们不能回到他那里去：他的世界不是我们的世界。因此，过了四分之三个世纪之后，就有了这样的陈述：如果我真正的价值就是我的阶级（资产阶级）的表达，而非他们的阶级（无产阶级）的表达，那么，所有的价值、所有正确的答案都是彼此谐调的这一概念就必定是错的，因为我的价值观不可避免地会跟你的价值观相冲突，而我的阶级的价值观也不同于你的阶级。古罗马人的价值观跟现代意大利人不一样，因而，中世纪基督徒的道德世界也不同于自由民主制的道德，而且，最重要的是，劳动者的世界也不同于雇主们的世界。对所有人普遍有效的一种公共之善这一概念从根本上就错了。

现在，人们已经放弃了（或者，至少也是忽视了）下面这种概念：有那么一个天国中的、水晶般的世界，不会受俗世的变迁和表象所影响，在那里，数学的真理跟伦理、审美方面的价值共同形成一种完美的和谐，不可动摇的逻辑关联为其保障。这就是浪漫主义运动的核心，而新的认识的极端表达就是：有创造力的个人可以自我决定，他就是个体世界的创造者；我们处身的世界，属于那些挑战惯例的反叛者、自由的艺术家、胡作非为的不法之徒、拜伦式的浪荡子，属于德国、法
45 国 19 世纪早期的浪漫主义作家所歌颂的苍白而又激动的一代，是狂暴的普罗米修斯式的英雄，他们拒绝接受社会法律的拘束，不管有无可能，都坚决去实现自我和自由地自我表达。

在浪漫主义的自我执迷中，这也许可以说是比较夸张（有时候是歇斯底里）的一种类型，不过，其根本要素、它的生长之源并没有随着浪漫主义运动第一波的衰弱而消逝，反而成为欧洲意识中那种持久的不安（实际上是焦虑）之感的诱因。这种焦虑不安一直延续到了今天。很显然，一切人类问题的（甚至只是在原则上的）圆满解决，还有乌托邦这一概念本身，与视人类世界为（个人或集体）意志日新月异、不停冲突的争斗过程的那种解释是不可能和谐共处的。于是有人试图阻止这一危险的潮流。黑格尔以及此后的马克思，就试图回到某种理性的历史计划上。他们二者都认为历史是进步的过程，是人类从野蛮到理性组织的单向的上升过程。他们也承认，历史过程充满了斗争与冲突，但这些问题最终会得到解决。解决的办法就是世界精神（或导致劳动分工和阶级争斗的技术进步）之自我发展的独特辩证法；不过，这些“矛盾”因素本身也是前进运动不可或缺的，这一进程最终将是一个和谐的整体，是一切差别融为一体的最后解决方案，或者如黑格尔所构想的，是朝向超验目标的无限进步，又或者如马克思所说，是一个我们可以

实现的理性社会。对这些思想家来说，历史就像是一幕大戏，其中有一些狂暴的竞逐者。虽然有可怖的苦难、冲突、战争、破坏，有骇人听闻的遭遇，但这个故事将有一个而且必将会有一个幸福的结局。在这一传统中的乌托邦思想家看来，幸福的结局是永恒的平静，是国家衰亡之后一切制度权威都告终结的那么一个静止的、免于冲突的社会散发出的光辉，那是一种和平的无政府状态，生活于其中的人们是理性的，相互合作，品德高尚，快乐而又自由。这是两全其美之策：既承认冲突是不可避免的，又在接受不能逃避的同时相信这仅仅是一个暂时的 46
阶段，道路终将通向人类全体的自我实现。

不管怎样，自从非理性主义者抛出这挑战以来，疑问始终未解决，依然存在。这就是浪漫主义运动令人不安的遗产；而且，尽管有试图消除或是绕开它的种种努力，或是辩白它只不过是心神不安的资产阶级之消极心态的反映——他们意识到自己即将来临的命运是不可避免的，但又不敢去面对——尽管如此，它已经渗入了现代意识的内部。从那时以来，所谓“长青哲学”面对相对主义者、多元论者、非理性主义者、实用主义者、主观主义者以及某些类型的经验主义者，已被迫采取守势；而随着它的衰落，源自这一宏大的一元视域的完美社会概念也就失去了它的说服力。从这时候开始，那些相信完美社会之可能性的人就很容易被对手批评，被指责试图在牵强的人性上强加一种人为的秩序，或是想把人类当作砖头一样一块一块地放到一个预定的结构里面，削足适履，为了某种狂热的计划而不惜解剖活人。因此，赫胥黎、奥威尔或扎米亚京（在1920年代早期的俄国）等人提出（反乌托邦的）抗议，他们为一点儿摩擦都没有的社会描绘了一幅可怕的画面：在那里，人与人之间的差异被尽可能地消除，至少也是减弱，而多姿多彩的人类性情、偏好、理想——简而言之，生命之流动——被残忍地简化为同一模式，压缩进一件社会与政治的紧身衣里面，它以一元论的名义来压制人民，让那个关于完美、静止的社会秩序的梦想受挫、受伤进而化成泡影。这就是抗议均一化的专制——托克维尔和密尔感到它正在向人类逼近——的核心思想。

47 我们的时代已经见证了两种不可协调的观点的冲突：一种观点认为，永恒的价值是存在的，对所有人都具有约束力，而人之所以没有完全认识或明白它们，只是因为理解此目的所需要的那种能力——道德、智识或物质方面的能力尚有所不逮。或许，正是历史的法则本身阻止了我们拥有这种知识：关于这些法则，其中一种解释就是，恰恰因为阶级斗争严重扭曲了人与人之间的关系，以至于人们看不到真理，而人类生活的理性化组织也无法实现。不过，已经取得的进步足以使得少数人看到真理；随着时间完全延伸开，最终的普遍解决方案将会呈现在大多数人面前；而后，前历史的阶段将会结束，而真正的人类历史开始了。这就是马克思主义者的主张，也许，其他的社会主义者和乐天派预言家们也这么看。然而，另外一些人并不接受这种主张。他们宣称，人类的性情、天赋、观点、愿望永远是各不相同的，而一致化就会抹杀这种差异；只有在那些具有一种开放式的结构，在不仅可以容忍多样性而且赞成和鼓励多样性的社会里，人们才可以充分享受生活；人类潜能最大程度上的实现只有在如下这种社会才有可能：那里有非常广阔的意见空间，亦即密尔所说的尝试“各种生活之试验”[1]的自由，那里有思考和表达的自由，各种观念和看法会彼此冲突、摩擦，甚至冲突也得到容许，虽然也有相应规则对此加以限制，以免酿成破坏和暴力行为；臣服于一种唯一的意识形态，无论那是多么理性、多么有想象力的一种意识形态，都是对人们的自由和活力的剥夺。歌德或许就持这种看法。他在阅读了霍尔巴赫的《自然的体系》(18 世纪法国唯物主义者最伟大的著作之一，探索一种理想主义的乌托邦）之后，宣称他对其中的描述难以理解：怎么能够让所有人都接受这样一种苍白、幽暗、死气沉沉的状态，缺乏色彩，了无生气，没有艺术，也不够人 48
性。对那些秉持歌德这种带有浪漫主义色彩的个人主义之人而言，重要的不是共同的基础，而是差异，不是一，而是多；他们认为，归于一统的渴望——亦即人类找回失去的天真与和谐而获得重生，或是从破碎的现存状态回归到包容一切的整体——是一种错觉，幼稚而且危险：为了求得一致化而抹杀了所有的差异，甚至冲突，他们以为，这也就等于抹杀了生活本身。

这些学说彼此并不相容。它们在古代就是对手，现在穿上了现代的外衣，共同支配今日的人类，而且两两相抗：工业化组织对抗人权，官僚制度对抗“按自己的意愿行事”；高效的政府对抗自治；安全对抗自由。有时候，一种需求也会转化为

[1]《论自由》(*On Liberty*)，第四章，见《密尔文集》(*Collected Works of John Stuart Mill*, J. M. Robson 等编，多伦多 / 伦敦，1963—1991)，第 18 卷，第 281 页。参较第三章，同上，第 261 页，密尔曾提到“生活的试验”(experiments of living)。

它的对立面：宣称共享民主，却变成了少数人的统治，为了保证社会平等的措施却抹杀了自决权、抑制了个人天赋的发展。与这些价值的冲突始终并存的是一个古老的梦想：针对所有的人类病患，不仅有而且一定有（并且是可以被我们发现的）最终的解决方案；那是一个可以达成的方案；通过革命或是和平的手段，肯定可以实现；此后，所有人或是绝大多数人就能够享有美德和幸福，享有智慧、善与自由；假如这样一种立场不仅可以实现，而且能一劳永逸地实现，那么，难道心智健全的人还会愿意回到那种流离于荒漠的悲惨境地吗？如果真有这种可能，那么必然是付出任何代价都不为过了；如果所有人的最终得救，其代价就是（仅仅是）压迫、残暴、镇压和高压政治，那么其代价也不算太高吧？这种信念就为那些给别人制造苦难的行为提供了相当大的空间，只要他们的出发点是纯粹的、无私的就足够了。然而，因为某些终极价值是彼此不相容的，而在一个理想社会中它们得以和解这种想法也就在概念上（而不仅仅是实践上）成为不可能的，如果有人由此而认为这种学说不过是一种幻觉，那么，或许我们所能做的最佳选择就
49 是，努力在不同的人类群体的不同渴望之间寻找某种平衡（显然是一种不稳定的平衡）——至少要阻止他们相互消灭的冲动，而且要尽可能地去阻止他们相互伤害——在最大程度上促进他们相互的同情和理解，尽管这是永远不可能彻底实现的事情。不过，这在表面上看来（prima facie），并不是一个非常激动人心的计划：通过某些机制设计来阻止人们做出相互伤害的行为，给每一个人类群体以足够的空间，让他们可以实现自己那些特殊、独特、唯一的目标，而不干涉到别人的目标，这

种自由主义的布道并非那种能够鼓励人们去牺牲、去殉难、去开创英雄业绩的热情的战斗口号。但是，一旦采纳了这种意见，也许就可以阻止彼此残杀，并且最终使得世界得以保存。康德，这个与非理性主义相去甚远的人，曾经这么说过："人性这根曲木，绝然造不出任何笔直之物。"[1] 因而，由此看来，在人类事务中是不可能有完美的解决方案的，不仅在实践中如此，原则上也不可能；任何人决意去谋取解决的话，只可能招致苦难、幻灭和失败。 50

[1] 同前引书（第 vii 页注释 1）。

维柯与文化史

一

探究人自身的过去，一直是一项人们热衷从事的重要工作。其动机有很多种，尼采就曾在一篇著名的文章里讨论过这样一些动机：为了满足自豪感，而夸耀部族、民族、教会、种族、阶级和政党的丰功伟绩；为了加强某个社会内部的团结，比如宣称“我们都是卡德摩斯（Cadmus）[1]的子孙”；为了对部落的神圣传统表达敬意——唯有我们的祖先得到了启示，知道什么是生命的真正目的，什么是善与恶、对与错，一个人该怎样生活，依靠什么去生活；以及，与之相关的一种集体价值的感觉，不仅自己有必要了解，而且要传播给别人，我们的社会现在是以及过去是怎样的一种社会，人与人之间是怎样的一种关系结构，这种关系结构体现了我们的集体智慧，而我们的集体智慧正是借助这种关系结构才得以发挥。

有一种研究思路是从伦理方面展开的：历史给我们提供了有关善与恶的可信例证（以及范本），该做什么、不该做什么，都有栩栩如生的说明：英雄和恶棍、智者和愚夫、成功者和失败者，各色人物形象鳞次栉比。历史在这里，像莱布尼茨所宣称的，首先被看作是一所道德的学校。又如迈斯特所相信的
51 （或许马基雅维利也这么看），历史是政治学的试验场。

其次，有人在历史里寻找某种模式，将历史视为一个宇宙计划的渐次展开，是神圣发明者的创作；这个发明者创造了我

[1] 卡德摩斯，希腊神话中的降龙勇士，忒拜的创建者。——译注

们人类，并且将一个宏大的目的隐藏在我们身后；因为我们太脆弱、罪孽深重，或者是愚蠢不堪，无法知道这一目的，但它真实存在，而且不可改变，只有那些有慧眼的人可以依稀窥见它的轮廓。将历史看作一幕宇宙大戏的概念，是这类看法的表现形式之一，这幕大戏，按照某些人的说法，直到历史和时间的边界之外，方才发展到高潮并落幕，实现精神的整个圆满；而这些并不能被有限的人类智力完全把握。在另外一些人看来，历史是一个循环的过程，人类的成就达到了顶峰，就会衰退和崩溃，此后，整个过程又将重新开始。他们相信，恰恰是因为有了这样的模式，历史的进程方才有意义，否则，它会是什么呢？偶然的分分合合，机械的因果连续，如此而已。

再次，还有人相信，可以建立一种社会学式的科学，一切历史事实都是它的材料；一旦我们发现了决定社会变化的法则，就可以预测未来，反思过去——正如第谷对天空的观测证明了开普勒或伽利略所发现的定律一样，这种把历史视为系统化的观测材料之集合的概念，也将会佐证一门发达的科学的社会学。若非用于验证某些特殊的假设，这一崭新的、强有力的工具使得回归到材料的简单累积不再必要。这也是19世纪的实证主义者（像孔德和巴克尔）的愿望。他们相信，可以确立而且必须确立一种历史的自然科学，而所倚赖的方法在本质上，即便不是类似于物理学方法的，至少在某种程度上也类似于生物科学。

此外，还有一种人，他们研究历史的兴趣，仅仅是因为对
过去有好奇心，为了求知而求知；就是想知道过去发生的事 52
情，是在何时、为什么发生的，而不一定要得出什么全面的结

论，或者是概括出什么法则。

最后，但并非最不重要的，是有些人的另一种野心。他们想弄清我们这一代人是如何变成现在这个样子的，我们的祖先曾经是什么样子，他们干了些什么，他们的活动产生了什么后果，这些活动之间有过什么性质的相互影响，他们渴望什么、害怕什么、追求什么，他们与之斗争的自然力量是什么。有这样的想法，原因很简单，只有未开化的野蛮人才会对他们自己的文明形态和生活方式没有刨根问底的好奇心——他们的祖先流传下来的经验如何决定了他们在世界秩序中的地位，其先辈有着怎样的身份，唯有上一代的经验才能让后继者们确立自己的身份。

上述研究历史的最后一种动机，源自人类认识自身的愿望，这种愿望，尽管在早期的思想家那里已经有所暗示，直到18世纪方才正式浮出水面；表达这种愿望的，主要是那些对法国启蒙思想的核心要旨——那时对大多数欧洲知识分子产生了支配性的影响——持反对态度的西方思想家们。法国启蒙思想里有一种信念：最终一定会发现一种放之四海而皆准的有效方法，可以解决那些自始至终就困扰人们的根本性的问题，亦即在每一个知识领域，如何去确定何者为真，何者为假；以及，最重要的是，应该引导人们走向哪一种正确的生活方法，方能达到人们始终为之奋斗的那些目标：生命、自由、公正、幸福、美德、人类的潜能通过一种和谐的、有创造性的方式得以全部实现。这样一种方法，意味着要将那些上个世纪在数学和自然科学领域中取得了如此辉煌成果的、理性的，亦即科学的规则，应用到人类的道德、社会、政治和经济等方面的问题

上来，后者长久以来一直被无知和谬误、迷信和偏见所遮蔽；很多情况下，是牧师、王公、统治阶级、官僚以及野心勃勃的 53
冒险家们故意在传播这样的迷误，企图借此让人们服从他们的意志。

启蒙时代最伟大的宣传家——伏尔泰，虽然提倡过要扩大历史研究的视野，容纳社会、经济方面的活动及其后果，但他仍然坚定地认为，人类成就的山峰，而不是谷底，才是历史研究唯一有价值的对象。他一直持肯定态度的是这样一些时代：伯里克利时期的雅典、共和国晚期和元首制早期的罗马、文艺复兴时期的佛罗伦萨以及路易十四统治下的法国。这些都是人类最为光彩夺目的时光，那时，在艺术、思想、道德以及礼仪等方面，所有聪明人为之不懈追求的至真境界，使得这些国家以及个人的生活方式，看起来有些相似之处。这种境界是超越时间、普遍适用的，所有通情达理的人都可以理解，只要他们用心去看；这种境界，不会因任何变化或者某种历史的演变而有所更易。正如自然科学的问题，答案一经发现就永远不变，正如几何学的定理、物理学和天文学的定律，不会因为人的观点或生活的方式有所改变而受任何影响，因此，人的问题的答案，也能同样明晰、同样彻底，容或有程度差异，但原则上都应该能够实现。

甚至于孟德斯鸠，虽然他相信人们的习俗和生活观念不可避免地会有千差万别，主要由于多样的物理因素，以及它们所决定的各种人为的建制影响；但他仍然假定，无论何时何地，人类的基本目标都是一致的。当然，在不同的环境下，不同的社会中，它们会以不同的面目出现，因而，为所有的人类社会统一立法，就是不可能成功做到的。在18世纪的哲人那里，进步这一概念，无论是支持者（如孔多塞和爱尔维修）对此乐观其成，还是质疑者（如伏尔泰和卢梭）对其前景怀有疑虑，它总是伴随着这样一种看法：自然之光（lumen naturale），
54 无论何时何地都是一样的，尽管人们经常是德性不足、愚蠢或脆弱的，不能发现它，或者即便看到它了，也不能够在它的光芒之下生活。

对伏尔泰来说，人类历史上的黑暗时期并不值得才智之士去关注。研究历史的目的，是为了传授有教育意义的事实，而不是为了满足无用的好奇心；据此，只能是去研究理性和想象力的丰功伟绩，而不是关注其挫折失败。伏尔泰说："如果你没有更多要告诉我们的，仅仅是在阿姆河（Oxus）或是药杀水（Ixartes）边，一帮野蛮人战胜了另一帮野蛮人，你说这些对公众有什么用处呢？"[1] 有谁想知道"光宗继承了神宗，熹宗继承了光宗"呢？[2] 又有谁想知道撒缦以色或玛尔多凯姆帕德是谁呢？[3] 除非是当作警示的例子，提醒人们野蛮与暴虐是多么令人生厌，否则，历史学家就不应该让他的读者们被宗教的迷狂、傻瓜和蛮人的胡言乱语或者流氓无赖的捏造搞昏了头。

[1]《关于百科全书的问题》，"寓言"（*Questions sur l'Encyclopédie*，'Fable'）：《伏尔泰全集》（*Oeuvres complètes de Voltaire*，Louis Moland 编，巴黎，1877—1885），第29卷，第367页。

[2]《风俗论》（*Essai sur les moeurs*）：同上，第13卷，第162页。（光宗、神宗、熹宗是中国宋朝皇帝。——译注）

[3]《历史评论》（*Remarques sur l'histoire*）：同上，第16卷，第137页。（古代亚述王国有五位国王叫 Shalmaneser。Mardokempad 是公元前8世纪的巴比伦国王。——译注）

这种看待人以及人类社会本质的非历史性态度，在18世纪是司空见惯的。之所以有这种态度，部分原因是由于前一个世纪里精确科学取得了显著的成功，导致像笛卡尔等人把历史研究看作是不值得那些有意增进客观知识的才智之士关注的工作，在这滩泥水里很难有什么希望。这样一种看法，不论是以何种形式出现的，从柏拉图及其弟子开始，就一直是西方思想的核心：真理是一，而不是多，不可分割，不论何时何地，对所有人都是一样的；而且，无论是通过神圣经典的宣告、传统的智慧、教会的权威、大多数人的民主、由合格的专家操作的观察和实验，还是通过那些未被文明污染的纯朴民族的信仰，你都 55
可以发现真理。

这一看法也并非完全没有遇到过挑战。且不说古代希腊和罗马的怀疑论者，16世纪的一些宗教改革派（尤其是信奉新教的法理学家们），就曾因为不满教皇的权威而宣称：各种文化之间的差异与它们之间的共同之处相比，如果不是更重要的话，也至少是同等重要的。像法国的霍特曼、英国的柯克和马修·黑尔等法理学家，就否认罗马的普遍权威，而提出了一种新的观点：他们说，既然习俗、生活方式、生活观念各不相同，那么，不同的社会所倚赖的法律和规则也必然有差异。这说明他们各自的生长有着深刻的、根本的差别，成为各不相同的，而且有时是大相径庭的社会实体。因此可以说，这些搞法律的人对文化多样性的概念也有所贡献。

文化这一概念——某一共同体中成员之间的分散活动的相互关联——亦即联系的纽带，它存在于法律系统、宗教、艺术、科学、习俗，以及（更重要的）语言，还有神话、传说以及礼仪行止等等之间；并且将它们凝结成具有不同的理想和价值观念的独特生活方式。这样一种完整的文化概念，以其完全自觉、清晰的形式表现，并不是很古老。它的形成，主要应归功于意大利文艺复兴时期兴起的对于古代希腊、罗马世界的兴趣。希腊、罗马与古典时期的其他社会之间有着明显的、深刻的区别，这一点吸引了众多学者以及受其影响的人的注意力，让他们关心是否可能存在不止一种真实的人类文明。恰成悖论的是，正是这种复兴的概念，这样一种在黑暗的中世纪之后再现希腊罗马的辉煌，按照曾经用来治理古典文明的那些永远有效的原则重新安排生活的愿望，随着有关过去的知识的不断增长，逐渐让位给了一种对立的概念，亦即在古代社会和现代社会之间，无论是生活观念和行为方式，还是规则和原则，都有
56 着不可调和的差异性。

16 世纪法国历史上的许多历史学者，像维涅尔、拉波普里尼、勒卡朗、布丹，都相信对于古代的研究，包括习俗、神话、宗教仪式、语言，以及碑铭、钱币、艺术作品，当然还有书面记载，等等，可以为重建完整的文化提供证据和基础。尽管如此，始终占据西方思想主流的还是这样一种观点：一切高级文化，均为同一棵启蒙大树上的一些枝杈，也就是说，人类的进步基本上是一种一往直前的运动，中间可能被衰退和崩溃时期打断，但无论破坏多么严重，总是能不断更新，并且无限趋近于理性的最终胜利。（主要是在基督新教的势力范围内）不断有历史学家和法理学家出来质疑这种假设；他们强调那些横亘在旧世界与新世界之间、罗马人与法兰克人之间的不可逾越的差异。人们开始用一种严肃而且具有同情心的态度来研究

远古和异邦。（例如）东西方之间的不同，或欧洲和美洲的不同，受到了关注。不过，很少是用研究的态度去撰写确切的历史或对这些有差异的社会进行分析；尽管这些社会跟自己的社会之不同，让学者和旅行家着迷。

对这一思想趋向有重要推进的，是最早跟18世纪巴黎的文人雅士（literary mandarins）唱反调的一些人。他们批评这样一种看法，亦即想当然地认为，对于过去的判断应以我们自己文明时代的口味为标准，看它们的理论和实践在多大程度上合乎此标准。因而，我们看到，18世纪早期的英国和瑞士学者开始探讨历史上的传说故事、英雄传奇、早期的诗歌，把这些视为某些人自我表达的工具。这些批评家们坚信，荷马史诗、尼布龙根之歌、挪威人的萨迦[1]在各自的时空之中，都为它们所由以长成的社会形成特殊的个性而贡献了各自的力与
美。牛津大学的希伯来钦定讲座教授罗斯主教就曾指出，《圣 57
经·旧约》是古代犹太[2]地区居民的民族史诗，不能用那些从研究索福克勒斯、维吉尔、拉辛或者布瓦洛[3]中得来的标准去评判它。

这种趋向的最著名的支持者，是德国诗人、批评家赫尔德。赫尔德坚持并且赞美民族文化的独特性，尤其是它们的不可通约性，据以理解和评判它们的标准之间的差异性。他终生

[1] 萨迦（sagas），写于1120年到1400年之间冰岛的一种叙事散文，主要描述首先在冰岛定居的家族及其后代的故事、挪威国王的历史和早期日耳曼神和英雄的神话传说。——译注

[2] Judaea，古代巴勒斯坦南部地区，包括今以色列南部及约旦西南部。耶稣时代，它是由希律王室所统治的王国，也是罗马帝国叙利亚行省的一部分。——译注

[3] 布瓦洛（Boileau-Despréaux，1636—1711），法国诗人。——译注

痴迷于探讨在过去与现在之间、欧洲与亚洲之间文明发展道路的多样性。人们对新兴的东方学研究、印度和波斯语言研究的兴趣，为这种多样性提供了许多令人信服的具体例证。由此，德国的历史法学派受到了鼓励。无论是对罗马法，还是《拿破仑法典》，或者是法国大革命的理论家及其国外的盟友所宣扬的主张，该学派都表示不承认所谓其具有永恒的合理性，或是普遍的有效性。有时候，这种对于唯一的不可改变的自然法则（无论它是由罗马教会还是法国启蒙运动构想）的反对意见，往往会以非常反动的面目出现，甚至为压迫剥削、独裁统治以及各式各样的不平等和不公正唱辩护词。尽管如此，把钱币翻过来就会看到另一面，它吸引人们去注意到：人类的制度丰富多样，生活观念和经验有着深刻差异，从而让人们有了自识，产生分化；更重要的是，这就使得不可能把人们的生活简化为一种单一的模式，甚至于不能简化为对这种系统模式的一些偏离。

与此相联系而言，有一点值得特别指出的是，在观念史上，还很少有过像这一新信念的诞生那样戏剧性的观点变化；这一信念认为，独特、唯一的性质、多样性本身，与其说是不可避免的，不如说具有价值和重要性；还有一点认识是与之相应的：一致性当中有某种东西很压抑，令人深感厌倦；多样性代表着活力生机，而相反，对立面的一元论调却是死气沉沉
58 的。这一概念，这种情感，我们今天看起来非常自然，但它事实上与某种世界观无法协调。这种世界观认为，真理无论在何地都是唯一的，而谬误却有很多；理想状态就是实现整体的和谐，而不同观点或意见之间不能协调的矛盾，显然就是不完美

的表现——由于谬误、无知、脆弱或者罪恶之故，无法达成一致。然而，对于同一（oneness）的崇拜，不仅是柏拉图主义及其众多继承思想的根基，在犹太教和基督教中也是如此，甚至在文艺复兴和启蒙运动时期，因为受到自然科学突飞猛进的深刻影响，这种崇拜也不见得有所减少。就连莱布尼茨，尽管他相信丰富性，相信物种最大可能的多样化的价值，但仍假定，这些物种必定是彼此和谐的。还有伯里克利，虽然在一篇经修昔底德之手转录的葬礼演说词中，他曾对斯巴达的军事化国家的严格规训与雅典人宽松放任的生活组织进行比较，认为前者相形见绌，但不管怎么说，他所希望的还是一个和谐的城邦，为了维护和改进它，所有成员都应该自觉地贡献出自己的能量。亚里士多德承认，在观念和性格方面的某些差异是不可避免的，不过，他并不把它当作美德来称道，而只承认它是人性不可改变的一部分。至于 18 世纪最重要的支持多样性的人——赫尔德，他热情地坚信，每一种文化都对人类的进步有其不可取代的独特贡献；他甚至还认为，这些不同的贡献，彼此不应该有冲突——实际上，也不会有冲突；不同文化的活动，就是为了增进不同国家、不同制度之间的普遍和谐，上帝或者大自然创造人，正是为了这一普遍的和谐。任何学说，如果其核心是一种真、善、美的一元论的概念，或是一种目的论，假定一切事物的发展都朝向最终的和谐解决，即一种最终的秩序，届时世界上一切的外在冲突和生活的瑕疵都将得到解决；任何一种这样的学说，都不会将多样性当作一种独立的价 59
值，为了追求多样性而追求多样性；因为，多样性必然伴随着可能出现的价值冲突，以及不同的理想（甚至是当下的目标）

之间无法缓和的对立，尽管这些价值或理想都属于那些品性同等正直的人。

不过，浪漫主义运动的核心思想，无论是艺术，还是哲学，正是对丰富的多样性的顶礼膜拜。我认为，这或许已经导致了对于客观真理这一概念的某种消解——至少在规范知识的范围之内如此。无论自然科学怎样，在伦理学、政治学和美学领域，重要的是追求内在目标的真实和诚挚；这一点对于个人，或者是国家、民族、社会运动等群体，都是同样适用的。在浪漫主义的美学思想里，这一点看得最清楚：那种永恒的范型的概念，那种柏拉图式的美的理念，曾经是艺术家们通过画板或声音等手段想要努力表达的，尽管总是不够完美，然而现在，它已经被一种热情洋溢的信念、一种崇尚精神自由和个体创造性的信念取而代之了。画家、诗人、音乐家并不只是反映自然——尽管它是完美无瑕的，他们是在发明、创造；他们并不模拟（模仿说），而是创造，不仅创造手段，也创造他们所追求的目标。这些目标是艺术家自己独特的内在视野的呈现，而那些“外在的”声音——教会、国家、公共舆论、家庭、朋友、时尚权威——已经被搁置到了一边；过去只有他们才能说明艺术家们是否有创造力，是否有存在的价值，而现在却被艺术家们抛弃了。

真正的浪漫主义之父是约翰·戈特利布·费希特。他也是唯意志论和主观主义的最热情的宣扬者。唯意志论和主观主义，的确，最终会走向狂热的无政府主义和非理性状态，导致拜伦式的自我陶醉，崇拜那些阴郁的流浪者、邪恶和迷狂之士以及稳定社会的敌视者，还有像该隐、曼弗雷德、异教徒[1]、梅尔莫斯[2]之类的恶魔（他们所引以为傲的特立独行，是用无数人的幸福和生命为代价换来的）。就民族问题而 60
言，这种对于普遍有效的价值概念的排斥，有时就促进了民族主义和侵略性的沙文主义的发展，导致对于强硬顽固的个人或集体自我决断的歌颂。在极端的情况下，它会演变为罪恶的、狂暴的病态形式，以抛弃理性和一切现实感而告终，并且经常会导致令人难以置信的道德和政治后果。

不过，在这一思想运动的早期阶段，浪漫主义的确标志着一种具有相当深度的历史理解力的诞生，有了这种对历史的理解，人类文明的发展不再被设想为一种时而上升、时而衰落的单一的线性运动，也不再被看作是矛盾对立、但总会再实现更高的综合的一种辩证运动；现在，它被视为实现了文化的多样性和丰富性，其中每一种文化所包含的价值体系都不同于其他的文化，有时还会有矛盾，但在有非常敏锐的历史眼光和同情心的观察者看来，这些全都能够理解，并被当作人类可以追求并成为一个完整的人之生活方式。普遍公认首先解说这一观点的是赫尔德；不过，最早赋予它血与肉的应该是司各特[3]。司各特历史小说最突出的成就在于，他第一次将个人、阶级，甚至还有社会，活生生地表现了出来，而不再像在李维、塔西佗，甚至吉本和休谟的笔下那样，仅仅是舞台上的形象，平面 61

[1] 该隐（Cain）、曼弗雷德（Manfred）、异教徒（the Giaour）均为科伦诗中人物。——译注

[2] 梅尔莫斯（Melmoth）是马图林（C. R. Maturin）小说中的人物，把灵魂卖给了魔鬼，到处游荡。——译注。

[3] 瓦尔特·司各特爵士（Sir Walter Scott，1771—1832），英国著名历史小说家和诗人。——译注

的、没有个性的类型。无一例外，司各特笔下的人物，无论男女，仿佛都能够让读者置身其中，能够了解他们的观念、情感和心理活动；司各特是第一位实现了赫尔德所鼓吹的观念的作家：传达给读者的世界，就跟他们自己的世界一样丰富，同样真实，又有深刻的差异，但并非遥不可及，而是仍然可以理解，就像理解那些个性和生活不同于我们的同时代人一样。司各特对历史写作的影响还没有被充分地研究过。通过生活在其中的那些人的眼睛去观察过去，从内部去看，按照过去的本来面目——而不是仅仅当作一系列的遥远的事实、事件和人物，只是从某种外在的有利视角将其描述成一个发展的序列，对这些材料平铺直叙，或者进行统计处理。这样一种理解能力，即便是付出相当努力之后才能够获得的，却是在现代之前的那些关心真相的历史学家们几乎不可能宣称过的一种能力。

赫尔德可以说是这种想象的洞见力之性质的卓有成效的发现者，但是，第一个明确表述了它的可能性，并且提供了这种方法如何运用的例证的人，是18世纪早期的意大利思想家詹巴蒂斯塔·维柯。长期以来，维柯的主要作品不为人所知，仅仅是保存在少数意大利人和几个法国人手里。很多年之后，直到19世纪初，儒勒·米什莱偶然读到了维柯的作品，热情激昂地在整个欧洲颂扬维柯的成就，意大利人才开始谈论维柯。

二

文化以及所谓的文化多元论，这两个现代概念的真正发明者都是维柯。根据文化多元论，每一种真正的文化都有其独特的视野，各自的价值衡量标准；在发展过程中，它们可能会被其他的视野和价值取代，但永远不可能是彻底被替代：也就是说，对于较早的价值体系，后续的一代人不可能完全不能理解。维柯不同于斯宾格勒或者韦斯特马克[1]那样的相对主义者，他并不认同这样一种观点：人是囊缩在他们自己的时代或文化中的，像密封在盒子里似的，不能被其他在价值观上与之有很大差异的社会和时代的人所理解，他们也会对其他社会和时代的人有陌生感和排斥感。维柯最根本的一条信念是，只要是人之所做的，都能被其他人所理解。破解那些与我们不同的行为或语言的意义，也许要付出极其艰苦的努力。但无论如 62
何，在维柯看来，如果某种东西之意义是与“人”有关的，这就已经足够了——因为所有的此种生命，通过充分发挥其想象力，都有可能把握世界呈现给其他生命的模样；那些生命身处不同的时空，他们践履若干仪式，使用某种语言，创造一些艺术作品，这些都是他们自我表达的天然手段，以此来理解和解释他们所感受的世界。

从根本上说，维柯使用的方法，与大多数现代的社会人类学家用来寻求理解原始部族（或者是他们的遗存）之行为和意象的方法如出一辙。对待这些原始部族的神话、故事、隐喻、明喻以及寓言，社会人类学家们并不看作是胡言乱语，或是非理性的、孩子气的野蛮人的头脑发昏（但18世纪的人倾向于这么认为），相反，他们寻找能打开野蛮人世界的门钥匙，

[1] 韦斯特马克（Edvard Westermarck，1862—1939），芬兰社会学家。——译注

试图通过野蛮人自己的眼睛去观察，并且有一点牢记不忘：人——就像一位后世的哲学家所说的——既是自己的主体，也是自己的客体。因而，他们看到的原始人，就不仅仅是一些只能被描述一下外表，而不能被看穿心理动机的生物（比如植物和动物，只能用物理学和生物学的法则来描述其表现），而是跟我们自己类似的生命，也是同一世界上的居民，这些行为、语言是能够理解的一些反应，是他们对于自己所身处的自然环境以及他们试图理解的东西的反应。在某种意义上，正是极不相同的语言那显著的多样性存在本身——有时甚至是在毗邻的社会之间（例如在高加索地区，或在太平洋的岛屿上），成为人类自我表达的不可缩减的多样性的一种标志，或者也可以说是一个范例；因而，甚至是在同源的语言之间，完全转译在原则上也是无法实现的；隔阂——这里指的是感知方式和行为方式的差异——有时的确非常之深。

63 在某种意义上，这种思路与任何人与人之间的理解活动并没有多大不同：他们所说的话、他们的脸色、他们的姿态，都向我们表达了他们的意愿和渴望。只有当交流被打断的时候，我们才不得不去求助于那些纯粹科学的解读手段：首先做出假设，进而寻求验证，确定文献的可靠性以及古代遗物的时间，分析它们的构成材料，判断证言的可靠程度，分辨信息的来源，如此等等。为此，我们借助于常规的科学方法，而不是某种灵机一动的猜想。不过，为了理解在特定的环境、特定的时间下，当时的生活是何种状态，如何与自然力量或其他人相抗争，以及在那些相信巫术、咒语的效验，通过祭祀安抚神灵或乞求自然更符合人的意愿的人的眼中，种种事物是如何被看待的，用一点猜想也是在所难免的。

因为我们的祖先也是人，维柯推想，他们也跟我们一样，知道什么是爱与恨，希望与恐惧，什么是期望、祈祷，什么是战斗、背叛，什么是压迫、被压迫，什么是反抗。维柯认为，他所知道的最好的东西就是罗马法和罗马的历史；因而，他所举出的许多例子都是出自罗马早期的历史和立法。维柯的词源学在很多地方是稀奇古怪的，不过，他对于经济环境的描述确是对早期理论的一大推进。在他看来，经济环境导致了与平民和贵族之间持续不断的阶级争斗相关的这种或那种立法。在历史细节上也许有误，甚至很荒谬，知识也许尚有欠缺，批评方法不够充分，不过，这种研究思路是大胆的，具有原创性，而且富有成效。维柯从来没有说过，他所说的“进入”（entering into）或者“降到”（descending to）原始人的心灵之中究竟是什么意思，不过，从他在《新科学》中的实践可以看到，很简单，他所要求的是想象的洞见，一种他称之为幻想（fantasia）的才能。后来的德国思想家谈到理解（verstehen，即 understand），与了解（wissen）相
对，我们在自然科学中所拥有的知识只能是了解，谈不上“进 64
入”，因为人是不可能进入蜜蜂和海狸的希望和恐惧的。对于维柯的历史知识的概念来说，“幻想”是必不可少的。这种知识并非像“尤利乌斯·恺撒已经死了”“罗马不是一天建成的”“13 是一个质数”“一周有七天”这一类的知识；也不是像如何骑自行车，或做一项统计研究，或打赢一场战争之类的知识。它更像是认识到什么是穷人，什么是归属于一个国家，什么是一场革命，什么是皈依一种宗教，什么是坠入爱

河，什么是被一种无名的恐惧所主宰，什么是为一件艺术作品而欣喜。这些例子，我只是列举，因为在维柯那里，他感兴趣的不是个体的经验，而是整个社会。这是一种集体的自我认识，也就是在社会发展的特殊阶段，人们面对自然界，与之相抗争，努力要表达和解释自己所处身的环境，创造了各种制度、纪念物、符号象征以及各种书写和讲话的方式，以表现其思虑、幻想、情感和愿望。维柯希望加以分析的是这种集体的自我认识，而且他认为自己已经发现了一条别人没有走过的道路。借助于对神话、仪式、法律、艺术形象的解读，以理解文化的历史，维柯打开了这一扇门，他自己也认为这是他的主要成就。毫不奇怪，卡尔·马克思会在给拉萨尔的一封著名信件中说，维柯在解说社会演化时偶尔会有天才的灵光闪现。

没有人比维柯更配被称为历史人类学之父。米什莱以维柯的私淑弟子而自居，他说得没错：维柯是德国历史学派被人遗忘的先驱。对于像自然法则、永恒的权威这类非历史的教条，以及斯宾诺莎等人的假定——任何真理都会被某人在某时发现，人们长期在黑暗中摸索，只是因为运气比较差，没有或者不会正确地运用他们的理性——维柯最早提出了反对，而且在某些方面，其反对意见也是最令人敬畏的。把历史看作是多
65 种文化的连续，在人们与自然力量的不断抗争中，每一种文化都从前一种中得到了养分，在社会演化的某一个阶段，在生产过程中产生出了阶级，而且不同的经济阶级之间发生了争斗；这一具有宏大意义的历史发展观念的产生，在人类自我理解的发展历程中，是一个重要事件。关于历史演变之性质的这一概

念，虽然从赫西俄德到哈林顿[1]的社会思想中可以看到它的一些预示，但从未被如此完整地表述过。

维柯的一些现代批评者曾经指出，维柯认为人只能理解他做过的事情，这一学说对于去发现和分析不同文化来说，是不够充分的——难道就没有一些无意识的冲动、非理性的因素，是我们不了解的、甚至无法追溯的吗？有些行动不是常常会导致出乎意料的后果，会有行动者意想不到的突发结果吗？在维柯的观点中——黑格尔的"理性的狡计"的另一种形式：难道不是天意用我们的恶创造了符合人类利益的各种生活形式吗？（维柯的同时代人孟德维尔[2]也曾经提出过有点儿类似的想法。）这一天意，是人不能够"理解"的某种东西，因为根据维柯的说法，它来自上帝的意志，这一神灵的所作所为是我们人类没法参与的。此外，我们是不是也要不可避免地把一些自己的概念和范畴带入对于过去的理解之中呢？著名的古典学家威拉莫维茨不是已经说过：死人不会开口说话，除非他们喝了醉汉的血？（这是在影射荷马笔下的阿喀琉斯，奥德赛把他的鬼魂从阴间召唤了出来。）然而，既然我们提供给他们的是我们自己的血液，他们开口讲话也是用我们的声音，而不是他们自己的；那么，这种情况下，我们还宣称理解了他们和他们的世界，在某种程度上岂不是虚幻的错觉吗？

所有这些考虑都无疑是正确的，的确是对下面这一观念

[1] 詹姆斯·哈林顿（James Harrington，1611—1677），美国哲学家。——译注

[2] 孟德维尔（Bernard Mandeville，1670—1733），原籍荷兰，英国讽刺作家，著有《蜜蜂的寓言》等。——译注

构成了挑战：既然人类历史是人类创造的，那么，在原则上，
66 “进入”我们祖先的心灵进而彻底地理解他们应该是可能的。不过，即便人类历史不只是有关人们的希望、理念以及体现这些想法的行动的记述，也不只是描述人类的经验历程或者意识的各个阶段（尽管有时候，黑格尔和柯林伍德看起来都认同此种看法）；甚至就算承认马克思的说法是对的，即承认的确是人创造了自身的历史（不过，不是凭空地创造，而是以自然状况和此前人类制度的状况为前提，这所造成的局面未必会跟行动者的目的有什么关联）——排除了这种种局限之后，维柯的说法，即便现在看起来似乎是野心太大，仍然还是有一些重要的东西。今天的每一个人都很清楚以下二者之间的根本区别：一方面，那些历史学家们描绘了社会整体或者其中群体的画像，全面而且立体，让我们（或许正确地、或许错误地）相信，我们可以知道在这些条件下将会是怎样一种生活状态；而另一方面，那些古董商人，制作编年记的人，以及搜集物品或者统计表（可以以此做出大规模的概括）的收藏家，博学广识的编辑，或者是那些期望运用想象力打开猜想大门的理论家们，他们往往主观臆断，捕风捉影，甚至更糟。

这里最根本的区别就在于，如何对待维柯所谓的“幻想”才能。在他看来，没有这种幻想，过去就无法重建。我们绝不能因为他赋予想象力的关键角色就忽视查证的必要性——维柯自己并没有忽视；他承认，检验证据的批判性方法是不可或缺的。不过，没有“幻想”的话，过去仍然是死的；我们需要赋予它生命，至少在理念上，能听见人类的声音，（在我们收集的证据的基础上）可以推测出哪些是他们的经验，他们的

表达形式，以及他们的价值、观点、目的和生活方式；如果做
不到这些，我们就不能领会，我们来自何方，如何成为现在这
样——在社会、心理和道德方面，而不仅仅在物理或生物学方
面，或是狭义地在政治和制度方面。如果做不到这些，也就没 67
有真正的自我理解。我们称某人为伟大的历史学家，不仅仅是
因为他运用所有最佳的批判性方法，可以完全掌握史料证据，
而且因为像那些天才的小说家一样，他还拥有想象的洞悟能力
的深度。正如英国历史学家屈维廉（G. M. Trevelyan）老早以
前所说的，克利奥归根结底是一位缪斯。[1]

三

运用维柯重构过去的方法的最有意思的一个推论，我称之为文化多元论——这是各种文化的一幅全景图，各自追求不同的、有时甚至是矛盾的生活方式、理念和价值标准。随之，便引出了这样一种看法：长期存在的那种完美社会的理念，在其中，真理、正义、自由、幸福和美德都将以最为完美的形式融为一体，这种理想社会不仅是乌托邦（这一点很少会有人否认），而且本质上是不圆融的；因为，既然可以证明不同的价值是矛盾的，它们就不可能——在概念上不可能——融为一体。每一种文化通过各自的艺术作品、思想产品以及生活和行动的方式表现自身，每一种文化都拥有自己的个性特征，这些

[1] 希腊神话中有九位缪斯（Muse），均为宙斯和记忆女神摩涅莫辛涅所生的女儿，分别掌管不同的文艺或者科学，克利奥（Clio）是其中之一，掌管历史。——译注

特征不可能结合在一起，它们也并不必然会变成朝向唯一的宇宙目的单线发展的一个阶段。

不同的生活观念和价值观念，是不能描述成可以容纳到一个巨大的和谐结构之中的，对于这一概念，维柯在《新科学》里有关荷马的章节中有生动说明。他的观点与当时流行的美学学说形成了鲜明的对比。当时的看法（尽管也有人偏向相对主义），关于优异的标准是客观的、普遍的、永恒的，“那时时、处处、人人所信者”（quod semper，quod ubique，quod ab
68 omnibus）。[1] 比如，可以举出一个著名的例子，有些人坚持认为，古代人比现代人更会写诗，而另外一些人则意见相反；在维柯的青年时代发生的著名的“古今之争”[2] 就是有关这一争论的。有一点值得指出，在这场冲突中，对立双方为了辩护他们自己的观点，措辞中使用的是同样的价值，双方都认为这些价值是可以永恒地应用于一切时代和一切艺术形式的。

维柯并不这么看。他告诉我们，“在这个世界上，孩子气的人天生就是卓越的诗人”。[3] 因为，原始朴素的人想象力很强，而思考能力比较弱。维柯相信，荷马生活在他以某种天才描绘的一个文明的巅峰时期，这种天才是后来的作家无法达

[1] 同前引书（第 44 页注释 1）。

[2] 古今之争，发生在 17 世纪法国和英国文学界的著名论争。古代派认为希腊罗马的古典文学是唯一的文学典范，而现代派则对古典作家的价值提出了挑战。挑起这场争论的，是英国学者坦普尔（Sir William Temple，1628—1699）的《古今学问论》（*Essays on Ancient and Modern Learning*，1690），他倾向于以古典为典范，而斯威夫特（Jonathan Swift）发表《书的战争》（*The Battle of the Books*，1697）与之论辩。——译注

[3]《维柯的新科学》（*The New Science of Giambattista Vico*，Thomas Goddard Bergin 和 Max Harold Fisch 英译，伊萨卡，纽约，1968），第 71 页，第 187 段。

到、与之比肩的。荷马时代的人，“粗鲁、笨拙、野蛮、自信而又顽固”。[1] 阿喀琉斯就是这样一个人，残忍、暴烈、报复心强，只关心自己的感受；然而，他被视为一个完美的勇士，是荷马时代理想的英雄。那个世界的价值已经成为过去了；维柯生活的时代是一个更为仁慈的时代。不过，这并不意味着，因此他就会认为后期时代的艺术能够超越前人诗歌成就的巅峰。荷马公开歌颂那些好战之士的价值观，他对于野蛮、凶猛的战士的美妙赞辞适合于残忍的屠场，他所描述的奥林匹斯诸神，不仅震惊了柏拉图，甚至让亚里士多德想要“惩戒”他，也就不可能被文艺复兴时期或是维柯时代的文雅诗人所接受。

维柯很清楚，这种损失是无可挽回的。因此，他也谈到，罗马时代的作家们认为像布鲁图斯（Brutus）、穆奇乌斯·斯凯沃拉（Mucius Scaevola）、曼利乌斯（Manlius）、德西乌斯父子（the Decii）这样的人值得我们赞美；但他指出，实际上这些都是强暴、掠夺、压榨那些可怜的、不幸的罗马平民的人。他提醒我们，甚至在更早的时代，斯巴达国王阿吉斯试图去帮助那些被压迫者，就被当作叛逆者而施以死刑。不过，那
些难以超越的杰作，正是由这种严酷、凶残的人创作的，也 69
是为了这种人而创作的；而我们却无力与之抗衡。我们或许在理性的思考、广博的知识以及善良仁慈方面比野蛮人要好一点——维柯相信这一点；不过，也正因为理性使然，我们不能拥有那种神奇的、根本性的想象力，或是那种创作华丽的史诗

[1]《维柯的新科学》（*The New Science of Giambattista Vico*，Thomas Goddard Bergin 和 Max Harold Fisch 英译，伊萨卡，纽约，1968），第 267 页，第 708 段。

和传奇的语言，只有一种残忍而原始的文化才能产生这些东西。对维柯来说，在艺术方面没有真正的进步；一个时代的天才不能拿来跟另一个时代的相比较。他认为，追问索福克勒斯是不是比维吉尔更好的诗人，或者在维吉尔和拉辛之间作这种比较，都是毫无价值的。每一种文化所创造的杰作属于而且只属于它自己。当一种文化已经结束，我们可以赞美其辉煌，哀悼其罪恶，但对它并无损益，没有什么能让它们在我们面前恢复。如果的确如此的话，那么，构想一种完美社会的概念，在其中，所有的文化的精华部分都将和谐地融为一体，也就是毫无意义的了。一种美德，或许可以证明是跟另一种美德不相容的。让不能结合的东西就保持不能结合吧。荷马时代英雄们的美德，并不是柏拉图和亚里士多德时代的美德，他们还以自己时代的美德之名批评荷马史诗中的道德问题；5 世纪雅典人的美德，也跟文艺复兴时期的佛罗伦萨，或者是凡尔赛宫廷时代并不相似，尽管伏尔泰持相反观点。从一个文明阶段到另一个阶段的演变中，既有损失，也有收获。不过，无论收获了什么，失掉的东西是永远失去了，而且不可能在某个尘世的乐园里得到恢复。

像维柯所属的这样一个自我满足的文明自以为已经极大地改进了此前时代的野蛮、荒谬和无知。对于处身于这种文明之中的一个思想家而言，敢于认为一种后人难以企及的卓越诗作竟只能在一个残忍的、野蛮的，并且被后世在道德上排斥的时代产生，这的确需要一些大胆的独创性。这一看法等于否认了在一个理想的世界中一切美德和谐相处的可能性。随之而来的
70 一点认识是：运用一个单一的绝对标准（实际上是后世的批评

家和理论家的标准）来评判任何一个时代的成就，不仅是非历史的、时代倒错的，而且它建立在一种谬误的基础之上，亦即假定存在永恒的标准——理想社会里的理想价值。实际上，在人类最值得称赞的作品之中，有不少是和在很多方面可能会受到我们谴责的某种文化有机地联系在一起的；即便我们同时会宣称可以理解那些人所处身的境地，明白他们必须像那样去感受、思考和行动，但是，也许又不得不去批评他们。

由此可知，在一个完美社会里，所有人都努力去争取集体的圆满实现这种概念是不圆融的。在某种程度上，也可以用通俗的词语这样来表述：荷马不能和但丁共同生活，但丁和伽利略也不行。现在，这已经是不言自明的道理了。《新科学》有关荷马的章节中反乌托邦的意涵，在作者的当世被严重忽视，对我们今天这个时代而言，却是大有教益的。启蒙运动，在反抗各种各样的蒙昧、压迫、不公正和非理性方面，其无与伦比的作用是毋庸置疑的。不过，也许是所有伟大的解放运动的共性，他们如果为了突破一般公认的教条和习俗的抵抗，就注定要夸大其词，而对他们所攻击的那些美德视而不见。人既是自己的主体，同时也是自己的客体这一命题很难进入巴黎的哲人们的视野，在他们看来，人类首先是科学研究的客体。人性，在本质上是完全一样的，无论何时何地，并且遵循不受人控制的永恒法则；这一潜在的假设，只有少数大胆的思想家才敢于提出怀疑。不过，如果在科学的名义之下接受这一假设，实际上就是忽视和降低了人类作为价值以及整个生活方式的创造者和破坏者的身份，忽视了人作为一个主体和创造物，有其内在的生活，使他们区别于宇宙间的其他居民。现代最为著名的乌

71 托邦构想，从托马斯·莫尔到马布利、圣西门、傅立叶、欧文以及他们的追随者，都规定了人类基本属性的某种静止的图像，结果，也就有了一个可以实现的完美社会的同样是静止的描述。从而，他们也就忽略了人作为自我转化的生物的特征所在：人，在自然和历史所施加的限制之内，面对矛盾对立、互不相容的目标，有自由选择的能力。

人作为行动者，一种有目的性的生物，既受自己有意识的目的的驱动，也受到因果法则的影响，具有不可预测的思考和想象活动能力，并且有他自己的文化；由于他努力追求自我认识，并在面对他只能利用而无法逃避的物质和精神力量时，努力去控制环境，从而创造了自己的文化。这样一种关于人的概念，在所有真正的历史研究中，都是核心思想。为了实现其特有的才能，历史学家应该具有想象力的洞见；如果没有这种洞见，他们所研究的过去的尸骸就只能是干瘪的、毫无生气的。
72 施展这一能力是而且一直是一项有风险性的事业。

18世纪欧洲思想中所谓的相对主义

法国的启蒙哲人们（philosophes），尽管彼此之间也有矛盾冲突，甚至有严重分歧，但是他们有一个核心的概念，这已经是公认的事实。按照杰出的美国人类学者克利福德·格尔茨的表述，这一概念就是：人是一种“与自然相合”的存在，有一种“和牛顿的宇宙一样［……］永恒不变的”人性。[1] 统治人性之法则或许千差万别，但确实存在。风俗、时尚、趣味或各有所好，但无论在何时何地，驱动人类之同样的热情会引出同样的行为。只有“恒久、一般、普遍者”是真实的，因而唯有就此意义而言，才可说“真正意义上的人”。[2] 唯有任何一位理性的观察者，无论在何时何地，在原则上均可发现的东西，方为真实不移。正如理性的方法——假设，观察，归纳，推导，尽可能地加以实验和验证——成功地解决了物理学和天文学的问题，并且在逐渐解决化学、生物学和经济学的问题一样，它们也能够解决人类社会及个人的问题；哲学，亦即伦理学、政治学、美学、逻辑学、知识论，也可以而且理应转化为一种关于人的一般性的科学，即人类学的自然科学；关于人之真实本质的知识，一旦获致，则人的真正需要也就清楚了：剩下唯一的任务就是去发现如何使他们得到满足，并且照此认识
73 而行事。人类大多数的疾患——饥饿、贫困、疾病、悲惨、压迫、不安全、不公正——都源自无知、懒惰和谬误，而后者则源自那些靠这种黑暗统治而获利的人们有意或无意地挑唆；科

[1] 克利福德·格尔茨：《文化的解释》（Clifford Geertz，*The Interpretation of Cultures.* 纽约，1973；伦敦，1975），第 34 页。
[2] 同上，第 35 页。

学精神的胜利将把长期以来神学家和律师们的胡言乱语掩盖下的偏见、迷信、愚昧和凶残的势力一扫而净。

有些哲人对于（至少在可以预见的未来）实现普遍启蒙的前景较为悲观；但是，他们谁都没有否认，这一点至少在原则上，即使不是在实践中，是可以达到的。当然，他们也知道，总会有人对此核心论题——在原则上有无可能找到这样一种最终的解决方案——持怀疑态度，比如说，相对主义者，像柏拉图所指责的希腊智者（诡辩派），又如亚里士多德如下说法的支持者："火在这里和在波斯一样燃烧，而正义的观念却在我们眼前变化。"[1] 从埃奈西德穆、卡涅阿德斯、塞克斯都·恩披里克[2] 到他们的现代传人——蒙田及其后学，这些怀疑论者始终认为，从那纷纷扰扰、形形色色的人类信仰和实践（早期如希罗多德的描述，到伏尔泰的时代，众多的旅行者游记和历史探究更增加了大量例证），不可能找出什么普遍性的规则。还有信奉基督教的思想家，无论是波舒哀（Bossuet）还是帕斯卡，都深信人处于堕落状态之中，无从获取唯有上帝才可拥有的全部真理。大多数的法国哲人持有相反的观点：在他们眼中，基督教对人的看法显然是一派胡言；至于蒙田、沙朗或拉莫特·勒瓦耶[3]，他们处身于混乱的前科学时代，有所怀疑自可理解，而现在运用牛顿的

[1] 同前引书（第 32 页注释 1）。

[2] 埃奈西德穆（Aenesidemus，公元前 1 世纪）、卡涅阿德斯（Carneades，公元前 214—前 129 年）、塞克斯都·恩披里克（Sextus Empiricus，公元 2—3 世纪），都是古希腊哲学家，怀疑学派的代表。——译注

[3] 沙朗（Charron，1541—1603），法国哲学家，罗马天主教神学家；拉莫特·勒瓦耶（La Mothe Le Vayer，1588—1672），法国作家。——译注

方法，自然可以释疑；同理，旧时的自然哲学家们的疑问亦可解决。

74 像孟德斯鸠或休谟这样一些与法国哲人同时代的怀疑者，他们并不构成威胁：孟德斯鸠其实并不怀疑人类终极价值的普遍性，人类之终极价值建基于永恒的理性或自然，不同于一时的趣味或习俗[1]；所有人天生都追求安宁、公平、社会稳定和幸福，只是因自然环境、社会状况的不同，以及由此而造成的制度、习惯、趣味和风俗的区别而导致方式有所差异。就道德的、政治的，甚至美学的论断而言，孟德斯鸠关于人类之中心目的的看法，其客观主义态度丝毫不亚于爱尔维修：他只不过探究、分析得更多，而少作断语而已。

至于休谟，他的确摒弃了“自然的必然性”这一概念，从而也就破坏了某种形而上学的联系，亦即一种至今仍被人坚持的观点：各种事实和事件之间存在逻辑的关联，从而形成一个系统，将整个客观世界联结在一起。但是，即便如此，他

[1] 孟德斯鸠在他的《随笔》（*Spicilège*，554）中，介绍一出中国戏剧的情节之前，有如下评论：“这看起来跟我们的道德不相符，却不违背理性。”（‘Elle m’a paru contre nos mæurs, mais non pas contre la raison.’）也可以参见他的《思想》（*Pensées*，122），他区分了道德（mæurs）与本性（la nature），其间有很大的差异，本性是永恒不变的；接下来，在《思想》（*Pensées*，817）中，他断言，现代喜剧的不足之处在于，它热衷于取笑的是人类的情感，而非繁文缛节；然而情感是自然的，永远不会可笑，那些繁文缛节却有可能是荒谬的。相对主义的局限性在这里明确地得到了确认：语境是审美的语境，而例证却表明，原则应用到了经验的全体。这里我要感谢夏尔·雅克·拜尔（Charles Jacques Beyer）教授，是他提醒了我注意这些段落，参见他的论文，“孟德斯鸠与美学的相对主义”，载《伏尔泰与18世纪研究》24，1963，第171—182页。见玛森编：《孟德斯鸠作品全集》（*Œuvres complètes de Montesquieu*，A. Masson 编，3卷本，巴黎，1950—1955），相关段落，分别见第2卷，第846，42和239页。

并不希望破坏这些被广泛接受的关系模式，他只不过是将其转化为经验的样式，即从先验的必然性到实际的可能性。他曾说过一段名言："人性仍然保持未变，无论是它的原则还是表现……一样野心勃勃、贪婪、自私、虚荣、友爱、慷慨、热心公益"，换言之，假使一位旅行者给我们带来"一种有关人类的描述，与我们过去所熟悉的完全不同"——远远好过我们所接触到的，"我们就可马上［……］判断其荒谬，
识破其谎言，就好似他的叙述中充满了神怪故事、幻影奇 75
迹"。[1]——这样一位思想家并未对启蒙哲人们的范式做出什么严肃的抨击，尽管卡尔·贝克尔有过所谓休谟颠覆了18世纪天城这样过度戏剧化的描述。[2]

狄德罗关于盲人、聋子的世界与健康人的世界如何不同的思考，也并非某种相对主义；因为风气、立法、教育、体格等等的差异，仅仅意味着通向同一目标的不同道路，自然和理性为任何地方的任何人所设定的目标是一样的。而洛克，虽然他著名地列举过的一长串社会中，似乎不乏支持弑亲、杀婴、食人等等残暴的行为者，但无论如何，他终归是认为"在任何地方，大体而言，美德与罪恶［……］是到处都一样的"，因为它们"对于维系社会之构成绝对有必要"，这道出了一种强烈

[1] 大卫·休谟：《人类理解研究》，第8节，第1部分，第83—84页。(David Hume, *Enquiries*, L. A. Selby-Bigge 编，第3版，P. H. Nidditch 修订，牛津，1975.) 有关讨论见克劳克：《危机的时代：18世纪法国思想中的人与世界》(Lester G. Crocker, *An Age of Crisis: Man and World in Eighteenth-Century French Thought*，巴尔的摩，1959)，第186—187页。

[2] 卡尔·贝克尔：《18世纪哲学家的天城》(Carl L. Becker, *The Heavenly City of the Eighteenth-Century Philosophers*，纽黑文，1932)。

的功利主义。[1]18 世纪的作家中，也许萨德[2]和德尚[3]所持的观点是真正的相对主义，无论是目的还是手段，不过他们是边缘人物，并不被重视。拉辛说过，“巴黎人的欣赏品味和希腊人的一样。打动我们观众的东西，在另一个时代也让希腊最有教养的阶级感动落泪”；[4]这一说法在伏尔泰和约翰逊那里都有过回响。[5]如果剥去文化的差异，那么，剩下的就只有卢梭的
76 自然人了——至少到柏克[6]之前是这样。因此，在每一种文明人的身体之内，都有狄德罗所谓的永恒不变的自然人想要努力挣脱出来：二者无论在何处，始终处于一种内部交战的情形，这也是所有人类文化的持久不变的状况。

此种态度或许为西方思想中最为独特的假定，却遭到两位现代历史主义[7]之父——维柯和赫尔德的抨击。众所周知，他们均否认有应用自然科学之法则而在人类全部思想领域中建立终极真理的可能。二人都曾被称为相对主义者。对此关联，有一点必须澄清。相对主义至少有两种，一为有关事实之判断，

[1] 洛克：《人类理解论》（*An Essay concerning Human Understanding*），第 1 卷，第 3 章（“没有先天的实践原则”），第 9 和第 10 节；第 2 卷，第 28 章（“其他关系”），第 2 节。

[2] 萨德（Sade，1740—1814），法国作家，其著作多描写性变态和性暴力。——译注

[3] 尼古拉·德尚（Nicolas Deschamps，1796—1887），好辩的法国作家，对当时许多社会问题发表过批评意见。——译注

[4] 拉辛：《伊菲姬尼》（*Iphigénie*）前言，第 1 卷，第 671 页；收入拉辛：《全集》（Racine，*Œuvres complètes*，Raymond Picard 编，2 卷本，巴黎，1966，1969）；引自格尔茨，前引书（第 73 页注释 1），第 35 页。

[5] 格尔茨，前引书。

[6] 柏克（Edmund Burke，1729—1797），英国保守主义思想家。——译注

[7] 历史主义一词，我用的并非卡尔·波普尔的意义，而是更为常见的梅尼克（Friedrich Meinecke，1862—1954）、特勒尔奇（Ernst Troeltsch，1865—1923）和克罗齐（Benedetto Croce，1866—1952）的用法。

一为有关价值之判断。前者，亦即有关事实之判断，就其最强之表达形式而言，因一切人类信念均受限于其在社会系统中的处境，并且有意无意中受理论家或其归属群体、阶级的利益之影响，故否认关于事实的客观知识存在之可能性。稍弱者，则如卡尔·曼海姆[1]之相对主义，认为自然科学可以不受此困境的约束，或者认定有一特殊的群体（在曼海姆看来，即知识分子），带有些神秘意味地可以超脱于这些杂乱因素的影响。

第一种相对主义，或曰其较强之形式，最终仍不免自相矛盾；这是一个哲学上的难解之谜，此处无法深究。不过，这里要讨论的只是第二种类型的相对主义，亦即有关价值或者世界观的相对主义。据我所知，就事实层面的知识而言，从没有人称维柯和赫尔德是相对主义。他们二人对于法国启蒙思想之所谓非历史的研究方法的批判，限于有关过去之态度和文化的解释及评价的范围之内。我很想知道，在卡尔·马克思和青年黑格尔派之前，到底能找到多少如我们今天所了解的、激进 77
的知识社会学（Wissenssoziologie）。维柯认为，文化之历史性循环的每一阶段——每一个异教徒的民族都注定要经历这些阶段——都体现了它自身的价值，它自己的世界观，尤其是有关人与人、人与自然力量之间关系的独有观念；而且，维柯相信，唯有借此认识，我们作为后代方可理解前人的文化，亦即理解他们附着于其行动及其遭际之上的意义。他认为，在这一过程中的每一阶段，都产生了人们对于自身经验的表达和解

[1] 卡尔·曼海姆（Karl Mannheim，1893—1947），德国社会学家，知识社会学的创始人。——译注

释——其实，他们的经验也就是这些表达和解释，它们以词语、图像、神话、仪式、制度、艺术品、崇拜等等面目出现。唯有研究这些东西，方可探求人类过去的面貌，从而使我们这些后世子孙不仅仅是记录过去（只是描述那些行为规则就能做到这一点），而是理解过去，亦即掌握透露给我们的信息——不仅是描绘举止，而是揭示其背后的意图，了解这些语言、行为和举止对他们自己作何意味。唯有如此，对于前人我们方不致完全如堕五里雾中，莫名所以。而欲理解前人之所见、所思、所惑，仅仅是记录下所发现的人类行为，并做出因果解释，尚嫌不够，这就有如动物学家对于动物的记录了——而像孔多塞之流却认为这种研究方法对于人类社会也基本适用。在维柯看来，这些文化或其发展的每个阶段，都不仅是因果链条或者偶然序列中的一环，而且是由神意控制下的某一既定计划的一个阶段。这些阶段都自行其事，只可用自己特有的方式来理解，因而彼此无法比较。即使这些方式构成一个可以理解的过程，对我们来说，也不能彻底理解，甚至无法理解其大意。
78 如果用别的文明所持有的标准来解释、（甚至是）评价一个文明的话，其特点就会被误解——用我们时下的话来说，就会被指责为文化帝国主义；此种解释或评价，最好的结果是完全误导，更糟的是将其弄成一个无头无尾的故事、一个偶然的事件序列，有点儿像伏尔泰对“黑暗时代”搞笑的戏拟。[1]

[1] 黑暗时代（the Dark Ages），14 世纪早期的诗人彼特拉克最早使用该词，指称此前九百年的历史，从罗马帝国的衰落到文艺复兴。17 和 18 世纪的启蒙时期思想家赋予该词更多的负面意义。——译注

维柯和赫尔德都不是休谟式的经验主义者：人类的历史在他们眼中，并非仅仅是一个实际规则的序列，而是体现上帝意志的模式（包括其中每一环节），每一文化的不同特征均系这一模式所赋予；这种模式就是一种有时限的自然法则。因而，他们反复提醒人们要提防文化中心主义和时代错乱，呼吁历史学家使用特殊的想象能力去进入——无论有多困难——其感到不同于我们自己的那些观念，从而理解（“进入”）它们。这一学说，在维柯那里，被运用于研究一个周期性循环中已成过去的诸阶段，而在赫尔德那里，则用于处理多种民族文化之间的差异。这与拉辛上述引文所表达的思想或伏尔泰的看法截然不同，拉辛和伏尔泰似乎确信，文明人的价值核心，无论何时何地，或多或少都会有一致之处。这和百科全书派的观点即便有相通之处，也不会太多，百科全书派信奉一种直线性的进程，一种人类从黑暗到光明的单一上升运动，它源自无知、野蛮、迷信、虚妄，经过多少磕绊，多少曲折和倒退，最终达到知识、美德、智慧和幸福的理想之域。

下面就到了我的核心论点。因其认为不同社会具有文化上的自主性，并且它们的价值体系不能通约，维柯和赫尔德对法国启蒙运动之核心原则的反驳遂一般被描述为一种相对主义。而今天在我看来，就像把相对主义的标签贴到休谟和孟德斯鸠身上一样，这一普遍接受的观念（idée reçue）实为流传广泛的谬误；我必须承认，我自己过去也犯过此错误。一位著名 79
的、博学的批评者曾经表示过他的疑问，我是否完全理解维柯和赫尔德的历史相对主义的含义（这种相对主义是他们自己并未承认的，但主宰了这些基督教思想家的历史观，而且构成了一个延续至今的问题[1])。如果我们承认维柯和赫尔德是相对主义者这一假设——即，他们不仅仅是相信人们的思想和行动只有置于其历史背景中方可完全理解的历史主义者，而且是一种意识形态理论的信奉者，根据这种理论，个体以及群体的观念和态度均无一例外地取决于变化多样的环境因素（比如，在社会结构的演变中他们的地位），或者是生产关系，或者遗传的、心理的以及其他方面的原因，或者是这些因素的综合——在这种假设的基础上，我的批评者所提出的论点就是有效的。不过，我现在相信，这是对维柯和赫尔德的错误解释，尽管我以前也曾经粗心大意地提过这种看法。对于有关过去的客观知识之可能性的怀疑，以及在暂时的、具体文化环境之下的不同态度和价值观影响下多变的观察视角，这些问题据说让蒙森终生难解，青年时代的威拉莫维茨也为之烦恼。焦虑不安地讨论这些问题的，主要是一些德国思想家，像马克斯·韦伯、特勒尔奇、李凯尔特、齐美尔；而且，在卡尔·曼海姆及其门徒那里，对该问题做出了激进的结论——依我看，这些问题的源头在 19 世纪。伏尔泰曾经讲过，“历史不过是我们跟死人玩的一套把戏而已”[2]，不过，这种冷嘲热讽式的俏皮话很难说与他一贯的道德、文化客观主义有什么矛盾之处。真正的相对主义有
80 其他的、稍晚一点的源头，亦即德国的浪漫非理性主义、叔本华和尼采的形而上学以及社会人类学派的发展，还有威廉·格

[1] 见莫米里亚诺的文章“论先驱者的踪迹”，《纽约书评》（Arnaldo Momigliano，‘On the Pioneer Trail’，*New York Review of Books*，II，1976 年 11 月，第 33—38 页）。
[2] 致德·西德维尔的信（Letter to Pierre-Robert Le Cornier de Cideville），1757 年 2 月 9 日。

拉汉姆·萨姆纳和爱德华·韦司特墨的学说，尤其是那些本身并不一定是相对主义者的思想家所产生的影响，如马克思或弗洛伊德，他们对于表象（或幻觉）和真实的分析跟他们自己的门徒对于客观性的信仰纠缠在一起，或许并没有领悟到他们学说的全部意涵。[1]

我也许是在无知妄言，并且随时准备修正，但我可以肯定一点：没有任何有影响的18世纪思想家持续地坚持过相对主义观点。几位重要的法国哲人的确曾宣称，热情和"兴趣"可以在不知不觉中影响价值观和世界观；但他们同时也相信，批判理性能够解决这个问题，扫除通向事实和价值的客观知识的障碍。因而，相信价值观随人类发展而改变的莱辛[2]，也并未受相对主义的怀疑所困扰，在这一点上，他丝毫不亚于19世纪上半叶的主要历史学家——兰克、麦考莱、卡莱尔、基佐、米什莱（维柯的私淑弟子）、丹纳、古朗士。甚至受到赫尔德影响的早期民族主义者亦是如此。就我所知，像哈曼、莫泽[3]、柏克、迈斯特等保守主义思想家对启蒙运动的众所周知的抨击，其中并不包含相对主义。相对主义，就其现代形式而言，往往来自这样一种观点：人的看法不可避免地是由他们经常意识不到的那些力量所决定的，像叔本华的非理性的宇宙力量，马克思的阶级为基础的道德感，弗洛伊德的无意识驱力，

[1] 这并非一篇哲学论文，因此没有篇幅用来讨论诸如此类的问题：比如，如果推演出相对主义的全部含义的话，它是否就会把自己也驳倒了呢？或者说，即便它是正确的，是否离开了自相矛盾，它也就无法表达自己呢？

[2] 莱辛（Gotthold Ephraim Lessing，1729—1781），德国诗人、批评家及戏剧家。——译注

[3] 尤斯图斯·莫泽（Justus Möser，1720—1794），德国历史学家。——译注

以及在社会人类学家那里，由人一般无法控制的环境因素所决定的、各种不可调和的习俗和信仰构成的全景图。

让我们再回到所谓的维柯和赫尔德的相对主义。也许以他
81 们的美学观念为例，可以更好地说明我的论点。维柯曾经谈到荷马史诗的辉煌，并且解释了为何它们只能产生在一个由暴力、野心、残忍而又多变的“英雄”精英所统治的社会，而在他自己那“已经启蒙的”[1]时代就无法产生这样的史诗；赫尔德曾告诉我们，要理解《圣经》，我们必须努力进入游牧的犹太牧羊人的世界，而目睹过水手与斯卡格拉克海峡的波涛搏斗的人，才可以更深入地理解斯堪的纳维亚古老的萨迦和民谣的严峻之美。两位思想家都认为，除非我们能够亲身践履，否则不能理解这些前人在精神上和物质上依靠什么来生活。他们的上述观点并不是说，因为这些社会的价值观与我们不同就怀疑我们自己的价值观的客观性，或是反之（因为冲突的价值观或不相容的看法意味着只有一方有效，而其他皆错）；抑或，任何一方都不属于可称为有效或无效的判断。其实，他们是在邀请我们去观察与我们不同的社会，我们能体会到，那些社会的终极价值，是那些与我们的确不同但有相似之处的人类所追求的，也是完全可以理解的生活目的；我们需要付出极大的努力方能找到某种方式,“进入”[2]（用维柯的术语）他们的世界。这就要求我们采用多元的价值观来看待生活，这些价值同等真实、同等终极，尤其是同等客观；因而，生活不可能被安排在

[1] 前引书（第 69 页注释 3），第 60 页，374 段。
[2] 同上，第 118 页，378 段；第 126 页，399 段。

一种永恒不变的等级秩序之下，或者是用某种绝对的标准来判断。价值的多样性也是有限的，某个社会自己创造了一些价值和态度，而另一个社会创造了另一些价值和态度；其他社会的成员，（根据他们自己的价值系统）可能赞美，也可能批评这些价值和态度，但如果他们充分发挥想象力，总是可以理解它 82
们的，亦即可以视为对这些人而言也是能够理解的生活目标。“在人类历史的宫殿之中有多处居所”这种观点或许并不属于基督教，不过，18 世纪这两位信仰虔诚的思想家显然都持有如此看法。

这一学说被称为多元主义。客观目的、终极价值都有很多，其中一些和别的并不相容，不同时代的不同社会，或者同一社会的不同群体，整个阶级、教会或种族，或者其中的个体，各自都有可能发现自己面对互不相容的、彼此冲突的主张，然而，这些主张又都是同样终极、同样客观的目标。这些目标或许难以调和，但是他们的多样性并非是无限的，因为对人性来说，不管有多么复杂、多么善变，只要是还可以称之为人，其中必含有某种“类”的特征。更不用说整个文化与文化之间的差异了。超越了一定的限制，我们就不能理解某一种特定的生物是什么，其行为举止遵循何种规则，它的姿势又意味着什么。在这种情势之下，如果交流的可能性被中断了，我们就会说这是因为人性不够完善，神志紊乱。不过，在人性的范围之内，目的的多样性尽管有限，仍然相当丰富。事实上，一种文化的价值观也许跟另一种文化的价值观不相协调；或者，就某一种文化、某一个群体或某个人本身而言，在不同时间的价值观也会是冲突的，甚或在同一个时间段里、在同一时刻不同价值也可能会有冲突。不过，这种事实并不会牵扯到价值的相对主义，而仅仅意味着一种并非等级结构的、价值多元性的概念；当然这一概念有可能会牵扯到不同价值之间无法摆脱的矛盾冲突长期存在，同样，不同文明或同一文明的内部也会有观念之间的冲突。

相对主义，指的是另外的东西。我用这个词来指称这样一种学说：一个人，或一个群体，其判断仅仅是表达或者陈述某种口味、情感倾向或看法，因此，只判定是什么的问题，而与
83 分清它的对与错没有什么客观的联系。我喜欢高山，而你不喜欢；我喜欢历史，而他认为历史全是废话；这些都取决于一个人的视角。因此，谈论这些假设是对还是错是毫无意义的。然而，（在维柯或者赫尔德，以及他们的追随者看来）每一种文化，或者一种文化的每一个阶段的价值，不仅仅是心理上的存在，也是客观的事实，尽管无论在不同的文化之间，还是在一种文化内部，它们未必可通约比较或公度。我再对此看法做一点说明。英国批评家温德姆·刘易斯在一本名为《艺术进步之魅影》[1]的书中指出，像很多人讲过、现在仍有人在谈论的一种艺术风格与另一种艺术风格之间的进步，其实是荒谬的问题。他的基本看法是，把艺术家们排列成一个线性的序列就是一个荒唐的想法：比如说，让我们想象一下，但丁是荷马的升级版，或者像伏尔泰所设想的，莎士比亚是次一等的艾迪生[2]，

[1] *The Demon of Progress in the Arts*，伦敦，1954。

[2] 艾迪生（Addison），此处当指约瑟夫·艾迪生（Joseph Addison，1672—1719），英国著名的散文家，斯梯尔主编的《闲话报》（*The Tatler*）的主要撰稿人之一。《闲话报》停刊后，又与斯梯尔合办《旁观者》（*The Spectator*）杂志。——译注

或者菲狄亚斯[1]是一个初级的罗丹。拉斯科[2]的画作比普桑更高级，还是更差一点呢？莫扎特只是具象音乐（musique concrète）未充分发展的前驱吗？“古今之争”的前提，就是以为这样的一些问题是可以回答的。也许，孟德斯鸠会这么想。维柯和赫尔德却不这么认为。在他们看来，价值有很多种，其中最吸引人的一些价值，在不同的时间和空间都会被发现；而另一些却并非如此，从根本上说，可能彼此是互不相容的。这就导致了一个结论，这两位思想家都没有明确表述过的一个结论：许多文化都有过，并且在启蒙运动时期尤其明显的一种关于完美社会的古老的理想，在完美社会里，一切真正的人类目标将和谐一致；这一理念，在概念上是不够圆融的。不过，这还不是相对主义。无论是何种形式的相对主义都坚持，客观的价值是不存在的；有些相对主义学说认为，人的视野受自然或文化因素的限制如此之大，致使他们看不到其他社会或时代的价值，其实这些价值与他们自己所追求的目标一样，同
样值得他们自己或者是别的什么人去追求。相对主义最为极端 84
的形式是强调不同文化之间的巨大差异，一种文化几乎不可能理解其他文明是依靠什么来生活的——就像早期的人类学家描述野蛮社会的行为那样，仅仅是描述他们的行为表现，但不知道其背后的目的或意义。假如这种想法是正确的（比如，斯宾格勒就这么说过，狄尔泰偶尔也有此表示），那么“文明的历

[1] 菲狄亚斯（Phidias，或 Pheidias），公元前 5 世纪的古希腊雕刻家。——译注
[2] 拉斯科（Lascaux），法国西南部一个山洞，位于多尔多顿河谷，其中保存着旧石器时代的岩画。于 1940 年被发现。——译注

史”这一概念就变成难解之谜了。

现代最出名的历史相对主义学说，其核心思想是：人完全受传统、阶级、文化或世代的束缚，被限定于具体的态度和价值框架，因而会感觉其他人的观点或理念很奇怪，有时甚至不可理解。假如肯定这样一种看法，就不可避免会导致对客观标准的怀疑，那么再问哪一种标准是正确的就毫无意义了。维柯的立场绝非如此；而赫尔德尽管有一两处涉及于此[1]，总体上看，他也不持这种看法。对信奉基督教的思想家来说（无论其思想多么异端），对于这样一种学说至少会感觉有些不习惯：观念史上并非没有见过悖论，但这一例中没有出现过那种异常。这两位思想家都提倡要运用历史的想象力，它可以让我们“降至”（descend to）或“进入”（enter）或“感觉自己置身于”（feel oneself into）那些遥远社会的精神之中；因此，我们才能理解他们，才能把握（或者说，是相信我们可以把握，因为我们从来不曾确定这一点，即便维柯和赫尔德好像认为我们有这种能力）我们要追问的那些人的行动，以及他们发出的声音，或留在石头和纸草上的标记，或者是他们身体的动作等
85 究竟意味着什么；亦即它们象征的是什么，在这些男人和女人所构想的自己的世界概念中，它们扮演的是何种角色，以及他

[1] 如当他说：“大自然母亲［……］早已在我们心里种下多样性的倾向；她将部分多样性安置在我们身边紧密的圈子；她让人的眼界受限制，从而，受习惯的影响，这个圈子就成为一个视域，在此之外，他什么也看不到，甚至也无从推想。”前引书（第 42 页注释 1），第 5 卷，第 509—510 页。我引用的段落见于赫尔德的选集，而英译文依据巴纳德（F. M. Barnard）编译的《赫尔德论社会和政治文化》（*J. G. Herder on Social and Political Culture*，剑桥，1969）（以下引用该书简称“巴纳德”），这一段在第 186 页。

们如何解释正在发生的东西；再次引用克利福德·格尔茨的话来说，这就迫切要求我们熟悉“想象力的宇宙，那些人的行为就是它的符号”。[1] 格尔茨告诉我们，这也就是社会人类学的目标；维柯和赫尔德所说的对过去的历史的理解显然就是这样一种概念。假如探求有成果，我们就会明白，这些遥远的人们所倚重的价值，也是像我们人类自己这样的、拥有自觉的智识和道德分辨力的生物可以借此为生的。这些价值，或许会吸引我们，抑或会让我们感觉不快：不过，理解过去的一种文化，也就是理解与我们类似的那些人，处身于一种特殊的自然或人为的环境之下，会如何以及为何通过一些活动来实现自我表达；也就是，借助于足够的历史研究和想象的同情来观察以这些价值为追求目标的话，人类的（亦即可以理解的）生活将会如何展开。

在这种意义上的多元主义，实际上预示了18世纪的新历史主义。早在16世纪的宗教改革者那里，法学家们有关罗马法的争论已表露了这一点。像掌玺大臣帕基耶，还有迪穆林和霍特曼这些人辩称，古罗马的法律和习俗与（古代的或现代的）罗马人相关，而对于法兰克人或高卢人的后裔来说，它们就无关紧要；他们坚持认为，种种不同的价值体系之于形形色色的社会和环境，其客观有效性都是同等的；而且，他们还相信，一套特殊的符码之于一个特殊的社会或者生活方式所具有的适当性，能够用普遍有效的即并非相对主义的事实和逻辑考量来证明。这就是赫尔德（以及毛主席）的百花齐放的花园。

[1] 前引书（第73页注释1），第13页。

当赫尔德说“每一个民族”（另一处说是“每一个时代”）的内部均有其幸福的中心，这正如每一个球体都有其引力中心一样
86 时[1]，他认可的只是一种“引力作用”的原则：赫尔德希望大力发展的人类学是这样一门学问，它可以解释是谁创造了某一社会整体（或某一种个体）的幸福。“世界在总体上渐进地改善”只是一种“虚构”。没有哪个真正“研究历史和人类心灵的学者”会相信这一点。每一个发展阶段都有它自己的价值：“青年并不比天真、满足的儿童更快乐；平和的老年人的快乐也不比精力充沛的壮年更少。”每一个阶段，每一个人类的群体，相对于其他阶段或群体而言，都会有年龄的增长，有成长的过程，不过，这不是趋向于最佳状态的进步。[2] 然而，在赫尔德看来，在需求各不相同、环境千差万别的情况下，人类成就那形形色色的巅峰都是同等客观的、同样可知的。这绝不是相对主义。

幸福（或者美、善、生活观）分很多种，而且，有时它们是不能比较的：不过，它们全都是正常人对于真实的需要和渴望的反应；每一种都适合于它的环境、它所在的国家及其人民；无论哪一种，配合得都是同样的适宜；一种文化的成员可以理解和进入其他文化成员的心灵，产生同情和共鸣。[3] 赫尔德抨击了伏尔泰如下的教条性假设：只有少数几种过去的精选文明社会（雅典、罗马、佛罗伦萨、巴黎）的价值——亦即伏尔泰自己的价值——才是正确的。批驳此假设时，他倾其全

[1] 前引书（第 42 页注释 1），第 5 卷，第 509 页（“时代”，第 512 页）；巴纳德，第 186 页（第 188 页）。

[2] 同上，第 511—513 页；巴纳德，第 187—188 页。

[3] 同上，第 502—503，509—511 页；巴纳德，第 181—182，185—187 页。

部创造力，力图复活东方和西方多种文化的种种目标和观念，并与启蒙时代的目标和观念相对照：并非仅仅看作是野蛮的东西——林林总总、随处可见的“sic volo，sic jubeo”[1]——而是视为尽管与我们有所不同，仍是正常人可以自然地追求的一些生活方式；（维柯和赫尔德都认为）如果我们有能力理解（客观的）善、美和正义——无论它们如何伪装和变形[2]， 87
那么，对于这样一些生活方式，即便我们自己不能接受，也不会因为感觉过于陌生而在类似的环境下不去追求它们。这就要求我们尽可能地发挥想象的能力，但不要超出想象之外；不是当作我们理解不了的某种真正的价值而简单接受，而是想象地“进入”其中。

相对主义，不仅仅是普遍主义（洛夫乔伊[3]称之为“统一论”[uniformitarianism]）的一个替代选择，也并不意味着不可通约。世界有很多个，其中有些是互有交叠的。希腊人的世界既不是犹太人的，也不是18世纪德国人或意大利人的；富人的世界跟穷人的世界不同，幸福的人的世界也跟不幸的人不同；不过，历史、文学、哲学、大众心理学（Völkerpsychologie）以及宗教学等领域的比较研究已经揭示了，所有这些价值和最

[1] “吾愿即吾令。”尤韦纳尔（Juvenal）第6页，第223行。

[2] 在1769年的日志中，赫尔德写道：“没有任何一个人、一个国家、一个民族、一个民族的历史、一个政权彼此相似；因此，真、善、美也是彼此各有差异的。”见《1769年我的旅行记》（*Journal of my Voyage in the Year 1769*），同上引书，第4卷，第472页。不过，它们必定是全都可以识别的，可以作为我们能够辨认出类似于我们自己的一些或男或女的生命的追求目标。

[3] 洛夫乔伊（Arthur Onken Lovejoy，1873—1962），曾任约翰·霍普金斯大学历史系教授，《观念史研究》杂志的创办人，并在霍普金斯大学创建观念史学会。——译注

终的目标都是敞开的，是人类可以追求的。这也正是维柯和赫尔德的用意所在：他们告诫说，不要用我们自己文明的度量衡去判断过去的文化，也不要因为受那种（维柯贬称为）民族或思想上的自大症的影响而犯那些时代倒错之误。他们都认定，我们有必要而且有能力超越自己文化、国家或阶级的价值观，以及某些文化相对主义者企图限制我们的其他什么密闭的盒子。在赫尔德的论著中，随处可见他所举出的许多当时的例子，里面充斥了对于非欧洲文化或欧洲中世纪的轻蔑——赫尔德认为那些文化在某些方面要超过我们；在当时，因受法国和英国的启蒙思想之影响，人们往往是通过变形的眼镜来看待过去的，维柯语带讥讽地称之为“他们自己那启蒙的、文明的、壮丽的时代”。[1] 对于吉本、休谟或麦考莱对中世纪文明的视
88 而不见，卢梭对拜占庭的漠视，伏尔泰对《圣经》和克伦威尔、对为了知识而追求知识的反感；对于这些态度，赫尔德的上述论题即便不是最早的一个，也应该属于最早的一批解毒良药之一。然而，与后世的思想家不同，维柯和赫尔德认为，导致这样一些态度的不仅是无法逃脱的非人力的因素，而且还有像 16 和 17 世纪的怀疑论者所说的，人类的偏见、无知和以偏概全；任何人只要运用正常的想象能力去开阔知识视野并接近真理，就都能够摆脱这些束缚——美德对所有人都是敞开的。这里并没有什么意识混乱的迷宫。

他们并不是与外界绝缘的文化相对主义者，单单从上述内容就可以清楚地看到这一事实。因为，假如他们也身受自己文

[1] 同前引书（第 82 页注释 2）。

化壁垒之阻隔，想要理解其他世界，却无法通过其他世界的那些人自己的眼睛去看待其世界，如此一来，他们还要教导别人学着这样去做就纯粹是在浪费时间了。除非我们能从阶级、国家或教条的种种意识形态牢笼中逃脱出来，否则，难免会把域外的制度或风俗视为古怪且无意义的，或是不负责任之人的信口开河和谎话连篇；而且，据维柯所说神话、寓言和语言会对我们开启的大门，也将只能是罗曼蒂克的错觉。

超越自身文化区域（Kulturkreis）的局限去思考，这种能力的替代选择是些什么样的观点呢？首先，是将在自身文化里流行的动机、目标、价值和思考方式归之于其他文明的成员：这正是两位思想家告诫我们要反对的、漠视历史变化的时代倒错，而且为了提醒我们注意其危害，他们还给出了明确的例子。其次，是模仿生物科学的人类学，即尝试建立一种关于人的科学，其特征由其他自然科学的不偏不倚的客观性来确定，而代价是把人类看作只不过是动物王国中的一个物种——维柯和赫尔德认为，如此是毫无理由地把人不当人看待；而且是伪称，假如只是就我们自己的经验而言，那么对于如何才称得上是人、如何是有目的的意图，以及行动和行 89
为之间的区别这些问题，我们所知道的没有我们实际知道的多。最后一种可能性是一种普遍流行的怀疑论：超出我们的文化视野之外的东西既不能被认识，也无从推测，ignoramus et ignorabimus[1]，历史学与人类学或许纯粹是以文化为前提的虚构故事。的确，它们或许就是如此；那么，为什么我们还要关

[1] 我们不知，也永不能知。

注这个主观唯心的狂想故事呢？要回答这个问题，举证的责任属于怀疑论者。如果说过去是完全不可知的，这也就等于掳夺了过去一词的所有意义，因而这绝对是一个自我毁灭的想法。

理解过去是否有可能，关于这一点的疑问就说到这里。不过，理解并不等于接受。当维柯用不容置疑的语词来谴责荷马时代社会的残忍和社会不公时，他并不曾体验到思想上的不安，他也没有必要有这种感受。当赫尔德谴责亚历山大大帝、恺撒、查理曼大帝这些伟大的征服者和地方文化的破坏者，并赞颂东方的文学或远古的歌谣时，他并没有被认为有什么自相矛盾之处。这种观点跟有意识的（或许我应该说，认真尽责的）价值相对主义不是一回事，倒是与多元论有一致之处；它只不过否认了有且只有一种唯一真实的道德规范、美的哲学或者神学，相反，承认多种价值观或价值的体系都是同等客观的。一个人可以因为在道德上或审美上排斥某种文化而拒绝它；不过，按照这种观点，反过来说，假如他理解了这种文化，知其然并且知其所以然，他就可以接受这也是可以被认识的人类社会的其中一种。只有当这种文化中的那些行为是我们根本无法理解的，我们才会被迫仅仅当一个“物理主义派”，只对其姿态进行描述和推测，而背后为其提供意义的密码——如果有这种密码的话——则依然未被识破。对我们来说，这些人还不是完整意义上的人；我们无法具有想象力地进入他们的世界；我们不了解他们能做什么；他们跟我们不是兄弟关系（维柯和赫尔德假定，所有的人类都是兄弟）；我们顶多只能朦朦胧胧地猜想，如果他们是在行动的话，这些行动可能的目的是什么。这时候，对莫名其妙的野蛮事实，我们真的不得不

限定自己只做出纯粹的行为主义者的报告，或者，这份报告顶 90
多是采用纯粹相对主义的语言，由于这些人的目的（如果以某种方式领会了其为目的）似乎与我们自己的目的毫无关系。我再重复一遍，多元主义——不同客观目的的不可通约，甚或是不能比较——并非相对主义；更不是主观主义，也不是所谓的无法逾越的、情绪态度的分歧；而许多现代的实证主义者、情绪论者、存在主义者、民族主义者，以及一些的确持有相对主义立场的社会学家和人类学家，却是以这种情感上的分歧为立论基础的。这种相对主义，我坚信孟德斯鸠、维柯和赫尔德并未受其影响。[1] 这一评论，用在那些更为保守的启蒙运动批评者身上也是一样靠得住的：比如莫泽，他反对伏尔泰轻蔑地提及日耳曼境内林立的小侯国之间法律和习俗千差万别；又如柏克，他控诉黑斯廷斯[2]践踏印度本土居民的传统生活方式。在此，我并不想评判他们的客观主义或多元主义是否站得住脚，只是如实地报告。“Je ne suppose rien, je ne propose rien, je n’impose rien, j’expose.”[3]

[1] 比如文艺复兴时期的批评家们，借助历史学和文献学的分析，揭露了伪造的《君士坦丁惠赐书》（*Donation of Constantine*）；又如维柯，他也对古罗马十二铜表法的雅典起源传说提出了类似的质疑；很难指责这些思想家因带有文化偏见而做了较为拙劣的错误解释。实际上，这种相对主义之核心原则的明确表述——它宣称已经涵盖了全部可以确认的事实——并没有给评判这一原则本身留下什么余地，因为可以确认的事实如已包括无遗，那也就不能再有超出此外的东西了。如果进一步讨论这一自我参照的归纳法的话，还会引出其他的哲学上、逻辑学上的问题，但那已经超过本文的范围了。

[2] 黑斯廷斯（Warren Hastings，1732—1818），曾任英属印度首任总督。——译注

[3] “我既没有假定什么，也没有提出什么，更没有施加什么，我只是陈述。”夏尔·迪努瓦耶：《工作自由》（Charles Dunoyer, *De la liberté du travail*，巴黎，1845），第 1 卷，第 18 页。

假如在价值和行动领域，这些文化史的创始者并非相对主义者，那么，在知识领域内，他们也不是多元主义者。维柯始终假定，我们在某些领域甚至连确定性（certum）都达不到，更不用说可以论证的真理（verum）了；因为，我们的范畴、概念以及研究方法，跟在其他文化中的一样，都不可救药地受
91 到文化的束缚，从而也就谈不上有效性比它们的大还是小的问题。对此，赫尔德也持同样的看法。虽然他们都博学多识，但他们首先是历史哲学家，而不是历史研究者；他们也没有掌握当时最新的批判工具——他们并非像维柯时代的穆拉托里[1]，或赫尔德时代的米夏埃利斯、施勒策和海涅那样的关注细节的学者。[2]对于当时科学重建的最新方法，他们既没有使用过，也没有怀疑过。维柯承认，在希罗多德那里，充斥的是寓言和传说（当然，这些东西恰为《新科学》这座磨坊提供了极好的谷物），而修昔底德也离准确、可靠很远。赫尔德也不关心《圣经》和埃达[3]里面有多少真实的事实，而只当它们是自然而然表达出来的某种社会的、精神的经验。在他们两位的著作中，都没有提到“知识社会学”（Wissenssoziologie）。就事实层面的真理而言，他们和启蒙运动是一致的：真理是一，

[1] 穆拉托里（Lodovico Antonio Muratori，1672—1750），意大利近代史学的先驱、美学家。——译注

[2] 米夏埃利斯（Johann David Michaelis，1717—1791），德国《圣经》学者。施勒策（August Ludwig von Schlözer，1735—1809），德国历史学家。海涅（Christian Gottob Heyne，1729—1812），德国古典语言学家和古希腊文学研究家。——译注

[3] 埃达，古冰岛诗文，包括两部13世纪作品：老埃达（Elder Edda，或 Sæmundar Edda，约1250—1300年成书），神话和英雄史诗文集，作者不知名；新埃达（Younger Edda，或 Snorra-Edda，约1222年成书），斯蒂德吕松（Snorri Sturluson）撰写，分析诗歌创作技巧，并有一些老埃达没有的上古神话。——译注

而不是多，无论在哪里，对所有人都是一样的；而且，理性的人所能确认的真理，只是他们依靠批判性的方法能够揭示的东西。因而，寓言、传说、诗歌、仪式、规则等这些通向过去文化的大门，并不确实地（与之相对的是“诗意地”）导向真理；而且，在事实和事件的范围之内，这两位思想家的想法与最教条的百科全书派思想家相比，也不见得有更多的多元主义倾向，更不用说相对主义了。认为事实这一概念本身就有问题，所有的事实或者包含了种种理论（比如，歌德对此就有清晰的阐述），或者体现了社会环境、意识形态的种种倾向，这样的观念之于维柯和赫尔德，就像之于兰克的看法一样，相距甚远。兰克认为，在上帝看来，每一个时代都是平等的；赫尔德也可能会说出这一看法，显然，这是一种不折不扣的多元主义情绪。

至于错误意识，意识形态上或心理上对于客观真理性质的扭曲，在事实与解释、实在与神话、理论与实践之间的复杂关系，牢不可破的自然法则与那些支配人们行为的、“具体化”的、易被打破的人为立法和规则之间的差异，诸如此类观念的 92
充分揭示就必须等待黑格尔及其左翼的门徒们（青年马克思也包括在内）来完成了。对我们这些生活在马克思和韦伯之后的人来说，似乎有点奇怪的是，那些批评法国启蒙运动的历史主义者并没有提出有关过去知识的相对主义议题。不过，这样的惊讶本身就是时代倒错。各类知识范畴也许在更早的时候已经被区辨开来；然而，不是像完全或部分地由气候、种族、阶级或其他社会建构、心理建构所决定的思想方式和生活方式那样的多种知识。

现在，我回到我最初的论题：相对主义，并不仅仅是洛夫乔伊所谓统一论（uniformitarianism）的替代选择。对那些巴黎哲人的批评者们冠之以相对主义之名，并且指责他们犯了时代倒错之误，在我看来这种指责本身才是一种时代倒错。过去一百年里，如此深刻地困扰着历史学家、社会学家、人类学家和历史哲学家的相对主义，其主体（如果说不是其全部的话）是这样一些思想流派的遗产：他们将人类行为看作主要是由一些无法逃脱的神秘力量引致的，这些力量的外在表现即社会信念和理论是理性化的，也就是说已经被洞察无遗、揭示清楚了。这是马克思主义与精神分析学，以及帕累托、齐美尔或曼海姆的社会学的思想遗产——这些观念，哪怕是它们的萌芽状态，在18世纪的巴黎、伦敦及其文化附属国的那些关键思想家那里，以及他们在意大利和德国的批评者那里，似乎都很少有过什么系统化的意识。

密尔曾经说过：

> 目前人类进步的状况还处于低水平，把人们跟那些不同于他们自己的人（其思维和行动的模式跟他们不一样）联系起来，这种做法不管给予它多高的评价都不为过。
> 93 ［……］这种交流从来就是（在现时代尤其如此）人类进步的基石之一。[1]

[1] 语出密尔《政治经济学原理》(John Stuart Mill, *Principles of Political Economy*, 第3篇，第17章，第5节：前引书（第48页注释1），第3卷，第594页。

此语可谓整个论题的点睛之词；对这样一个论题，启蒙运动思想家的批评者们（也许还包括我们今天的许多人）可能都不会有不同的意见；尤其是当我们用“进步”取代了“知识”一词之后，更是如此。 94

迈斯特与法西斯主义的起源

Un roi, C'est un homme equestre,
Personnage à numéro,
En marge duquel del Maistre
Écrit: Roi, lisez: Bourreau.

——维克多·雨果[1]

Mais il n'est pas temps d'insister sur ces sortes de matières, notre siècle n'est pas mûr encore pour s'en occuper [...]

——约瑟夫·德·迈斯特[2]

一

在研究政治思想或宗教思想的历史学家看来，一般而言，约瑟夫·德·迈斯特的个性和观点并没有什么使人困惑或成问题之处。在迈斯特身处的时代，各种流行的观念和态度明显互不相容，而且来源于完全不同的历史传统，随之有了诸多善变
95 的人物，他们是如此复杂与矛盾，以至于难以将其归入以往所熟知的那些范畴之下；而迈斯特则被视为一个特别简单、特别

[1] "一个国王，是一个骑马的人，/ 一个数一数二的人，/ 迈斯特在边上写明：/ '国王，读作：刽子手'。"《街道与园林之歌》(*Chansons des Rues et des Bois*) 第 1 卷 ('Jeunesse')，第 6 章，第 17 页 ('A un visiteur parisien')，第 2 节。见雨果《全集：诗歌卷二》(*Œuvres complètes: Poésie II*, Jean Gaudon 编，巴黎，1985)，第 958 页。

[2] "可现在不是坚持这些事情的时候，我们这个时代还没成熟到可以关注它们 [……]"《圣彼得堡之夜》(*Les Soirées de Saint-Pétersbourg*)。本文征引迈斯特的文字，仅标注卷数和页码，均据《迈斯特全集》(*Œuvres complètes de J. de Maistre*，14 卷加索引)，里昂 / 巴黎，1884—1887，此后的印本未作改动。上述题铭见第 5 卷，第 26 页。

纯粹和清晰的人物。

历史学家、传记作家、政治理论家、观念史家以及神学家们，已经花费了不少力气，不仅细微地传达了18世纪晚期19世纪早期的政治和社会空气，而且描述了身处那样一个观念急剧变化的时代之人独具特色的品格特征。在那些精神方面复杂难解的人物中，诸如歌德与赫尔德，施莱尔马赫与小施莱格尔，费希特与席勒，孔多塞与夏多布里昂[1]，圣西门与司汤达，以及俄罗斯沙皇亚历山大一世，甚至拿破仑本人，都可谓典型的代表。在某种程度上可以说，一些当时评论者的感受，通过格罗的名画“拿破仑视察艾劳战场”（现收藏于巴黎卢浮宫）表达了出来。此画表现的是一个来历不明的骑在马上的人：这是一个陌生、神秘的骑士，背景也是神秘莫测的，命定的男人（I’homme fatal），与隐蔽力量有关，不知道来自何方，遵循着超自然的、玄妙的法则而行动（一切人性，乃至一切自然物都隶属于这些法则）；他是这个时代的巴洛克传奇中有着异国情调的英雄人物，就像梅尔莫斯、修道士、奥贝曼[2]，新奇，让人着迷，阴险，令人深感不安。

在西方文化史上，这一时期通常被认为是思想和艺术中的古典模式经过长期研磨之后达到的辉煌顶峰。这种古典模式

[1] 弗朗索瓦—勒内·德·夏多布里昂（François-René de Chateaubriand，1768—1848），法国19世纪初叶早期浪漫主义的代表作家。——译注

[2] 修道士、奥贝曼分别是两部小说中的人物，亦即马修·格雷戈里·刘易斯（Matthew Gregory Lewis，1775—1818）的《修道士》（*The Monk*，1796），瑟南古（Étienne Pivert de Sénancour，1770—1846）的《奥贝曼》（*Obermann*，1804）。后者是以第一人称写作的书信体小说，出版于1804年，法国大革命后不久。奥贝曼正代表着当时青年彷徨无定的心情。——译注

以观察、理性反思及实验为基础，同时，它也受到一种崭新的、焦躁不安的精神影响——与其说是受其影响，还不如说就是这种精神的体现。它企图狂暴地冲破各种古老的、束缚人的形式，而紧张不安地专注于变动不居的内心意识，同时，向往着无边无际、不可界定，向往着运动不息、变化不止，努力回归那久已遗忘的生命之源；对个人和集体都抱有热情的自信；
96 对于无法实现的目标生出不能满足的渴望，要为其找出表达的方式。这就是德国浪漫主义的世界——瓦肯罗德[1]和谢林[2]，蒂克和诺瓦利斯的世界，表现主义者和马丁主义者[3]的世界。它执着地排斥一切安静、纯粹、明亮和理智的事物，而痴迷于黑暗、夜晚、无意识，以及不仅统治着个人的灵魂还统治着外部自然的潜在力量。这个世界被一种探求两者神秘关联的渴望所占据：那永不可及的宇宙中心，那一切创造物和未创造物的中心，有着不可抵抗的吸引力；这是一种兼有反讽式超脱和强烈不满、忧郁和兴奋的状态，支离破碎、失意无望然而又是一切真正的洞见和灵感的源泉，破坏性和创造性同在。它也是一举解决了（或者说消融了）一切表面矛盾的过程。这些矛盾被排除于（或曰超越于）正常的思维和冷静的推理框架之外，进而，通过一种特殊视角的关照——有时就是创造性的想象力，

[1] 瓦肯罗德（Wilhelm Heinrich Wackenroder，1773 —1798），德国作家、评论家，同蒂克一起提出某些最重要的德国浪漫主义思想。——译注

[2] 谢林（Schelling，1775—1854），德国唯心主义哲学家，主要著作有：《世界灵魂》《自然哲学体系初稿》《先验唯心主义体系》《关于学术研究方法的讲演》《神话哲学》《天启哲学》等。——译注

[3] 马丁主义（Martinism），持神秘主义态度的基督教流派，发端于18世纪，盛于19世纪后期的法国，20世纪仍可看到复苏的痕迹。——译注

有时是哲学顿悟的特殊能力——它们就变成了历史的“逻辑”或“内在本质”——一种形而上构想的生长过程中的“剥落”(exfoliation)，对那些唯物论者、经验主义者和普通人的肤浅思维隐而不见。这就是《基督教真谛》的世界，《奥贝曼》、《海因里希·冯·奥夫特丁恩》和《魏特曼》的世界[1]，是小施莱格尔的《卢辛德》和蒂克的《威廉·罗维尔》的世界[2]，也属于柯勒律治[3]以及据说受到了谢林的自然学说启发的新生物学和生理学。

按照迈斯特所有的传记作家和评论家们那些栩栩如生的描述，约瑟夫·德·迈斯特并不属于这个浪漫主义的世界。他痛恨浪漫主义精神。像夏尔·莫拉斯[4]和 T.S. 艾略特一样，他赞同古典主义的三位一体，支持君主制和教会。他是纯粹的拉丁精神的化身，与喜怒无常的日耳曼灵魂正好相反。在一个晦暗不明的世界里，他看起来确定无疑；在一个信仰和艺术、历史和神话、社会学说、形而上学和逻辑学都看起来纠缠不清的社会中，他却有区分、有鉴别，并且严格地、执着地坚持他的选 97
择。他是一个保守的天主教徒，一个学者和贵族，也正是法国

[1]《基督教真谛》(*Le Génie du christianisme*)，法国作家夏多布里昂作，发表于1801—1802年。《海因里希·冯·奥夫特丁恩》(*Heinrich von Ofterdingen*)，诺瓦利斯的小说，书中的“蓝花”成为浪漫主义的关键象征。《魏特曼》(*Woldemar*)，哲理小说，作者是德国哲学家雅可比（Friedrich Heinrich Jacobi)。——译注

[2]《卢辛德》(*Lucinde*)，小施莱格尔的作品，卢辛德即主人公的名字。《威廉·罗维尔》(*William Lovell*)，蒂克的三卷本书信体小说。——译注

[3] 柯勒律治（Sammuel Taylor Coleridge，1772—1834)，英国诗人，英国浪漫主义运动的领袖人物。——译注

[4] 夏尔·莫拉斯（Charles Maurras，1868—1952)，法国诗人和作家，“法兰西行动”运动创始人。——译注

大革命的教条和法令所要触犯的人——法国人（français）、天主教徒（catholique）、绅士（gentilhomme）。[1] 对于经验主义、自由主义、专家政治和平等民主，他一律反对；对世俗化怀有敌意，反对一切形式的非教派的、非制度化的信仰。这是一个强有力的、拉倒车的人物，他的信仰和思维方式均来自教父和耶稣会的教导。“一个残暴的专制主义者，一个暴躁的神权政治家，一个不会妥协的正统主义者，并且倡导教皇、国王和刽子手构成的荒谬的三位一体论，随时随地维护最苛刻、最狭隘、最顽固的教条，一个出自中世纪的黑暗人物，在他身上部分是博学的学者，部分是教会法庭审判官，部分是死刑执行人。”[2] 这就是埃米尔·法盖的形象概括。“他的基督教是恐怖的，要求被动的顺从并且奉为国教”[3]；他的信仰是“一种略加修饰的异教信仰”。[4] 他像是一个 5 世纪的罗马人，受过洗礼但还是罗马人；或者说是一个“梵蒂冈的军事执政官”。[5] 他的崇拜者萨缪尔·罗什布拉夫也曾经谈到他的“christianisme de la Terreur”（恐怖的基督教信仰）。[6] 丹麦著名的文学批评

[1]［此语似是引自约瑟夫·康拉德对于布朗特上尉的描述，见《金箭》（Joseph Conrad，*The Arrow of Gold*，伦敦，1919）。这一短语首次出现是在康拉德的另一部小说《大海如镜》（*The Mirror of the Sea*，伦敦，1906）中，见第 41 章，第 248 页。］

[2] 埃米尔·法盖：《19 世纪的政治学家与伦理学家》（Émile Faguet，*Plitiques et moralistes du dix-neuvième siècle*，第 1 辑，巴黎，1899），第 1 页。（埃米尔·法盖，1847—1916，法国文学批评家和历史学家。1900 年当选法兰西科学院院士。——译注）

[3] 同上，第 59 页。

[4] 同上（“并不纯粹的异教信仰”）。

[5] 同上，第 60 页。

[6] 萨缪尔·罗什布拉夫：《迈斯特研究》（S.Rocheblave：‘Étude sur Joseph de Maistre’），《哲学与宗教历史评论》（*Revue d'histoire et de philosophie religieuses 2*，1922），第 312 页。

家乔治·布兰德斯[1]曾经深入研究过迈斯特及其时代，称其为教皇麾下轻步兵部队的文学上校，如果说他是一个基督徒的话，其意义就相当于说一个人既可能是一个自由贸易者，也可能是一个贸易保护主义者。埃德加·基内曾经提到，迈斯特的
“上帝是冷酷无情的，其助手是刽子手；耶稣基督属于永久的 98
公共安全委员会”。[2]司汤达（他也许未必读过迈斯特的东西）称之为“刽子手的朋友”。[3]勒内·杜米克则说他是“一个陈腐的神学家”。[4]

上述这些各种各样的老套的描述，主要是圣伯夫发明的[5]，法盖使之长期流传，而那些政治思想教科书的作者们则忠实地不断复制。迈斯特被描绘成一个狂热的君主主义者，更是一个教皇权威的狂热支持者；他傲慢、不知变通，具有坚强的意志，并且拥有一种从教条的前提严密地推导出极端的、令

[1] 布兰德斯：《十九世纪文学主流》（George Brandes, *Main Currents in Nineteenth Century Literature*，伦敦，1901—1905），第3卷，《法国的反动》（*The Reaction in France*），第112页。

[2] 基内：《基督教与法国大革命》（E.Quinet, *Le Christianisme et la Révolution française*，巴黎，1845），第357—358页。（埃德加·基内，1803—1875，法国历史学家，反对教权主义。他也是赫尔德《人类历史哲学观念》的译者。——译注）

[3]《司汤达通信集（1800—1842）》（*Correspondance de Stendhal*，Ad. Paupe 和 P.A.Cheramy 编，巴黎，1908），第2卷，第389页。

[4] 勒内·杜米克：《法国文学研究》（René Doumic, *Études sur la littérature française*，第1辑，巴黎，1896），第216页。

[5] 首先参看《约瑟夫·德·迈斯特》（1843），收入《文人肖像》（*Portraits Littéraires*），见《著作集》（*Œuvres*，巴黎，1949—1951），Maxime Leroy 编，第2卷，第385—466页；以及，“迈斯特伯爵文学小品”（'Lettres et opuscules inédits du comte Joseph de Maistre'，1851年6月2日），见《星期一漫谈》（*Causeries du lundi*，巴黎，1926—1942），第4卷，第192—216页。（圣伯夫，1804—1969，法国文学评论家。——译注）

人难以接受的结论的不寻常能力。他是一位才华横溢而又晦涩难懂的作家，带有塔西佗式的自相矛盾的特点；又是一位杰出的法语散文大师；也是一位不合时宜的中世纪神学家。他是一个被惹恼了的反动分子，凶猛地寻衅战斗，单凭他出色的文笔，徒劳地试图阻挡历史的前进。他是一个著名的异数，令人敬畏、孤独、苛刻、敏感，最终结局又是可怜的。往好里说，他是一个悲剧性的贵族形象，公然蔑视而且谴责这个他本不该降生的、多变的、粗俗的世界；说难听点，他是一个冷漠、狂热的顽固分子，散布谰言，诅咒他视而不见、充耳不闻的这个非凡的新时代。

迈斯特的作品被认为饶有趣味但并不重要，是封建主义最后的绝望挣扎，以及黑暗时代对于进步的抵抗。他激发了最尖锐的反应：其批评者之中鲜有人能控制自己的感情。他被保守主义者描绘成一个勇敢而又注定要失败的卫道士，而在自由主义者的笔下，则是老朽、无生气的一代人遗留下来的一位愚
99 昧、可憎的代表。两方面都一致认为，迈斯特的时代已经过去了，他的世界已经和当代的或者未来的议题没有任何关联。这种看法得到了很多人的认同，如拉梅内[1]（他曾经是迈斯特的盟友）和维克多·雨果，圣伯夫和布兰德斯，詹姆斯·斯蒂芬、莫利和法盖，都将其视为过时的力量而予以摒弃。这一批评也得到了 20 世纪著名的迈斯特研究者的支持，如拉斯基、

[1] 拉梅内（Lamennais，1782—1854），法国天主教司铎、哲学和政治理论家，1808 年与兄长共同发表《关于法国教会在 18 世纪及目前的情况的一些想法》。——译注

古奇、奥莫代奥[1]，甚至还包括关于迈斯特最详尽、极具批判性的现代传记的作者，罗伯特·特里奥姆非，他将迈斯特视为一位难以解释的无政府主义者，在当时并非没有影响力，但属于边缘的、反常的人物。[2]

上述判断，如果是对生活在麻烦比较少的社会里的人来说，完全可以理解，但对我来说，它还不够全面和充分。迈斯特也许使用的是过时的语气，他讲的内容却是有先见之明的。与他那些更为进步的同时代人相比较，比如贡斯当、德·斯塔尔夫人（Madam de Staël）、边沁以及密尔，迈斯特在某些方面是非常时新的，他绝非落后人物，相反超前于他的时代；更不用说与那些激进的极端主义者和乌托邦主义者相比了。如果问他的观念何以在那些支持罗马天主教会和法国萨伏依人贵族政治的人之外（加富尔[3]即出自其中，不过在他身上几乎看不出什么痕迹）并没有产生更为广泛的影响，理由只能是：在他自己的时代，还没有易于接受的土壤。他的学说，甚至更重要

[1] 拉斯基（Harold Joseph Laski，1893—1950），英国政治理论家、经济学家，曾担任工党主席（1945—1946）。古奇（George Peabody Gooch，1873—1968），英国历史学家，尤以其有关外交史学术史的研究而闻名。奥莫代奥（Adolfo Omodeo，1889—1946），意大利学者。——译注

[2] 然而，加拿大传记作家勒布伦（Richard Lebrun）并不赞同这种看法；持同样立场的还有埃米尔·米歇尔·齐奥朗（Emile Michel Cioran，1911—1995），以及我本人。我希望我也能如此摒弃他，不过，我们这个世纪的那些最为黑暗的事实并不能证明这种看法是正确的。参见勒布伦：《约瑟夫·德·迈斯特：一位思想的斗士》（Richard A. Lebrun, *Joseph de Maistre: An Intellectual Militant*，金斯顿和蒙特利尔，1988）；以及埃米尔·齐奥朗：《反动思想检论：关于迈斯特》（E.M.Cioran, *Essai sur la pensée réactionnaire: A paopos de Joseph de Maistre*，蒙彼利埃，1977）。

[3] 加富尔（Cavour），即（Camillo Benso Conte Cavour，1810—1861），意大利政治领袖，曾任撒丁尼亚总理（1852—1859 和 1860—1861），并辅佐撒丁尼亚国王维克多·伊曼纽尔二世统一意大利。——译注

的是他的精神趋向，不得不等待一百年之后才能自我实现（尽管它们终将不可避免地实现）。我这篇文章乍看起来或许像是荒唐的悖论，与迈斯特一般被嘲讽的那些矛盾一样荒唐，很显然，还需要提供证据以使它更具有说服力。下面的研究就是要
100 尽力给上述判断提供支持。

二

在迈斯特最富创造力的时代，当时大众意识最关心的问题，亦即一个普遍问题的变体：人们怎样才能得到最好的统治？一切理性主义者的解决方案因为法国大革命而声名扫地。在 18 世纪的最后 20 年，这些设想曾经在最热情洋溢的言说中得到过宣扬。人们不禁要问，是什么导致了它的失败？法国大革命是经过长期酝酿和讨论之后，对西方世界自从基督教兴起以来整个的生活方式蓄意进行的颠覆活动，就此而言，可以说大革命在人类历史上是一个独特的事件。而对那些被革命毁灭的人而言，谈到革命时，说它是一场无法理解的大灾难更适合一些，那是大众的堕落和愚顽的一次突然的发作，是神的怒火猛烈爆发，或者说，是晴朗的天空卷过的神秘风暴，它横扫了旧世界的根基。毫无疑问，对于那些流亡到洛桑、科布伦茨或伦敦的顽固、愚昧的贵族们来说，这就是真正发生的事。而对于那些中产阶级的思想家，以及无论何种阶级，所有受到激进的或自由的知识分子不断宣传鼓动所影响的那些人来说，至少在一开始，它被当成一场期待已久的拯救，是光明战胜古代黑暗的决定性的胜利，它将开启一个新的阶段，人类最终开始掌

握自己的命运，借助理性和科学的应用而获得解放，不再是自然的牺牲品——自然之残酷是因为她不被我们理解；也不再是人自身的牺牲品——只有当人在道德或智识方面有盲区或者被扭曲的时候，才会产生压迫和破坏。

然而革命并没有产生预期的结果。在18世纪的最后几年以及19世纪之初，对于公正无私的历史观察家以及欧洲新工业时代的受害者们——他们看得更加清楚——来说，以下这一点越来越清楚：尽管人类的负累在某种程度上从一个肩膀换 101
到了另一个肩膀上，人间惨剧的总量却并没有显著的减少。随后出现的有关革命事件状况的分析，正如意料之中的，各执己见：其中，有的人是真正为了理解这一事件，有的人是渴望找到责任者，换句话说，是为了澄清自己。这些对失败原因的剖析以及对补救措施的设计，构成了19世纪上半叶政治思想史研究的主要内容。详细追溯其枝节问题将会扯得很远。不过，几种主要的解释，包括提出批评的和为之辩护的，都已为大家所熟知。自由主义者将一切问题都归咎于革命的恐怖，亦即暴民的统治及其领导人的狂热，它们超出了应有的限度，超出了理性的限度。人们实际上已经看到了自由、繁荣和正义，然而，由于他们自己激情过高（能否避免这一点，取决于理论分析家是乐观还是悲观），或是观念错误（比如说，相信中央集权和个人自由可以兼容并存），导致人们到达目的地之前就已经迷失了方向。社会主义者和共产主义者发生了分歧，而且对于社会经济因素（首先是财产关系的结构）缺乏足够的重视，结果导致当他们实际面对它时软弱无力——这一点在那些革命缔造者身上显露无遗。天才的改革者们，比如西斯蒙第[1]和圣西门，对于各种社会、政治和经济冲突的起源、本质和结果，曾经提出了敏锐而且具有原创性的解释，与他们的理性主义前辈们所采取的先验的方法截然不同。具有虔敬信仰和形而上玄思倾向的德国浪漫主义者，把溃败（débâcle）归咎于理性主义那种错误意识形态的摇摆不定，认为它对历史的理解有极深的谬误，它对人类以及社会之本质的看法也是机械主义的。神秘主义者和光照派教徒
102 （illuminists）——在 18 世纪最后几十年和 19 世纪初，他们的影响力远比一般人所认为的更强大、更深远——则提出，根源在于人们不能理解（或者更应该说是不能融入）与超自然的精神力量的和谐相处，这种精神力量远比物质原因或者头脑中持有的其他观念更为重要，正是它统治了人民和国家的命运。保守主义者们——其中既有天主教徒，也有新教徒（如夏多布里昂、马莱·迪庞、约翰·缪勒、哈勒以及他们的盟友）——则谈到了无限复杂和不可分析的网络的独特力量和价值，亦即柏克所谓的千丝万缕的社会关系和精神的关系网；一代又一代人从诞生之日起就受其影响，他们所拥有的甚至他们自身，多半均拜其所赐。这些思想者赞美代代承继的神秘力量和传统的延续；他们将其比喻为浩荡洪流，与这洪流相抗衡——如那些鲁莽的法国哲人所倡导的，一些不切实际的观念把那些人的心智搞糊涂了——当然是毫无效果的，甚至可能

[1] 西蒙德·西斯蒙第（J. C. L. Simonde de Sismondi，1773—1842），原籍意大利，出生于瑞士日内瓦的一个新教牧师的家庭,后移居法国。法国古典政治经济学的完成者，经济浪漫主义的奠基人。——译注

自取灭亡；其中还有人将它比喻为一棵伸展的大树，树根深植，延入浩渺虚空，深不可测，在它交错的枝叶荫庇之下，无数人如羊群放牧一般平静地徜徉。另有人谈到神的计划逐步地展开之模式，其中每个连续的历史阶段，在这一计划永恒的整体（永远都是现在）之中的时间变化里，在每一点表现上，都揭示了无形造物主的精神。不管有多少种说法，其中的寓意是一致的：理性，无论在何种意义上——抽象的能力、创造性的思维，或者将现实世界分类和解析为根本性的因素，或者是发展出一门经验性或演绎性的人类科学的能力——都是法国哲人的妄想臆造。这些哲学家们（无论是受了牛顿物理学的影响，还是接受了直觉主义者和卢梭的平等主义学说）谈论“人”本身，说的都是自然创造的人，所有人都一样，其基本的品性、 103
能力、需要和习惯都可以通过理性的方法被揭示和分析。有的教导说，文明化就是这种自然的人的发展过程，有的则指出恰好相反，文明化会阻止人的发展，但是他们都赞同一点：一切进步，包括道德、政治、社会、智识各方面，都取决于人的需要的满足。

像柏克一样，迈斯特也否认了人这种创造物的实在性之概念：

> 1795年宪法，就像它的先例一样［他写道］，是为了人制定的。但是，这世上并没有人这种东西。在我有生之年，我见过法国人、意大利人、俄罗斯人，等等；感谢孟德斯鸠，他让我知道，**还有可能有波斯人**。然而，谈到人，我可以断言，我从来没有见过他；即便他存在，对我来说，

也是未知的。[1]

以这一虚构概念为基础而建立的科学，在宏大的宇宙进程面前，是虚弱无力的。依据那些科学专家们制定的方案，对这一科学加以解释——毋宁说是加以改变或者扭转——的努力，其实都是荒唐可笑的，结果只能是付诸一笑，聊供消遣而已——如果它们不曾招致多少不必要的磨难，甚至，出现那种最坏的情况，即血流成河，那是历史、自然或自然中的上帝对人类的愚蠢和放肆的惩罚。

历史学家们一般把迈斯特归入保守主义者之列。据说，他和博纳尔德[2]代表了天主教保守势力的极端形式：他们是传统主义者、君主主义者、蒙昧主义者，顽固坚持中世纪的学术传统，对大革命之后欧洲出现的一切新生的、活跃的东西都怀有敌意，徒劳地企图恢复一种古代的、在民族主义和民主政治之前的中世纪神权政治——这种神权政治在很大程度上只是他们的想象。对于博纳尔德来说，这种描述尚有几分真实，几乎在每一点上，他都适合作为教皇至上论者的样板形象。博纳尔德头脑简单、视野狭窄，并且在他漫长的一生中变得越来越狭隘和紧张。作为一个官员和绅士——无论是在这两个词的最好的还是最坏的意义上，都可以说，博纳尔德真正做到了在日常生
104 活中尽力贯彻阿奎那留下的智识、道德和政治的规范。他的做

[1] 见迈斯特，第 1 卷，第 74 页。

[2] 博纳尔德（Bonald，1754—1840），子爵，法国政治活动家和政论家，保王派，复辟时期的贵族和教权主义派的支持者，法兰西学院院士。——译注

法粗暴、机械、不知变通，在对他所身处的时代的认识上，持有顽固的，有时甚至是自得的偏见。他宣称，自然科学全是一套谬误之辞，渴望个人自由也是原罪的一种形式，任何对绝对世俗权力的占有，无论是个人的独裁，还是民众的集体领导，都是对神圣权威的亵渎和排斥，而神圣权威的唯一代表只能是罗马教会。因而，民众对权力的篡夺，既是那些王公大臣们最初的、恶意篡夺权力的直接的、颠覆性的后果。竞争——自由主义者的万能灵药——在博纳尔德看来，是对神圣戒律的抗命违犯，与之类似的探讨正统神学的神圣领域之外的知识，只不过是腐败、闲散的一代人为了满足焦躁的情感而没有规矩的猎奇。像中世纪大辩论中的教皇至上主义者（papalists）一样，博纳尔德认为，唯一适合人类的统治形式就是古代欧洲的庄园和行会的等级制，社会组织应得到传统和信仰的肯定，掌握最高的世俗权威和精神权威的，是教皇以及那些作为教皇帐下忠实而又顺从的代理人的王公们。上述观念都是博纳尔德用冗长、阴郁、冷酷、单调的笔调写下来的，因而，他的作品，甚至在某种程度上还有他的个性，理所当然会被遗忘或忽视，今天看来，似乎都已经不在教会学者的视野之内了，尽管他的思想已经收入了教会政治理论的通行资料，而且的确曾经有过一定的影响。

迈斯特非常敬重博纳尔德。虽然二人从未谋面，但有过书信往来。迈斯特还曾说过，博纳尔德是他在精神上的同胞兄弟——显然他的所有传记作者，甚至包括不轻易犯错的法盖，都过于认真地看待了这句话。我们都知道：博纳尔德是法国人，而迈斯特是萨伏依人；博纳尔德是一个出身于古老家族的贵族，而迈斯特的父亲只是一个新近跻身贵族之列的律师；105 博纳尔德是斗士和朝臣，而迈斯特主要是一个法学家和外交家。迈斯特又是一位哲学批评家和出类拔萃的著名作家，而博纳尔德更多学究气，持有不妥协的神学立场；迈斯特是王室权力的热情支持者，经验丰富的谈判专家，善于处事，而博纳尔德更专注学问，常作严肃的说教，远离那些人气旺盛的贵族客厅，而在那里光彩照人、生气勃勃的迈斯特却广受欢迎、极得敬重。然而，这些不同之处只不过是一些较为琐碎的事情。这两个人被描绘成不可分割的整体，是同一运动的两个首领，是天主教会重建运动的双头鹰。这就是几代历史学家、批评家和传记作家们，大量重复、彼此应和、共同协力要表达的印象；然而，在我看来，这种印象有误导之嫌。博纳尔德在政治上是一个正统的中世纪问题专家，天主教会重建运动的顶梁柱，坚如磐石，令人望而生畏，但他在当时就已经是过时人物——迟钝、缺乏想象力、学识丰富，但冷酷无情，是天主教反改革运动教条的权威。拿破仑的认识非常到位：博纳尔德这个人尽管显然对他的统治怀有敌意，倒可以当作抵挡所有批评思想的屏障，实际上有利于他的统治的稳定，因此，他不仅在学院里给其一席之地，还邀请博纳尔德担任他儿子的导师。迈斯特则是完全不同的另外一种人，另外一种思想家。他的眼光同样干冷，他的思想核心同样强硬而又冰冷，但他的观念——既有积极的，亦即在他眼中世界是怎样的，并且希望它怎样变化；又有消极的，亦即旨在摧垮其他思想和情感上的派别——却更为大胆狂放、更有趣味、更具有原创性、更强有力，实际上，也比博纳尔德狭隘的正统主义者视域中的任何梦想都更有威胁。

因为迈斯特能够理解，旧的世界正在死去——这在博纳尔德那
里看不出来；而且，他认识到了正在确立之中的新秩序令人生
畏的形貌，博纳尔德却永远认识不到这一点。迈斯特关于新秩
序的看法深深地震撼了他的同时代人——尽管他不是用预言式
的语言来表达的。不过，它的确是预言，这些判断在当时似乎
非常荒谬，但在我们今天看来早已是司空见惯了。对于他的同 106
时代人，也许对于他自己来说，他都好像是在冷静地凝视着古
代的、封建的过往时代，但事后证明，他更明晰地看到的东西
是一种令血液冻结的未来景象。他的有趣之处和他的重要性就
在于此。

三

1753 年，约瑟夫·德·迈斯特出生在尚贝里，是参议院主席十个孩子中的长子。他得到的头衔是萨伏依公爵领地的最高司法长官，该领地后来归属了撒丁王国。他们一家是从法国尼斯搬来的，他觉得自己的一生都奉献给了法兰西。在那些居住在边疆甚或是国界之外的人身上，常常可以发现他们对自己血脉相连、情感所系的国家的这种崇敬之情；他们对其终生都怀有一种浪漫主义的情愫。终其一生，迈斯特都是他所在国家之君主们的忠诚国民，然而他真正热爱的唯有法兰西，（继格老秀斯之后）他称其为“天国之后最为公正的王国”。[1] 他曾在某处写到，命运让他降生在法国，他却在阿尔卑斯山迷失了

[1] 第 1 卷，第 18 页。

方向，跌落在尚贝里。[1] 他接受了一个出身良好家庭的年轻的萨伏依人所应得到的常规教育：进了一所耶稣会学校，成为一个世俗修会的成员，其职责之一是援助那些罪犯，尤其是去死刑现场，给那些将死之人提供最后的帮助和安慰。也许正是因为这一经历，他的思想中才充斥了绞首架的形象。他与立宪主义和共济会一度走得较近——对后者，即便在晚年忠顺地表示谴责的时候，他仍然保持某种尊重。1788 年，他随其父的步
107 调，当上了萨伏依的参议员。

迈斯特对于那些温和的萨伏依共济会员深表同情，这一点是他思想上的一个印记。对他产生影响的，首推 18 世纪晚期的神秘主义者圣马丁（Louis-Claude de Saint-Martin）及其前辈帕斯夸雷的马丁内斯（Martinès de Pasqually）的著作。圣马丁倡导虔心向善，追求德性生活，抵抗怀疑论和唯物论，对此，迈斯特都极为赞同。可能正是从圣马丁那里，迈斯特吸取了自己后来毕生奉行的泛基督主义：呼吁基督徒的联合，谴责那种“我们称之为‘容忍’的愚蠢的漠不关心”。[2] 在迈斯特身上，圣马丁主义者的气味还有如下表现：他喜欢追寻《圣经》中那些深奥的学说、玄妙的蛛丝马迹，他还对斯韦登伯格 [3] 感兴趣；强调上帝展现其神奇之处的神秘方式以及那神意

[1]《迈斯特外交通信集，1811—1817》（*Correspondance diplomatique de Joseph de Maistre 1811—1817*，Albert Blanc 编，巴黎，1860，以下简称《外交通信集》），第 1 卷，第 197 页。

[2]“布鲁斯维克公爵回忆录”（‘Mémoire au duc de Brunswick’），见 Jean Rebotton 编，《迈斯特和几位共济会朋友的共济会文字》（*Écrits maçonniques de Joseph de Maistre et de quelques-uns de ses amis francs-maçons*，日内瓦，1983），第 106 页。

[3] 斯韦登伯格（Swedenborg，1688—1772），瑞典科学家、神秘主义者和宗教哲学家。——译注

的狡计——让人们活动的无意之举变成了完成神的计划之一部分，而这一计划却是那些懵懂得不可救药的受惠者所不曾想到的。在迈斯特的青年时代里，至少在萨伏依，教会并没有对信众中的共济会倾向表示过反对——起码是因为在法国，在维莱尔默兹[1]的领导下，共济会变成了攻击启蒙运动中的唯物论和反教会的自由主义的武器。迈斯特早期对共济会的同情，后来成为那些更为顽固地拥护教会和王室宫廷者的猜疑来源，这种猜疑伴随了他一生，尽管他对教会和宫廷的热爱始终不渝。不过，这一猜疑要到较晚时候才出现：在他的早期岁月，萨伏依的议院要比法国的王公们略微进步一些。18 世纪初，封建制度就已经被废除了；王公们的统治仍然有家长制作风，但是已经相对开明；农民不再被赋税压得无法喘息，商人和制造业者 108
也不再像在德国或意大利的侯国那样受到贵族和教会传统特权的过多牵制。都灵政府是保守的，但并不独裁；极端主义情绪是罕见的，也较少反动分子和激进分子；那时（以后也是如此），这个小国在一个谨慎小心的官僚政府统治下，渴望保持和平，避免跟邻邦发生矛盾冲突。当巴黎爆发恐怖行动的消息传来，旋即被这里的人当成难以置信的可怕事件；当地对雅各宾派的态度，与 1871 年瑞士的保守主义分子对巴黎公社的态度，以及在日内瓦和洛桑的那些对贝当元帅抱有同情的、吓破了胆的正统派对于第二次世界大战期间法国抵抗组织的态度，不无相似。同样地，这个声誉良好、有着自由倾向的贵族政府

[1] 让—巴蒂斯特·维莱尔默兹（Jean-Baptiste Willermoz，1730—1824），帕斯夸雷的马丁内斯的门徒，马丁主义的另一位重要代表人物。——译注

震慑于这场在法国爆发的社会大变动，在惊恐中畏缩退避。当好战的法兰西共和国入侵萨伏依，意欲并吞时，萨伏依国王被迫出逃都灵，随后又在罗马躲了几年，在拿破仑向教皇施压之后，他又跑到了撒丁王国的首府卡利亚里。迈斯特起初曾赞同巴黎的议会法案（acts of the State-General），但很快改变了想法，并出走洛桑；然后，又从洛桑到了威尼斯和撒丁岛，在那里他过的是一个典型的流亡保皇党人穷困潦倒的生活，服侍他的恩主撒丁国王，而后者早已成了英格兰和俄罗斯的陪臣。迈斯特的激进情绪，以及他总是过于强硬地坚持并表达的一些观点，让他在这个保守、褊狭、忧心忡忡的小朝廷里，成了一个让其他人感到不舒服的成员。当他的朋友科斯塔提醒他不要出版一部写作于 1793 年的作品《萨伏依保皇党人书信集》（*Lettres d'un royalists savoisien à compatriotes*）时，迈斯特曾对此略有提示："思想过于活跃，包含太多能量，在这个国家就会没有什么市场。"[1] 到了 19 世纪初，他被任命为撒丁王国
109 的官方代表，派驻圣彼得堡，这对他来说，也算是某种解脱。

毫无疑问，大革命对于迈斯特执着而又顽强的心灵产生了相当大的影响，导致他要重新检讨自己的信仰和观念的基础。他那点儿至多只能说是边缘化的自由主义思想消失得无踪无迹。他以一个激烈批评任何形式的立宪主义和自由主义的形象出现，成为一个主张教皇权力至上的正统主义者，笃信权威和

[1] 引自 1793 年 7 月 16 日，迈斯特致维涅·德斯·埃图勒斯（Vignet des Étoles）的信。收藏于迈斯特家族档案。参见勒布伦，前引书（第 100 页注释 1），第 123 页，注释 68。

权力都具有神圣性，而且很自然地顽固抵制 18 世纪的启蒙学者所坚持的一切——理性主义、个人主义、自由开明的妥协以及世俗的启蒙。迈斯特的世界被不信神的理性用邪恶力量打碎了，唯有剥开种种伪装，斩断“革命”这只九头怪兽的所有头颅，才能重建这一世界。两个世界抵死相争，他选择了一边，而且意味着绝没有宽恕的可能。

四

从《论法国》（*Considérations sur la France*，该书于 1797 年在瑞士匿名出版，是一部气势磅礴、文笔优美的论战文集，其中收录了许多篇他最有原创性和影响力的论文），到他去世后出版的《圣彼得堡之夜》（*Soirées de Saint-Pétersberg*）和《培根哲学检讨》（*Examen de la philosophie de Bacon*），迈斯特全部思想活动的主动力，是反驳那些风靡一时的思想家们所持有的、在他看来是最狭隘的生活观。

最使他恼火的是那种平淡无味、顺从自然的乐观主义，而当时（尤其是在法国）的时髦哲学家们，却似乎都完全承认它的有效性。那些文明圈子里的人认为，真正的知识只有通过自然科学的方法才能获得；不过当然，关于什么是自然科学以及
它能够做什么，19 世纪中期的人的看法与它此后两百年的实 110
际发展显然有所不同。只有运用理性能力，而且是在以感官知觉为基础的知识增长的协助下——而不是借助神秘的内省，或者是不加批判地接受传统、陈规陋习，或者是听从那超自然权威的声音（它或许是直接向我们昭示的，或许是记载在神圣

的经典之中）——我们才能发现有史以来就一直困扰人们的那些重大问题的最终答案。当然，在不同的思想流派之间，以及不同的思想家之间，他们彼此的分歧是非常尖锐的。洛克相信，在宗教和伦理学之中存在着直觉的真理，而休谟就不这么想。霍尔巴赫跟他的许多盟友一样，是无神论者，为此还遭到了伏尔泰的严厉批评。杜尔哥（迈斯特一度很敬重的人）认为进步是不可避免的；门德尔松却不赞同，他捍卫的是被孔多塞拒斥的灵魂不朽学说。伏尔泰相信读书对社会行为产生了主导性的影响；而孟德斯鸠却认为，各民族之性格以及社会、政治制度之所以有着难以改变的差异，正是气候、土壤以及其他环境因素的影响。爱尔维修设想，仅仅通过教育和立法就可以完全（实际上是完美地）改变个人和社群的品格；但他的想法马上就遭到了狄德罗的批评。卢梭与休谟、狄德罗有所不同，他也谈到了理智和情感，却怀疑艺术、讨厌科学；他强调意志的培养，谴责知识分子和专家，而且对人类的未来几乎不抱希望——这一点与爱尔维修和孔多塞恰好相反。休谟和亚当·斯密把义务感当作可以用经验方法检讨的一种情感，而康德正是在尽可能最尖锐地否定这一论题的基础上，建立了他的道德哲学。杰斐逊和潘恩认为自然权利是不言自明的，而边沁则
111 说这是大言不惭的胡言乱语，并且将《权利宣言》称为纸上狂吠。[1]

[1] 边沁：《权利、代表与革新："高跷上的废话"及其他关于法国大革命的文章》(Jeremy Bentham, *Rights, Representation, and Reform: 'Nonsense upon Stilts' and Other Writings on the French Revolution*, Philip Schofield, Catherine Pease-Watkin 和 Cyprian Blamires 编，牛津，2002)，第 330 页，第 187 页。

尽管这些思想家们的确存在类似上述的尖锐分歧，也有一些信念是他们共同拥有的。他们相信，通过各种措施，人在本质上是可以理性化和社会化的；或者说，如果不是被流氓欺骗，或让白痴误导的话，至少能够理解自身以及他人的最大利益是什么；假如教他们去领会那些运用普通人的理解力即可发现的行为规则，他们便完全能遵循其行事。这些思想家们还相信，无论在生物界还是在非生物界，都有统治自然的法则存在，而无论是否可以用经验方式揭示出来，这些法则无论人们向自身或外部世界去探寻，均能得到验明。他们认为，如果这些法则之发现及其相关知识能够广为传播的话，就将在个人与其周边，还有在个人自身之内，促成一种稳定的和谐状态。他们之中的大多数人都相信，个人自由的最大化和政府的最小化是可以实现的——至少在人们经过适当的再教育之后会有此可能。他们相信，以“自然规律”为基础建立的教育和立法能够纠正几乎所有错误；自然就是理性的行动，因而从原则上说，它的运转过程也可以从一系列的终极真理（比如几何学，以及后来的物理学、化学和生物学中的定理）那里推导出来。他们相信，一切美好的、值得愿望的东西都必然是和谐一致的，而且不仅如此，所有的价值还将彼此关联，构成一个不可破坏的、逻辑上相互连锁的关系网络。在他们中间，那些更倾向于经验化的人则坚信，正如研究非生物的科学一样，一种关于人性的科学也可以建立起来；而且，那些伦理和政治方面的问题，假如是真正的问题，从原则上说都是可以解答的，其答案的确定性不会亚于数学和天文学。以这样一些答案为基础，生命将会是自由、安全、幸福的，并且拥

有美德和智慧。一句话，在他们看来，既然在自然科学领域
112 里，过去一百年取得了超过迄今人类思想历史上所有成就的辉煌成果，现在运用同样的能力和方法，千禧年不实现是没有道理的。

上述这些观念正是迈斯特批驳的目标。抛开了关于基本人性的这一理想化概念的先验公式，他诉诸从历史学、动物学以及日常观察得来的经验事实。抛开了进步、自由和人之完全实现的理想，他鼓吹依靠信仰和传统而得到拯救。他详细描述了人性中不可救药的恶劣和腐化，以及随之产生的对于权威、等级、服从与征服的必然欲求。抛开了科学，他鼓吹本能、基督教智慧、成见（那可是世代相传的经验成果）以及盲信的优先地位；抛开乐观主义，他诉诸消极悲观；抛开永恒的和谐与和平，他诉诸冲突与苦难、罪恶与惩罚、流血与战争的必然性，那神圣的必然性。抛开了和平与社会平等的理想，那是以人的共同利益和纯良天性为基础的，他宣称，对于他所归属的这些堕落的人和民族而言，与生俱来的不平等，还有目标和利益的激烈冲突，就是正常状态。迈斯特否认诸如自然和自然权利这类抽象的东西有任何意义；他提出了一种有关语言的学说，与孔狄亚克或蒙博杜（Monboddo）所说的截然相反。他让天赋王权这一声名狼藉的学说重获新生，而且，他捍卫神秘与幽暗（尤其是非理性）作为社会政治生活之基础的重要性。他以其显著的鲜明和果决，抨击一切形式的清澈明晰与理性的组织。就气质而言，他跟他的敌人——雅各宾派——很相似；像雅各宾派一样，他也是一个全心全意的信仰者，一个激烈的睚眦必报的人，一个彻底的极端主义者（jusqu'au boutiste）。1792

年那些极端分子的特征，就是其拒斥旧秩序的彻底性：他们抨击的不仅仅是它的缺点，也包括其优点；他们不想保留什么东西，整个有害的体系都要毁掉，连根带叶，如此才能建设全新的东西，新的秩序之兴起绝不依赖旧世界的废墟，毫无让步。113
迈斯特站在与此对立的另一个极端。他攻击18世纪的理性主义，批评那些著名的革命者自身的褊狭与狂热、威权与个人嗜好。他其实比温和派更能理解这些人，甚至对他们的某些才质有惺惺相惜之感；不过，这些人幸福憧憬的东西，在他看来，却是噩梦一场。他想把“18世纪哲学家的天城”[1]夷为平地，片瓦不留。

他所使用的方法，就跟他所鼓吹的真理一样，虽然他自己宣称主要吸取自坎普滕的托马斯（Thomas à Kempis）、托马斯·阿奎那、波舒哀或蒲尔达罗（Bourdaloue），但实际上可归功于这些罗马教会顶梁柱的并不多；相较之下，它们跟奥古斯丁或迈斯特青年时代的思想导师（维莱尔默兹的光照派教义以及帕斯夸雷、圣马丁的追随者）的反理性主义的理路倒是更多共通之处。迈斯特的立场，与德国的反理性主义和信仰主义的创始者们是一致的；同样的还有法国的一帮人，像莫拉斯、巴雷斯[2]及其追随者，他们宣传罗马当局的价值和权威但在某些情况下并非基督的信徒；此外，还包括所有那些始终视启蒙运动为个人之敌的人；以及那些捍卫超验原则的人，在他们眼

[1] 美国历史学家贝克尔有以此为题的一部著作（*The Heavenly City of the Eighteenth-Century Philosophers*，纽黑文，1932）。
[2] 巴雷斯（Maurice Barrès，1862—1923），法国小说家、记者、政治家、反犹的民族主义者。——译注

中，如果假定这些超验的原则跟科学和常识处在同一层次上，因而容许——或者说必须——在来自智识或道德上的批评面前辩护，那就会使它们被误解或遮盖。

五

霍尔巴赫和卢梭是彻底的对头，谈到自然时，却一致怀有
114 敬畏之心，视其为（带有一些隐喻意义的）和谐、善意、无拘无束。卢梭相信，在那些未曾堕落的人们的淳朴心灵面前，自然会展露她的和谐与美。霍尔巴赫则确信，自然之和谐与美的展示，只会透露给那些用理性的探究方法去发现其秘密的人，展现给那些不受偏见和迷信遮蔽的、有教养的理智与精神。与他们二者不同，迈斯特接受的是另一种古老的看法：在大洪水泛滥之前，人是明智的；但他们因犯罪而被罚；他们堕落的后代现在可以发现真理了，但不是依靠其自身能力的和谐发展，也不是依靠哲学或物理学，而是通过罗马教会的圣徒和博士们有幸接受的启示，显而易见，对此唯有遵从。我们被告知要研究自然。于是我们就照办。完美如斯的历史学和动物学，有何发现呢？是乐观的理性主义者，如孔多塞（Marquis de Condorcet）的自我实现的和谐美景吗？恰恰相反，结果发现自然是青面獠牙的。在《圣彼得堡之夜》中，迈斯特告诉我们[1]：

[1] 以下这段文字为英文节译，原始的法文文本值得全文参考，它表明了迈斯特最为突出的特点，绘声绘色，而又激烈狂暴。见本文附录（第178—183页）。

在整个广大的动物界，盛行着公开的暴力，一种长期
形成的暴戾之气支撑着所有生命，而它们注定有同样的结
局：一旦你从没有生烟的地方走进生命之域，马上就会发
现，就在生命之域的边界上刻写着将因暴力而致死的判决。
在植物王国，你也能有同样的感受：从参天大树到纤纤细
草，有多少植物是**死掉**，又有多少植物是被**杀死**的；然而，
自从你踏进动物王国的那一刻，这一法则突然有了可怕至
极的表现。有一种力量，一种暴力，亦隐亦显［……］在
每一种物种里面，均选定一定数量的动物要去吞噬另一些：
因而，就有了捕食的昆虫、捕食的爬虫、捕食的飞鸟、捕
食的鱼类、捕食的四足动物。无时无刻不有某种生物正在
被另一种生物吞噬。在数不尽的动物物种之中，人的位置
高高在上，没有什么活物能够逃脱他破坏性的手腕。他杀
戮以求食，杀戮以取衣；杀戮以为打扮；杀戮以为攻击， 115
杀戮以求自保；为锻炼自己而杀戮，为愉悦自己也去杀
戮；他为了杀戮而杀戮。他是洋洋自得的恐怖之王，想要
拥有一切，谁也不能阻挡。［……］从羔羊身上撕取了羊筋，
让他的竖琴更加响亮；［……］从豺狼那里拔下了最致命
的牙齿，为他可爱的艺术品打磨抛光；从大象身上剥取了
象皮，给他的孩子拧成鞭子；他的桌子上也铺盖着动物的
毛皮。［……］那么，［在这种俯仰皆是的杀戮中］又有谁
能消灭这消灭其他一切生物的人类呢？唯有人类自己。应
该对屠杀人类负有责任的正是人自己。［……］这样［……］
以暴力破坏生命之伟大法则无休止地实现。整个地球，永
远浸泡在血泊中，无他，一个巨大的祭坛而已，所有的生

命都必定要被献祭，没有目的，没有选择，不会停歇，直到万物的终结，直到罪恶的根除，直到死亡都死亡。

这就是迈斯特著名的、恐怖的人生观。他对鲜血和死亡的强烈的痴迷，属于另一个不同的世界，与柏克想象中的富饶、宁静的英格兰不同——那儿有举止雍容、稳重睿智的乡绅，大大小小的乡间居舍静谧至极，是依据生者和逝者以及那些还未出世的人签订的社会契约而建立的永恒社会，免受那些不幸之人的动荡不安和穷困凄惨之苦。它与神秘主义者和光照派的隐秘的精神世界同样距离遥远，尽管他们的经历和教导曾经给予年轻的迈斯特以触动。这种人生观既不平静，也不保守，既非盲从现状，也不仅仅是神职人员的蒙昧主义。它跟现代法西斯主义偏执的世界观有着亲缘关系，而早在19世纪即发现有此种思想确实让人惊讶。在那个时代，只有格雷斯[1]（Görres，
116 1776—1848）在其晚年的批判之词中对迈斯特的这种观点有某种程度的呼应。

然而，对迈斯特来说，生活并非毫无意义的屠杀，并非西班牙思想家乌纳穆诺（Miguel de Unamuno）所谓的“老迈斯特伯爵的屠宰场”。[2] 因为，尽管战争的主题是不确定的，尽管胜利无法计划，既不能仅仅凭借智巧而获得，也不能凭借科学家或律师们宣称拥有的那种知识去获得，然而那不可见的

[1] 格雷斯（Johann Joseph von Görres，1776—1848），德国作家。——译注

[2] 西班牙语：“[El] matadero del difunto conde José de Maistre.”乌纳穆诺：《基督教的挣扎》（Miguel de Unamuno, *La agonía del cristianismo*），见《全集》（*Obras completas*, Manuel García Blanco 编，马德里，1966— ），第7卷，第308页。

主宰者，最终会站在其中一方而非另一方去战斗，最后的结果是无可置疑的。这一神圣的元素就是这样一种东西：它跟世界历史的、人类的或宇宙的精神并非完全不同，世纪之交的德国浪漫主义者（如谢林、施莱格尔兄弟）也倾向于据此来描述和解释世界，亦即一个超自然的主体，它在某一刻同时既是创造力、又是理解力，是万事万物的创制者和解释者。

迈斯特用反讽式的语言（有时候像塔西佗，有时候又像托尔斯泰）宣称，自然科学的方法对于达成真正的理解是很致命的——在这一点上，他丝毫不亚于那些德国的浪漫主义者（以及在他们之后的法国反实证主义者拉韦松和柏格森）。分类、抽象、归纳、合并同类、推论、计算，并且总结为严格的、永恒的公式，都是错把表象当成了实在，描述了表面而未触及深层，是用人为的分析拆散了活泼的整体；这对历史进程以及人类心灵的进程都是误解，是把至多适用于化学和数学分析的范畴错用在了它们的身上。为了真正理解事物之所以然，需要有一种截然不同的态度，德国形而上学家谢林及其之前的哈曼曾经在得到神意启示的诗人或先知的灵光闪现中发现的一种态度——在与自然本身的创造性过程合为一体的情形之下，为实 117
现自身的或社会的目标而奋斗的先知们，将其视为宇宙演进之目标中的一分子，这里的宇宙俨然就是一个生气勃勃的有机体。迈斯特于天启宗教中，于历史中，去寻求答案，将我们人类自身放置在社会传统（及其情感、行动和思想的方式）之宏大框架之中——真理唯在其中自存；答案，在他看来，就是内在模式的显现，我们至多能隐约地、间或地了解。

或许柏克对这一点不见得会完全反对：至少不会像德国浪

漫主义者们那样反对，他们从政治上退缩了下来，转而歌颂古代社会风俗（folkways）的诗情画意和英明睿智，或是那些具有超常创造力和预言能力的艺术家和思想家的天赋奇才。任何一个政府的制宪立法，都是以篡夺神圣立法者的特权为基础的。因此，一切宪法都是同样有害的。这一看法，甚至柏克也会认为太过头。不管怎么说，英国的传统主义者和德国的浪漫主义者都没有以轻蔑或消极悲观的眼光来观察人类；而对迈斯特来说，（至少在他成熟期的著作中）吸引他的却是原罪的意义，以及人类放任自流时自我破坏的愚蠢行为的邪恶和无益。一次又一次地，他反复阐述这一事实：唯有受难才能让人们免于全体陷入无政府状态的无底深渊，免于一切价值的毁灭。在迈斯特的黑暗世界里充斥着这样一些概念：一方面是无知、任性、白痴；另一方面，作为补救措施，是流血、痛苦和惩罚。人们——人民大众——就像是孩子、疯子、遥领业主，其中的大多数都需要有一位监护人、一个可靠的导师、一个精神指导者来管理他的私人生活以及财产支配。既然这些人已经是无可救药的腐败和衰弱了，他们做什么都是没有价值的；除非他们受到保护，能够免除诱惑，不再为了那些无意义的目的挥霍自己的力量和财富；除非他们得到训练，在监护人的永久监督之
118 下，去干他们被指定的任务。那么，反过来，为了维持这种确定的、严格的等级——它是真正的自然秩序，教皇是首脑，由最高级的成员到最卑微的成员，在人类的大金字塔上从上往下依次排列——他们需要献出自己的生命。

迈斯特认为，他看到，在每一条通向知识和救赎的真正道路的入口处，都有柏拉图的高大形象指示着方向——这一点并

非没有缘由。他指望耶稣会能扮演柏拉图的护卫者精英角色，将欧洲从他那个时代的奢靡浮华和毁灭性的错乱失范中拯救出来。不过，重中之重的核心人物，整个社会的顶梁柱，是一个远比国王、牧师或将军更为令人恐惧的形象——刽子手。在《圣彼得堡之夜》里面，最有名的段落[1]就是献给刽子手的：

> 那难以解释的人是谁呢？在有那么多让人愉快、有利可图、实在可靠甚至光鲜体面的职业可供选择，从而可以发挥一技之长、施展自身能力的时候，他却选择了去折磨和杀戮自己的同类？像他这种头脑，这种心肠，还是跟我们一样的人吗？难道他没有什么特殊的地方，没有什么异于我们的本质吗？我自己，我对此毫不怀疑。他表面上构造跟我们是一样的，初生时候跟我们大家一样。不过，他是一种很特别的人，需要有一种特别的法令——来自创造力的**法令**（FIAT）——才能使其成为人类大家庭中的一员。他被创造为一种单独的领域。
>
> 按照普通人的意见来想想他是什么吧，假如你能做到的话，应该努力设想一下，他是怎样漠视和轻蔑这种意见的。几乎从不曾有人给过他适当的居所，官家刚给他分配了居所，他刚一入住，别人就搬家到看不到他的地方去了。置身于这种荒凉之中，周遭空旷，相依为伴的唯有他的妻儿，是他们让他还晓得人类的声音，否则他能听到的 119

[1] 第 5 卷，第 32—34 页。这是迈斯特最广为人知的一段文字，因此值得原文引述。参见本文的附录（第 183—185 页）。

就只有呻吟叹息……这时候一个阴暗的信号出现了；正义(justice)的卑贱奴仆敲响了他的大门，告诉他需要他了；于是他应声而去，来到开阔的广场，那里群氓遍布，人头攒簇，令人望而生畏。一个犯渎圣罪的家伙、一个制毒者、一个弑亲者，被抛掷向他：他一把抓住，将其扭绑，捆在平放的十字架上，然后扬起手臂；随之是可怕的沉默；现场没有别的声音，只听到骨头在压榨之下的碎裂，以及受刑者的哀号。他将其松绑，放在车轮上；碎肢落进轮辐，脑袋被绞断，毛发竖起，口鼻洞开，口中时而迸出几个污字，但求一死。完事后，他的心脏怦怦直跳，不过，那是兴奋的跳动：他在为自己庆贺，他在心里对自己说，“没有谁比我更适合干这事了”。他拾级而下。伸出满是血污的双手，隔着恐惧退缩的人群，接住了正义(justice)从远处抛过来的几枚金币。他坐到餐桌边，吃起东西来。然后上床睡觉。到了第二天，当他一觉醒来，他考虑的是与一天之前他所做的完全不同的事了。他还是一个人吗？是的。上帝在他的神殿里面接纳了他，允许他祈祷。他并不是一个罪犯。不过，也没有谁敢于断言他品德高尚，诚实守信，是个值得尊敬的人，等等。没有什么道德上的赞誉之辞适合他，因为这一类的东西都假定跟人类有某种关系：但他没有。

然而，一切的伟大、力量、服从都依赖于刽子手。他是可怕的人，是人与人之间关系的纽带。假如世上没有了这一神秘的代理人，秩序马上会陷于混乱：王权倾覆、社会动荡。创造君权的上帝，也创造了惩罚；他将尘世立在

这样两根柱子上：因为**“地的柱子属于耶和华，他将世界立在其上”**。 120

这可不仅仅是迈斯特关于罪与罚的带有虐待欲的冥想，它与迈斯特其他同样热情而又明确的思想一样，表达的是他发自内心的深信不疑的想法：唯有笼罩在权威的暴力恐怖之下，人们才能得到拯救。每时每刻都应该提醒他们，要记得自己活在诚惶诚恐的神秘感之中，这种神秘感是深藏于所有创造物内心的；要让他们从永恒的苦难中得到洁净，要让他们意识到自己的愚蠢、怨毒以及事事无用，从而学会谦卑。战争、磨难、痛楚，这些就是人们摆脱不掉的东西；人们不得不尽可能去忍受。而为他们指定的导师们，则必须尽职尽责地完成造物主（祂已经把自然安排为一种等级分明的秩序）为他们布置的任务，冷酷无情地施行统治（而不是宽恕他们），并同样冷酷无情地消灭敌人。

那么，敌人是谁呢？那些迷惑人们耳目的家伙，或是企图颠覆既定秩序的人，就是敌人。迈斯特称之为“持异议派”(la secte) [1]。他们是制造麻烦的人，是颠覆者。除了新教徒和詹森派信徒，他的名单里面还包括自然神论者和无神论者、共济会会员和犹太教徒、科学家和民主人士、雅各宾派、自由主义者、功利论者、反圣职论者、平等主义者、至善论者、唯物主义者、唯心主义者、律师、新闻记者、世俗改革派，以及各

[1] 比如第 1 卷，第 407 页，第 8 卷，第 91，222，223，268，283，311—312，336，345，512—513 等页。

种各样的知识分子；所有那些呼吁抽象原则的人，信仰个体理性或个体良知的人，个人自由的信奉者，理性的社会组织的信奉者，改革派和革命家——这些人统统都是既定秩序的敌人，都应该不惜一切代价铲除掉。这就是“持异议派”，他们永远不会消停，总是闹个不休。

这样一张名单，我们后来听过很多次。它首次准确地整理出了反革命运动所认定的敌对者名单，这一反革命潮流到法西
121 斯主义达到了顶峰。迈斯特相信，新秩序是邪恶的，它释放了暴虐和狂热，先是在美洲、继而在欧洲引发了毁灭性的革命，他想要对抗这一新秩序。所有的知识分子都是坏家伙，不过，最危险的还是自然科学家。在一篇论文里，迈斯特对一位俄罗斯贵族说，腓特烈大帝讲得对，科学家是对政府的威胁：

> 罗马人用金钱从希腊人那里购买他们所缺的才能，同时又蔑视提供这些才能的人——在这一点上他们表现了罕见的超强判断力。他们说，讲话的时候面带微笑：“**饿着肚子的希腊人**愿意做任何事情来取悦你。”[1]假如他们选择模仿这种人的话，那就是在拿自己开玩笑了。正因为他们鄙夷这些人，他们才伟大。[2]

在古代人之中，犹太人和斯巴达人也是如此，就因为他们

[1] 在一个脚注中，迈斯特引用的古罗马尤韦纳尔（Juvenal）的话（“Graeculus esuriens in caelum jusseris，ibit”），见《讽刺诗》（*Satire*），第 3 页第 78 行。他错误标注为马提雅尔（Martial）的话。
[2] 第 8 卷，第 299 页。

不受科学精神的污染才获得了真正的伟大。“对政治家而言，即使是文学，过多也是危险的，自然科学甚至更加无益。尤其是跟人打交道，理解别人，或是领导别人的时候，科学家的愚笨言行表露无遗，这是人所共知的。”[1] 科学的眼光就是给一切权威挑错；它会导致无神论的“毛病”。

> 在任何一个国家、任何一处地方，科学都会有一个不可避免的缺点，那就是压制了人们真正的天职——行动之爱；代之以傲慢自大，把人引上邪路，偏离正常的想法，使他与所有的从属关系为敌，反叛一切法律和制度，对任何变革都无条件拥护。[……] 一切科学之首是治国之术，它在学院里面是学不到的。从苏杰（Suger）到黎塞留（Richelieu），从没有哪个伟大的人物曾沉迷于物理学
> 或数学。自然科学的天赋是一种专注自身的才能，有了它， 122
> 别的天赋便不可能发生。[2]

在 18 世纪所谓“自然母亲”或“自然女士”的保驾护航下，通向一种幸福、和谐、富饶的生活，相信有这种可能性的人们，其可信度也不过如此——一切都出自无力面对真相的狭隘心灵的自我欺骗。

和平为一物，现实为另一物。迈斯特追问，

> 这是怎样的一种难以想象的魔法啊，它让一个人始终

[1] 第 8 卷，第 305 页。
[2] 第 8 卷，第 297—298 页。

> 准备好当锤鼓的第一声响起的时候……就毫不犹豫地出发，而且常常是怀着洋溢的热情（这种热情也有其特殊之处），为的却是在战场上把自己的兄弟——和他同一立场，愿意跟他同甘共苦的——撕成碎片，尽管他的兄弟并没有对他做错什么？[1]

连杀鸡都会流眼泪的人，上了战场，也会毫不迟疑地杀人。他们这么做，纯粹为的是公共的利益，表现的是一种痛苦的、无私的责任，压抑着他们人性的情感。刽子手杀的是为数不多的罪犯、弑亲者、造假者，等等诸如此类的人。士兵杀的是成千上万无罪的人，不加选择，盲目砍杀，而且还激动狂热。假如从别的星球来了一个天真的访客，他会问在这两种人里面，哪一种人应该回避，应该轻蔑，哪一种人值得称赞和尊敬，给以奖励，我们该如何回答呢？“请给我解释一下，在这个世界上何以最荣耀的事情——以无一例外的全体人类的眼光来看——就是可以清白无罪地去屠杀无辜的人。”[2] 还有什么能比邪恶、腐化、堕落的雅各宾派的共和国更为生动地展示这一点呢？它不就是恶魔之国，不就是弥尔顿的群魔殿吗？

然而，人天生就是有爱心的。他有同情心，有正义感，有向善之心。他会为别人一洒同情之泪，这样的眼泪给他以愉悦。他还会发明一些故事，一些让他悲叹落泪的故事。那么，
123 对于战争和屠杀的这种激烈狂暴的愿望是从何而来的呢？何以

[1] 第 5 卷，第 3—4 页。
[2] 第 5 卷，第 10 页。

人们会跳进火坑，拥抱这种热情呢？——它以如此让人厌恶的方式激励他们。为什么连翻翻日历这样的琐碎小事都要横眉竖目的人，竟然会像温顺的动物，甘心被送上屠场去杀人或是被杀呢？一败再败的时候，彼得大帝可以让成千上万的士兵去送死，但当他想让他手下的诸侯（boyars）剃掉胡须的时候，却几乎要面对一场叛乱。如果人们追求的就是利己主义的话，何以他们不去结成联盟，从而达成他们自称是如此衷心渴望的那种普遍的和平呢？可靠的答案只有一个，那就是：人们牺牲自己的愿望，与他们自我保护的愿望、追求幸福的愿望一样，都是基本要求。战争就是这个世界上可怕而又永恒的法则。尽管无法在理性的层面上为之辩护，战争依然具有神秘莫测、无法抗拒的吸引力。在合理的功利主义层面上来看，的确如一般所论述，战争很疯狂，破坏性大。假如终将由战争支配人类的历史的话，那么，这正表露了理性主义者的解释的不足，尤其是把战争当作一种精心计划的、可以阐释或论证其正当性的现象来加以检讨的不足。尽管招人憎恶，战争永不会停止，因为它不是人类的发明：它是神意的安排。

在人的知识水平、公开意见这样的层面上，教育可以起作用，但更深的层次，它就无能为力了。后者，迈斯特称之为不可见的世界，在那里，高深莫测的因素——因为它是超自然的——在个体中起到了最重要的作用（在社会中亦如是）。理性，18世纪被尊崇如斯的理性，实质上是最脆弱的工具，无论是理论上还是实践中都只不过是“烛火星光”[1]，不足以改变

[1] 第1卷，第111页。

人们的行为，或是解释其动机。凡是理性的都不牢靠，因为它是理性的、人为的：唯有非理性的才能持久。理性的批判能够
124 侵蚀一切易受其影响的东西：唯一可以幸免的，是本性神秘而又不可说明的东西，正因如此，它与理性是绝缘的。人造的，人就能损毁：唯有超人的才会持久。

历史上可以说明这一真理的例子数不胜数。有什么比世袭的君主制更加荒唐的呢？[1] 凭什么相信英明高尚的君主肯定会有同样优秀的子孙呢？自主地选择君主——选举君主制——肯定是更为合理一点的。然而，波兰的不幸局面足以证明这种办法也会导致让人遗憾的后果：与此同时，世袭王权这一完全非理性的制度却是人类全部建制中最为稳定的制度之一。民主共和国肯定要比君主制更为理性：然而，即便是在民主制最辉煌的伯里克利时代的雅典，民主又维持了多久呢？而且，代价又有多高呢？与之相反，伟大的法兰西王国有六十六位国王，有的好，有的坏，平均起来看还算够格，在长达一千五百年的时间里，他们把法兰西治理得很好。此外，乍看起来，还有什么比婚姻和家庭更加不合理的呢？凭什么即便两个人对于生活的口味、观念都已经不同了，也要他们结合在一起，互不分离呢？何以这样一种虚伪造作要一直维持下去呢？但是，尽管其存在是对抽象理性的侮辱，两个人的牢不可破的结合，以及家庭成员之间的神秘纽带，一直在延续着。

如果说运用理性就意味着类似于实现自由散漫的人类智力之日常运转的话，所谓历史就是理性在活动这一观点，正是迈

[1] 第 5 卷，第 116 页。

斯特要反驳的。迈斯特列举了许多例子，来说明理性的制度设计恰恰会适得其反。理性的人总是会追求自身快乐的最大化，痛苦的最小化。但是，社会不可能是这样一种工具。社会建立的根基是某种更为基本的东西，是永恒的自我牺牲，是为了家庭、城邦或是教会、国家而献身，并且不计苦乐得失的人生追
求，是牺牲自己以求得社会稳固、甘愿受难和赴死以保存神圣 125
的生命形态延续下去的热切希望。一直到19世纪晚期，我们才会再次发现这种对于非理性目标的狂热的执着，不牵涉个人利益或快乐的罗曼蒂克之举，以及舍己从人、自我毁灭的热情冲动。

在迈斯特的世界里，人的行动的无效性与下述条件适成正比，即该行动以博取日常利益为导向，以精打细算、功利的计较为出发点——人类的特征表面看起来就是这种功利的计较；而行动有效、值得纪念、跟宇宙万物步调一致，则与下述条件适成正比，即它在多大程度上源自未经解释又不可解释的深沉之所，而不是理性，也不是个人意志；英雄人物，如拜伦和卡莱尔所敬仰的对象，在暴风骤雨面前毫不畏惧的勇者，在迈斯特看来，他们的自恃就跟那些愚蠢的科学家、社会设计师或工业巨头一样是盲目的。最好的、最强大的行动，常常是激烈的、非理性的、无理由的，因而，当其被错误地归因于理智的动机时，必然会遭到误解，被当成貌似荒唐的举动。在他的意义上，人类的行为，唯有当其合乎以下情况时才可说是正当的：其行为动机应该是这样的一种趋向，它既非为了求得幸福或安逸，亦非为了生活的整洁、圆融，也不是为了获得自我肯定和自我提升，而是为了实现一种深不可测的神圣的目的，这

种目的既是人们所不能也不应该试图测度的，也是人们如果否认就会有危险的。这或许经常会导致一些带来痛苦和屠杀的行为；按照理智的、常态的、中产阶级的道德规则来看，此类行为也许要被视为傲慢自负、有违公正，但是，不管怎么说，其行动之源是那幽暗而不可解析的、一切权威的核心。这是诗性的而非平铺直叙的世界，它是一切信仰和能力的源泉，唯因借此，人得以自由，得以选择，得以创造和破坏，得以超越于因
126 果决定的、可以科学解释的、机械的物质运动，得以超越于那些天性更低、善恶不明的生物。

就像所有严肃的政治思想家一样，迈斯特也对人之本性有他自己的一种预先的设想。这一设想深受奥古斯丁影响，但并非完全是奥古斯丁式的。人性软弱，而且品质恶劣，不过，他并非完全受动机的控制。人是自由的，有一颗不朽的灵魂。在人的内心，有两种原则在争斗：他既是一位神形（theomorph）——造物主按照自己的形象创造的，是圣灵的光辉闪烁；又是一位神敌（theomach），一个罪人，背叛上帝的逆徒。他的自由相当有限：他处于无可逃脱的宇宙洪流之中。实际上，他无力创造什么，但他可以做修改。他可以在善与恶之间、上帝和魔鬼之间作出自己的选择，而且要对自己的选择负起责任。在一切创造物中，唯有他在挣扎，在奋斗，为了求知，为了自我表现，为了自我的救赎。孔多塞在人类社会和蜜蜂、海狸的社会之间作过比较分析。不过，蜜蜂和海狸都不曾想要比它们的祖先知道更多东西；飞鸟、游鱼、哺乳动物，都在单调、往复的循环中保持不变。唯有人类认识到，他是被贬斥的。这一点正是“人之伟大和人之可悲的证据，证明他有

高贵的权利，证明他被难以置信地贬斥”。[1] 他是“荒谬的怪物”[2]，曾经一度生活在优雅的、自然的世界，既有可能成为天使，也有可能染上恶习。“他并不知道他想要的是什么；他想要那些他并不想要的东西；他甚至不想要那些他想要的东西；他**想要的是‘想要’**；在自己内部，他看到了某些本不属于他自己的东西，而且比他自己更为强大。聪明的人就会反抗，会喊叫**‘谁能救救我？’**，傻子只会屈服，把软弱当成快乐。”[3]

人——道德的生物——应当心甘情愿地服从权威，而且他们必须服从。因为，他们太堕落、太虚弱，根本无力管理他们自己；而没人管理的话，他们会四分五裂，陷于无政府状态，终将迷失自己。没有什么人，没有哪个社会，可以自己治理自己；这种表述毫无意义，一切政府均来自某些不可置疑的强制性的权威。能够制止无法无天的现象的，唯有某种我们不能对
其有上诉权的东西。它或许是习俗，或许是良心，或者是教皇 127
的权威，或者是利剑，总之，终归是**某种东西**。亚里士多德说得再对不过了，有些人生来就是奴隶[4]；假如说他们不应该是奴隶，那就难以理解了。卢梭说过，人生而自由，却无往不在枷锁之中。“他这话是什么意思呢？……**人生而自由**，这简直是疯话连篇，恰恰是真理的反面。”[5] 人甫一出世，就因其品质

[1] 第 4 卷，第 66 页。
[2] 第 4 卷，第 67 页。
[3] 第 4 卷，第 67—68 页。
[4] 第 2 卷，第 338 页，第 8 卷，第 280 页。
[5] 第 2 卷，第 338 页。法盖如此来复述迈斯特的话，用的显然是他自己发明的格言警句：“羊生来是食肉动物，却无往不在吃草，说得也一样有理。”（‘Dire: les moutons sont nés carnivores, et partout ils mangent de l'herbe, serait aussi juste.’）前引书（第 98 页注释 2），第 41 页。

恶劣而无法摆脱锁链：人生来有罪，之所以能被容忍，只因为有社会、国家，只因为未加约束的个体判断力的失范得到了它们的压制。像柏克（他影响了迈斯特）、也许还像卢梭（在某些解释方面）一样，迈斯特相信，各个社会都有自己的一种全体的精神，一种真正道德高尚的一致性，社会正是借由它而塑造成型的。不过，迈斯特进一步说：

> 政府［他断言］是一种真正的宗教。它有自己的教条，有种种神秘之物，还有自己的牧师。将其交付于个人的议论，是对它的毁灭之举。它之所以赋有生命，依靠的是国家（the nation），更确切地说，是凭借一种政治信仰，政府即为这一信仰的一种**象征物**。人的第一需要，是应该把他日益生长的理性置于（教会与政府）双重的扼制之下。应该把人的理性完全消灭，消融于国家的理性之中，也就是说，将其由个体的存在转化为另一种存在方式，公共的存在。这就好比是河流入海，河流之水融进了汪洋之中，但实际上依然是存在的，只不过没有了本来的名称，或是个体的特征。[1]

这样一种政府，不是一纸宪法所能创造，或为其奠基的：宪法也许该遵守，但是不可能被崇拜。而假如没有崇敬之意，甚至没有信仰的执迷——这是一个宗教的前方防御工事（un
128 ouvrage avancé）[2]——那就什么都不能持久了。这种宗教所

[1] 第1卷，第376页。
[2] 第5卷，第197页。

需要的并非有条件的服从（比如洛克和新教徒的贸易契约），而是要把个人消解在国家之中。人们必须要交出自己——而不仅仅是暂时地出借。社会不是银行，而是一家有限责任公司，公司里的人一个个相互提防，害怕上当受骗、被别人剥削。人人都以想象中的权利或需要之名设法抵抗，而社会组织以及形而上的组织终将因此而被破坏、粉碎——唯这些组织才具有生命的活力。

这并不是波舒哀或是博纳尔德所提倡的那种意义上的威权主义。托马斯·阿奎那或是苏亚雷斯[1]的四平八稳的亚里士多德式的理论建构，早就被我们抛在身后了。现在，我们飞速逼近的是德国极端民族主义者的世界，启蒙运动的敌手的世界，尼采的世界，索雷尔和帕累托[2]的世界，劳伦斯、汉姆生[3]、莫拉斯、邓南遮的世界，“血与土”（Blut und Boden）的世界，远远超越了传统威权主义的世界。迈斯特的思想体系表面看起来也许像是古典的，内里却是惊人的现代风格，与温情和光明极端对立。其基调一点不像18世纪的思想，甚至不像标志着18世纪反叛思想高峰的那些最为激烈的、歇斯底里的人物（如萨德或圣鞠斯特），也不像那些冷冰冰的反动分子，他们将自己封闭在中世纪教条的高墙之内，以此来对抗自由与革命的宣传者。

[1] 苏亚雷斯（Francisco Suárez，1548—1617），西班牙耶稣会士，神学家、哲学家。——译注

[2] 索雷尔（George Sorel，1847—1922），法国社会学家；帕累托（Viefredo Pareto，1848—1923），意大利社会学家，都是“精英政治”的鼓吹者。——译注

[3] 劳伦斯（D. H. Lawrence，1885—1930），英国作家。汉姆生（Knut Hamsun），挪威小说家。——译注

宣教万物之核心即为暴力，信仰黑暗力量的威力，赞美唯有锁链能够束缚住人们自我破坏本能、进而使其得到救赎，追求反理性的盲目信仰，相信唯有神秘的东西才能延续、凡解释都是瓦解性的，宣扬流血与牺牲，宣扬民族灵魂与溪流入海、归于一心，宣扬自由主义的个人主义之荒谬，以及，尤为重要的是，不受约束的批判思维知识分子所具有的破坏性影响——这些论调，此后我们肯定听说过。就实际而言——如
129 果不是就其理论来看（有时候带有显然是虚假的科学式的伪装），迈斯特这种深沉的悲观主义色彩的先见之明，恰好是我们这个恐怖世纪的极权主义思想（包括左派和右派）的核心所在。

六

迈斯特的哲学的要旨，是对 18 世纪法国哲人所鼓吹的理性的全面攻击；影响其思想的，一是（至少是在法国）作为革命战争的结果而兴起的 nationhood（国家地位）一词的新的意义，再就是柏克的思想，尤其是他对于法国大革命、对于永恒的普遍权利和价值的谴责，以及对于习俗和传统之凝聚力、整合力的强调。至于英国的经验主义，尤其是培根[1]和洛克的

[1] 迈斯特专门批驳培根的文章，其主旨就是：培根所宣告的那些科学中的非经验性的因素，他自己并没有超自然的能力去理解它们；顶多，他也就相当于测量大气变化的气压计，绝非影响变化的创造者，与其说他是“科学的热爱者”，不如说是它们的“多情的阉宦”（第 6 卷，第 533—534 页）。这些话里面也许有对的地方，尽管迈斯特不大可能认识到或有意为之。

看法，迈斯特嗤之以鼻，不过，他对英国人的公众生活倒是不情愿地略示敬意；后者对他来说，就像许多西方的天主教理论家的看法一样，是一种与罗马的普遍真理已经断了联系的地方性文化，不过，在没有拥有真正的信仰的前提下，也算达致了可能的最高境界，在世俗条件下最大限度地接近了完全实现的精神理想，虽然英国人的想象力始终遗憾地无法达到那种理想。英国人的社会值得尊重，是因为他们的社会建立在对某种生活方式的接受这一基础之上，同时又没有不停地去追问和检讨这种生活方式的根据何在。[1] 无论是谁，质疑某种制度或是某种生活方式的话，他都想要得到答案。而答案，理性的论证所支持的答案，本身又易于成为类似的进一步质疑的对象。因而，每一个答案都永远趋向于随时被怀疑。

一旦这种怀疑态度大行其道的话，人类精神就再也不能安宁了，因为追问无止境，而最终的答案看起来却不可能找到。 130
一旦根据也被质疑，那就没有什么永久的东西可以建立了。疑虑和变动，从里到外的分解性侵蚀，将把生活变得动荡不安。如果像霍尔巴赫和孔多塞那样去解释，就是瓦解性的，什么稳定的东西都留不下。个人会因为无法解决的疑虑而经受折磨，现有的制度将被颠覆，被同样注定要毁灭的其他生活形式所替代。哪里都找不到立身之地，秩序荡然无存，平静、和谐、令人满足的生活毫无实现的可能。

那些可靠的东西必须得到保护，不受此种侵袭。霍布斯肯定是深知君主制的性质的，他为利维坦设计的法律，彻底、毫

[1] 第 1 卷，第 246—247 页。

无疑义地免除了一切义务。不过，霍布斯的国家跟格老秀斯或路德的国家一样，也是一种人为的建构，无法回避无神论者和功利主义者对世世代代之人的无休止的诘难：人为什么要这样生活，而不能那样生活呢？为什么人们要服从这个权威，而不是别的权威，或者干脆谁都不服从呢？一旦允许知识分子提出此类烦人的议题，其后果就无法控制；一旦施与了第一推动，就无法补救，腐化无可挽回地开始了。

几乎没有人怀疑，迈斯特在某种程度上受到了柏克的思想影响。法国大革命的所有反对者都从柏克这一重要的军火库中得到过武器支援。不过，尽管迈斯特自己说得益于柏克，他可不是这位伟大的爱尔兰反革命作家的门徒。对于柏克谨小慎微的保守主义，或是其对《王位继承法》(Act of Settlement)——篡位者“奥兰治的威廉”正是借此法令掳夺了虔诚的天主教徒詹姆斯二世的合法权力——的称誉，迈斯特都与之格格不入；柏克对于妥协和调适的鼓吹，以及他有关社会契约（即便他说的是一种在生者和死者、未出世者之间的契约）的言论，也不合迈斯特的口味。跟教皇绝对权力主义者迈斯特不一样，柏克不主张神权政治，不是专制政治论者，也不爱走极端。然而，柏克谴责抽象理念——脱离了历史发展、脱离了人之为人、社
131 会之为社会的有机生长过程的、永恒、普遍的政治真理，以及他坚决反对卢梭等人提倡的自由——即让人类摆脱传统框架、社会结构，团体与国家的精神生活，维系社会并赋予其特性和力量的各种不可见的线条，那些人造的、可以去掉的东西。迈斯特也持同样的反对态度，也许可以说在某种程度上就是源自柏克的想法。迈斯特饶有兴味地引述柏克的话，不过，耶稣会

士的思想影响在他身上依然更强大得多。

迈斯特以其不时唤起古典之庄严与峻美的语言——圣伯夫称之为“无与伦比的雄辩”[1]——宣称，理性主义的或经验主义的解释，实际上是对罪愆的掩盖；因为在世界的核心之处，是神秘的、无法测度的黑暗。这一超自然的源泉，其力量就在于理性探究对它无能为力；由此源泉之中产生出了社会生活的一切强大生命活力的权威性，即强者、富有者、伟大者对于弱者、贫穷者、渺小者的权威性，以及要求别人顺从的权利，此权利属于征服者、牧师，属于家族、教会、国家等等的首脑人物。“可以非常简单地说：王命令你，你必须前进。”[2]这种权威是绝对的权威，因为它无法被质疑；这种权威也是无所不能的，因为它根本不可抵抗。宗教之高于理性，并非因为它比理性给予了更为可靠的答案，不，是因为它根本不给予任何答案。它不用劝诱或是论证，它只是下命令。信仰唯因其盲目才成其为真正的信仰；一旦它开始寻求辩护，它也就结束了。世界上一切强大、永恒、有力的东西，都是超越于理性的，在某种意义上，是与理性相反的。君主世袭制、战争、婚姻，这些东西之所以持久，恰恰因为它们是不能被辩护的，因而也就不 132
能被驳倒，被除掉。非理性确保其存续的方式，正是理性永远都不希望去做的。在当时，这是一个极其新奇的论题，迈斯特所有的怪诞的悖论，都由此推衍而生。

[1]“约瑟夫·德·迈斯特”（1843），收入《文人肖像》（*Portraits Littéraires*），见《全集》（*Œuvres*，巴黎，1949—1951），Maxime Leroy 编，第 2 卷，第 422 页。
[2] 第 5 卷，第 2 页。

迈斯特的学说酷似早些时候一些宗教捍卫者对理性主义及怀疑主义思想的抨击，不过，二者实有不同，其间差异不仅在于其暴力风格，而且表现在后者按照神权政治的生活观视为缺点（或至少是难点）的东西，反而在他这里得到了表彰。这是从圣托马斯和16世纪的著名神学家们——迈斯特自称从他们那里得到过灵感——的有所节制的理性主义，向早期教会的刚猛、绝对的非理性主义的回归。迈斯特确实曾提到神圣的理性（divine reason），而且他也谈到天意，万事万物之最终形成都是天意不可捉摸的运作结果。不过，神圣的理性，在迈斯特这里，并不像18世纪的自然神论者们所诉诸的东西；后者所谓理性，是上帝植入人类的东西，是伽利略和牛顿的划时代贡献的源泉所在，它是按照仁慈的主宰或是英明的君主制定的计划去创造合理幸福的工具。迈斯特的神圣理性的概念，是一种活动，它是先验性的，因此人眼无法得见。它不能从任何凭借简单的人类方式即可获得的知识中演绎出来；那些全身心投入上帝所揭示的世界中的人们，或许能获恩准瞥上它一眼，因而得以从神圣的天意所决定的自然和历史中学到东西，即便他们还不懂得其运作方式和目的。因为有了信仰，他们感受到了安全。因为他们已经足够聪明，能明白用人类的范畴去解释神圣力量的愚蠢，他们没有了怀疑。最重要的是，他们不再寻求可以解释一切的普遍性理论。因为，对于真正的智慧而言，没有比用科学的办法去建立普遍性的原则更不幸的事了。

对于普遍原则及其应用的危险性（这一点往往为法国的启
133 蒙学者所忽视），迈斯特持有非常敏锐而又显著现代的看法。无论是在理论上还是在实践中，迈斯特都是个敏感的人，对于语境、主题、历史背景和形势、思想层次等等方面的差异，对词语和表述在不同的用法中产生的细微差别，以及思想和语言的多样性和不对称性，他都特别敏感。他认为，每一门学科都有自己的一套逻辑，而且他反复说，在自然科学中运用神学的经典，或是在形式逻辑中运用历史概念，必将会导致荒谬的结论。在各自的范围之内，各有其信仰的模式，各有其求证的方法。一种普遍的逻辑，就像普世的语言一样，会抽空符号所指代的一切丰富意涵，这些意涵是经由缓慢沉淀的持续过程才逐渐累积起来的，在此过程中，唯有时间的流逝才使得一种古老的语言得以丰富，得以拥有一种古代的、源远流长的社会建制所赋予它的一切精美、神秘的品质。我们所使用的语词的精确联系和内涵是不可能分析出来的，而抛开它们不管不问，更是自杀性的荒唐之举。每一个时代的人都有其自己的观念；用我们这个时代的价值观念去解释乃至评判过往之事，将会制造出——经常是已经制造了——一堆历史的废话。

谈到上述看法时，迈斯特用的表述很像柏克、赫尔德和夏多布里昂。“基督徒的行动已经神圣化了，故而，其变动非常缓慢，因为无论是哪一种合法的运作，总是会用难以察觉的步骤。一旦遇到了嘈杂、混乱和躁动不安”，任性地要去颠覆、摧毁，“你也许可以肯定，这就是罪犯和疯子的举动。Non in commotione Dominus”。[1] 万物皆在生长，没有什么美好的、持久的东西是在一夜之间就实现的。一切即兴创造都将种下使它自己转向顷刻衰弱的种子；诸多革命所犯下的关键罪恶，总

[1] 第 8 卷，第 282 页，引自《列王纪上》19：11：“主不在地震中。”

134 是由于想要在挥舞魔棒之下把世事彻底改变——突然地、激烈地改变。每一个国家、民族、联合体都有其自己的传统，不假外求，也不能输出。比如，西班牙人正在犯一个严重的错误，试图采纳英国的宪法；又比如，希腊人设想他们可以在一夜之间变成一个民族国家。迈斯特的有些预言已经被证明是滑稽、错误的：比如他曾宣称，像华盛顿这样的城市是不可能建成的；或者，即便建成了，它也不会称为华盛顿；即便有了这个名字，它也永远不会成为国会的所在地。[1]

抽象概念对于物理世界的危险性，丝毫不亚于对社会世界。对百科全书派尊称为大自然（Nature）的全知全能的实体，迈斯特嗤之以鼻。“那个女子究竟是谁呢？”[2] 大自然，在迈斯特看来，就是一个永恒的秘密，绝非什么一切美好事物的仁慈的提供者，一切生命、知识和幸福的源泉；她的手段是残酷的，其场面充斥着残忍、痛苦和混乱；她为上帝那深不可测的目的服务，不过，很少是舒适和光明的源泉。

18 世纪随处都是对于高贵的野蛮人那朴素美德的赞美歌。迈斯特告诉我们，野蛮人并不高贵，而且是劣等人，残酷、放荡、凶蛮。任何人只要跟他们一起待过，都可以证明他们是人

[1] 第 1 卷，第 88 页。关于希腊王国的未来，他的判断同样是错误的，而他忧心忡忡但又毫无依据（这一点已经得到证明）的警告，也只不过是招致了一同在圣彼得堡流亡的同伴、希腊爱国者亚历山大·伊普西兰提（Alexander Hypsilanti，1792—1828）的指责，视其为蓄意捣乱的爱管闲事的家伙；有一位野心勃勃的女士，Roxandra Stourdza——法纳尔人，后来的埃德林（Edling）伯爵夫人、圣伯夫的通信者——给迈斯特通报伊普西兰提的动向。迈斯特曾写信给这位女士，谈及一些社会新闻，并给予慈父般的建议。当他在圣彼得堡的政治地位变得不那么稳固的时候，通信中止了，因为女伯爵判断，过去那种有用的友好关系现在正在变成一种政治负担。
[2] 第 4 卷，第 132—133 页。

类中的垃圾。他们是被弃之物的典型，是上帝造物过程中的失
误和败笔，完全不是什么一尘不染的原型，也绝非自然品味
和自然品德的早先样板。被派往他们那里去的基督教传教士
们说起他们的时候，带有相当多的善意；因为这些好心的牧师 135
们没有办法说服自己，将那种肮脏卑劣和罪恶行径（他们实
际上深陷其中）归在上帝的创造物身上。这并不意味着，这
些发育停顿的可怜虫就是值得我们效仿的样板。那么，卢梭
及其同道所号召我们去做的到底是什么呢？他重复了孟德斯
鸠的名言：“野蛮人为了吃果实，把大树也砍倒了；传教士送
给他的牛，也被他卸下来，用大车的木料烧牛肉吃。三个世纪
之后，他们最想从我们这里索要的，就是杀人的火药，还有杀
死他自己的烈酒。他们毕竟还是跟我们有所不同的，手脚不干
净、残忍无情、行为放荡。我们最终总是要战胜自己的本性；
而野蛮人却相反，他们随性而为，违法犯罪是天生的爱好，他
们从不会懊悔自责。”[1] 接着，迈斯特罗列了野蛮人生活的典型
的快乐，这份目录让他的读者感到心惊肉跳：弑亲、剖取配偶
的内脏、剥头皮、吃人肉、放荡淫逸。创造这些野蛮人的目的
何在呢？就是要给我们一个警告，向我们展示，人可以堕落到
何种地步。野蛮人所操的语言，并不具有原生之力量及开端之
美，不过是一片混乱，衰朽不堪。它是“废墟中，古代语言的
残骸”。[2]

[1] 第 4 卷，第 84—85 页，参较孟德斯鸠《论法的精神》（Montesquieu，*De l'esprit des lois*），第 5 页，第 13 行。
[2] 第 4 卷，第 63 页。

至于卢梭的“自然状态”（据说野蛮人就生活在那种状态里），以及所谓“人权”（野蛮人被认为懂得这东西，而且法兰西和其他欧洲民族正是在“人权”的名义下被投入了残酷无情的集体屠杀之中），究竟这是一些什么样的权利呢？它是什么样的人与生俱有的呢？没有什么形而上的、有魔力的眼睛能够发现这些被称为权利的抽象实体，其渊源既非来自什么特殊人物，亦非来自神圣的权威。正像没有什么名为“大自然”的女士一样，也没有什么名为“人”（Man）的创造物。而且，革命已经发生了，以喀迈拉[1]的名义犯下了难以形容的残暴行径。

> （迈斯特在他的俄罗斯回忆录中写道）在四五个世纪
> 136 之前，教皇可以把一小撮胡搅蛮缠的律师赶出教会，而他
> 们也可以跑到罗马去，获取赦免。大领主们单方面可以将
> 一些难以驯服的佃户（tenants）[2]约束在他们的土地上，
> 而且能够做到秩序井然。而在我们的时代，我们同时失去
> 了稳定社会的两大支柱——宗教和奴隶制，好比遗失铁锚
> 的轮船，被暴风吹走，已经遇难失事。[3]

唯有当罗马教会的权威已经牢固地树立起来的时候，奴隶制度才有可能被废除——确实被废除了。

[1] 喀迈拉（Chimera），传说中的吐火女怪，狮头、羊身、蛇尾。——译注
[2] 即法文的 censitaires。
[3] 第 8 卷，第 283—284 页。

理性主义会导向无神论、个人主义以及无政府主义。社会结构之所以能够聚合在一起，正是因为人们认识到了他们的天然的领导者，因为他们感受到了天然的权威，所以他们愿意服从——这种权威是理性主义的哲学家不能给出合理说明的。没有国家，也就没有社会；没有君主，没有最高法院，也就没有国家；没有绝对正确，也就没有君主；而没有上帝，也就没有绝对正确。教皇是上帝在尘世的代表，一切合法的权威都来自教皇。

这就是迈斯特的政治理论，它对于反动的蒙昧主义者具有支配性的影响，并且最终影响到后来出现的法西斯主义思想；它也是让传统的保守主义者和传教士感到不安的思想渊源。更直接的是，它鼓舞了许多教皇绝对权力主义者，法国的反国家的威权主义，以及西班牙、俄罗斯、法国的反政治的神权政治运动。迈斯特的神圣权威的概念，不仅是深刻的反民主的，而且完全与个人自由、社会和经济平等、人人友好的政治意涵相对立。“假如我有一个兄弟的话，我会称他为堂兄，”对梅特涅的这一评论，迈斯特颇有共鸣。在他看来，自由天主教应该说是荒唐的，实际上是自相矛盾的——他在自己的老盟友、同样支持教皇的拉梅内那里看到了这种思想倾向的萌芽，这让他的晚年岁月颇为焦虑。布兰德斯正确地评论说，对自由主义者来说，迈斯特代表的是他们所反对的一切势力的登峰造极，而 137
且，这并非因为迈斯特是一个如下意义上的反动分子，即他生活在过去的时代里，或是像一个属于过时文明的陈腐遗物一样游来荡去；而是相反，正是因为他对自己所身处的时代理解得如此之深刻、彻底，并且积极地使用当时一切最新的思想武器去抵抗这一时代的自由主义的倾向。

人类最为危险的敌人，是新教徒，是攻击普世教会的人——这些破坏者，他们的目的和作用就是削弱一切社会建立的根基。培尔、伏尔泰、孔多塞只不过是著名的颠覆者路德、加尔文及其追随者的卑微、世俗的门徒。新教的教义是个人理性或信仰的反叛，是良知对抗盲从——后者实为一切权威的唯一根基：因此，从根本上说（au fond），这是一种政治叛乱。没有了主教，也就没有国王。在《新教反思录》中，迈斯特宣称，天主教从来不会反叛君主，而新教才会这样做。[1] 支持这一令人吃惊的论断的，是怪诞的诡辩：既然在君士坦丁之后，国家和教会合二为一，天主教会的反抗行动——比如，天主教狂热分子针对异教统治者的暗杀活动——就不是对于真正的权威的反叛，而是对于篡位者的反叛。西班牙的宗教裁判所不仅仅是保存真正的信仰的方法，也是最低限度的安全感和稳定感的来源，没有这种安全感和稳定感的话，社会根本不能存续。在迈斯特看来，宗教裁判所被严重地误解了。[2] 多数情况下，它是温和的、善意的再教育的手段，许多灵魂借此被引导来自我悔改，回归到真正的信仰。它致力于把西班牙从法国、英国和德国的破坏性的宗教冲突中拯救出来，进而保护了这个虔诚的王国的国家统一。（这么说就有些过头了。迈斯特这一可能
138 会取悦于腓力二世的辩护词，即便是教会政策的最狂热捍卫者

[1] 第 8 卷，第 67 页。
[2] 参见《致俄罗斯绅士论西班牙裁判所书》（*Lettres à un gentilhomme russe sur l'inquisition espagnole*），第 3 卷，第 283—401 页。

也鲜有附和的。）对于牧师权威的公然蔑视，其结果就是德国三十年战争所造成的流血冲突和混乱不堪。没有哪块土地可以反抗教会，并且实现其崇高。因此，《南特敕令》的废除[1]单单从爱国方面考虑也是有正当理由的。“在一个优秀的时代，一切事物都是优秀的。路易十四的大臣、地方官们在其领域之内都是伟大的，他的将军、画师、园艺师同样在其领域之内是伟大的。[……]我们这个可怜的时代所称的迷信、狂热、褊狭等等，都是在法兰西的伟大之中不可缺少的因素。”[2]加尔文主义正是这种伟大最危险的敌人：在被倾覆之前，加尔文主义正是在法国境内活动的；当其垮掉的时候，连狗都不叫一声。至于说废除《南特敕令》这一举措使得法国丧失了许多手艺高超的匠人，使得他们被迫移民，用他们的手艺增进了别国的富足，那么，就让那些被这种小店老板（boutiquières）的想法所打动的人“到别的地方去看看，不要在我的书里面找答案了”。[3]

詹森教派信徒也好不了多少：路易十四彻底地夷平了波尔—罗亚尔修道院[4]，掘地三尺，“让过去只出产恶劣图书的地

[1] 南特敕令（Edict of Nantes），法王亨利四世颁布的有关宗教宽容的敕令，而亨利十四于1685年将其废除，宣布基督教新教为非法。——译注

[2] 第8卷，第81页。

[3] 第8卷，第82页。

[4] 詹森主义是17世纪法国天主教内部的改革运动，波尔—罗亚尔（Port-Royal）修道院是当时天主教运动的中心，在巴黎郊外的乡间（历史上还有另一个波尔—罗亚尔修道院，在巴黎圣雅克区）。一批著名学者在该修道院里隐居，他们被尊称为波尔—罗亚尔隐居者。著《波尔—罗亚尔逻辑》的作者安东尼·阿尔诺与皮埃尔·尼古拉都曾在此隐居，并为詹森主义辩护。1709年，在教宗的许可下，路易十四世驱散了波尔—罗亚尔修道院的修女和隐居者。1711年，修道院的建筑物被夷平，波尔—罗亚尔从此消亡。——译注

方长出优质的谷物来”。[1] 至于帕斯卡，迈斯特断言，他并没有受波尔—罗亚尔什么影响。异端一定要清除；至于那些走得不太远的人，折中的办法就可以把他们吓退了。“路易十四镇压了新教徒，他得以寿终正寝，安享天年，而且荣耀加身。路易十六对新教徒施以怀柔，结果死在绞刑架上。”[2]“如果只是依靠人类的力量，没有什么制度可以稳固，可以持久。历史和理性都已经证明，一切伟大制度的根源都是在这个世界之外被发现的……尤其是君主制，其能否拥有力量、统一和稳定，取决于教会所给予神圣化的程度。”[3]

对于他所反对的那些价值观，迈斯特自己有一种独特的理
139 解。他注意到，没有哪条标准是比不敬神更容易犯错的了。你要看它憎恶什么，是什么惹它发怒，无论何时何地它总要满腔怒火地攻击什么——那就是真相。用阿纳托尔·法朗士描述迈斯特的话来说，他在“反抗他所处的整个时代”（l’adversaire de tout son siècle）。[4] 他这些表现并非反动的，而是反革命的，并非消极的而是积极的，并非复制过去历史的空想而是一种艰巨而又有效的努力——努力以过去的视域来规束未来，这种努力非但不是纯粹的幻想，相反，它深深地扎根于对现时代事件的严格现实主义解释之基础上。

迈斯特并不是一个夏多布里昂、拜伦、毕希纳、莱奥帕尔迪[5]

[1] 第 3 卷，第 184 页。
[2] 第 8 卷，第 82 页。
[3] 第 8 卷，第 94 页。
[4] 法朗士：《拉丁的天才》（*Le Génie latin*，Paris，1913），第 242 页。
[5] 毕希纳（Georg Büchner，1813—1837），德国剧作家。莱奥帕尔迪（Giacomo Leopardi，1798—1837），意大利诗人。——译注

那种意义上的浪漫的悲观主义者。世界秩序，在他的眼中，既不是混乱不堪，也不是有失公平，而是按照信仰的眼光来看，必然如此而且理应如此。每一个时代都有一些人会追问，何以正义者要饥寒交迫，而作恶者会享受荣华富贵，迈斯特的回答是，这种提问是对于何谓神圣法则的一种幼稚的误解。“Rien ne marche au hasard ... tout a sa règle.”[1] 假如有一种法则存在的话，它不会容许例外的情况发生；假如一个好人不走运，我们不能希望上帝为了个体的私利而去改变法则——失去法则的话，一切将陷入混乱。如果某个人患上了痛风病，那他是太不幸了，不过，他不会因此而怀疑自然法则的存在；相反，他所求诸的医学，本身即预设了自然法则的存在。如果某个正义的人遭遇了灾祸，同样也没有理由让他怀疑宇宙中有着良好的秩序。有法则存在，并不能防止个人遇到不幸；没有什么法则可以根据个体的情况来运转，适应了个体的情况，它们也就不再是什么法则了。世上的罪恶是有一定总量的，依靠同样数量的苦难可以让这些罪恶得到补偿——这就是神意的原则。不过，并没有说过，支配神意行动的应是人性的公平或理性的平等——每一个个体的罪人都应该在现世中自己去承受某种程度 140
的惩罚。自从罪恶来到这个世界，哪里都有可能发生流血牺牲；无罪者的鲜血跟有罪者的一样，都是天意为救赎有罪的人类而做的安排。假如需要代别人受过的话，无辜者也会被屠杀，直到平衡被调适好为止。这就是迈斯特的神义论：为罗伯

[1] “没有什么是偶然的—— 一切都有规律可循。”第 9 卷，第 78 页；参较第 3 卷，第 394 页。

斯庇尔的恐怖所作的解释，为世上一切不可摆脱的罪恶所作的辩护。

迈斯特有关牺牲的著名理论是以这样一条定理为基础的：责任不在个人，而在集体。在罪与罚中，我们彼此都是一个整体的一部分；因此，父辈的罪，要不可避免地落到子孙头上，无论个人如何无辜，因为不然又该落到谁的头上呢？即使在现世中，罪恶的行为也不可能保留下去而不得救赎，就像不平衡态在物理世界中不可以无限期地持续。迈斯特“只看到了历史中的两种因素”，晚年的拉梅内有过这种悲哀的评论，“一方面是犯罪，另一方面是惩罚。他赋有一个慷慨而又高贵的灵魂，他的著作完全像是在绞刑架上写成的。”[1]

七

新教的教义打破了人类的统一，制造了混乱、悲惨和社会分裂。为了对抗这一“不适”(malaise)，18 世纪的哲学家们开出的救世良方是根据一种理性的计划来调整人们的生活。不过，计划失败了，原因正是由于它们是合乎理性的，由于它们是计划。战争就是人类活动中最有计划性的一种。然而，没有哪个亲眼见过某场战役的人还会坚持说，正是将军们发出的命
141 令决定了战役的实况。无论是将军，还是他们的下属，都不可

[1] 1834 年 10 月 8 日致 Comtesse de Senfft 的信。见拉梅内：《书信全集》(*Correspondance général*，Louis le Guillou 编，巴黎，1971—1981)，第 6 卷，第 307 页（书信 2338）。

能说出正在发生的情况是什么；枪炮隆隆，混乱不堪，伤者、濒死者辗转哀号，断臂残肢——“五六种致晕之物”[1]——暴力和混乱实在是太严重了。只有不懂得构成生命的要素的人才会说，胜利属于那些指挥得当的将军。是谁赢得了胜利呢？是那些完全被说不清的自我优越感支配的人；无论是士兵，还是将军，都说不清敌我双方的伤亡比例可能是多少。“是想象力输掉了战役。”[2] 与其说胜利是一种物理的事实，不如说它是一种道德和心理的事实，是由一种神秘的信仰行为而引起的；它并不是经过精心筹划的计划（或是柔弱的人类意志）所产生的成功的结果。

迈斯特有关战役如何展开及取胜的评论，见于《圣彼得堡之夜》中著名的第七篇对话，可能是他对于他反复提起的这一主题——战场上不可避免的混乱以及指挥官毫不相干的所谓部署——的最精彩、最生动的概括；后来司汤达在《巴马修道院》（*The Charterhouse Parma*）一书中有关滑铁卢战役的虚构描写，这一主题就起到了非常重要的作用。很显然，迈斯特的这一评论，对托尔斯泰在《战争与和平》一书中提出的关于人类行为的学说具有决定性的影响。据悉，托尔斯泰读过他的作品。而且，实际上，正如可以说那是托尔斯泰的学说一样，它也是迈斯特关于生活的一般学说。生命并不是光明和黑暗之间的琐罗亚斯德式[3]的斗争，比如像民主主义者和理性主义者

[1] 第 5 卷，第 34 页。
[2] 第 5 卷，第 33 页。
[3] 琐罗亚斯德教，古代波斯帝国的国教，曾被伊斯兰教徒贬称为“拜火教”，在中国称为“祆教”。其信仰认为光明的善神与黑暗的恶神长期战斗。——译注

所解释的那样，对他们而言，教会就是黑暗的代表；或者相反，如虔诚的威权主义者的说法，黑暗就潜伏在无神论的邪恶力量里面。生命是漆黑、混乱的永恒的战场，在上帝指引宇宙的神秘天命之下，人们相互争斗，因为他们也不会做别的。结
142 果并不取决于理性，或是力量，甚或是美德，而取决于个人或民族在历史存在这一幕不可预测的宇宙大戏中被分派了怎样的角色，就这幕大戏分配给我们的部分而言，我们至多是了解某些渺小的片断。假装弄懂了整幕大戏，甚至发狂到妄想我们可以凭借高等的智慧来改变它，那是荒诞无稽，没有意义的。信仰我主通过他在尘世的代理人所发布的命令，并且，照此去行动吧。

“不要让我们在体系中迷失了自己！”[1] 迈斯特尤其反对体系，很显然，体系是以一些据说与自然科学有某种关联的方法为基础的。科学的语言，在迈斯特看来，就是某种堕落的东西；而且，他强调——非常有预言性的强调——语言的堕落一直是人的堕落最为确定无疑的信号。[2] 迈斯特对于语言的关注及其看法，是典型地大胆而又深刻的，而且（尽管有点儿过度）预示了 20 世纪在语言问题上的想法。迈斯特的主旨是，就像所有古代的稳定制度一样，如王权、婚姻、崇拜等等，语言也是一种有着神圣缘起的神秘之物。有那么一些人，他们认为语言是人类一种深思熟虑的发明，是便于交流而创造出来的一种工具。照他们这种理论，思想之所以被思想，不需要借

[1] 第 8 卷，第 294 页。
[2] 第 4 卷，第 63 页。

助于任何符号：首先我们思考，然后再找到合适的符号来表达我们的思想，就像手套适合手一样。这样一种学说，不仅为普通人所接受，还有很多哲学家未加批判地接受它，直到我们这个时代；然而，迈斯特和博纳尔德（尤其是后者）都持坚决的反对态度。思考就是在使用符号，使用一种清晰的词汇。思想是一些词语，尽管是没有说出来的词语；“思想与词语”（la pensée et la parole），迈斯特宣称，“不过是两个伟大的同义词”。[1] 词语（最普通的一种符号）的起源，**就是**思想的起源。不可能有这样的一个时刻——某人发明了最初的语言；因为，要发明就要思考，而思考就是在使用符号了，也就是说，是在 143
使用语言。总之，词语的使用是不可能人为发明的，就像思想的“使用”一样，这其实是一回事。而不能被发明的，在迈斯特看来，就是神秘之物，就是神意。

或许，你完全可以合情合理地拒绝视所有非人工制造的东西都必然具有神圣的起源这样一种观念，不过，承认思想和语言二者的同一性——作为一种自然现象，作为像生物学、社会心理学之类自然科学的研究对象——是具有深刻的原创性的想法。也许在柏拉图的《泰阿泰德篇》里一个著名的比喻中，我们可以看到这一关键概念的种子，迈斯特引用过这句话。它说，语言被讲出来，是作为“灵魂和自己的对话”。[2] 不过，如果是种子的话，它落在石头地面上了。霍布斯显然自己重新发现了这一真理；它也相当接近维柯思想体系的核心，我们知

[1] 第 4 卷，第 119 页。
[2] 同上。

道，迈斯特很熟悉维柯。[1]

在语言起源的问题上，迈斯特很得意自己推翻了18世纪的有关推测。他说：卢梭对于人在一开始如何能够使用词语深感惊奇，而无所不知的孔狄亚克知道这个问题和其他所有问题的答案：据其说，很显然，语言的发生，是劳动分工的结果。因此，有一代人会说BA，另一代人增加了BE；亚述人发明了主格，而米提亚人发明了所有格。[2] 面对极端缺乏历史感的某些更为盲信的法国哲人，这一反讽颇为恰当；迈斯特理论的其他则没有类似的理由。因为语词就是我们的祖先对于外部世界的记录，以及他们自己的思想、感情和观点的反映，它们也体现了我们祖先的有意和无意的智慧，这些智慧来源于上帝，并形成他们的经验。因此，古代的、传统的文本，尤其是那些包含在经典著作中的文本，表达的是人类的远古的智慧，而且是
144 随着事态的变化而不断调适和丰富的智慧；它们是极其珍贵的富矿，如果你有专门的知识，有热情和耐心，可以从那里提取出许多隐藏的黄金。中世纪的哲学用牵强的方法解读经典文本，而且想要从中寻求隐蔽的意义，因此遭到了轻视。不过，对迈斯特而言——跟维柯以及德国的浪漫主义者一样，他认为语言并不是人们的一种发明——它是对于隐蔽的知识的钻研，是对于人类的（或者至少是基督徒的）集体无意识的一种心理分析。伟大的、隐蔽的宝藏，唯有在黑暗之中才能找到。因

[1] 参见《迈斯特与维柯：迈斯特政治文化的意大利根源》（Elio Gianturco, *Joseph de Maistre and Giambattista Vico: Italian Roots of Maistre's Political Culture*），哥伦比亚大学博士论文，华盛顿，1937。
[2] 第4卷，第88页。

此，百科全书派所要求的净化，在他看来，就等于要把语词中所有可能是深奥、丰富的东西统统蒸发掉；这样一来，就清除了语词的优点，脱去了它们的意义。当然，你也可以为占星学和炼金术作类似的辩护，不过，这不会引起迈斯特的惊恐，他对自然科学的方法没有兴趣，他感兴趣的是有奇思妙想的斯韦登伯格[1]，还有对于自然现象的神秘主义解释。迈斯特对如下看法的赞同之情不会亚于他同时代的威廉·布莱克[2]：在那些神秘科学里面，比在现代化学或物理学的手册里面，能够发现更多深奥的智慧。此外，神圣典籍的政治价值，给予再高评价也不为过。[3]

既然思想**就是**语言，其中铭记了一个人或一个教会的最古老的历史记忆，那么，语言用法的改革，就是试图破坏那些最神圣、最英明和最权威者的力量和影响。当然，孔多塞想过，要是能有一种世界语的话，一切民族的受教育者之间就可以更加轻松地交流。因为，这样一种语言可以“净化”若干时代积累的迷信和偏见，进而，躲在神学或形而上学名义之下的—— 145
孔多塞这么看——那些错误观念也就失去了生长的土壤。但是，迈斯特问道，这些偏见和迷信又是什么呢？我们可以马上猜出他的答案：它们就是那些坚定的信仰，其根源神秘莫测，其力量无法用理性来解释；它们是那些经受了时间和经验的考

[1] 斯韦登伯格（Swedenborg，1688—1772），瑞典科学家、神秘主义者和宗教哲学家。——译注

[2] 威廉·布莱克（William Blake，1757—1827），英国诗人。——译注

[3] “土耳其的治理如何？《古兰经》[……] 没有它的话，奥斯曼的统治就不复存在了。中国的治理怎么样呢？他们有箴言，有法律，两千五百年以来就以孔子教的精神来治理国家 [……]”第 8 卷，第 290 页。

验，铭记了各个时代成熟智慧的古老信仰和概念；抛弃它们的话，就等于是身处在一步走错就会灭亡的危险境地却失去了方向。而且，最好的（因为它是离现代最远的）、最丰硕的语言，就是教会的语言，以及伟大的古罗马的语言。伟大的古罗马有人类已知的最好的政府。罗马人的语言以及中世纪的语言应该受到欢迎，其理由恰恰跟边沁拒绝并且谴责它们的理由一样：就因为它们**不**清晰，不便于科学的应用，就因为语词本身还带有那段古老的过去、人类历史上的黑暗和苦难时代的隐晦难解的权威性——唯有借此权威才能得到救赎。拉丁文自身就很有助于保证思想准确无误；而拉丁语词特殊的局限，它们对现代性的排斥，对这一点来说是关键的：奥威尔的《一九八四》只不过是重申了一个至关紧要的主题，亦即要控制人的话，关键是控制语言；尽管在他书里面的精英们——其目的与迈斯特的多少有些不同——选择的方法并非传统的语言，而是人为的，特别是建构的语言（实际上这正是迈斯特攻击的对象）。

迈斯特为耶稣会会士辩护，称他们是唯一可靠的教育家，使用拉丁文作为（体现在中世纪道德之中的）真理的工具；他抨击斯佩兰斯基和顾问团，在这些人的支持下，俄国沙皇亚历山大一世一度热衷于在俄罗斯帝国推行一种新政。[1] 迈斯特的

[1] 俄皇亚历山大一世先后推行过两个阶段的改革，分别在1801—1805年与1807—1812年。前一阶段的改革筹划者主要是四个人：诺沃西利采夫（Nicholas Novosiltsev）、斯特罗加诺夫伯爵（Count Paul Stroganov）、科楚别伊伯爵（Count Victor Kochubey）、恰尔托雷斯基亲王（Prince Adam Czartoryski），被亚历山大一世戏称为他的“公众安全委员会”。后一阶段的主要谋士是斯佩兰斯基（Michael Speransky）。——译注

这种态度走得很远；在他看来，几乎非理性本身就是有价值的——所有不受理性的分解过程影响的东西，他都表示赞成。理性的信仰太脆弱了。一个优秀的论辩者可以击破任何一种建 146
立在如此虚弱的基础之上的结构。理性制造的东西，理性也能够损坏。因此说，迈斯特去借助于阿奎那，是非常不可信的。虽然作为耶稣会士的学生，他几乎不能有其他的选择；不过，他看到的真理是处在托马斯主义者的视野之外的，亦即，理性的论证方法对其在总体上和原则上来说是无能为力的，根本不适用、不相关的那个东西，才是最终坚不可摧的。此处，又可以跟托尔斯泰作某种并列对照：对于那些信仰科学专家以及自由主义的进步信念的人，尤其是相信人类意志和人类智识力量的人，如斯佩兰斯基、拿破仑、博学的德国军事战略家（以及后来整个俄国知识界），托尔斯泰持一种讽刺态度，这跟驻圣彼得堡的这位撒丁王国的代表的态度何其相似。

当驳斥在他看来是同样荒唐的，以社会契约为社会之根基的理论时，迈斯特使用了非常类似的论证。他正确地坚持认为，契约就预设了承诺，以及履行承诺的办法；不过，承诺是一种行动，只有在业已存在的有意识的社会习俗这种复杂的网络之中，行动才可以被弄懂，才可以被理解。而履行承诺这一机制，也就预设了存在一个发达的社会结构；要达到建立契约的阶段的话，不仅仅需要有一种业已存在的依靠规则和习俗的社会生活，而且需要这种社会生活已经发展到了相当可观程度的条理性和复杂性。对于“自然状态”中单个的野蛮人而言，社会习俗（包括承诺、契约、可履行的法律等等）没有任何意义。因此，作出社会是依靠契约而不是凭借其他方式而产生的

这一假定，不仅与史无征，在逻辑上也是一谬误。但是，只有
147 新教徒才会有过如此假定：社会就像是一家银行或是一个商行，是一种人为构造的联系。[1]

迈斯特非常慷慨激昂地宣称，社会并不是建立在个人利益和幸福的精打细算基础上的一种精心建构的、人为的联系，而是，至少同样是，依赖于人们对于牺牲的那种天生的、原初的、不可抗拒的渴望，以及义无反顾地在庄严的祭坛上献祭自己的冲动（这里显而易见带有柏克的影响）。士兵们严守命令，坦然赴死，如果假设他们是受了个人利益的想法的鼓舞，那简直太可笑了。正如纪律之于士兵一样，所有对于组织化权力的服从也是如此——尽管在程度上差异会很大。这是一种传统的、神秘性的、无法抗拒的活动，不会遇到任何异议。

迈斯特告诉我们，只是自文艺复兴之后，这一真理才被遮蔽、被否认。为那种严重错误的看法作宣传的人，有路德和加尔文，培根和霍布斯，洛克和格老秀斯，他们又是受到了古代的异端分子威克利夫和胡斯[2]的影响。根据那种错误认识，一切权力和权威所依据的是某种如人为的发明一般脆弱而又武断的东西。法国大革命业已证实了他们这种目光短浅的乐观主义之谬误，因为这场革命正是上帝给予迷恋此种理论和观念的那

[1] 参较维柯关于斯宾诺莎的国家概念的评论："一个小商小贩的社会"（前引书（第69页注释1），第98页，第335段），以及博纳尔德所说的："好像社会就是由我们的房子的墙壁，还有我们的市镇的城墙构成的；好像某个地方降生了一个人，既没有父母、子女，也没有语言，没有天与地，没有上帝和社会。"《论离婚》（Louis de Bonald，*Du divorce*［……］第2版，巴黎，1801年，第xiv页。）

[2] 威克利夫（John Wyclif，1330—1384），牛津大学教授，英国宗教改革和清教主义的先驱。胡斯（Jan Hus，约1372—1415），捷克宗教改革者。——译注

些人的惩罚。社会并不是一种互惠互利的关系，它是轻罪拘留所（maison correctionelle），几乎可以说是一个罪犯流放地。实际上，支配它的并不是理性；另一方面，民主（肯定要比独裁更为合乎理性）到处造成痛苦，除了在某些地方，例如在值得尊敬的英国人中，尽管没有书写出来而只是作为一种“感觉”，它真正成为权力来源，也就是说，它可以履行被无视事实与逻辑的浅薄思想家声称为它建立之基础的契约。

要紧的不是理性，而是权力。哪里出现了真空，权力肯定迟早会进入，并且从革命的混乱之中创建起一种新的秩序。雅
各宾派和拿破仑可以说是罪犯，是暴君，但他们掌握了权力， 148
他们代表了权威，他们得到了顺从，最重要的是，他们严惩进而约束了软弱动摇和容易犯错的人的离心倾向。因而，他们要比那些搞批判的知识分子、搞破坏的思想贩子好上千倍，后者摧毁社会结构，破坏所有至关紧要的进程，直到某种力量（尽管不合法）响应历史的召唤而兴起，将其一扫而空。

一切权力均来自上帝。迈斯特对于著名的保罗书信[1]的解释是非常直白的。所有力量都要求被尊重。所有软弱，无论是在哪里被发现的，都应被蔑视，即便是法兰西的路易十四，“天国之后最完美的王国”[2]的神选君主的行为，也是如此。雅各宾派是恶棍，是杀人凶手，但他们的恐怖统治重建了权威，为法兰西开疆扩土，因此，就终极价值而言，他们要比吉伦特派的自由主义者和唯心主义者贡献更大。吉伦特派手段软

[1]《罗马书》13：1，“没有权柄不是出于神的”。

[2] 参见第 96 页注释 62。

弱，没有抓住权力。唯有合法的权威才能够经受得住意外和变化，这一点是确定无疑的。纯粹的征服，没有经过真正教会的永恒法律的批准，只不过是掳夺：“偷取市镇或省区，并不比偷窃手表和鼻烟壶能得到更多的容许”[1]，这一说法适用于1815年边界的缔造者，并不亚于腓特烈大帝或拿破仑。[2] 迈斯
149 特反复地谴责赤裸裸的军国主义：“每一个时代，如果在战争艺术的范围之内，有什么东西发展到了完美地步，那纯粹、完

[1] 第9卷，第77页。

[2] 迈斯特对拿破仑的态度颇为有趣，非常矛盾含混。一方面，拿破仑是一个暴发户，无情地破坏古代的价值，迫害教皇和合法的君主，是亵渎加冕礼的罪犯——他的加冕礼是对神圣礼仪恐怖而又拙劣的模仿，一个在道德上遭到唾弃的家伙，是人类的公敌；另一方面，拿破仑对于权力的本质有着清醒的把握，对于民主人士、自由派、知识分子以及让人憎恶的持异议派（secte）中的其他成员公开表示轻蔑，不过，最重要的是，这个曾将法国带到荣耀巅峰之人所具有的军事和管理天才，与波旁王朝的愚蠢和虚弱之间形成鲜明对比，不能不对提倡现实主义和服从权威的人产生强有力的吸引力。迈斯特，尽管作为官方代表，他也是法兰西帝国的一个牺牲品，仅仅由于法国大使在圣彼得堡的存在这一事实就每天受到羞辱（他自己适当的外交地位自然就得不到官方的认可），他却渴望能够跟拿破仑见上一面。而在拿破仑这方面，他对迈斯特作品的光彩照人也有深刻印象，曾说过从中听到了政治上的同情之声。迈斯特发现自己的处境非常尴尬。他曾致信卡利亚里的宫廷，陈述他的情况。拿破仑的确是个篡位者，这一点确凿无疑；不过，难道比奥兰治的威廉为之更甚吗？欧洲所有戴王冠的人都承认了那个王朝。拿破仑是一个冷酷无情的凶手，但他杀的无辜的人有英格兰的伊丽莎白多吗？毕竟，所有的权力都来自上帝，无论是合法的，还是不合法的；波拿巴不仅保卫了法兰西，还为她开疆列土，若非在一定意义上他也是天意的一件工具，他是不可能有此成就的。迈斯特这些推论让撒丁王国的官员们脸面无光。国王维克托·艾曼纽尔大为震怒，严令禁止他的公使再跟那个科西嘉恶棍有任何交道。这让迈斯特深感失望。但忠诚在他那里高于一切美德；那个合法的王权化身越是不受尊重的时候，越是应献上自己的顺从，因此，臣民对君主无条件的顺从这一原则才能越发彰显。他的外交答复越来越多刻薄、讥讽的口气。他曾被指责提出了一个“令人吃惊”的要求（第11卷，第104—105页）。迈斯特向他高贵的主人担保，无论什么时候，他都会不折不扣地执行使命；但是，不让他的主人吃惊——这一点是他承诺不了的。他从未见过拿破仑。

全是一种不幸。”[1] 他把军人政府（甚至在他自己的家乡萨伏依的政府）称之为棍棒政府（la bâtonocratie）[2]，靠大棒政策来执行统治，是“时代的恐怖”[3]。“我始终厌恶，现在也厌恶而且终生都会厌恶军人政府。”[4] 他之所以厌恶军人政府，是因为它武断专横，削弱了国王和古代制度的权威，导致了革命以及颠覆了传统基督徒的价值观。[5] 不过，也会有受到混乱威胁 150
的时候：最糟糕的政府形式也好过无政府；实际上，只有最残酷无情的独裁者才能阻止社会的解体。在这一点上，迈斯特跟马基雅维利、霍布斯以及其他类似的权威捍卫者是保持一致意见的。

革命——万恶之首——本身也是一种神意的过程，按照神意的派遣，惩罚罪恶，借助苦难使我们堕落的本性得到重

[1] 1816 年 4 月 24 日、5 月 4 日致瓦莱伯爵（Count de Vallaise，撒丁王国的外交大臣）的信。《外交通信集》，第 2 卷，第 205 页。
[2] 第 9 卷，第 59 页。
[3] 1804 年 7 月 22 日、8 月 3 日致撒丁王国的国务卿罗西（Chevalier Rossi）的信，收藏于都灵档案馆。引自 J. Mandoul，*Joseph de Maistre et la politique de la maison de Savoie*，巴黎，1899，第 311 页。
[4] 第 5 卷，第 58 页。在第 7 卷，第 134 页，又说，“那些可以让我们忘掉一点战争艺术的君主们将会得到千倍的祝福。”在第 5 卷，第 511 页，论及罗马帝国晚期的军事统治时说，它们是“一种持久的瘟疫”。有关这一主题的总体讨论，参见韦尔玛勒（François Vermale），《论不为人知的迈斯特》（*Notes sur Joseph de Maistre inconnu*，尚贝里，1921），尤其是第三章，《迈斯特反对皮埃蒙特军国主义》（“Joseph de Maistre contre le militarisme piémontais”），第 47—61 页，特别是 48—49 页。不过，他也宣称，如果君主颁布一种军事专政的话，他也能接受，尽管有些勉强。
[5] 这一在战争和军事化之间的鲜明对比，在蒲鲁东（Proudhon）那里得到了回应，他的表述几乎跟迈斯特一模一样，见其《战争与和平》（*La Guerre et la paix*）。很有可能，托尔斯泰——他在写作《战争与和平》时读过迈斯特的作品——把这个在他自己的杰作中也扮演了重要角色的悖论，不仅归之于蒲鲁东（就像他的一个批评者埃肯鲍姆所推测的），而且还归之于迈斯特自己。

生（这让我们想起贝当元帅及其支持者在1940年为法国的战败所作的神义论的解释）；它跟所有伟大的历史力量一样神秘，因此，“并不是人指导了革命，而是革命利用了人”。[1] 它实际上也许利用的是最堕落的一种工具——唯有罗伯斯庇尔的“恶魔般的天才才能完成这个奇迹［法国战胜了反法联盟］……这个强大的、陶醉于鲜血和胜利的怪物，这个可怕的现象……既是降临到法国人头上的恐怖的惩罚，同时又是拯救法兰西的唯一之道”。[2] 他激发了法国人的极度暴力，强化了他们的心灵，用绞刑架上的鲜血驱使他们发狂，直至他们像疯子一般争斗，所有人都粉身碎骨。然而，没有革命的话（像罗伯斯庇尔那样的人可能会幻想他们可以制造出革命来，尽管很显然，并不是他们制造了革命，而是革命制造了他们），他可能还保持以往的平庸状态。

攫取了权力的人并不知道他们如何做到了这一点；如果说对别人而言，他们的影响力是一种神秘的东西，对他们自己来说，更是如此。环境（circumstances）是伟大人物也不能预见或是指引的，无需他出手，环境已经为他准备好了一切——这就是“戏弄人类计划的神秘力量”[3]，是天意，是黑格尔的理性的狡计。不过，人是自负的，幻想个人的意志可以冲破上帝统治世界的无情法则。他不胜其烦地反复地说民主信念的根
151 源，正是在于这种错觉——虚弱、容易受骗的生物过于自负及自我膨胀之后的错觉。错误地认识自己的智慧和力量，盲目地

[1] 第1卷，第7页。
[2] 第1卷，第18页。
[3] 第1卷，第118页。

拒不承认别的人、别的制度的优越性，结果会是提出关于人类权利的荒唐可笑的主张，以及关于自由的空洞的废话。“人生而自由——不管这是谁说的，他都只不过是讲了一句没有意义的话而已。”[1]人就是现在之人以及过去之人，就是他现在在做什么以及过去做了什么；如果说人并不是他所**应该**是的东西，这是对理智的冒犯。我们应该去叩问历史，它是“实验政治学”(experimental politics)，亦即有关这一主题的唯一可靠的教师：“她永远不会对我们说与真理相反的东西。”[2]一次货真价实的实验，可以摧垮上百卷抽象的玄思。[3]

不过，大众自由和民主的概念恰恰是立足于这样一些无根的抽象，既无经验性的实验为依据，又未得到神意的启示。假如人不能认识到权威的合法归属（即教会以及“神选”的君主），他们将会落入人类暴政（即万恶之首）的扼制之下。那些以自由的名义起而反叛的人，最终也成为了暴君——这话是博纳尔德说的（他引自波舒哀，半个世纪之后又被陀思妥耶夫斯基重复），迈斯特仅仅是做了补充：信仰卢梭那些学说的话，结果会不可避免地遇到这样一种局面，人们的导师会告诉他们，**“你认为你不需要这一条法律，不过我们肯定你是需要的。假如你胆敢拒绝的话，为了惩罚你不想要你该要的东西，我们会杀了你”**，然后，他们只能照办。[4]的确，关于这种情形，

[1] 第1卷，第426页。
[2] 第8卷，第294页；参较第1卷，第266，426页；第2卷，第339页；第7卷，第540页。
[3] 第1卷，第426页。
[4] 第1卷，第107页。

在以往曾经宣讲过的公式里面，再也找不出比这更为清楚明白的了——它已经被正确地称为“极权民主”。迈斯特语带嘲讽地说，假如有很多科学家都被推上断头台的话，那他们就只能责怪自己了。[1] 以某某观念之名，他们被杀死，而这种观念正是被杀者自己的发明；就像所有反抗权威的叛乱一样，这样一
152 种观念注定要摧毁它的发明者。迈斯特极度憎恶自由的思想交易，蔑视所有的知识分子，这不仅仅是保守主义，也不是什么正统论以及对养育他的教会和国家的忠诚，应该说是某种既非常古老、又相当新颖的东西——它既是在重复宗教裁判所的狂热声音，听起来又或许是军事化的、反理性的现代法西斯主义的最初表达。

八

迈斯特有些思想最敏锐的篇章是写给俄罗斯的，在他一生中最富有创造力的阶段，曾经有十五年光阴，他在那里度过。[2] 迈斯特给亚历山大一世做过一段时间的秘密顾问，提供了一些评论和建议，显然他的用意超出了俄罗斯，适用于整个当时的欧洲。因为一些政治性的格言警句，迈斯特声名鹊起，看来这些话很对亚历山大及其顾问们的胃口（尤其是在这位皇帝的自由阶段结束之后）。“人通常都是太邪恶了，以至于无

[1] 第 1 卷，第 9 页。

[2]《俄罗斯四论》(*Quatre chapitres sur la Russie*)，此书收集了迈斯特的“备注”(obiter dicta)，其有很多包含了非凡洞察和预见能力的评论，不过今天已经差不多完全被人遗忘了。以下的引语即出自此处。

法获得自由”[1]，“无论在哪里，都是少数领导多数，因为没有哪个多少有些实力的贵族政府当局不足以担当这个目的”[2]，像这样一些格言，在圣彼得堡的贵族沙龙里面，当然是大受欢迎的。在那个时代的一些俄罗斯人写的回忆录里面，曾经颇为赞 153
许地提到他。[3]

迈斯特有关俄罗斯的评论是极其尖锐的。他说，最可怕的威胁来自对于自由主义的鼓励，以及亚历山大的开明顾问们对于科学如此致命的推崇。在致东正教会的安全主管亚历山大·戈利钦亲王的信中，迈斯特指出了三种威胁俄罗斯政权稳定的主要来源：首先，因自然科学的教育而触发的怀疑性探讨的精神；其次是新教教义，它宣称所有人都是生而自由且平等的，所有权力属于人民，它鼓吹反抗权威是一种自然权利；最后，是立即解放奴隶的要求。迈斯特断言，除非有教会和奴隶制作援手，否则没有哪个君主有足够的力量统治几百万的人

[1] 第 8 卷，第 279 页。参较第 2 卷，第 339 页。

[2] 第 8 卷，第 280 页。参较第 2 卷，第 339 页。

[3] 例如维格尔（Vigel'）和赤加雷夫（Zhikharev）提供的例证。见《纪事》（F. F. Vigel'，*Zapiski*），莫斯科，1928，第 1 卷，第 275 页（又见第 2 卷，第 52 页）；《当代纪事》（S. P. Zhikharev，*Zapiski sovremennika*），莫斯科，1934，第 2 卷，第 112　113 页。而在另一方面，列夫·托尔斯泰却为他绘出了一幅讽刺漫画。在托尔斯泰为《战争与和平》一书构思历史背景的时候，肯定看过迈斯特本人的著作以及同时代人留下的回忆录。他在圣彼得堡的沙龙里伪装成“莫特马尔子爵”，一个典型的法国贵族流亡者，参加俄罗斯首都的豪华晚宴，给一群时髦的贵妇讲点儿有关拿破仑、昂基安公爵、女演员乔治小姐的滑稽搞笑的逸闻。后来，仅仅是被称为“一位功勋卓著的人”，他又出现在另一个宴会上，跟瓦萨利亲王谈论库图佐夫（Kutuzov）。小说后面还曾经提到迈斯特的名字。参见《战争与和平》，第 1 卷，第 1 部分，第 1 和第 3 章；第 3 卷，第 2 部分，第 6 章；第 4 卷，第 3 部分，第 19 章。在 Henry Gifford 编的 Louise 和 Aylmer Maude 译本（牛津，1983）中，参见第 1 卷，第 5，13 页；第 2 卷，第 771—773，1159 页。

口。[1] 在有基督教之前，社会是以奴隶制为基础的。基督教出现之后，以（掌握在牧师手里的）宗教权威为基础，然后奴隶制才有可能被废除。不过，在俄罗斯，由于它的拜占庭的开端、鞑靼的统治以及与罗马的分裂，教会缺乏权威性；因而，奴隶制之所以在俄罗斯存在是因为需要如此，是因为皇帝离了它就无法实行统治。[2] 加尔文主义会对俄罗斯的政权造成损害；尽管自然科学还没有（在已经是危险可燃物的俄罗斯）点燃煽动性的自满的火焰，但这种自满已经在世界上的部分地区蔓延，不加以阻止的话，将吞噬整个世界。[3] 教师的目的就是灌输如下知识：上帝为社会而创造了人，离开了政府，人无法
154 生存；反过来，政府也要求服从、忠诚以及责任感。在一系列具体建议中，迈斯特表达了他的忠告：[4] 纠正虐待行为，但尽可能地延缓推行释放农奴；在封普通人为贵族的问题上，要谨慎行事——这也是历史学家卡拉姆津（Karamzin）在其影响深远的《论旧俄罗斯和新俄罗斯》中要表达的精神，其中对斯佩兰斯基及其改革热情都抱有怀疑；要鼓励富有的有土地的贵族，以及有功之士，但不鼓励商业；对科学要加以限制；要提倡具有希腊、罗马特征的原则；保护罗马天主教的教义，尽可能地使用耶稣会教师；避免给外国人发护照，他们无所不为；如果不得不用外籍教师的话，至少要保证他们是罗马天主教的信徒。那些反西方的保守主义者悉数采纳了迈斯特的这些建

[1] 第 8 卷，第 288 页。
[2] 第 8 卷，第 284 页。
[3] 第 8 卷，第 285 页。
[4] 第 8 卷，第 355—359 页。

议。圣彼得堡校区的监护人，乌瓦洛夫伯爵，显然是个聪明的门生，于 1811 年在他治下的学校里下令取消了哲学、政治经济学、美学、商务研究等科目；随后，在他任教育部长时，宣布了恶名昭彰的三位一体论：东正教、独裁政府、民族性，它们表达的是同样的原理，不仅适用于大学，而且适用于整个教育系统。这一程式实际上在俄罗斯被严格执行了半个世纪——从亚历山大一世统治的中期一直到亚历山大二世在 1860 年代的改革。到了 1880 年代和 1890 年代，著名的神圣会议的大代表（High Procurator of the Holy Synod）[1] 还带着浓浓的怀念之情谈起它。

如果俄罗斯把自由给予了它的子民，那么自由也就消失不见了。他的原话如下：

> 假如有人能把俄罗斯人的愿望锁进一座城堡，它可以把城堡炸毁。没有什么人会像俄罗斯人那样有那么热烈的**渴望**……看看哪怕是身份低等的俄罗斯商人吧，你会发现他对自己的利益有多么精明和警惕；观察他如何从事最危
> 险的事业，尤其是在战场上，你会看到他是多么大胆。假 155
> 如真的让三千六百万这类人获得了自由，而且，我们真的这么做了——这一点如何强调也不够——马上就会发生惊天大火，而俄罗斯也将随之毁灭。[2]

[1] 康斯坦丁·彼得洛维奇·波别多诺斯采夫（Konstantin Petrovich Pobedonostsev）。
[2] 第 8 卷，第 288—289 页。

而且，

> 这些奴隶，如果他们得到了自由的话，将会发现自己置身于相当可疑的指导者以及无名又无力的牧师们中间。因此，毫无准备地被暴露于天下，他们肯定会突然地从迷信转向无神论，从消极的服从转向放肆的行动。让他们获得自由，就好比让那些完全不习惯的人喝烈性酒。仅仅是如此这般的自由景象就会让那些未曾参与其中的人也为之气沮。[……]而除此之外，你还应该加上少数贵族的漠不关心、无能为力或野心勃勃，来自国外的犯罪活动，从未曾消停过的可恶集团的操纵，等等，还有大学里面的少数普加乔夫[1]……那么，这个国家（很有可能，毫不夸张地说）将会像过长而又中间折弯的木梁一样**断**为两节。[2]

此外，

> 一个令人多么费解的幻觉，借此，一个伟大的民族业已发展到了这一地步，想象它可以违反一条宇宙间的法则。俄罗斯人一天之内就想得到所有的东西。没有中间道路可走。一个人只能慢慢去接近科学的目标，不能一下子就飞到那
> 156 里！俄罗斯人构想了两个同样不幸的想法。一是把文学与科

[1] 普加乔夫是一位农民领袖，他领导的农民和哥萨克起义在叶卡捷琳娜大帝的统治下被镇压。[伯林在这段中自由地调整了文字。]
[2] 第 8 卷，第 291—292 页。

学放在第一位，一是把全部科学的教导都合并为一体。[1]

又用同样的语调说：

> 如果人们被现代学说所渗透，如果俗世的权力除了自己已经无所依靠，那么，在俄罗斯将会发生什么呢？就在世界巨变的前夜，伏尔泰说过，“书本上已经完成了一切。”让我们再重复一遍，当我们还处在俄罗斯的幸福怀抱之中，在她依然康健自立的时候，“书本上已经完成了一切”；我们当心书本吧！在科学可以安全地被允许渗透到社会中那样一个时代到来之前，阻滞科学的统治，加强教会的权威，并视其为君主强有力的盟友，这才是在这个国家最为伟大的政治举措。[2]

而且，

> 俄罗斯人有一种明显的倾向，做什么事都为了好玩（我并没有说什么都拿来开玩笑），假如他们跟这条大毒蛇也是游戏态度的话，没有人会比他们被咬得更惨。[3]

唯有保存教会和贵族的特权，让商人和下等阶层各安其位，才可能会有希望。最重要的是，一定不能支持“科学在社

[1] 第8卷，第300页。

[2] 第8卷，第344页，引自伏尔泰，《全集》（第55页注释1），第10卷，第427页。

[3] 第8卷，第354页。

会最底层的人们中间传播；任何此类可能被无知的或颠覆性的狂热分子利用的事业，都必须加以阻止——似乎还没有人这么做”。[1] 此外，还应该，

> 对西方来的移民实行严格的监视，尤其是德国人和新教徒，那些人来到这里教给年轻人各种各样的东西。可以非常肯定，对这个国家来说，以及对那些拥有财产、家庭、
> 157 道德和名誉的人来说，来到俄罗斯的这些外国人，一百个之中至少有九十九个，是完全不受欢迎的外来者。[2]

实际上，迈斯特可能是第一个公开提倡如下政策的西方作家：要刻意减缓文理学科的发展；对某些文化价值，也要采取实质性的压制——自文艺复兴以后，直至现在，这些核心的文化价值已经改变了西方人的思想和行动。但正是 20 世纪才注定要看到这一阴险的学说发展到登峰造极的地步，并且得到最残酷无情的运用。这或许是我们这个时代最显著，也是最晦暗的精神现象，而且，还远未结束。

九

作为一个时代敏锐的现实主义观察者，能与迈斯特相比的，只有托克维尔。我们已经看到，迈斯特对俄罗斯形势的分

[1] 第 8 卷，第 357 页。
[2] 第 8 卷，第 358—359 页。

析是多么有预见性。与此相似的是，当他同期的正统主义者把法国大革命视为一个已经过去的、其影响可能被磨灭的阶段，一个过后一切流转又将会恢复如初的人类精神失常的瞬间，迈斯特则宣称，人们可能会像企图用瓶子装起日内瓦湖的湖水一样，想要恢复革命之前的秩序。[1] 对法国伤害最严重的，莫过于得到外国势力援助的贵族的反革命行动，它可能会导致这个奇妙王国的分裂。使法兰西得到存续的，正是光荣的革命军队。

接着他的精神导师之一萨伏依主教蒂奥尔扎（Thiollza）的话头，迈斯特也预言了波旁王朝的复辟，而且他还补充道：这一王朝不会持久，因为所有权威都是以信仰为基石的，而他们已经很显然失去了一切真正的信仰——无论是对他们自身，还是对他们的命运。无论如何，总得引进某些改革。查理二世 158
跟查理一世不一样，这真是国家的大幸。与之相反，亚历山大和拿破仑皇帝倒是真正使他心驰神往；至于他所忠心耿耿地服务的萨伏依家族，期望他有钦佩之情几乎是不可能的，而且，他说得很清楚——有时候过分清楚了——他的效忠并不是献给个人，而是献给了贵族制度本身。把有关欧洲形势变化的一些平淡无奇的事实告知褊狭的、惊怯的撒丁宫廷，他从中得到许多讽刺性的快乐。他的通讯都采用传统外交的风格，写得彬彬有礼，不过，即便如此，也不能完全掩盖起他对于收信人感受的忠诚与轻蔑混合的情绪。

这种政治现实主义及其表述中透露出的沉稳的敏锐之见，

[1] 第 9 卷，第 58 页。

使得迈斯特终其一生，在卡利亚里和都灵一直被疑心是一个危险的过激分子，一种保皇主义的雅各宾派。[1] 迈斯特肯定是这个微不足道、神经紧张、华而不实、谨小慎微的小朝廷逮到的最大的一条鱼。他这个人是公认的天才，广受尊重，显然是那个时代最为著名的萨伏依人。不用他是不可能的，不过，最好让他离远一点，让他到圣彼得堡，在那里，难以捉摸的沙皇亚历山大很显然喜欢他那些令人不安的议论。

迈斯特生命中最美好的时光是在圣彼得堡度过的，他的传记作者为我们所做的描绘，主要依据的就是他在这一段时期里面结交的朋友和熟人的印象。他们所传达的形象，是一个一心一意、感情真挚的父亲，一个忠实、阳光、感性的朋友；而实际上，他的私人通信也证实了这一点。他写给俄罗斯贵妇的信非常有趣，充满关爱之情，轻松俏皮，有不少闲言碎语。迈斯
159 特让这些贵妇也成为他的信徒，他在这方面太成功了，令沙皇不大感冒。[2]

[1] 参见本书第 149 页注释 3。

[2] 在迈斯特的信徒里面，最有名的是斯韦钦夫人，她所主持的巴黎沙龙在 19 世纪三四十年代成为教皇派天主教的中心。不过，还有一些人也是迈斯特小圈子（cénacle）的成员，在当时的圣彼得堡社交界里相当知名，其中包括埃德林伯爵夫人，安娜・伊万诺夫娜・托尔斯塔娅伯爵夫人，A. 戈利钦亲王和 M. 戈利钦亲王，加加林亲王（后来他在巴黎成了耶稣会士，还写了回忆录。实际上，正是因为他和斯韦钦夫人留下的回忆，才使迈斯特对于彼得堡贵族的精神影响得到最多彰显），不仅这些，还有赤加果夫将军的漂亮夫人，她改宗罗马，导致其家族大为不满。在《战争与和平》里面，托尔斯泰有关海伦伯爵夫人与耶稣会士之关系的毫无同情心的描写，可能就是以迈斯特圈子的活动为原型的。光照派在俄罗斯宫廷中已经有很大的影响，在戈利钦亲王以及后来的冯・克吕德纳夫人的影响下，就连沙皇本人也成了著名的改宗者。迈斯特在年轻时代就曾经跟共济会支部有过联系，他非常钦慕圣马丁的虔诚著作。迈斯特把圣马丁视为盟友、同情教会的人（跟这个世纪一些天主教徒对柏格森的看法很像），认为他驱散了唯物主义，把人们从冻结灵魂的（转下页）

迈斯特的俄罗斯著名友人留下的全部证词——证实了他可爱的性格，他的冷嘲热讽，以及在身遭流放、物质贫乏的情况下的高调姿态——又进一步佐证了上述结论。而他的道德的、政治的世界正好与此相反：那里充斥的是罪恶、残酷和苦难，只能依靠一些选定的权力代表实施暴力镇压才能维持其存续，他们掌握着绝对的、压倒性的权势，而且持续不断地反对任何自由研究以及用世俗的办法去追求生活、自由或幸福的倾向。与浪漫主义者相比，迈斯特的世界更为现实、更为残忍。必须要等到半个世纪之后，我们才能在尼采、德吕蒙或贝洛克[1]那里，在《法兰西行动》[2]的法国原教旨主义者（intégralistes） 160
那里，或者，以一种更为恶劣的形式出现的、我们这个时代的

（接上页）新教坚冰中解救出来，搭起了由加尔文主义的枯燥乏味通向真正教会的桥梁，让人们“对教条与精神观念的习以为常”，并且致力于基督教世界的统一。他对彼得堡的氛围知之甚深，尽其所能，争取人们对天主教事业的同情；尤其是竭尽全力保护那些已经被教皇取消神职的法国耶稣会士，他们在大革命时逃奔俄罗斯，而实际上，获得了在俄罗斯的土地上建立一座耶稣会学院的许可。俄罗斯的东正教教会已经对他们的活动越来越有疑心。的确，或许正是因为他的活动有些过于热心——不仅支持这一修会（他终生保持着忠诚），而且还专门钓捕出身高贵的灵魂——这就导致了 1817 年亚历山大以其惯有的粗鲁方式、毫无来由地（不过，极有可能是东正教会的头脑劝他这么做的）要求迈斯特立即返回他自己的国家，这让迈斯特深感窘迫。他借道巴黎回到都灵。四年之后，这位挂有虚衔的人在意大利的皮德蒙特去世，而他的杰作《圣彼得堡之夜》尚未出版。

[1] 德吕蒙（Edouard Drumont，1844—1917），法国新闻记者，反犹主义运动的领导人。贝洛克（Hilaire Belloc，1870—1953），出生于法国的英国评论家、诗人。——译注

[2] 法国诗人兼作家夏尔·莫拉斯在 1899 年与其他人一道发起组织了《法兰西行动》（*Action Française*，后由周刊改为日报）。他们反对第三共和国，反对议会制，持有反犹主义的立场，主张一种极端的民族主义，强调国家的至上性，坚持法兰西的利益高于一切，并认为只有君主制才能实现这一切。而且，他们主张宗教服从于政治，教会服从于国家。1926 年，教皇正式谴责了《法兰西行动》，将其列入《教廷禁书目录》，直至 1939 年禁令才解除。——译注

极权政府的发言人那里，再次看到同样确定无疑的表示。不过，迈斯特自己却感到，他就是一种正在消亡的文明最后的捍卫者，它已经被敌人团团包围，只能是以残酷无情的手段来自保。即使是讨论诸如语言的本性、化学的发展之类明显是理论性的题材，他的态度也表现得非常狂暴、好斗。[1] 当一个人致力于拼死捍卫他自己的世纪及其价值的时候，他什么都不可能放弃，墙上任何一道裂口都可能有致命影响，每一个要点都必须誓死捍卫。

十

在迈斯特过世五年之后，圣西门学派 [2] 的领袖宣称，未来的任务就是在迈斯特和伏尔泰的思想之间作一种调和。乍听起来，这有点儿荒谬。伏尔泰坚持个人自由，而迈斯特坚持的是锁链；伏尔泰呼唤更多的光明，而迈斯特渴望再多一些黑暗。伏尔泰对罗马教会恨之入骨，以至于否认它有丝毫美德。而迈斯特甚至连它的丑恶也喜欢，并把伏尔泰视为恶魔的化身。在《圣彼得堡之夜》里，迈斯特关于伏尔泰的著名片段 [3] 反映的就是他发自内心的想法：对其敌手的憎恶之情达到

[1] 根据法盖的想法，迈斯特之所以有如此表现，完全是由于他渴望要反驳对手提出的所有看法，这里的对手即孔狄亚克、孔多塞以及他们的同道。也许情况是这样的：无论迈斯特的动机是什么，这是一种难以抗拒的、指挥得很漂亮的反击。

[2] 在圣西门（1760—1825）死后，他的门徒罗德里格、安凡丹、巴札尔等人发展了他的学说，形成了圣西门学派。——译注

[3] 见第 4 卷，第 205—210 页。在第 6 卷，第 458—459 页中，迈斯特把伏尔泰比作珍稀的宝物，不过已经感染了瘟疫。

顶点，描述他的面部怪相，丑陋至极，斜眼曝齿，如同一种骇
人的龇牙咧嘴的怪物（rictus）。不过，圣西门派的这种见解，
就跟他们在这一含糊混乱而又具有强烈预见性的思想运动中提
出的其他许多说法一样，里面也有一种不同寻常的、（时间将
会证明）令人恐惧的真理。现代的极权主义体系，就其行动来
看（且不说它们的修辞风格），正是伏尔泰和迈斯特思想观点
的综合；尤其是，继承了二者共有的一些品质。例如，他们尽 161
管是对立的极端，却都属于法国古典思想里面的坚忍不拔的传
统。二者的思想观念也许是针锋相对的，其精神品质却往往是
极其相似（后世的批评家也作此评论，但无一例外的是，他们
并没有探讨这是什么样的品质，它们又产生了何种影响）。无
论是伏尔泰，还是他的对手，他们都没有一丝一毫的柔弱、暧
昧，都不会放纵自己的理智和情感，而且，他们也不会宽容对
方。他们坚持干冷的光明，不要摇曳的火苗，他们执拗地反对
一切混浊、朦胧、冲动和仅凭印象的东西，亦即反对卢梭、夏
多布里昂、雨果、米什莱、柏格森、佩吉的雄辩之术。他们
都是冷酷无情的作家，轻蔑、嘲讽，真正是铁石心肠，有时
候，真正是愤世嫉俗。他们有一副冷冰冰的、光滑的、整洁
的外表；与他们并观，司汤达的散文是罗曼蒂克的，而福楼
拜的作品则像是一片没有完全抽干的沼泽。马克思、托尔斯
泰、索雷尔、列宁才是他们的真正继承者。对于社会景象投以
冷峻的一瞥，冷得令人猛然一震、泄去气体、抽干水分，以
冷酷无情的政治、社会分析作为休克疗法的蓄意手段——这
样一种思想倾向已经在相当显著的程度上被现代的政治策略
吸收了。

假如毫不妥协地揭露那些多愁善感的、混乱的思想过程这一能力（主要应归之于伏尔泰），与迈斯特的历史决定论、政治实用主义，以及他对于人类能力和善性的同等低估，还有他认为生命的本质就是渴望着受难、牺牲和屈从这样一种信念，结合在一起；假如再补充上迈斯特另一种深思熟虑的信念，亦即离开了少数专门的统治者对于软弱、昏庸的大多数人的不断弹压，政府就不可能存在，而且统治者必须铁面反对任何致力于人道主义试验的企图；那么，我们就开始接近一切现代极权
162 主义中那一种强烈的虚无论了。伏尔泰可以扫除一切自由主义的错觉，而迈斯特可以提供秘方，让寒冷凄凉、了无遮盖的世界得到治理。的确，伏尔泰不曾为独裁专制和阴谋诡计辩护，而迈斯特鼓吹它们都是需要的。迈斯特说——与柏拉图、马基雅维利、霍布斯和孟德斯鸠相呼应："人民主权这一原理是相当危险的，即便真有此物，也有必要将其隐藏起来。"[1] 与之相呼应的还有出自利瓦洛尔（Rivarol）的著名言论：平等的确好极了，但是为什么要告诉人们呢？[2] 毕竟圣西门派或许不是那么自相矛盾；他们的创始人对迈斯特的崇敬之情是建立在一种真正的共鸣之上的，尽管在得到圣西门启发的自由主义者和社会主义者看来，这崇敬是很古怪的。在奥威尔设想的著名的噩梦（以及给予他灵感的现实体系）里面，其内容与迈斯特和圣西门的看法有直接的关系。影响奥威尔的还有那种深刻的政

[1] 第 9 卷，第 494 页。

[2] 此处可能依据的是《利瓦洛尔回忆录》(*Memoires de Rivarol*，巴黎，1824)，第 64—65 页，利瓦洛尔建议逐步地引入自由。

治讽刺思想，奠立它的是伏尔泰，在此问题上，这位无人能比的作家所产生的影响力甚至比马基雅维利和霍布斯那样真正伟大的原创思想家更为深远。

十一

一位杰出的哲学家[1]曾经说过，为了真正理解一个原创性的思想家的核心学说，首先应该把握其思想核心的特殊宇宙观，而不是关注其论证的逻辑。论证，无论有多么令人信服，无论给人留下多么深刻的思想印象，通常只不过是外围的工作，是抵御那些现实的和潜在的批评者及敌手已经提出的和有可能提出的反对意见的武器。论证，既不能表明思想家提问并得出结论的心理过程，甚至也不能表明，那是思想家为传达和证明其核心概念而采用的那些重要方法，是想要理解和接受思想家所提出的观念就必须要把握的。 163

坦白说，作为一个概括的说法，它走得有点儿太远；无论他们如何得出自己的立场，像康德、密尔、卢梭这些思想家，是想用理性的论证来说服我们，至少康德没有利用别的什么方法。他们清楚地说明了这一点：如果这样的论证被反论证的人揭示是靠不住的，或者其结论与日常的经验相反，他们愿意承认自己是错的。不过，这一概括的确是适用于另一种更为形

[1] 罗素：《西方哲学史》(Bertrand Russell, *A History of Western Philosophy*，纽约，1945；伦敦，1946)，第 23 章，第 2 段。参较本书第 279 页注释 1，以及第 290—291 页。

而上的类型的许多思想家，像柏拉图、贝克莱、黑格尔、马克思——更不用提那些更为刻意追求浪漫的、诗性的或宗教性的作家，他们的影响在好的和坏的两方面都远远超出了学术的樊篱。或许他们会用到论证（事实上他们经常用到），但是，他们的好与坏，或是应得的评价，依据的都不是这些论证（无论是否有效）。因为他们的关键目的，是要详细阐明一种笼罩一切的世界观，以及人在其中的位置和经验；他们所追求的，并不是说服那些他们对之发言的对象，而是要改变其信仰，转变其视域；因此，他们看待事实，用的是“一种新的眼光”，“从一个新的角度”，按照一种新的模式，在此模式之下，过去被看作各种因素偶然聚合的东西现在呈现为一个系统的、相互关联的整体。逻辑的推理或许有助于削弱某些现存的学说，或者是反驳个别的信念，不过，它只是一种辅助性的武器，不能作为根本性的征服手段：亦即它不是那种新的模式，可以将其情感的、智识的或精神的符咒施之于人，使其皈依。

谈到迈斯特，过去常见这样一种说法：他用理性的武器打败了理性，用逻辑的武器证明了逻辑的不足。这主要是 19 世
164 纪的迈斯特崇拜者提出的说法。不过，其实不然。迈斯特是一个教条武断的思想家，没有人能动摇他的根本原则和前提，他相当可观的独创性和思想能力都用在了如何使事实就范于他预想的概念，而不是相反，发展他的概念以适应新发现的或新显现的事实。他就像是一个要证明一种信念的律师，结论先行：无论听到什么、遇到什么，他知道自己必须设法达到这一结论，因为他确信这就是真理。问题只是如何去说服心存疑虑的读者，如何排除难以使用的或是明显相反的证据。詹姆斯·斯

蒂芬说得对，他的基本论证模式就是避开问题。[1] 他从无可置疑的一些原则开始，然后无论证据如何，注定要把他的理论贯彻下去。实际上，假如有足够多的特设性（ad hoc）假设可以解释清楚明显的例外情况（像托勒密天文学中的本轮），任何理论都可以成功地得以证实；同理，任何学说都能被“挽救”，尽管，随着每一次额外添加特设性假设以应付一些逻辑上的障碍，它可以应用的场合会越来越少，它的价值也会越来越小。

至于迈斯特的一些根本性的信念：相信先天的观念，那是上帝为我们种下的；相信精神上的真理，理性的或经验的公式仅仅是它的一层面纱，有时候还是扭曲的面纱；相信古代的智慧，那是大洪水之前的人们所拥有的，我们现在只知道一点皮毛；相信关于善恶、对错的直觉的确定性；以及相信他的教会最为生硬的、所有未加证明也不能证明的教条，他一概没有给出任何严肃的论证。很显然，他不会考虑任何经验性的实验，也不会考虑任何在常识和科学看来是证据、原则上可以颠覆这些价值的东西。迈斯特有一个命题：假如有两种信念，彼此是矛盾的，或者每一个都明显与不可解答的反对意见相矛盾，不过它们都是信仰或权威所决定的，那么，它们都必须得到相信，而且在原则上可以调和，即便我们因为自身智识的不足而 165
不能看到它们如何调和——这一命题并非被论证，仅仅是断定而已。与之相似的还有这一概念：假如理性跟常识发生了冲

[1] Sir James Fitzjames Stephen，*Horae Sabbaticae*，第三辑，伦敦，1892，第 254 页。（詹姆斯·斯蒂芬，1789—1859，英国历史学家、殖民地官员，1849 年被任命为剑桥大学现代史钦定教授。——译注）

突，一定要像对待投毒者那样对待理性，诅咒它、驱除它，这概念与对理性思想的任何尊重不相容，它求诸权威，而非求诸经验——这纯粹是教条，像是破城槌一样的、好斗的教条。

因此，迈斯特坚信，比如，一切的苦难，无论是降临到罪人的身上，还是无辜者的身上，必定是为了赎清某人在某时所犯下的罪。何以如此呢？痛苦总有一个目的，既然其唯一的目的就是处罚，那么，在世间的某处，必定有一些罪过，适足以引发相应数量的苦难；否则的话，罪恶何以存在就无法解释、无法证实了，而且世界也就失去了道德的管制。然而，这一点是难以想象的：世界由一个道德目的来统治，是不证自明的。[1]

迈斯特大胆地断定，没有什么宪法是深思熟虑之后的结果；个人的或人民的权利最好是不成文的，或者，当其写在书面上，也必定不过是一直存在而且可以被形而上的直觉感知的未成文权利的转写而已。因为无论是谁，依靠一个文本活着的话，将会为此变得优柔寡断。那么，成文的宪法又如何呢？到迈斯特的晚年岁月（甚至在他写这篇有关宪法的文章的时候），美国的宪法已经在严格而又成功地运行之中；然而，这只不过因为美国的宪法是以英国的未成文宪法为基础的。[2] 但这种情况并不适用于法国，不适用于《拿破仑法典》，或是新的西班牙宪法：迈斯特知道，它们肯定会失败。他不需要论证。他知道
166 道（就像柏克知道那样）什么会持久，什么只能昙花一现，什

[1] 第 4 卷，第 22—28 页。
[2] 第 1 卷，第 87 页。

么注定将永存，什么是人工制作的脆弱之物。制度“之坚固与持久，端赖于它们是**神意的设计**。”[1] 人不能创造。他可以种下一棵树，但不是造了一棵树；他可以做些修改，但那不是创造。1795 年的法国宪法只不过是一种“学术演练”[2]；“一种宪法，声称为一切民族而制定的，也就是没有为任何民族制定。”[3] 宪法一定是在一个特殊的时间，在一个特殊的地方，从一个民族特殊的个性和环境之中生长出来的。人们为了抽象的原则而战斗，就像“为了用纸牌搭建一些大房子而彼此杀戮的孩子”。[4]“共和制度”——人们精心构思的摇摆脆弱的结构——“是无根之木，它们只是**放**在地上而已，而在此之前的［君主制和教会］是**长**在地上的。”[5]

> 如果谁相信是上帝指派了学院来告诉我们，什么是上帝，我们对于上帝的责任是什么，那这个人肯定是发了疯。教给人们什么是好的、什么是坏的［……］这是高级教士、贵族、政府高官［……］该干的事。别的人没有权利讨论这种问题［……］以剥夺别人的天然信条的方式来谈论或撰著这种问题的那些人，理应像夜行窃贼一样被绞死。[6]

那么，那些高级教士、贵族、政府高官的权威又是从何而

[1] 第 1 卷，第 56 页。
[2] 第 1 卷，第 74 页。
[3] 第 1 卷，第 74 页。
[4] 第 1 卷，第 78 页。
[5] 第 1 卷，第 127 页。
[6] 第 5 卷，第 108 页。

来的呢？来自君主：在世俗国家中，就是国王；但归根结底是来自一切精神权威的源泉——教皇。自由是国王们赠予的礼物：一个民族不可能自己给予自己自由，权利以及一切自由都必定是在某个时候得到了君主的授予。基本的权利不是被授予的：它们之存在只因为它们是存在的，诞生在杳渺的过往之中，源起于不可思议的神的旨意。[1] 君主们的权利没有期限，它们是永恒的。主权不可分割，一旦分发的话就没有了权威的
167 中心，世间万物将陷于四分五裂。俗世的君主和立法者只能以上帝的名义行事，其所作所为只能是重新调整或重新组合既存的权利、责任、自由和特权，而这些权利早在上帝创世之日就已经存在了。

上述这些看起来就像是死气沉沉的中世纪教条，而迈斯特之所以相信它们，恰恰就因为它们是这样的一些教条。如果遇到明显的例外情况，他有简便的解决办法。例如，他提到，可能会有人指出，英国宪法似乎就是稳妥地建立在权力的分割基础之上的（对于现实政府的经验研究不在他感兴趣的范围之内，此处，他只不过是简单地重复了孟德斯鸠的著名的错误判断），那么，对此应该如何解释呢？答案就是：英国宪法是一个奇迹，是神圣的东西。因为，人的心智不可能从如此混乱不堪的种种因素中形成一种秩序。如果随意投掷一些字母到窗外也能够变成一首诗，那么论证这是一种非人为的力量的运作又有什么不可以呢？英国法律和习俗之中存在的那些荒谬之处和矛盾冲突，正是神意的力量在指挥人们颤抖的双手的明证。因

[1] 第 1 卷，第 68 页。

此，假如英国的宪法只有人为的起源，那它早就已经崩溃了，这一点不可能有什么疑问。这是一种生猛的循环论证。

到这里，针对“与未成文的相比，成文的东西是一种软弱无力的手段”这一命题，可能会有人提出反对意见：犹太人毕竟就是依靠对于《旧约》文本的信仰而得以成功地存续的。迈斯特对此质疑也有所准备：《圣经》之所以能使犹太人得以保存，恰恰因为它是神圣的；否则，他们当然早就土崩瓦解了。不过，在另外的地方，迈斯特忘记了《旧约》的独特地位，谈到如下的事实：在亚洲和非洲，保证社会稳定的不仅仅是野蛮的力量，还有《古兰经》、儒家经典或其他显然不具有神圣起 168
源的经典文本所包含的政治权威，而它们所体现的主张，很明显和《圣经》（包括《新约》和《旧约》）所揭示的真理是不一致的。所以，迈斯特不仅是回避问题，循环论证，他还不肯费神保持自己的前后一致性。不过，假如理性是应该不计代价去消除的毒物，则这种不一致性完全是有利的。

迈斯特的力量所在，并不是理性的论证，甚至也不是别出心裁的诡辩术。他的语言有时候会呈现出理性的外貌，但他是彻头彻尾的非理性主义者和教条主义者。他的某些论题无疑具有的说服力也不仅仅是由于其强健有力、才华横溢、独具匠心和妙趣横生的文风。“他们［迈斯特和纽曼］的撰述，就好像是一个风雅之人在娓娓而谈”，詹姆斯·斯蒂芬如是说。[1] 雄辩之才常常很炫目。在 19 世纪的法国政评作家里面，迈斯特是可读性最强的一位，不过，他的力度并不在此。他的天才体

[1] 前引书（第 165 页注释 1），第 306 页。

现在他对于社会和政治行为中那些更为晦暗、少人关注而又是决定性的因素的深入、准确的洞见力。

迈斯特是一位原创性的思想家，他逆时代潮流而上，铁了心要戳穿同时代的自由主义者奉若神明的陈腐之见及其顶礼膜拜的那些公式。他们强调理性的力量；而迈斯特指出——也许是过于愉快地指出——非理性本能的持久性和深广度、信仰的威力、隐蔽的传统的力量，以及进步论者（包括唯心主义的社会科学家、大胆的政治经济筹划者、技术统治的热情信奉者）对他们的人类材料的故意忽视。当举世都在高谈人类对于幸福的追求的时候，迈斯特又是用他那非常夸张、刻意作对的热情（不过其中也有几分真实）强调指出：人渴望着牺牲自己、经受苦难、服从权威，实际上是服从高高在上的权力，无论它来自何方；也渴望着支配和掌握权威，为了权力本身而追逐权力——从历史上来看，这些因素至少是与对于和平、繁荣、自由、公正、幸福、平等的渴望同样强烈的。

169 迈斯特的现实主义采取的是狂暴、激烈、让人迷惑、野蛮残酷的形式，不过，它终归也是一种现实主义。那种对于什么可以放开、什么不可以放过的敏锐感觉，从来不曾离弃他；正是这种敏锐的感觉，让他早在1796年就说过，一旦革命运动开始发挥作用，作为一个君主国的法兰西就只有靠雅各宾派才可能得救，而那些企图复辟旧秩序的努力只是目光短浅的愚蠢之举，即便复辟成功，波旁王族也不可能持久。在神学方面（以及一般的理论层面），他是盲目的教条主义者；在实践中，他是目光犀利的实用主义者，而且他自己对此也了然于胸。正是在这种状态之下，他坚信，宗教不需要是真实的，或不如说其真实性就在于它满足了我们的渴望。“假如我们的相互联系是暂时性的［……］最重要的是，假如它们给人安慰，让我们感觉更好一点，那还能再要求什么呢？假如它们不是真的，它们也是好的；或者不如说，既然它们是好的，何以这‘好’不能使其成为真的呢？”[1]

在20世纪上半叶生活过的人，乃至在此之后，不可能怀疑下面这一点：迈斯特的政治心理学，尽管其中有诸多悖论以及不时滑向彻底反革命的荒谬之处，事实证明，它们有时候能够比理性信奉者的信念更好地起到引导人们行动的作用；或者说，在一定程度上，可以为那些理性信奉者的过于简单、肤浅和（一度是相当）有灾难性的药方提供一针立竿见影的、绝对有用的解毒剂——即使仅仅是因为揭露、强调人道的、乐观的人们所不愿意看到的那些破坏性倾向，即被德国浪漫主义者称之为事物的隐晦、黑暗一面的东西。

十二

一个如此鲁莽大胆而又能说会道的人物，在整个19世纪引起了批评者们非常激烈的反应，也许并不足为奇。实际上，在我们这个时代，他也是遭到激烈反对的。在各个时期，他都引起了人们的好奇、厌恶、恭维以及盲目的憎恨。可以肯定的 170
是，很少有人像他这样被评论者们如此不恰当地评论。因为他是一个好父亲、好丈夫、好朋友，F.-A. 德·莱斯屈尔说，这

[1] 第1卷，第40页。

只“聪明的鹰像绵羊一样温厚，像非洲瘦猴一样单纯”(aigle de l’intelligence fut débonnaire comme l’agneau，candide comme la colombe)。[1] 甚至那些曾经颂扬过他的主教们也不会这么说的。因为他谈到了战争的神圣性，在德桑看来，他似乎是一个达尔文之前的达尔文主义者。[2] 因为他颠覆了已有的看法，他被比作那位异端的新教神学家大卫·弗里德里希·施特劳斯；因为他承认民族主义的重要性，他成为意大利复兴运动、威尔逊总统以及民族自决论的先驱[3]；而且，因为是最早使用“国际联盟”(Société des Nations)[4] 这一术语的人之一，他被视为国联的提倡者，尽管他用这个词只不过是把它当作一

[1] 莱斯屈尔，《迈斯特伯爵及其家庭，1753—1852》(F.-A. de Lescure，*Le Comte Joseph de Maistre et sa famille 1753—1852*)：《政治、文学研究与画像》(*études et portraits politiques et littéraires*，巴黎，1892)，第 6 页。

[2] 德桑，“迈斯特百年纪念”(J. Dessaint，‘Le Centenaire de Joseph de Maistre’)，《巴黎评论》(*La Revue de Paris*)，1921 年 7 月 1 日，第 139—152 页（引文见第 143 页）。

[3] 有关将迈斯特视为意大利复兴运动先驱的研究，参见布兰克（Albert Blanc），他编辑了迈斯特的外交通信集（第 107 页注释 2）；以及芒杜尔（J. Mandoul），前引书（第 150 页注释 3）；还有此后更有洞察力的学者奥莫代奥（Adolfo Omodeo），他几乎把迈斯特看作是一个自由意大利的爱国者，不是把他跟马志尼归在一起，就是跟罗斯米尼（Rosmini）和乔贝蒂（Gioberti）归在一类（见 *Un reazionario: Il conte J. de Maistre*，巴里，1939）。不过，这一点看起来并没有事实依据。迈斯特反对法国天主教，捍卫教皇的世俗权威，因而，必要时，那些盼望梵蒂冈统一意大利，终结这一世俗的、由外族支配的、王公贵族统治下的小国或共和国纷立格局的人，也有可能成为他的盟友。而且，他的确曾说过，对有政治意识的人来说，没有什么比屈服于外族的支配更令人伤心的了，没有哪个民族愿意服从别的民族，因此，民族解放的英雄总是会荣耀加身。然而，这跟把迈斯特抬升为意大利复兴运动先驱这一老生常谈之见完全不是一回事。就他委身于某种爱国热情之中来说，迈斯特至死始终是一个法兰西的狂热仰慕者（它是“名副其实的欧洲执法官”），法国王室的坚定支持者：血管里流淌着伟大家族血液的“炮弹国王”(King Bomba，即斐迪南二世）对他来说比空想的革命者重要得多；自由主义和民主政治都是他憎恶和蔑视的东西；而革命肯定是社会秩序可能会遭遇的最糟糕的一种命运。

[4] 第 5 卷，第 13 页。

种民族主义者的典型谬误而加以嘲弄。[1] 171

那些与迈斯特有过从之人的回忆为我们描绘出这样一幅人物画像：一个有强大吸引力的人，在才华横溢与暴跳如雷这两轴之间来回转换，在他的听众眼里（尤其是在圣彼得堡，那里的贵族圈子非常欢迎他），他总是显得令人着迷，善于提出悖论式的问题，而且往往不过多听取答案，一个出色的、风格独特的文体家。拉马丁称他为狄德罗的后继者[2]，著名批评家圣伯夫也同样表示了钦佩。有关迈斯特的最佳的描述，实际上正是出自圣伯夫的笔下。他说，迈斯特是一个严厉、清醒而又热情、孤独的思想家，为了真理而激动狂烈，才思横溢，在圣彼得堡或其他任何地方都少有人是他发言的对象或与之讨论的朋友，因而他往往只是为了自己而写作，并且以其“极端的正确”[3]做了过度的推论，总是咄咄逼人，攻击对手最强的地方，渴望煽风点火，想要置论敌于死地。因此，他经常让人感到不快：圣伯夫举出的一个恰当的例子，是迈斯特针对斯塔尔夫人的还击，后者在向他宣讲英国国教会的功绩。他说，“是的……它就像是猿猴中的一只大猩猩。”[4]——这也是他对于其他新教教派的典型的描述。圣伯夫称迈斯特是“一位伟大而又

[1] 这些奇怪的言论被奥斯特罗戈尔斯基（Constantin Ostrogosky）收集在他的 *Joseph de Maistre und seine Lehre von der höchsten Macht und ihren Trägern*（赫尔辛福斯，1932）一书中，尽管并非全部，也收集了不少。

[2]“在一个诚挚的基督教哲学家体内有一个雄辩家式的狄德罗”。拉马丁：《文学谈话》（A. de Lamartine，*Cours familier de litterature*，巴黎，1856—1869），第8卷，第44页。

[3]《约瑟夫·德·迈斯特》（本书第99页注释4），第427页。

[4] 同上，第429页。

强势的智者”，而且自己终其一生都被他的魅力所折服。就外表而言，迈斯特看起来高贵、英俊，有一位西西里来访者曾经说过，他这个人是“la neve in testa ed il fuoco in bocca”。[1]

像黑格尔一样，迈斯特很清楚他生活在人类文明一个漫长
172 阶段的衰弱期。他在 1819 年写道，“我将与欧洲共同衰亡，生死与共。”[2] 布洛依认为，迈斯特的著作是向他的时代（以及我们的时代）的文明欧洲致的悼词。[3] 总之，它们并不是垂死的文化的最后声音，不是（像他自己所认为的）罗马人的最后声音，他的重要性就在当下。他的著作以及他的人格的重要性，并不在作为一种目标，而在于作为开端。它们之重要，是因为他是第一位理论家，开创了一个伟大而又强势的传统。发展到夏尔·莫拉斯那里，这一传统达到了顶峰。莫拉斯不仅是法西斯主义者的先驱，也是德雷福斯事件中天主教反对派以及（起初被视为天主教徒，后来被看作新教徒的）维希政府支持者的带头人。莫拉斯或许已经做好了跟希特勒政府合作的打算，其理由类似迈斯特被拿破仑吸引（尽管想见面却未能如愿），而且对他的死敌罗伯斯庇尔的敬意，要远远超过对罗伯斯庇尔这些人所消灭的温和派，或者在卡利亚里，围绕在他君主身边的

[1]“头脑冷若冰霜，言语热情似火。”G. M. 雷蒙，《迈斯特伯爵的历史赞誉》，载《都灵皇家科学院回忆》[George-Marie] Raymond，‘Éloge historique de S. Excellence le comte Joseph de Maistre’，*Memorie della Reale accademia delle scienze di Torino*)，27（1823），第 188 页。

[2]《约瑟夫·德·迈斯特》（本书第 99 页注释 4），第 455 页。

[3] 布洛依：“垃圾中的基督”（Léon Bloy，“Le Christ au dépotoir”），*Le Pal*，No 4（1885 年 4 月 2 日），第 83 页；见《布洛依文集》（*Œuvres de Léon Bloy*），Joseph Bollery 与 Jacques Petit 编，巴黎，1964—1975，第四卷。（布洛依，1846—1917，法国小说家，信奉罗马天主教。——译注）

一帮思想十分正统的平庸之众。

在迈斯特的价值天平上，权力几乎是至高无上的，因为权力就是统治世界的神圣原则，是一切生命和行动的源泉，是人类发展过程中至关紧要的因素；无论是谁认识到了应该如何掌握它（最重要的是决策），获得了服众的权利，都是作为神意或是历史选定的工具，在某一特殊的时刻，去实现历史的神秘的目的。罗伯斯庇尔及其随从的专制统治的本质，就是将权力集中到唯一的来源，由此而引起了贡斯当、基佐等温和派的激烈反对，但对迈斯特来说，与权力的分散相比，权力集中才是人为统治的最恰当的选择。不过，当然，将权力置于它真正的、安全的归属——古代的、确定的、社会创造的而非出自个人之手的建制（institutions），而不是民主选举出来的或是 173
自命的某些个人——这正是政治和道德上的洞见和智慧。一切的篡夺最终都将会失败，因为它无视神圣的宇宙法则；权力只会驻留于这些法则的代理者之手。抵抗宇宙法则，是以个人智识的涓涓细流抗衡宇宙洪流，始终不过是幼稚和愚蠢之举，不止如此，这是有罪的蠢行，与人类的未来相违背。这种未来是什么，只有对于历史和无穷多样的人类本性的实际估价才能告诉你。尽管迈斯特在理论上是先验论的，他还提倡这样一种学说：事件应该加以经验性的研究，并且要考虑不断变化的历史条件，每一种局势都有其相应的背景——假如我们想要理解神圣意志是如何运作的话。

这种历史决定论，在赫尔德和黑格尔以及德国的浪漫主义者那里，曾经以较为晦暗的语言提倡过，圣西门也曾有过较为抽象的表述，其中的关注点是置于人类之上的各式各样的权力，以及社会及其精神、文化构成因素的形成过程。时至今日，它还是我们的历史观里面的一些组成部分，我们已经忘记了曾几何时，这些概念并非陈词滥调，而是难解的悖论。在抨击抽象观念和演绎方法的无能方面，迈斯特也是我们的同时代人；虔诚的天主教辩护者对于抽象观念和演绎方法的执迷，丝毫不亚于他们的反对者——尽管迈斯特或许没有这么说过。没有人比他更多地怀疑过如下的企图：想要从人的本性、权利的本性、善的本性、物理世界的本性等等这样一些普遍的概念开始推导，借此来解释事物如何发生，确定我们要做什么；这是一种演绎的程序，我们据此可以得到的结论只不过是自己在前提中已经预设的，而我们没有注意到或是不肯承认这就是我们所做的事。

迈斯特被恰当地称为反动分子，但他攻击那些不加批判就
174 接受的概念，甚至比很多自命的进步分子更为猛烈和有效。他运用的方法，也比具有科学思维的孔德或斯宾塞，或是（在这一点上的）19 世纪的自由主义历史学家们，更为接近于现代的经验主义。此外，像语言习惯、讲话模式、惯有的成见和民族特质等等，此类塑造人们的个性及信仰的“自然”建制，迈斯特也是最早认识到它们在社会意义和哲学意义上的极端重要性的思想家之一。维柯曾经提到，语言、图像以及神话，为我们观察人类及其制度提供了别处不可能有的一种洞见。赫尔德和德国语言学家们的相关研究，视其为一个民族最深层的渴望和最典型的特性的流露；政治浪漫主义的先驱们，尤其是哈曼、赫尔德、费希特，则将其看作体现人性真正需求的自我表达的自由、自发的形式，与中央集权的法国政府的严苛专

制恰成对照，后者是对其国民的自然素质的倾轧。迈斯特所强调的，并不是这些热情讴歌社会生命及其生长的人所赞美的“Volksseele”（民族精神）之美好的、（部分是）想象的品性，而是相反，他强调半意识的记忆、传统和忠诚等幽暗的东西，还有在意识层次之下、更为幽暗的力量，尤其是那些被视其超自然的、要求集体顺从的制度的力量，强调它们的稳定、持久、坚不可摧和权威性。他对如下事实尤其重视：一种绝对的统治，发展到了甚至对其根源提出怀疑都是一件可怕的事情，这时候就是它最为成功的时候。他对于科学的恐惧和厌恶，是因为它发出了太多的光明，那种唯一可以抵抗“怀疑一切的探寻”的神秘感会因此而被消解。即便目光锐利如斯，他却也不曾预想到将来会有这么一天，科学的技术性手段会和非理性的（而不是理性的）办法结合在一起，而届时，自由主义要面对的就不是一个敌人，而是两个：一方面是理性的科学体系的专
制，另一方面是反理性的神秘主义的冥顽不化。伏尔泰和迈斯 175
特的追随者们分别加以颂扬的这两种力量，将会携起手来，这一联合正是圣西门曾经以其热情洋溢而又判断错误的乐观主义态度预言过的。

虽然迈斯特认为，对于大多数人来说，有太多的光明并没有什么好处，但他像帕雷托一样信任精英分了。不过，迈斯特没有帕雷托那么愤世嫉俗地对于道德价值高低的选择漠不关心——亦即，精英所采用的是一种，他们向普通大众宣传的是迥然不同的另外一种。像索雷尔一样，迈斯特也相信需要有一种社会神话，相信（民族之间以及社会之间的）战争是不可避免的，不过，他不同意获胜一方的阶级的领袖一定能够看穿那

些神话，而普通大众只有相信那些神话才能够而且应该被领导着走向成功。像尼采一样，他憎恶平等，认为普遍自由的概念是一种荒谬、危险的妄想，不过，他不会反抗历史的进程，也不希望打破迄今为止人性展开其痛苦之旅的那种约束框架。他没有被他那个时代的社会和政治的口号所蒙蔽，清楚地看到了政治权力的本质，而且像马基雅维利、霍布斯或是俾斯麦、列宁在他们各自的时代一样，不加掩饰地说出了这一本质。正因为这一点，19 世纪的天主教领袖，包括教士和俗人，尽管都给予他相当的礼遇和敬意，视其为强硬、虔诚的教条主义者，提到他的名字的时候也会感到有些不安，似乎迈斯特为了保卫天主教而诚心诚意打造的武器是十分危险的——炸弹有可能会在握着它的人手里突然爆炸。

在迈斯特看来，软弱、罪恶、无助的人类，饱受自相矛盾的欲望的折磨，驱策他们东奔西走的力量过于暴烈，超出了他们的控制能力，其破坏力也过大，理性主义者的任何舒适的公式都不足以为其提供证明，而社会正是由这样的人类所构成的一种解不开的网络。所有的成就都充满了痛苦，很可能失败，也有可能会成功，但必须是在一个智慧高明、意志坚强
176 的统治集团的领导之下；这些人就是历史力量的智囊团（对他来说，几乎这就是上帝话语的体现），倾其一生，致力于完成他们的使命，亦即组织、约束和保存神意所规定的秩序。依靠他们这种牺牲，人们得以享有神圣的秩序，而他们的准则是一种没有带来任何回报的、无法解释的自我牺牲。迈斯特所提倡的社会结构，如果说其来源是基督教传统的话，柏拉图《理想国》中的护卫者以及《法律篇》中的夜间议事会（Nocturnal

Council）至少发挥了同样的影响力；它跟陀思妥耶夫斯基的著名故事里面那位宗教大法官的说教也有亲缘关系。对那些真正看重人类自由的人来说，迈斯特的看法或许是令人生厌的，它的基础是对大多数人仍然（或是希望）赖以为生的阳光的教条化排斥；不过，在迈斯特建构他的重要论题的过程中，他不止一次大胆地揭示出（并且有所夸大）一些至关紧要的真理，常常是首创性的。这些真理，既不受他的同代人的欢迎，他的后继者们也坚决予以否认，只是到了今天才得到承认——不过，这并不是因为我们的见识更高明，自我认识更加深刻，或是比前人更实事求是，只不过是迈斯特视为治愈社会组织解体的唯一疗方的那种秩序，在我们这个时代出现了，尽管是以其最为丑陋的形式出现的。迈斯特以历史分析的名义所构想的极权社会，终于以这种方式变成了现实；因而，以人类不可估量的苦难为代价，我们这位非凡的、可怖的预言家的深刻和睿智得到了证明。 177

附录：暴力与恐怖
——迈斯特《圣彼得堡之夜》两节选文

一、自然的暴力

迈斯特的第一节选文，在前面曾经部分引用过，见第115—116页。在法文原文之后，是编者补充完整的英文翻译[1]。

Dans le vaste domaine de la nature vivante, il règne une violence manifeste, une espèce de rage prescrite qui arme tous les êtres *in mutua funera*: dès que vous sortez du règne insensible, vous trouvez le decret de la mort violente écrit sur les frontières memes de la vie. Déjà, dans le règne végétal, on commence à sentir la loi: depuis l'immense catalpa jusqu'à la plus humble graminée, combien de plantes *meurent*, et combien sont *tuées*! mais, dès que vous entrez dans le règne animal, la loi prend tout à coup une épouvantable evidence. Une force, à la fois cachée et palpable, se montre continuellement occupée à mettre à découvert le principe de la vie par des moyens violents. Dans chaque grande division de l'espèce animal, elle a

[1] 本书中翻译为中文。——译注

choisi un certain nombre d'animaux qu'elle a chargés de dévorer les autres: ainsi, il y a des insectes de proie, des reptiles de proie, des oiseaux de proie, des poissons de proie, et des quadrupèdes de proie. Il n'y a pas un instant de la durée ou l'être vivant ne soit devoré par un autre. Au-dessus de ces nombreuses races d'animaux est placé 178
l'homme, dont la main destructrice n'épargne rien de ce qui vit; il tue pour se nourrir, il tue pour se vêtir, il tue pour se parer, il tue pour attaquer, il tue pour se défendre, il tue pour s'instruire, il tue pour s'amuser, il tue pour tuer: roi superbe et terrible, il a besoin de tout, et rien ne lui résiste. Il sait combien la tête du requin ou du cachalot lui fournira de barriques d'huile; son épingle déliée pique sur le carton des musées l'élégant papillon qu'il a saisi au vol sur le sommet du Mont-Blanc ou du Chimboraço; il empaille le crocodile, il embaume le colibri; à son ordre, le serpent à sonnettes vient mourir dans la liqueur conservatrice qui doit le montrer intact aux yeux d'une longue suite d'observateurs. Le cheval qui porte son mâitre à la chasse du tigre se pavane sous la peau de ce même animal: l'homme demande tout à la fois, à l'agneau ses entrailles pour faire résonner une harpe, à la baleine ses fanons pour soutenir le corset de la jeune vierge, au loup sa dent la plus meurtrière pour polir les ouvrages légers de l'art, à l'éléphant ses défenses pour façonner le jouet d'un enfant: ses tables sont

couvertes de cadavres. Le philosophe peut même découvrir comment le carnage permanent est prévu et ordonné dans le grand tout. Mais cette loi s'arrêtera-t-elle a l'homme? non, sans doute. Cependant quel être exterminera celui qui les extermine tous? Lui. C'est l'homme qui est chargé d'égorger l'homme. Mais comment pourra-t-il accomplir la loi, lui qui est un être moral et miséricordieux; lui qui est né pour aimer; lui qui pleure sur les autres comme sur lui-même, qui trouve du plaisir à pleurer, et qui finit par inventer des fictions pour se faire pleurer; lui enfin à qui il a été déclaré *qu'on redemandera jusqu'à la dernière goutte du sang qu'il aurait versé injustement*?[1] c'est la guerre qui accomplira le *décret*. N'entendez-vous pas la *terre* qui crie et demande du sang? Le sang des animaux ne lui suffit pas, ni même celui des
179 coupables versé par le glaive des lois. Si la justice humaine les frappait tous, il n'y aurait point de guerre; mais ell e ne saurait en atteindre qu'un petit nombre, et souvent meme elle les épargne, sans se douter que sa féroce humanité contribute à nécessiter la guerre, si, dans le même temps surtout, un autre aveuglement, non moins stupide et non moins funeste, travaillait à éteindre l'expiation dans le monde. La *terre* n'a pas crié en vain; la guerre s'allume. L'homme, saisi tout à coup d'une fureur *divine*, étrangère à

[1] Gen. IX, 5. (注释为迈斯特原注，编者按在方括号内。)

la haine et à la colère, s'avance sur le champ de bataille sans savoir ce qu'il veut ni même ce qu'il fait. Qu'est-ce donc que cette horrible enigme? Rien n'est plus contraire à sa nature, et rien ne lui répugne moins: il fait avec enthousiasme ce qu'il a en horreur. N'avez-vous jamais rémarqué que, sur le champ de mort, l'homme ne désobéit jamais? il pourra bien massacrer Nerva ou Henri IV; mais le plus abominable tyran, le plus insolent boucher de chair humaine n'entendra jamais là: *Nous ne voulons plus vous servir.* Une révolte sur le champ de bataille, un accord pour s'embrasser en reniant un tyran, est un phénomène qui ne se présente pas à ma memoire. Rien ne résiste, rien ne peut résister à la force qui traîne l'homme au combat; innocent meurtrier, instrument passif d'une main rédoutable, *il se plonge tête baissée dans l'abîme qu'il a creusé lui-même; il donne, il reçoit la mort sans se douter que c'est lui qui a fait la mort.*[1]

Ainsi s'accomplit sans cesse, depuis le ciron jusqu'à l'homme, la grande loi de la destruction violente des êtres vivants. La terre entière, continuellement imbibée de sang, n'est qu'un autel immense où tout ce qui vit doit être immolé sans fin, sans mesure, sans relâche, jusqu'à la consommation des choses, jusqu'à l'extinction

[1] Infixæ sunt gentes in interitu, quem fecerunt (Ps. ix, 16［拉丁通行本］).

180 du mal, jusqu'à la mort de la mort.[1]

［在整个的广大的动物界，盛行着公开的暴力，一种长期形成的暴戾之气支撑着所有生命，而它们注定有同样的结局：一旦你离开了无生命的世界，马上就会发现，在生命之域的边界上刻写着暴力处死的判决。你在植物王国就已感受到它：从参天大树到纤纤细草，有多少植物在**死亡**，又有多少植物被**杀掉**！然而，自从你踏进动物王国的那一刻，这一法则突然可怕至极地体现出来。有一种力量，一种暴力，亦隐亦显，通过持续不断地使用暴力方式来揭示生命的法则而显现其自身。在每一类动物分支里面，均选定一定数量的动物要吞噬另一些动物。因而，就有了捕食的昆虫、捕食的爬虫、捕食的飞鸟、捕食的鱼类、捕食的四足动物。无时无刻，没有某种生物正在被另一种生物吞噬。在数不尽的动物物种之中，人的位置高高在上，没有什么活物能够逃脱他破坏性的手腕。他杀戮以求食，杀戮以取衣；杀戮以打扮自己；杀戮以为攻击，杀戮以求自卫；杀戮以教导自己，杀戮以愉悦自己；他为了杀戮而杀戮。他是洋洋自得的恐怖之王，想要拥有一切，谁也不能阻挡。他知道一条鲨鱼或是一条鲸鱼的头可以为他供应多少桶油；他用精致的别针把他抓到的美丽蝴蝶固定在一张博物馆的展示卡上，那是原本飞翔在勃朗峰或钦博拉索

[1] Car le dernier ennemi qui doit être détruit, c'est la mort (S. Paul aux Cor. I, 15, 26).

峰之巅的生物；他把鳄鱼、蜂鸟制成了标本；听他的吩咐，响尾蛇浸泡在防腐液中死去，接受络绎不绝的观众的凝视。载着主人前去猎虎的马，昂首阔步向前，它披着的是同一种动物的皮。人类索取一切：从羔羊身上撕取了羊筋，让他的竖琴更加响亮；从鲸鱼身上抽取了骨头，支撑女孩们的紧身衣；从豺狼那里拔下了最致命的牙齿，为他无关紧要的艺术品打磨抛光；从大象身上拔下了象牙，给他的孩子制作玩具——他的桌子上覆满了尸体。哲学家甚至发现，在万事万物的伟大计划中，持续的屠杀是如何被计划和规 181
定的。不过，是否在人类身上，这一法则就会停止呢？当然不会。然而，那个消灭了其他一切的，谁来消灭他呢？负此责者，唯有他自己。唯有人类自己。应该对屠杀人类负有责任的正是人自己。但是，一种道德的、仁慈的存在何以会执行这样一种法则？这种生而有爱的存在，可以感同身受地为他人而流泪，甚至他会讲述故事让自己感动到哽咽；况且，对他还做过宣判，**不义的流血终究要偿还，直至最后一滴**。[1]战争将会实现这一判决。你没有听到**大地**发出它渴求鲜血的呼号吗？只是动物的鲜血还不够，甚至是，那些被法律之剑斩杀的有罪之人的鲜血，也还不够。如果正义能够惩罚一切的罪责，那么，将不会再有战争，不过，正义只能处理一部分而已，有时甚至还会饶恕罪人，毫不怀疑它那残忍的人类会引起战争，尤其是当与此同时，

[1]《圣经·创世记》9：5。［迈斯特原注。在钦定版《圣经》中，这一段是这么说的："流你们血、害你们命的，无论是兽是人，我必讨他的罪，就是向各人的弟兄也是如此。"接下来是："凡流人血的，他的血也必被人所流。因为神造人是照自己的形象造的。"］

另一种盲目——同样是愚蠢而且致命——始终在阻止那些赎罪之举。**大地**的呼号并非徒劳，战火燃烧起来。人们突然被一种与仇恨和愤怒不搭界的**神圣**狂暴控制，走向了战场，却对自己想要做什么，甚至是在做什么，一无所知。这一恐怖的迷惑究竟是怎么一回事？没有什么比这更违背他的天性的了，没有什么比这更使他厌恶的了：他的狂热之举，让他自己感到恐惧。难道你没有留意过吗，在死亡之地，人们从来不反抗？当然，他们可以屠杀涅尔瓦或亨利四世；不过，在战斗中，那最可怕的暴君，最可耻的人肉屠夫，却永远不会听到任何人说，**我们不想再做你的奴隶**。在战场上的反抗，为了推翻独裁者而搁置分歧、达成协议，是我从不记得有过的事。将人拖向战斗的力量，无人可挡，
182 什么都不能阻挡；他是无知的凶犯，由恐怖之手操纵的被动的工具，**一头扎进自己挖掘的深渊；他带来了死亡，自己也遭受死亡，而且丝毫没有想到正是他制造了死亡**。[1]

就这样，从微虫到人类，生命遭受暴力破坏的伟大法则无休无止地上演。整个大地，永远浸泡在血泊中，无他，一个巨大的祭坛而已，所有的生命都必定要被献祭，没有止尽，没有限度，不会停歇，直到万物的终结，直到罪恶的根除，直到死亡的死亡。］[2]

[1]“外邦人深陷于自己准备好的毁灭”（《圣经・诗篇》9：16）。［杜埃—兰斯版（参见本书第 121 页注释 1）。钦定版（《诗篇》9：15［原文如此］）：“外邦人陷在自己所掘的坑中。”］

[2]“尽末了所毁灭的仇敌就是死。”（《哥林多前书》15：26）［杜埃—兰斯版，拉丁文：‘novissima autem inimica destruetur mors’。钦定版：‘The last enemy that shall be destroyed is death.’］

二、刽子手

第二节是之前在第 119—120 页引用的段落的法文原文。

Qu'est-ce donc que cet être inexplicable qui a preferé à tous les métiers agréables, lucratifs, honnêtes et même honorables qui se présentent en foule à la force ou à la dextérité humaine, celui de tourmenter et de mettre à mort ses semblables? Cette tête, ce cœur sont-ils faits comme les nôtres? ne contiennent-ils rien de particulier et d'étranger à notre nature? Pour moi, je n'en sais pas douter. Il est fait comme nous extérieurement; il naît comme nous; mais c'est un être extraordinaire, et pour qu'il existe dans la famille humaine il faut un décret particulier, un FIAT de
la puissance créatrice. Il est créé comme un monde. Voyez 183
ce qu'il est dans l'opinion des hommes, et comprenez, si vous pouvez, comment il peut ignorer cette opinion ou l'affronter! A peine l'autorité a-t-elle désigné sa demeure, à peine en a-t-il pris possession, que les autres habitations reculent jusqu'à ce qu'elles ne voient plus la sienne. C'est au milieu de cette solitude, et de cette espèce de vide formé autour de lui qu'il vit seul avec sa femelle et ses petits, qui lui font connaître la voix de l'homme: sans eux il n'en connaîtrait que les gémissements ... Un signal

lugubre est donné; un ministre abject de la justice vient frapper à sa porte et l'avertir qu'on a besoin de lui: il part; il arrive sur une place publique couverte d'une foule pressée et palpitante. On lui jette un empoisonneur, un parricide, un sacrilège: il le saisit, il l'étend, il le lie sur une croix horizontale, il lève le bras: alors il se fait un silence horrible, et l'on n'entend plus que le cri des os qui éclatent sous la barre, et les hurlements de la victime. Il la détache; il la porte sur une roue: les membres fracassés s'enlacent dans les rayons; la tête pend; les cheveux se hérissent, et la bouche, ouverte comme une fournaise, n'envoie plus par intervalle qu'un petit nombre de paroles sanglantes qui appellent la mort. Il a fini: le cœur lui bat, mais c'est de joie; il s'applaudit, il dit dans son cœur: *Nul ne roue mieux que moi.* Il descend: il tend sa main souillée de sang, et la justice y jette de loin quelques pièces d'or qu'il emporte à travers une double haie d'hommes écartés par l'horreur. Il se met à table, et il mange; au lit ensuite, et il dort. Et le lendemain, en s'éveillant, il songe à tout autre chose qu'à ce qu'il a fait la veille. Est-ce un homme? Oui: Dieu le reçoit dans ses temples et lui permet de prier. Il n'est pas criminel; cependant aucune langue ne consent à dire, par exemple, *qu'il est vertueux*, *qu'il est honnête homme*, *qu'il est estimable*, etc. Nul éloge moral ne peut lui convenir; car tous supposent des rapports

avec les hommes, et il n'en a point. Et cependant toute grandeur, toute puissance, toute subordination repose
sur l'exécuteur: il est l'horreur et le lien de l'association 184
humaine. Ôtez du monde cet agent incompréhensible; dans l'instant même l'ordre fait place au chaos, les trônes s'abîment et la société disparaît. Dieu qui est l'auteur de la souveraineté, l'est donc aussi du châtiment: il a jeté notre terre sur ces deux pôles: *car Jéhovah est le maître des deux*
pôles, et sur eux il fait tourner le monde.[1] 185

[1] Domini enim sunt cardines terrae et posuit super eos orbem (Cant. Annae I, Reg. 2-13). [钦定版（《撒母耳记上》2：8）："地的柱子属于耶和华，他将世界立在其上"。]

欧洲的统一及其变迁

一

从未曾有过哪个世纪像我们这个世纪一样，人与人之间发生如此冷酷的、持续的屠杀。[1] 这一点现在已经是让人伤怀的老生常谈了。与之相比，甚至连宗教战争和拿破仑时期的战乱也只不过是地方性的事件，要人道得多。对于全面地检讨我们这个时代的仇恨和冲突的根源，我还不够资格承担此任务。我宁愿把注意力集中于这个问题的一个方面。在我们生活的这个时代，一些由狂热的思想家构想出来的政治观念，对人类生活产生了革命性的影响，其猛烈程度超过了 17 世纪以来的任何时候；而其中的部分观念当其产生之时甚至不曾引起人们的注意。我愿意讨论一组让我们的生活在好的方面和坏的方面都深受其影响的观念。

我们这一代人关于生活目的之观念，在一个关键的方面，与我们的先辈——至少与 18 世纪后半叶之前流行的那些观念——是不相类似的，甚至可以说是相反的。按照他们的观念，世界是一个单一的、可以理解的整体。构成这个世界的物质与精神方面的要素是相当稳定的；如果不是稳定可靠的，那它们就不是真实的了。所有人都拥有某些固定不变的特征，这就是所谓的人性。虽然在不同的个体、文化、民族之间，差异
186 也是明显存在的，但它们彼此之间的相似性更为实在、也更为重要。最重要的一个共有特征，就是一种被称为理性的能力，

[1]［本文写于 1959 年。］

无论在理论上，还是在实践中，拥有它的人都能够把握真理。据说，无论身处何地，一切理性的心灵都可以同等地发现真理。正因为有了这一共有的品质，人们彼此之间的相互交流，以及试图说服对方相信自己所信奉的真理，就不仅是必要的，而且是合乎情理的。在某些极端的情况下，甚至要强迫别人来相信这些真理，其理由是——就像在理性时代著名的寓言、莫扎特的《魔笛》中萨拉斯特罗[1]所设想的那样——如果他们服从命令的话（或如果别无他法，被强迫服从），他们将会明了其导师、立法者或者统治者们所秉持的东西是确实可靠的；他们就会追随其后，而且会变得更聪明、更优秀、更快乐。然而，到了20世纪，这种对于普适性的诉求——无论是理性的普适性，还是其他法则的普适性，都不再是理所当然的了；瓦尔特·李普曼称之为公共哲学的东西，已经不再是政治生活或社会生活中无意识的前提预设；而且，这一变化也使得我们的生活发生了极大的改变。

在法西斯主义那里，这一变化看得最清楚。法西斯主义者和国家社会主义者认为，他们所追求的目标，毫不希望那些劣等的阶级、种族或个人能够理解，或者是产生什么共鸣；那些人的劣根性是天生的，不能根除，根源在于血统、人种或者其他不可改变的特性；这些人如若伪称跟他们的主人是平等的，或者说可以理解主人的理想，都会被视为自以为是，放肆无礼。据说，卡利班的头抬不起来，不能仰望苍穹，对于普洛斯

[1] 萨拉斯特罗（Sarastro）是莫扎特歌剧《魔笛》中人物，邪恶的埃及祭司。——译注

彼罗的理想，哪怕是看一眼都难，更不用说与之分享了。[1] 奴隶的使命就是服从；给予他们的主人以践踏他们的权利的，据说就是亚里士多德所宣称的：有的人天生就是奴隶，他们不具备足够的人类品质可以为自己做主，或者理解不了他们为何会
187 被迫去做自己做的那些事。

如果说法西斯主义是这样一种态度的极端表达的话，其实，所有的民族主义都在某种程度上受到了它的沾染。民族主义并非自觉意识到某种民族性格的存在，或者是为这种民族性格而自豪。民族主义是一种信仰，它相信某一国家负有独特的使命，本质上高于任何外在的目标或属性；因此，假如我的国家和其他人发生了冲突，我有义务为了我的国家而战斗，而且是不惜任何代价；假如遇到对方抵抗，对那些在劣等文化之中长大的、由劣等人哺育或生养的人没什么好说的，据说（ex hypothesi），他们根本不能理解那鼓舞我的民族（还有我自己）的理念是什么。当我的神灵与其他人的神灵发生了冲突，我的价值跟陌生人的价值有了矛盾，这时候是找不到更高的权威来裁断这些相互对抗的神明的——显然没有什么绝对的、普适的公断。这就是为什么在民族之间或者个人之间，战争会成为唯一的解决办法。

在大多数情况下，我们通过语词（words）来思考。不过，一切语词都属于特定的语言，都是特殊文化的产物。由于没有一种全人类的语言，所以也不存在普适的人类法则或权

[1] 卡利班（Caliban）和普洛斯彼罗（Prospero）都是莎士比亚戏剧《暴风雨》中的人物。——译注

威，否则，这些法则，或者这种权威，就将统治全世界了；而对民族主义者来说，这种法则或权威是不可能有的，也不值得追求。普适的法则并不是真正的法则，世界性的文化只是一种虚构和错觉。只有在一种不甚可靠的类比的意义上，国际法才可以称为法律——可以用繁文缛节给那些导致普世理想破灭的暴力冲突遮遮羞。

上述假定在马克思主义那里看起来并不怎么明显；至少在理论上，马克思主义者是国际主义者。不过，马克思主义也是19世纪的一种意识形态，也无可逃脱这一时代普遍流行的分离主义倾向。马克思主义是以理性为基础的；换句话说，它宣称自己的主张是可理解的，其真理能够被“证明”，任何理性的生命只要掌握了相关的事实就可以领会这一点。它为所有人提供了救赎：原则上，任何人均可看见光明，但也可以拒绝阳光的照耀，后果自负。

但在实践上，就是另一回事了。马克思主义社会学的根 188
基——经济基础和意识形态的上层建筑理论告诉我们，人类头脑中的观念是由他们的社会地位，或者说是由他们在生产系统中归属的经济阶层所决定的。具体到个别的人，由于各种各样的自欺欺人和有理化行为，这一事实也许会被掩盖，但通过“科学的”分析终将揭示出来：每一个阶级中的绝大多数人都相信，唯有那些符合他们的阶级利益的东西——社会科学家可以通过客观的、历史的分析，判定这些利益是什么——才值得他们信任，不管他们对自己的信仰给出的是何种理由，态度是多么真诚；相反，对于那些会削弱其阶级地位的观念，他们就会表示怀疑，加以抵制，有意误解和歪曲，并且努力摆脱。

或许可以这样说，有两架运行的阶梯，而所有人都只能是脚踏其中之一；我属于一个阶级，因它与生产力所处关系之故，这一阶级或许会上升，迎来胜利，也可能会走下坡路，通向毁灭。在每一种情况下，让我感觉自在的、我的信念和观点——法律、道德、社会、知识、信仰、美学等等观念，都反映了我所归属的阶级的利益。假如我所归属的阶级处于上升状态，我将会持有一套现实主义的信念，因为我并不害怕我所看到的一切，我会因势而动，知道了真相只会使我信心百倍；假如我属于一个没落的阶级，我就会无力面对命定的现实——很少有人能够承认自己注定要毁灭，这将会让我做出错误的考虑，不敢直面真相，而是选择装聋作哑。因而，对于上升阶级的成员来说，以下这一设想根本是毫无用处的：努力说服没落阶级的成员相信，他们拯救自己的唯一办法就是理解历史的必然性，从而，如果他们可以做到的话，从通向毁灭的阶梯转移到上升的阶梯上来。这样做没有用，因为据说（ex
189 hypothesi），没落阶级的成员不管看什么东西都习惯于通过一个虚假的透镜：最清楚不过的、濒临死亡的征兆，在他们眼里，却是健康和进步的表征；他们深受乐观主义的幻象之害，总是误解那些属于其他经济阶级的人或许会出于恻隐之心而提出的警告；由于他们执着于早已遭到历史谴责的旧秩序，也就不可避免会附带着产生这些错觉。前进的阶级想要挽救他们那些反动的兄弟们免遭失败的话，显然是白费力气；没落的阶级根本听不进去，他们的毁灭是确定无疑的。所有人都不会被别人拯救：无产阶级应当下定决心拯救自己，最好不要管那些压迫他们的人的死活；即便他们愿意以德报怨，也不能使他们的敌人免遭"清算"的命运。这些人是"可以牺牲的"——他们的毁灭既不能改变，也不值得理性的生命为之叹惋；这就是人类为了理性本身的进步而必须付出的代价：通向天堂大门的道路必然会尸横遍野。

尽管是经由不同的路径达到的结论，马克思主义的观点跟民族主义或其他类似的观点有惊人的相似之处，而且它们都与此前时代的观点截然不同。在基督徒、犹太教徒和穆斯林那里，尽管他们彼此之间，或者在他们内部的不同教派之间有着深深的敌意，在他们清除异教徒的争论背后却总是有这样一种信念，亦即，从根本上说，是有可能让一个人皈依真理的——唯一而又普遍的真理，亦即所有人都可得见的真理；只有极少数堕落的人才是不可救药的，他们看不到真理，无可逃脱死亡的折磨。这种看法的依据是一个假定：人和人之间有一种共同的本性，这一本性使得相互交流在原则上总是可能的，而且从道德上说始终是必须的。现在，正是这样的一种假定首次遭到了质疑，而且最终土崩瓦解。绵羊肯定不会想去拯救山羊——这不合乎理性，是虚幻不实的。

人类分裂成了两个群体——一方是真正的人，而另一方则是其他的人，那些下等的人，是不同的生命等级、劣等的种族、低劣的文化、低于人类的生物、遭到历史谴责的民族或阶 190
级。[1] 这在人类历史上还真是新鲜事。这是对人类共同本性的

[1] 即便个人可以纵身一跳，移步到上升的阶梯之上，从而个人得到拯救——毕竟，这就像马克思、恩格斯以及其他一些资产阶级的革命家所做的那样——这一步也只能是个人可以采取的行动，而对于整个阶级或者是这一阶级的大部分人来说，则是不可能的。

否定，而它曾经是此前所有人文主义（humanism，无论是宗教的还是世俗的）所坚持的前提假定。这一新的态度允许人们把他们身边数以百万计的人不完全当人来看待，可以不带一丝犹豫地挥刀屠戮，也不再需要考虑拯救他们，或者是给他们以警告。在过去，这种行为通常会被说成是野蛮人的做法，干这种事的人，心智还处于理性之前的结构，表现出人在开化之初的特征。不过，现在的人已经不这么看了。显而易见，现在有可能在实现更高程度的科学知识和技术，实际上，实现一般所谓的文化的同时，用一个国家、一个阶级的名义，或者是历史本身的名义，毫无怜悯地去毁灭其他的人。如果这也可以说是童蒙未开的话，那它也只能是那种最让人生厌的老小孩的昏聩之举。人类如何才能渡过这一关呢？

二

在我们这个时代有此骇人特征，其根源何在？哪怕只是探讨一下其中某一个原因，亦有价值。人应该怎样活着是一个根本问题，也是每一代人都会追问的问题。这种问题曾被称为道德问题、政治问题、社会问题，它们让每一代人承受折磨，而且，虽然随着环境和观念的变化，它们以不同的面目出现，并获得了不同的答案，但它们始终具有某种亲缘相似性。其中有些问题会比其他问题持续的时间更长一点，它们源自持久不变的人类特性，在每一个时代都被称为基本问题或永恒问题。比如，“我应该怎样生活？”“我应该干什么？”“为什么我要服
191 从别人，应该是在怎样的程度之内？”“什么是自由、责任和

权威？”“我应该寻求幸福、智慧和仁善吗？原因何在？”“我应该实现我自己的才能，还是应该为了别人牺牲自己？”“我有权利支配我自己吗？还是应该只被别人支配？”“什么是权利？什么是法律？有没有一种目的，是个人、社会或整个宇宙都不得不去寻求实现的？或者，没有这样一种目的，有的只是被饮食和环境所决定的人的意志？”“有没有群体意志、社会意志、民族意志这样一种东西，个人世界仅仅是它的一个碎片，个人意志只有在它的框架之中才会产生效力和意义？”国家（或教会）对抗个体和少数人；国家对权力、效率或秩序的追求对抗个人对幸福、个人自由或道德法则的诉求：这些部分属于价值问题，部分属于事实问题——换言之，既是应然问题，又是实然问题，有史以来，人们一直被它们所困扰。

无论归之于这些根本问题的是什么样的答案，至少在18世纪中叶之前，它们始终在原则上被视为可以回答的问题。我认为，这么讲是靠得住的。（假如有这样一个问题，你甚至都不知道怎样一**种**答案才是它的正确回答——尽管你自己可以不知道答案——这就意味着这个问题本身对你来说是不可理解的，亦即，实际上它根本不是一个问题。）价值问题跟事实问题一样，是可以回答的。我本人或许没有能力告诉你里斯本离君士坦丁堡有多远，但我知道你在哪里可以找到答案。我自己不能说出物质里面有哪些构成成分，是谁在公元前5世纪统治着埃塞俄比亚，这种疾病是否会导致病人死亡，不过我可以请教专家，他们会凭借我们的社会共同认可的那些方法，努力去发现真相。虽然我还不知道答案，也许别的人也不知道，但我
相信真正的答案在原则上一定可以发现——当我说这句话的时 192

候，其中含义即如上所述。

价值问题可以做同样的假定，诸如："某人应该干什么？是什么证明这样或那样是正当的？这是好的还是坏的，是对的还是错的，可以允许的还是被禁止的？"道德、政治和神学思想的历史，是一部对立专家的对立主张相互激烈冲突的历史。有的人会按诸经书中上帝的话语寻找答案；有的人则致力于启示、教义或者神迹，这些东西或许我们理解不了，但可以相信；还有一些人听从于上帝指定的诠释者（教会和牧师）的宣告，假如教会不能始终给出同样的答案，也没有人会怀疑其中肯定有这个或那个答案是正确的——如果不是这个教派的答案，那就是别的教派的。有些人在理性的形而上学中寻找答案，或者是借助其他某种一贯正确的直觉，比如个人良心的裁断。还有人则走进科学的实验室，将数学方法应用于经验材料，通过实验观察去发现答案。由于人们对于这些关键性的问题各自宣称找到了不同的答案，灭绝性的战争也随之爆发。毕竟，这一代价为的是解决任何人都要追问的、最深刻的、最重要的问题——人应该怎样活着；为了得到救赎，人们已经做好了牺牲的准备，假如他们相信灵魂是不朽的，而且是在肉体腐朽之后才获实现，就更会如此选择了。不过，甚至是那些不相信上帝，也不相信不朽的人，也会为了真理而准备受难和牺牲，只要他们能够肯定自己为之牺牲的确实是真理；因为，发现真理，并且遵循真理而生活，这毫无疑问就是任何有能力追求真理的人的终极目标。这一点正是柏拉图主义者和斯多葛派，基督徒和犹太教徒，穆斯林和自然神论者，亦即不信神的理性主义者的信仰所在。离开了所有前提假设中这一最深刻的前提，为了宗教或世俗方面的原则争执或其他原因而起的争斗，甚至人类生活本身，似乎都失去了意义。

正是从打碎这块基石开始，现代人的观点诞生了。在此，我尽可能说得简单一点。由于怀疑论、主观主义以及相对主义的兴起，在道德或者政治方面的客观真理概念遭到了撼动，但 193
不仅仅是这一点。普遍的道德真理，对于无论何时何地的所有人都是真实的，推翻这一古老概念的后果，也可能与过去的体系相适应：可以这样说（过去也的确有人曾经这样说过），因为气候、土壤、遗传或社会制度的不同，人们的需求和个性也随之发生变化；人们能够提出行之有效的公式，可以让每个人、每个群体或每个种族据此明白什么是自己最迫切的需要；而且，这些公式是从一条适用于所有人的普遍原理中得出的——一切需要均为人的需要，均为相似的本性对于环境或习俗的差异与变化做出的理性反应。人及其需要，可以运用普遍适用的自然和历史知识加以分析和分类，使之和谐相处，因此能够创造出这样一个社会，利用一些社会、政治方面的措施，其中大多数人的大多数需要可以得到最大程度的满足。这就是启蒙运动的，尤其是功利主义的计划。在需求相对性的框架之内，如下一点仍然是作为一条前提被假定的：人应该如何生活，应该做些什么，何谓公正、平等和幸福，这些问题都是可以通过观察得到解决的事实性问题，不是观察浑然一体的宇宙或是上帝的神迹，就是观察人的本性，其手段则是心理学、人类学、生理学等等新兴的科学。现在，牧师，或是擅长形而上玄思的圣人，他们的道德导师的地位，将要被科学家或技术专家取而代之了。然而，对于正确与错误的检验，仍然属于理性

生命可以自己去发现的客观真理的问题。我要谈到的变化，是
194 比上述认识更为激进、更具有颠覆性的东西。

三

过去的观点倚之为根基的至少有如下三个前提假设。其一：一切价值问题均可客观地解答。有人说，唯有理性的人类才可以获得这些答案，而神秘主义者和非理性主义者则指出了其他不同的路径。不过，没有人会怀疑，只要这些答案在任何意义上可以说是真实的，那么它们就对所有人都是真实的。其二：在原则上，普遍的真理是对所有人都敞开的。曾有一个思想流派认为，某些人比其他人更有能力发现这些真理。这些思想家——著名的如柏拉图及其弟子——倾向于相信某种自然的秩序，其中，天赋更好的人比那些天赋差的人享有更高的地位，包括道德、知识、宗教、技术以及种族等级等等方面；而他们的对手却认为，原则上，每个人都可以做自己的导师，许多新教学说，卢梭、康德的观点，以及世俗的民主思想，都有此核心观念。其三：据假定，真正的价值彼此之间不应该有冲突。如下看法是人们坚信不移的：如果宇宙是一个有序的整体而不是混沌未分，如果关于“生活应该如何过”这一问题可以找到客观的答案，那么，就一定会有某种生活方式可以证明是最好的。因为，假如说有两种生活方式都被认为是最好的，而且彼此矛盾，那么二者之间——随之在它们的拥护者之间——就会发生冲突，这在根本上讲是理性的方法无法解决的。不过，假如找不到这样一个普遍的答案，对于无论何时何地的所

有人都一样真实的答案，那么，该问题就不是一个真正的问题，因为，根据定义，所有真正的问题都是能够得到一个真正的解答的，这样的答案有一个而且只有一个，其他所有的答案都必然是错误的。

还可以换一种说法。所有的问题都有它们的答案。而任何答案都必然呈现为一个关于事实的真语句。没有哪一个真 195
理会和其他的真理相矛盾——这是一条简单而又确定无疑的逻辑规则。因而，“我是否应该追逐权力、知识或幸福，或者尽我的职责，或者去创造美好的事物？”“我是否应该强迫他人？”“我是否应该寻求自由、和平或者解放？”诸如此类的问题，其真正的答案是不会有冲突的，假如有的话，就意味着一个真理跟其他的真理有矛盾，这在逻辑上是不可能的。由这一点，就可以合乎逻辑地得到一个推论：既然所有的真理是彼此一致的，甚或是相互依赖，这就有可能推演出一种完美的生活模式，其中融合了所有恼人问题的一切真正的答案，而且，人们就应该努力寻求实现这种生活模式。也许人类过于软弱，罪孽深重，愚昧无知，不能发现这种完美的模式，或者即便发现了也不能按照它来生活；不过，假如没有这样一种模式，他们的问题也就无法解答了，而确乎无法解答的问题据说根本就不是问题，它们只不过是一些闪烁的鬼火，是神经衰弱，是一些个人性的或者社会性的精神不适，这些东西本应让精神病医师去治疗，而一个思想家是无能为力的。

人们依靠这些根本性的假定已经生活了两千多年，而这些假定的推论之一，就是冲突和悲剧并不是人类生活的本质内容。悲剧——与纯粹的天灾相对而言——就在于人们的行动、个性或价值观之间的冲突。在原则上，如果一切问题都是可以回答的，而且一切答案都是一致的，那么这种冲突从根本上说就总是可以避免的了。因此，生活中的悲剧因素都是归因于可以避免的人类错误，完美的生命将会不知悲剧为何物；在圣徒和天使的世界里，不可能有什么不和谐，故而也无所谓喜剧或是悲剧。

这些自古典时代以来一直主宰西方思想的前提假设，到了19世纪的初叶，不再被认为是理所当然的了。在那时，一种
196 崭新的、影响深远的形象开始占据了欧洲人的心灵。这是一种将其意志施加于自然或社会的个人英雄的形象：他不是作为和谐宇宙之中的君主，而是与宇宙疏离的一个存在，他还要试图征服和统治这一宇宙。

下面，我举一个例子以作说明。在16世纪，加尔文和路德与另外一些人（比如罗耀拉或贝拉明[1]）提出的是类似的神学问题，但因为他们的答案不同，相互之间发生了严酷的斗争。任何一方都没有，也不可能对另一方的立场表示任何的尊敬，相反，敌人的抵抗越是顽强、越是猛烈，在那些忠诚信众看来，越是要给予深刻的谴责，因为他们认为就是自己，而不是别人，掌握了真理；实际上，你的对手越是执迷于他的异端信仰，他越是引起上帝和凡人的憎恶。当教皇烧死布鲁诺、加尔文烧死塞尔维特[2]的时候，他们认为，牺牲者背叛了真理之

[1] 罗耀拉（Loyola，1491—1556），西班牙人，耶稣会的创始者，以编辑《精神训练》而闻名。贝拉明（Bellarmine，1542—1621），意大利人，罗马教会红衣主教，好辩。二人都是天主教保守势力的代表。——译注

[2] 塞尔维特（Servetus，1511—1553），西班牙人，医生、神学家，肺循环的发现者。他因为持非正统派的意见，被加尔文定罪，焚死于日内瓦。——译注

光，这光在原则上是所有人都可得见的，因为真理的标准是公开的，所有人只要心灵、精神和灵魂没有堕落就可以运用此标准，得以进入同样的永恒真理之域。这一标准被认为至少是跟现在物理科学家们所用的标准一样的普遍适用，那些科学家们觉得任何合格的同行只要跟他们一样以事实为依据，面对同样的材料，运用同样的检测手段，就一定能得到同样是必然的结论。

因此，一个被宣告有罪的异教徒的命运，也就无所谓什么浪漫剧还是悲剧，不值得给予同情和怜悯。异教徒，无论是对他自己，还是对他想要颠覆的社会来说，都是一种威胁；他的灵魂应该得救，但是，他反抗真理的那种狂暴和顽强却没有什么荣耀，不值得尊敬；相反，他越是顽固，越是会遭谴责和厌恶，也就越是会被更快地遗忘。十字军东征时，一些穆斯林被杀，而在当时，中世纪的人还没有如下的看法：一个穆斯林捍卫他的价值观是正确的，就像十字军为了同样的理由去捍卫他们自己的价值观一样正确；以及，那些为了他们的理想和原则 197
而牺牲的人，无论所犯错误如何严重，都是值得尊敬的，因为任何为了自己的信仰而献身的人理所当然地要比那些妥协让步，甚至牺牲原则以求活命的人更值得尊重。[1] 当然，一个人为了真理而献身是应该的，但不能说一个人为了某种谬误而牺

[1] 阿兹特克的皇帝蒙提祖马（Montezuma）曾说过，阿兹特克宗教对阿兹特克人是最好的，而基督教信仰对西班牙人是最好的。对此，孟德斯鸠曾经有过评论："这话其实并不荒谬可笑。"无论是基督教会还是极端分子都认为这是大谬不道之言。《论法的精神》（*De l'esprit des lois*），第 24 卷，第 24 页；《孟德斯鸠全集》[*Œuvres complètes de Montesquieu*（本书第 75 页注释 1），第 1 卷，B 103。

牲有什么高尚之处，即便这错误也是为了寻求真理而犯下的。如下的一种概念，我想，至少在18世纪之前好像还是会被当作一种非常奇怪的态度：真理不必是唯一的，价值观也有许多种，而且它们可能彼此冲突，为了自己心目中的真理而牺牲是崇高之举，即便它会遭到其他人的谴责。那种所谓相对于“你的”真理的“我的”真理，或者是相对于其他时代真理的某一个时代的真理，都毫无意义；有的只是唯一的真理。基督徒必须是仁慈的：像穆斯林那样为了一种谬误而牺牲，无疑这会让好心的基督徒心生同情；对于那些勇敢的人，那些具有献身理想之德、甘愿赴死的人，如果再去唾弃他们的尸身，污损他们的坟墓，那都不是什么光彩之举。同情是一回事：对那种为了错误理想的忠诚表示赞赏，为了忠诚本身表示赞赏；这种态度，在我谈到的那个时期之前，是不可理解的。

大约到1820年，一种完全不同的观点开始流行了。你会发现，那时候的诗人和哲学家们（尤其是在德国）提倡，一个人可以做的最高尚的事，就是为了他自己内心的理想而努力，无论付出多大的代价。这种理想也许只属于单独的个体，昭示于己，而在外人看起来可能是错误的或荒谬的，而且，它或许
198 跟他所归属的那个社会的生活和观念会有矛盾冲突，但他不得不为它而战，别无选择，还要为它牺牲。不过，假设这种理想是错误的呢？在这一点上，就出现了一种思想范畴上的根本性的转折，这一变化标志着人类精神的伟大变革。一种理想是对还是错，这样一个问题已经不再被认为是重要的，或者说，已被视为完全不可理喻的问题。理想自身呈现为一种绝对律令（categorical imperative）的形式：要遵从你内心的灵光，因

它在你心中燃烧，原因仅仅在此。你认为正确的就要去执行，你感觉美好的就要去实现，依照你的那些终极目标来规划你的生活，对于那些终极目标来说，你生活中其他的每件事只不过是手段而已，都是次要的；不多不少，这就是你该做的事。完成使命之律令、要求或命令，它们没有对与错之分，它们不是逻辑命题，它们不描述任何东西，也不陈述事实，它们不能被证实或证伪，它们不是你可能做出的、别人能够检验的发明或发现；它们就是**目的**。伦理学与政治学中的范型，已经发生了突然的转变，从比拟自然科学，或者神学，或者是任何一种形式的关于事实的知识或描述，变成了比拟生物学的驱力和目的概念与艺术创造力概念的某种混合物。下面我会具体加以说明。

四

当一个艺术家致力于创作一件艺术作品时，他并非在模仿某种已有的范型——尽管常识的看法恰好与此相反。在画家绘制或构思一幅画之前，它在哪里呢？在作曲家创作一首乐曲之前，它在哪里呢？在歌唱家演唱一首歌曲之前，它在哪里呢？问这种问题毫无意义。这就好像是问："在我散步之前，散步在哪里呢？""在我活过之前，我的生命在哪里呢？"生命就是生活的过程，散步就是行走本身，一首歌，就是当我谱写或歌
唱的时候那被我谱写或歌唱的东西，而不是独立于我的活动之 199
外的什么东西；创造并不是企图去模仿一些已经给定的、固定的、永恒的、柏拉图式的模式。只有工匠才会模仿，艺术家是

在创造。

这就是所谓的艺术即自由创作的学说。我关心的不是这一学说的真实性，而只是这样一个事实：目的或理念，不是某种被发现的，而是被发明的东西，这一概念变成了西方思想中一个主宰性的范畴。与之相关的是生活目的的概念。生活的目的不是什么独立、客观的存在，人们可以像寻找埋藏的财宝一样去寻找它，不管你找不找得到，它就在那儿；它是行动——具有行动的外形、性质、方向和目标——而不是某种被制造的东西，它就是实行或制作本身，离开了行动所属的施行者、发明者或制作者，这一行动也就不存在了，实际上也就无法理解了。正是这样一种概念，进入并且改变了欧洲的社会政治生活，依靠先存的公共标准来权衡的、有关政治活动的古老理想已经被它颠覆了；那些公共标准曾被视为宇宙之中的客观因素，眼光锐利之人（如专家、圣人）最能洞悉其微；这些人也正因为此而被称为聪慧或内行。如今，人之目的，就是要实现那内在于他的、个人化的视域，而不计任何代价；而人之罪，莫大于不能真实面对这一内在的目标，此目标属于他自己，而且仅仅属于他自己。此一视域将会对其他人有何影响，他毋须关心；他只需忠实于内心的灵光，这既是他所知道的一切，也是他应知道的一切。艺术家只是对他的使命有更多的意识；哲学家、教育家和政治家也是如此；但是，每个人都心中都是有的。

专家化的圣人，他们掌握某一现实领域的专门知识，能指导你前进，而且避免与现实发生冲突；但在浪漫主义的英雄人物面前，这种圣人形象开始消解了。浪漫主义的英雄人物不必是英明睿智的，思想上也不必是和谐统一的，对于他的同时代

人来说，也未必要起到有效的引导作用。他可能像贝多芬一样——贝多芬的形象深刻地影响了浪漫时代——狂野不羁，受 200
教育不多，贫困邋遢，偏处世界的角落，拙于应对实际问题，举止反常，待人态度粗鲁狂暴。不过，因为他全身心追求其理想，他又是一个神圣的生命；他可以用无数种方式来挑战这个世界，招致憎恶和冷遇，打破社会的、政治的和宗教的规则，不过，有一件事是他不会去做的，那就是与俗人为伍；假如他放松了对内在视域的坚持，放弃了他自己的使命——创造出艺术的或科学的作品，或者是，按照某一种确定的生活方式来活着——而是为了财富，声名，显赫的社会地位，舒适、愉快的生活，或是以内心难以压抑的怀疑和不安为代价，换取某种内在的或外在的和谐，那么，他就已经背叛了那灵光，将会永远被谴责。一个人自己的灵光是否可以照耀到别人，他是否顺利地效命于这灵光，都无多大区别；他只是必须为此效命，即便在此过程中遭人嘲弄，即便尽其所能却总归失败。假如这就是一个人为了他所深知的自己的使命，为了那内心的声音告诉他必须要做的事情，盲目而专一地效命的结果的话，那么实际上，这样一种失败，在道德上可以说，甚至比世俗的成功（比如像艺术家一般光彩耀眼）还要高尚万倍。[1]

[1] 莫扎特和海顿如果闻听此言，定会惊诧万分：相比他们创造动机的纯洁性而言，他们的交响乐的价值是微不足道的，因为他们只不过是神圣的传声筒，是为那位善妒的上帝献身服务的牧师。他们把自己看作商人一样：好比制作桌子的木匠，如果桌子造得好，受欢迎，就会销路好，而制造者也可以发家致富，博得声名。艺术家就是制作那些满足人们需要的艺术品。当莫扎特还穷困潦倒的时候，曾有人向他提议，可以写一个作品，把它献给某个贵族资助者，莫扎特愤然驳斥说：虽然他已经很落魄了，但还没有沦落到可以没有接受委托就去写一个作品的地步。

这就是费希特和弗里德里希·施莱格尔的观点，在某种意义上也是拜伦的观点，这种观点凝结了他们同时代人的想象；这种新的世界观，见诸席勒笔下的卡尔·穆尔[1]、克莱斯特[2]笔下的英雄们，某种程度上，也见诸易卜生笔下那些强硬、孤独、愤世嫉俗的人物形象。这种观念在很大程度上是
201 德国的，或者至少是日耳曼民族的，它或许可以追溯到像埃克哈特（Eckhart）和伯麦（Böhme）等人的神秘主义；这样一种观念，在宗教改革时期的神学中可以见到极为强有力的表达，或许还可以进一步追溯到居无定所的条顿部落，他们把自己的风俗从东方带到西方，从北部传播到南部，他们无视罗马帝国和罗马教廷一统天下的法律体系，而把他们自己的部落习惯（consuetudines，罗马人称之为 customs）强加于万民法（jus gentium，亦即所有人，或者至少对绝大多数人来说，一视同仁的各民族的法律）之上。部落习俗是部落个性的表达，它**就是**部落，它跟随着他们迁徙、流转各处，而且无论遇到任何违背其意志的抵抗都要迫使对方屈服。费希特的自我（self）是一种积极的、创造性的法则，这一法则将其个性施加于无感觉的自然世界——后者是与其相对抗的，是有待于塑造的原材料——而非像斯多葛派、托马斯主义者或法国的唯物主义哲人们，以及沙夫茨伯里[3]、卢梭等人，以各不相同的方式所教诲的那样，是某种应该被追随、模仿、崇拜或服从的东

[1] 卡尔·穆尔（Karl Moor），席勒剧作《强盗》中的主要人物之一。——译注

[2] 冯·克莱斯特（Heinrich von Kleist（1777—1811）），德国作家。——译注

[3] 沙夫茨伯里（Anthony Ashley Cooper Shaftesbury，1671—1713），英国自然神论者。——译注

西，是人们不能违抗的英明睿智、深谋远虑、无所不能的行动者（agency）。

费希特的人的概念，是施加其统治意志于无感觉的物质的造物主，后来，他的这一概念又被卡莱尔和尼采大大强化了，它是这种崭新的革命态度的象征兼表达。它打碎了欧洲的一统世界。每一个独立的单元、每个个体、每个群体、每种文化、每个民族，以及每个教派，无论它们有的是怎样一种“个性”，现在它们都在追求自己独立的目标。就像互相依赖曾经是一种美德一样，独立性——决定自身方向的能力——变成了高尚的美德。理性导向统一，而意志（自我决定的意志）却导向分裂。假如我是一个日耳曼人，我就要追求日耳曼人的美德，谱写日耳曼人的音乐，重新发现古代的日耳曼法律，发掘内心的潜质，从而使自己更加充实、更善于表达、能力更全面，尽可能地去做一个彻头彻尾的日耳曼人。假如我是一个作曲家，我就要尽我的全力去做一个作曲家，让生活中的每一个方面都服 202
从于那种唯一的神圣目标，我没有什么舍不得奉献给它。这就是浪漫主义理想的最高境界。一夜之间，过去的预设已经烟消云散了。何谓共同的生活理念？这种概念早已不合时宜。何种举止合宜的问题找不到答案了，因为它们现在已经不再被当作问题。如果我问“我应该做什么？”“什么是好的，是值得拥有的？”“我的所有的价值观都是跟其他人一致的吗？”答案不在那些反思性的知识里面，而就在行动本身。我在内心寻找自我，并且依据我在内心发现的目标、心灵之声的命令去“实现自己”——如果你愿意聆听，每个人都可以听到这种内心的声音。我的价值跟别人的价值可以和谐共存吗？也许不是。知识可以作为一种绝对的目标，也许和平与幸福亦复如是；不过，有关某些关键事实的知识，或许会导致我的和平或幸福遭到破坏。如果是这样的话，也就不能再企望什么：我只能直面这些矛盾理念之间的冲突。正义和仁慈或许并不融洽一致，但我两者都要；我必须如此，因为别无选择：否认其中之一，都是违反内心灵光的谎言和罪过。

有的时候，认识到了这些价值是什么，也就是承认了它们都是绝对的、不能协调的。于是，悲剧就进入了生命之中，成为生命的本质内容之一，它是不能依靠理性的调适手段来解决的：希望清除掉生命中的悲剧因素，那只能是自欺欺人的幻想，是浅薄的掩耳盗铃之举；那将会背叛生命的忠信(integrity)，罪莫大焉，无异于道德上的自杀行为。因此，就我与他人的关系而言：我有一个理想，甘愿为之献身，而你的理想是另外一个；我们的生活各自有其内在的模式，相互难以理解；如果这些理想发生了冲突，要让我们向对方妥协、放弃自己的信仰的话，那还不如让我们在决斗中一决生死或是同归于尽。你为你的理想而战，会让我非常敬仰；而任何的妥协、和解，想要逃避你对于你真正的自我的责任，就会让我心生厌
203 恶。由此而生出一个概念——高贵的敌人，他们远比那些平和、仁慈的庸众或是怯懦的友人更为优秀。一切目标都是平等的；目标就是目标，人们追求他们所追求的东西，不可能建立一种客观的等级秩序，以此为据来评判所有人和所有文化。唯一必须严肃遵循的原则就是，每个人都应该忠实面对自己的目标，哪怕是以毁灭、浩劫或死亡为代价。这就是最彻底、最狂热的浪漫主义理念。

在某种意义上，已经过去的一百五十年，可以说是旧有的、以理性与知识为基础的宇宙观与新的浪漫主义理念之间，二者冲突不休和相互影响的一幕大戏；这一新的理念导源于艺术创作的概念和自我表现与自作主张，甚至是自我牺牲（亦即同一现象的反面形式）的生命冲动。现在，再让我们回头来看浪漫主义理念，在所有善恶之举都上演完毕之后，它看起来既光彩耀人，又晦暗不清。从某一点来看，它标志着一种新的审美理念的诞生，亦即对于忠信的敬畏。理想主义（Idealism，这个词正是在这一次的观念革命中获得了它的现代意义），在18 世纪之前，被认为是一种令人同情但又幼稚、可笑的思想特征，并且把它跟具有实践性的良好判断力做了不相宜的对照；到 19 世纪初，它才获得了一种属于它自己的、我们至今仍然尊重的绝对价值：谈到某人是一个理想主义者，也就是说，也许他追求的目标在我们看来是荒唐的甚至是厌恶的，但假如他的行为出于无私，而且准备为了原则而牺牲自己，不计较显而易见的物质利益，那么我们就认为他非常值得尊重。这彻头彻尾是一种现代的看法，与之相伴的是，烈士和少数派受到了崇高的评价。按照过去的看法，烈士只有死于那些得到认可的真理才受尊敬，少数派只有因为真正的信仰遭受迫害才得到敬重；到了浪漫主义者这里，情况就有所不同了，他们之所以受崇敬，可以是因为任何信仰、任何原则，只要其动机是好的，也就是说，只要他们的行为里带有足够的真诚和深度。 204

我正在尝试着进行描述的，实际上是一种世俗化了的基督教信仰，是从基督徒的看法转变为个人主义的、道德的或审美的看法：态度，情感的性质，还是一样的，但背后的理由（及其内容）已经发生了改变。基督徒将现世的欠缺不足与死后的至福相对照，或是（用柏拉图式的玄妙说法）把影子世界的欠缺不足与真实世界中的永恒快乐相对照，而日常的生活仅仅是真实世界的虚幻映像。而对于成功本身，浪漫主义者都表示反对，以为它们都是庸俗的、不道德的；因为其基础，往往是建立在对自己理想的背叛或是与敌人可耻的勾结之上。与现实主义、世事洞明、精于算计（以及借此得到的回报——声名、成功、权力、幸福，还有付出很高的道德代价而换取的和平）相比较，孤高自傲、理想主义、真心实意、动机纯粹、不畏任何困难、高贵的失败，在价值评判上就被看得更高。这是主张英雄主义和殉难的学说，与之相反的是强调和谐与智慧。这种主张鼓舞人心、大胆鲁莽、辉煌壮丽，但又带有不祥之兆；而最后的这一方面特征，正是我所希望强调指出的。

创作巅峰时期的贝多芬在贫困和孤苦之中完成不朽杰作的感人形象，后来被拿破仑的形象取而代之了，后者的艺术就是塑造国家和人民。如果自我实现就是终极目标的话，那么通过暴力和技术来改变世界，这本身不也是一种庄严的审美行为吗？人，有可能拥有创造性的天赋，也有可能没有；那些没有天赋的人应该被有天赋的人塑造（以及驯服），并以此为自己的命运（实际上也是当作一种更高的优惠）。就像画家调色和作曲家谱曲一样，政治上的创作者把他的意志施加于他自己的原材料（普通、平庸的人，他们对自身内部隐蔽的种种可能无知无觉），把他们塑造成一件精彩的艺术杰作，即一个国家、
205 一支军队，或者是某种伟大的政治、军事、宗教、司法的组织。如此一来，其中也会牵涉到苦楚，不过就像音乐中的不和

谐音一样，对于整体的和谐与高效来说，它也是必不可少的。因这些伟大的创造行动而牺牲，应该感到安慰，实际上应该说是自豪，要知道他们因此而被提升到了一个仅仅凭借自身低劣的本性无法达到的高度。依照旧有的道德，上述所辩护的行为也许要被称为野蛮干涉、帝国主义，是为了某个征服者、某个国家、某种意识形态的荣耀，或是为了证明某个民族的天赋，而对个人进行的践踏和残害。

从这样一种主张到极端的民族主义、到法西斯主义仅仅是一步之遥。一旦做出了如下的假设，所谓每一个个体的人都是理念和目标的独立来源、自身就是目的的概念也就被推翻了，这些假设就是：生命应该像一件艺术作品一样来制作，运用在绘画、音乐和语言上的规则同样也可以运用于人，人可以当作"人类材料"来看待，是权威创作者手里可以随心所欲锻造的弹性媒介。

这一令人恐惧的结论，跟浪漫主义的美德一样，导出于同样的一些预设：价值被赋予了殉难牺牲、孤高自傲、正直忠信、为自己的理念而献身等等这些品质，并在其名义之下，打破了旧有的普遍法则。部落习俗，只是属于法兰克人和伦巴第人的东西，在无论对这个部族还是其他部族，无论对这个人、这种文明，还是过去未来的人和文明都适用的更高的原则面前，它们拒不屈从；这些习俗成为非常具有分裂性的力量。如果价值不是被发现的而是被创造的，如果艺术中的真理（或许仅仅属于艺术本身）在人类关系的领域中得到更为广泛的应用，那么每一个发明家都会致力于将其发明付诸实行，每一个空想家都要按照自己的想象来改造世界，每一个民族都要实现她自己的目标，每一种文化都要实现她自己的价值。结果就是，一切人反对一切人的战争，欧洲的统一将归于终结。非理性的力量，现在凌驾于理性力量之上，因为无法批评或控诉的
206 东西，它们似乎比那些可以加以理性分析的东西更加引人注目；艺术、宗教与民族主义的深邃、隐秘的源泉，恰恰因为其隐秘，模糊，无法剖析、细查，在理智的分析之下难觅形影，它们才被当作超验、神圣和绝对之物来捍卫和崇拜。

也许有人要对我说，与民族主义同时兴起并作为其中一种要素的工业制度，并非分裂因素，而是整合性的力量；商业和工业打破了国家壁垒，实现了统一。但是从历史来看，真相并非如此。工业制度催发并且强化了中产阶级的民族意识，致使他们起而反抗那些世界公民式的欧洲统治精英。民族主义从工业制度中得到了滋养，但其成长并不是一定需要工业制度。在经历了 1914 年，经历了希特勒、纳赛尔以及非洲觉醒，经历了那些鲜有人预见的事件（像以色列的崛起与布达佩斯的起义）之后，还有哪个头脑健全的评论家会仍然坚持那种陈旧的论调——民族主义只是资本主义兴起的一个副产品，它将会随着资本主义的没落而衰弱？马克思主义者不会再这么看，至少当今那些掌权者们不会这么看，更不用说付诸实践了。那么，究竟这一具有破坏性的错误观点是何时出现的呢？

五

众所周知，欧洲的历史就是在追求公共秩序与个人自由之间摆荡的一种辩证的进程。对秩序的渴望，反映了人们在自然

力量面前的恐惧感；为了对抗失控状态下的混乱，对抗传统、习俗和生活规则的式微，人们企图竖起壁垒和屏障，并且努力保存必需的支柱，离开了这些支柱，人们就会堕入深渊，失去与过去的关联，也无法看清通向未来的道路。而当制度变得过于僵化，阻碍进一步发展，秩序变成了压迫，固步自封的时候，这种状态迟早要被生活、运动和创造的生理本能，被创新和变化的需要打破。浪漫主义正是这样一种突破，它反抗已经 207
变成僵化的桎梏的那种道德和政治的结构：最终，那种结构将会腐朽，而且，总有一天会在一个又一个国家里土崩瓦解。像所有的革命一样，浪漫主义揭示出了新的真理，赋予人们一些他们永远不会完全丧失的洞见力，让古代的建制重新焕发了生机，同时，它也会矫枉过正，造成扭曲，有其暴虐之处，暴虐之下也有其牺牲品。种种扭曲是我们再熟悉不过的：我们这一代人已经为之付出了沉重的代价，也许，要比任何其他人类社会曾经为精神失范所付出的代价都更为沉重。

这种反叛的起源，也是大家都清楚的。大多数的日耳曼人，在黎塞留主教和路易十四麾下军队的镇压之下，已经大丢脸面，就连北部新教徒复兴的新文化也被其扼杀。百年之后，日耳曼人起而反抗法国人在文化、艺术和哲学领域内的僵化统治，并借反启蒙运动之机为自己洗雪耻辱。他们赞颂个性的、民族的和历史的东西，而不是普世与永恒；称许天才的提升、非同寻常的事物以及蔑视一切规则与惯例的精神跃进，崇拜英雄人物，尤其是不受约束的伟人，同时抨击那种非人性的宏大秩序，抨击其牢不可破的种种规则，以及其给人类一切活动、群体、阶级、意愿明白分派的位置——后者已经是人类古典传统的特征，在教会和世俗两方面，都已经深入了西方世界的骨髓。多样化取代了一致性；灵光闪现取代了实验性的规则和传统；无穷无尽和无边无际取代了尺度、清晰和逻辑的结构；注重精神生活，及其在音乐上的表达；崇拜黑夜以及非理性——这是野性的日耳曼精神的贡献，它宛如一阵清风，吹进了法兰
208 西制度下死气沉沉的牢笼。深感耻辱的日耳曼人对于18世纪中期法兰西思想和品味的那种僵化的、等级分明的唯理论的陈词滥调的伟大反叛，一开始，对艺术以及艺术思想、宗教、人与人之间的关系，还有个人的道德，都有注入活力的提升作用。此后，感性的潮汐越出了它的堤岸，在相邻的政治、社会生活领域内泛滥，产生了（真正是）破坏性的后果。一切坚持到底的做法，都被人们看作要比和平协商、中途停顿更有价值；过激、冲突、战争，同样成为荣耀。

在人类思想与行动的历史上，很少有什么东西能比富有想象力的由此及彼的类比起到过更为关键的作用。此种类比——将某一实用而且有效的具体原则应用到别的领域——或许会收到激动人心的实效，有改头换面之功，然而其后果，理论上也许荒谬不通，实践中也许会造成破坏。浪漫主义运动，以及民族主义者对其的推广运用，正是此种情形。英雄人物，自由的创作者，变得与无涉政治的艺术家们不再相像了，倒是酷似那些以坚强意志折服别人的领导人，或者，颇像那些宣称自己与众不同的阶级、种族、运动和民族，他们把毁灭一切反对派等同于自己的自由。自由与权力等同，获得自由就是不受任何阻碍，这种概念是一种古老的想法，浪漫主义者抓住这一点，并且狂热地夸大。甚至更为典型的浪漫主义的表现，是癫

狂、自恋地顶礼膜拜自己的内心真实、私密的情感，血液的成分，头颅的形状，出生地，而不是敬奉那些他们与别人共享的东西——理性、普世的价值、作为人类共同体之一分子的感觉。

在某种意义上，黑格尔的以及马克思的新理性主义，试图对浪漫主义不加约束的主观主义及其自我崇拜加以反拨，努力在无情的历史巨力之中，或是在人类精神的演化法则，抑或生 209
产力和生产关系的发展法则之中，找出客观的标准。不过，就连他们自己也受到了浪漫主义充分的沾染，相信进步就是要由社会上一部分人获胜，而其他人落败被兼并来实现的。在黑格尔看来，进步以及人类精神的解放，就是理性的胜利，体现为国家高过于其他的人类组织形式，历史性的诸民族胜过非历史性的民族，而“日耳曼”文化胜过其他的文化，欧洲文化胜过其他“被抛弃”的人类文化，比如僵化的中国文明，或是野蛮的斯拉夫诸民族。如果没有了冲突、斗争和竞争（黑格尔这么告诉我们），那么，进步将会中止，停滞随之而来。卡尔·马克思的态度也与之类似，无产阶级唯有通过镇压他们的反对派才能获得自由，据说，二者毫无共通之处。进步，就是在某一领域之内的自我确认和征服，在这里，行动者根除了（或是吸收了）一切阻碍，无论是有生命的还是无生命的，从而得以自由地发展和创造。黑格尔认为，这一行动者就是组织成一个国家的民族。马克思认为，这一行动者就是组织成一种革命力量的阶级。而且，他们两者都认为，假如理想要取得胜利，都将有无数的人会为之而牺牲和被消灭。团结一致或许就是人性的最终目标，不过，达致这一目标的方法，是战争和分裂。道路或许会通向一个陆地上的乐园，不过，途中铺满了敌人的尸体，对这些敌人，无需同情落泪，因为对与错、善与恶、成与败、智与愚最终都是历史的客观目标所决定的，而此目标早已“宣判”了半人类（half mankind）——非历史性的诸民族、腐败阶级、劣等种族的成员——之下场是蒲鲁东所谓的“清算”，而托洛茨基使用的措辞同样生动独特，称之为历史的垃圾堆。

然而，浪漫的人文主义（这同一种不驯服的日耳曼精神）也为我们提供了一种核心的洞见，对此，我们应当不会轻易遗
210 忘。首先，价值的制造者是人本身，没有什么东西比人更高，因此不能以高于人本身的某种事物的名义来屠戮人；当康德说人本身就是目的，而非达到目的的手段时，这也就是他心中所指。其次，制度不仅是由人来制定的，也是为了人而制定的，而且，到它们不再为人服务的时候，就应该被取消。第三，人不可以被屠杀，无论是以尽管很崇高，其实很抽象的理念，诸如进步、自由、仁爱的名义，或者是以体制的名义进行的，那些东西本身并没有什么绝对的价值，它们所能拥有的东西都是人们赋予的，唯有人才能让某种事物获得价值、拥有神性；因此，企图抵抗或是改变它们，绝非什么违抗神意、会有灭顶之灾的叛逆举动。第四，（从以上可以推出，）一切罪恶之首，莫过于对人类的贬损和侮辱，亦即强迫人们削足适履，纳入某种强求一致的模式，那种模式即便有某些客观的权威，却不合乎人们的愿望。

这样一种有关人的概念，从启蒙运动继承下来，时至今日，仍然为我们所奉持——我们欧洲人历尽劫波而始终未曾放弃的，正是这一概念。所以，当黑格尔和马克思预言，所有违抗历史进程的人将会沦于不可避免的命运时，这种威胁之词，

已经为时过晚了。黑格尔和马克思，以各自的方式，想要告
诉人们，解脱奴役、获得自由的道路只有一条，亦即通过历史
而展示的道路，而历史，体现的是宇宙的理性；那些不能调整
自己，认识不到理性、利益、责任、权力、成功这些东西长远
来看不仅相互一致，而且跟道德和智慧也是一致的人，将会被
“历史的力量”摧毁，反抗它无异于自取灭亡。不过，这句具
有形而上学意味的恐吓之词，基本上已经被证明是无效的。有
太多人愿意起而捍卫他们自己的原则，即便这些原则与马克思
所威胁说可以毁灭他们的那种不可抗拒的力量相悖。个人的理 211
想，即使我们无法保证其具有客观的有效性，也值得尊重，甚
至可以说值得敬畏。怀抱着理想，不屈不挠地认定自己所坚
信其真实或正确的（无论出于何种理由），已经变成了这样一
种东西，人们准备凭借着它与强势的力量相对抗，哪怕是历史
的（或存在本身的）神秘力量。已经没有可能说服人们相信：
堂吉诃德不仅愚蠢，不切实际，过时守旧（这一点没有人会否
认），而且，由于他对自己的国家、种族或阶级的历史地位的
无知，他正在与进步的力量相对抗，因而是邪恶之徒，令人憎
恶。那些始终坚持信仰，甚至最终为之牺牲的人，他们会因此
而赢得尊重，有时候甚至那些打击他们的人也会表示敬意。为
了那些（至少在他们看来是）普遍的、适用于所有人的基本原
则，为了人之所以为人的人性的精华，他们承受折磨，为之献
出生命。违背了这些原则，他们会感觉自己放弃了一切做人的
尊严。出卖了这些原则，他们无法面对自己，也无法面对别
人。因此，1940 年，打赢了仗的德国领导人呼吁战败的各国
要面对现实，他们说（相当合情合理地说），顽抗是没有用的，

新的世界秩序正在到来，这种新的秩序将会改变全世界的价值体系，反抗者不仅会被碾碎，还要被不免要习惯于服从胜利者的道德的子孙后代看作傻瓜，视为光明之敌。——对于那些真正信奉普遍的人类价值的人来说，这种论证无法撼动他们的精神。有些人抗拒是本着教会组织、民族传统或客观真理所崇奉的普遍理念，而另一些人则坚持自己的目标，这些目标是个别的、为持有者所私有，却亦不失其神圣性。

这种为了理想而献身的举动，与理想的“源头”何在无关（的确，有时候就连有一个值得追寻的源头这一点也会被否
212 定），它跟现代的存在主义者的立场颇为密切，后者宣称，想要为种种道德的信念、客观的形而上的律令找到担保，这只不过是一些人无谓的徒劳：他们想寻求外在的帮助，从比自己更强大的势力那里找到倚靠，通过证明自己听命于某些客观的权威而让自己的行动得以正当化；而他们之所以这么做，是因为他们没有勇气面对现实，不敢承认这种权威也许并不存在，认识不到自己的价值就在于是其所是的人；人投身某事，这一点不需要理由，或者说，只因为从原则上说能够给出的唯一理由，即他们是其所是的人，这一特殊的目标（无论它是什么）就是他们的选择——这也就是他们最终的目标，而且，作为证实其他所有目标的一个最终的目标，它本身不需要证实。这些存在主义者是人道的浪漫主义的正宗传人，该派宣称人是独立的、自由的，也就是说，人的本质不在于其意识的自觉，亦非发明工具，而是做出选择的能力。人类历史，正如一位著名的俄罗斯思想家曾经说过的，没有剧本可供依据：演员们只能即兴发挥。我们为了寻求稳定和安慰，总想用一些模式来安排现

实，而现实却对这些模式不予理会。宇宙并不是这样一副七巧
板：有某种独一无二的模式，每个碎块都在其中各安其位，因
而我们可以依据有关这一模式的知识把各个碎块拼凑起来。我
们面对的是各种价值观的矛盾冲突；那种相信它们终将会在某
时某地调和一致的信条，只不过是虔诚的希望而已；经验已经
表明，那是一种错误的信条。我们必须选择，而且顾此就会失
彼，还可能是失而不能复得。如果我们选择了个人的自由，也
许紧跟着就是要牺牲掉某种形式的组织化，而这种组织化或许
本可以带来更高的效率。如果我们选择了正义，也许就被迫要
牺牲掉仁慈。如果我们选择了知识，也许就牺牲了天真和快
乐。如果我们选择了民主，也许就牺牲了由军事化或是森严等
级而形成的那种力量。如果我们选择了平等，也许就在某种程
度上牺牲了个人的自由。如果我们为自己的生存而选择了战 213
斗，那么，也许就牺牲了一些文明价值，而我们为了创造这些
价值曾经不辞辛劳。不管怎么说，人的荣耀与尊严就在于这一
事实：是他做出选择的，而不是他被选择，他能够做自己的主
人（尽管有时候这会让他充满恐惧或是备感孤独），没有人强
迫他委身于极权主义结构之下整齐的鸽子笼中去换取安全与平
静，这样一种极权主义，企图把他的责任、自由、自尊与对他
人的尊重一次性地掳夺干净。

六

浪漫主义的影响力，其造成分裂的一面——既表现为19世纪的自由艺术家们混乱无序的反叛这种相对来说无伤大雅的

形式，也表现为极权主义这种凶险而又破坏力强的形式——至少在西欧，似乎已经消停下来了。促成稳定和理性的力量正在开始重申自己的主张。不过，从来没有什么东西会完全复归起点的；人性的进程显然并非循环往复，而是一种痛苦的螺旋式发展，甚至国家的发展，也是要从以往的经验中学习。从最近的大屠杀之中，能看到什么呢？[1] 是某种让西方人达到新的认识的东西，亦即，有一些普遍的价值，是人之所以成为人的构成要素。过激状态下的浪漫主义——法西斯主义者、国家社会主义者等等——已经对欧洲造成了强烈的震动，与其说是因为其学说，不如说是因为其追随者的一些举动：他们践踏了一些价值观念，而这些价值观在被冷酷无情地弃之不顾的时候，反而被证明了有活力，它们像战争伤兵一样，反过来缠扰着欧洲人的良心。

那么，这些价值观念是什么呢？它们有何种地位，我们为什么要接受这些价值观念呢？像一些存在主义或虚无主义的极端人物所主张的，根本没有什么人类的价值，遑论欧洲的价
214 值——这种看法会不会是正确的呢？人们投身某事，就是投身某事而已，毋须任何理由。我打算当一个诗人，而你想成为一个刽子手：这是我的选择，而那是你的选择，如此而已，并没有客观的标准可以评断这样的一些选择孰优孰劣，或者我的道德水准比你的高还是比你的低。我们做了选择，就是我们做了选择，没有什么别的话可说；如果说，由此而导致了冲突和破坏，这是现世中只能接受的一桩事实，就好比万有引力一样只

[1] 本文写于 1959 年。

能被接受，是某种与生俱来的东西，它源于不同的人、不同的民族、不同的文化有着不同的本性。这种说法不是一种有效的分析诊断，这一点已经很清楚了：只要考虑到极权主义登峰造极而引起的那种极度的、无处不在的恐怖之感。因为，欧洲被震动这一事实已经揭示了，的确存在一种价值的尺度，人类中的大多数——尤其是西欧人——实际上凭借着这种价值的尺度而生活，而不仅仅是机械地、按照习惯日复一日地活着，而且是自我意识到这些价值正是让他们拥有人之为人的本质的构成因素。

那么，这一本质是什么呢？从物理上来说，不难回答：我们认为，人必须拥有一个身体的、生理的以及神经的结构，一些器官，一些物理感官以及心理特性，还有思考、愿望、感觉的能力，任何人如果缺少了这些特性的话，恐怕就无法再恰当地被称为人，而是一个动物或是一个无生命的物体。不过，还有一些道德的特性，是我们在构想人的本质时会碰到的，意义同等重要。假如，我们跟某人相遇，只不过在生活的目的上，他跟我们的意见不同，幸福和自我牺牲，他更喜欢幸福，或者说知识和友谊，他更喜欢知识，我们可以接受他们同是人类，因为，他们对于什么是生活目的的想法，用以捍卫其目的的论证方式，还有他们一般性的行为举止，都在我们认为是人之为人的范围之内。不过，假如我们遇到另外一些人，他们不能够明白为什么自己不应该破坏这个世界，以免伤及自身，或者是某些人，他们诚心诚意地相信，给无辜者判刑、背叛朋友、折磨儿童这些行为都不会造成什么伤害，那么，我们会发 215
现，这些人我们是无法与之辩论的，不仅因为他们让我们感到恐惧，而且更因为他们让我们想到有点儿没有人性——我们将其称为精神上的白痴。有时候我们要把这样的人关到疯人院里去。他们像那些连最少的人类特征都没有的生物一样，远在人性的边界之外。我们相信如下的事实：当我们做出最基本的道德和政治判断时所诉诸的那些法则和原理，与法律规条不同，至少在人类有记载的历史上，已经被大多数人接受；那些法则和原理，在我们看来，是不能废除的；我们深知，没有什么法庭，或是什么权威，可以利用某种公认的手段，允许人们伪造证据，随意拷打，甚或屠戮自己的同类，以此为乐；我们无法设想，这样一些普遍的原理和法则会被否定或者改变。换句话说，对待它们，我们不是当作我们自己或是祖先随意选择的东西，而是在根本上视为人之为人的前提条件，是与他人共存于一个共同的世界的前提，是识别同类，同时也是识别自身的前提。现在，正因为这些原则被忽视了，我们才不得不重视到它们的存在。

这是向古代的自然法概念的回归，不过，对我们之中的某些人来说，它披上的是经验主义的外衣——而不再必定以神学或形而上学为基础。因此，谈及我们的价值观，客观的、普遍的价值观，并不是说，存在着某些客观的符号，从外部施加于我们身上，因为不是我们自己创造的，所以我们无法违抗；实际是在说，就像我们（假如我们是正常的人）一定要避寒取暖，要去伪存真，要得到别人的认可而不是忽视和误解一样，我们不得不接受这些基本的原则，因为我们是人。正因为这些原则是根本性的，长期地、广泛地得到人们的承认，我们倾向于把它们看作普遍的伦理法则，并且假定，当有人声称他们不

认可这些原则的时候，他们肯定是在撒谎或是自欺欺人，否则 216
的话，他们就有可能失去了道德辨别力，那就一定程度上不正常了。如果某些原则看起来不是那么普遍，不那么深刻，不那么重要，我们就该称之为风俗、习惯、规矩、品味、礼节——重要性依次递减，对这些东西而言，我们不仅允许它们有差异，而且积极地希望它们千差万别。的确，我们不把多样性视为对我们基本统一性的破坏性因素；某些行为，我们会认为它们缺少想象力，或是粗鄙无文，极端的情况下甚至可以说是一种奴隶状态——这些仍然在统一性之内。

我们的行为举止的共同的道德基础，也可以说是政治的基础，绝不会因为我们这个时代目睹了那些战争和人类品性的堕落而销蚀殆尽，相反，看起来已经要比 20 世纪前四十年中更为深广，更为稳固。我说的是“我们的”行为举止；我的意思是指西方世界的习惯和看法。亚洲和非洲今天就像沸腾的熔炉一样，分裂性的民族主义甚嚣尘上，而德国，也许还可以包括法国，继英国、荷兰和斯堪的纳维亚半岛之后，业已实现了相对的稳定。人类前进的步伐看起来并不平稳，各民族发展的危机关头并不是同时出现的。无论如何，欧洲在经历了最近的剧烈失范之后，呈现出了复苏的迹象：朝向正常的健康状态的回归，回归那些将我们重新团结在希腊、犹太、基督教历史之下的习俗、传统，尤其是我们共有的对于善与恶的看法；尽管经过了浪漫主义的反叛的扭曲，最终还是走到了浪漫主义的反面。我们今日的价值观，越来越回归我们古老的普遍标准，亦即区分文明人（无论他有多么迟钝）与野蛮人（无论他有多么天资聪颖）的标准。当我们抵抗侵略或是专制政权下对自由的

践踏时，我们所呼吁的正是这些价值观。而且，我们诉诸这些
价值观的时候，一点儿也不怀疑，我们对之发言的人，无论他
们生活在何种政权之下，的的确确能够理解我们所说的话。因
217 为一切证据清楚表明，实际上他们的确如此，无论他们作何伪
装。专制体制的代言人也许会表示——或许不总是那么由衷
地——他们所实行的暴行和镇压，其用意也是要让同样的这些
价值观发扬光大，而且在他们打算建设的新世界中更为坚强稳
固。假如这话听起来不像是真话，至少可以说它不是冷嘲热
讽，而是假仁假义：试图显得品德高尚，也是恢复了人文主义
的尊严的一种体现。

在 20 世纪的二三十年代，情况可不是这样，那时候左与
右两方面的极权主义者看起来都放弃了这些人文主义的价值
观——好的、坏的一并丢弃，而不会说他们比我们更能满足这
些价值观——现在他们倒是越来越频繁地这么说。对我来说，
这就是真正的收获，是朝向一种国际秩序的真正的进程，它建
基于这样一种认知，亦即，我们栖息于一个共有的道德世界。
218 我们的希望必定是建立在这一基础之上。

浪漫意志的神化：反抗理想世界的神话

一

观念史是一个相对来说比较新的知识领域，在众多的学术分支中，它看起来仍然还有不少可疑之处。不过，它已经揭示出来了不少有意思的事实。其中，最突出的一点就是（至少是在西方世界中）我们最熟悉的一些概念和范畴出现的时间表。让我们感到有点儿惊奇的是，有些概念和范畴竟然是如此之晚出：有些在我们这里明显是根深蒂固的看法，也许对我们的祖辈来说，却是那么陌生。我这么说，并不是指基于下述内容的观念：他们所不知道的个别的科技发明或发现，或者有关物质本质的新的假说，或者与我们时空远隔的某些社会的历史，或者宇宙的演化，或者我们自己的行为的源起，以及未经充分检讨的无意识的、非理性的因素在其中所扮演的角色；我所指的，是更为普遍而同时却更不容易追溯到具体原因的某种东西：（至少在西方文明中）被广泛接受、并且有意遵从的那些世俗的价值、理想、目标的转变。

因此，今天没有人会对如下的假定感到惊讶：一般而言，
219 多样性优于一致性——单调、一致都是贬义词；或者，就性格品质而言，正直和诚实是值得赞美的，与所涉真理或信仰、原则的合法性无关；又如，比起冷静的现实主义，热情的理想主义（尽管也许少一些实用）要更为高尚；又或，宽容优于褊狭，即便这些美德可能被持之太过，进而导致危险的后果，如此等等。不过，从时间上说，这些假定并不长久；而如下的概念却是更为久远，甚至根源于柏拉图开创的传统之中：既然

真理是唯一的，而谬误却多种多样，所以一是好的，而多就是坏。甚至亚里士多德也认可了这一事实，没有为此感到遗憾（不过他也没有做过任何赞成的表示），尽管他认为不同的人种各有差异，进而在社会制度方面的弹性设计是应该提倡的；而且，这一看法似乎在古代世界和中世纪都普遍流行，罕有例外，据说直到16世纪，它一直没有被严肃地质疑过。

此外，如果我们假设，一个16世纪的天主教徒说“我憎恶宗教改革者的异端思想，不过，对于他们秉持、实践他们那让人厌恶的信仰，并且为之牺牲的诚挚和彻底的精神，我深为感动”，那会是什么样的天主教徒呢？与之相反，这些异端或异教徒（穆斯林、犹太教徒、无神论者）越是诚心诚意，其危险性越大，将灵魂引向毁灭的可能性越大，更应该被无情地消灭，因为对于社会的健康发展来说，异端思想（对人类目标的错误信念）甚至是比伪善和虚伪危害更大的毒药，后者至少不会公开攻击正确的道理。唯有真理才值得关注：为了一种错误的缘由而死，是不道德的、可怜的。

那么，这就可以看出，在一直到16或17世纪仍然流行的看法跟现时代的自由的看法之间，并没有什么共同的基础。在古代世界或是中世纪，有谁会谈论生活或思想多元化的好处呢？不过，当一个现代的思想家，比如孔德，想知道为何我 220
们在数学上不允许有自由观点而在伦理和政治上则相反，像这样一个问题，却让密尔等自由主义者大为震惊。[1] 但是这些信

[1]《社会重组所必需的科学工作计划》（‘Plan des travaux scientifiques nécessaires pour réorganiser la société’，1822），见《实证政治体系总附录》（*Appendice général du système de politique positive*，巴黎，1854），第53页。［密尔的引用，（转下页）

念——属于现代的自由文化的组成部分（而且今日遭到了来自左与右双方、复归更古老的看法的人的攻击）——之中的大部分，相对来说是新鲜的，其说服力就来自对于西方思想核心传统深刻而激烈的反叛。在我看来，这一反叛似乎在 18 世纪的中间三十年——首先是在德国——就已经彰显无疑，它撼动了古老的、传统的制度的基础，并且以深刻的、无法预见的方式影响了欧洲人的思想和实践。这也许是自宗教改革以来，欧洲意识的最重大的转变；经由扭曲、迂回的路径，其缘起仍然可以回溯到宗教改革。

二

如果允许我做一个不合适的简化和概括的话，我愿意提出这样一种观点：自柏拉图（或者也可以说是毕达哥拉斯）以来，西方人的智识传统的核心所在，始终是三条未加质疑的教条：

(a) 一切真正的问题都有一个而且只有一个正确的答案，其他答案都背离了真理，因而是错误的；这一点适用于行为和情感问题，亦即实践的问题，而不仅适用于理论或观察的问题——跟适用于事实问题一样，也适用于价值问题。

(b) 对这些问题来说，正确的答案在原则上是可知的。

(c) 那些正确的答案彼此不会冲突，因为一个真命题是不可能跟另一个真命题相矛盾的；总体而言，这些答案合在一

（接上页）参见《奥古斯都·孔德与实证主义》（*Auguste Comte and Positivism*），收入《密尔文集》（*Collected Works of John Stuart Mill*，J. M.Robson 等编，多伦多 / 伦敦，1963—1991），第 10 卷，第 301—302 页。]

起，必定是一个和谐的整体：有人认为，它们形成了一个逻辑的系统，其中每一个构成因素都是跟其他所有因素相互关联的；还有人认为，其中的关系是部分之于总体的关系，或者说，至少，每一个因素都跟其他因素是完全兼容的。 221

当然，经由哪些确切的路径才能抵达这些常常是隐秘的真理，有过意见分歧。有的人曾经相信（现在依然相信）这样的路径在神圣的文本里面可以寻见，或者是到那些合格的专家——神父、先知、预言家对于文本的阐释、某个教会的学说和传统之中去寻找；还有的人将信仰寄托于另外一种专家（如哲学家、科学家），这种或那种地位特别的观察家，或许是经过某种特殊精神训练的人，抑或是别的什么淳朴、天真的人（如农民、儿童），没有沾染城市生活的腐化堕落和复杂世故，灵魂高洁的“乡民”。此外，还有人教导说，这些真理是人人都可以获得的，只要他们的心灵还没有被那些自称无所不知、蓄意骗人的骗子们灌了迷魂汤。通向真理的正确之路何在，从来没有一致的意见。有人诉诸自然，有人诉诸启示；有人诉诸理性，有人诉诸信仰或直觉，或是观察，或是演绎与归纳的规律、假设和试验；如此等等。

即便是名声最差的怀疑论者也部分接受了上述看法：古希腊的诡辩派在自然和文化之间加以区分，并且，相信社会环境、外部环境、个人性情是有差异的，还描述了多种多样的法律和习俗。不过，就连他们也相信，无论在哪里，人类的最终目的都是一样的，因为所有的人都要满足生理需求，都会渴望安全、和平、快乐和公正。不管是孟德斯鸠，还是休谟，都不曾否认这一点：前者对于诸如自由、正义等绝对原则的信仰，

222 以及后者对于自然、习俗的信仰，将他们引到了相似的结论上来；尽管他们都持相对主义的看法。伦理学家、人类学家、相对主义者、功利主义者以及马克思主义者都假定：人之为人，所凭借的是共同的经验和共同的目的，脱离了这一标准，将会导致是非颠倒、精神错乱或是疯癫。

此外，对于发现这些真理的条件，也是意见纷纭：有的人认为，因为有原罪或是天赋能力不足或是天生的局限，人是不可能知道所有问题的答案的，或者，也许彻底地认识其中部分问题也是不可能的；还有人认为，在人类堕落之前，或是大洪水等等灾难（如营造巴别塔，或是资本的原始积累及其引发的阶级争斗，或是别的什么破坏原初和谐的原因）降临到人们身上之前，人们还是有过完美的认识的；还有人秉持进步观，亦即，相信黄金时代不是在过去，而是在未来；也还有人相信，人是有限的，归根结底注定会有缺陷，要犯错误，不过，死后他们会明白什么是生命中的真理；或是，只有天使才知道何谓真理；或者说，只有上帝自己知道。这样一些歧见导致了深刻的分裂，造成了破坏力巨大的战争，因为再没有什么别的问题会比永恒的救赎更能引发争论了。不过，参与竞争的党派，没有哪个会否认：首先，这些根本性的问题在原则上都是有答案可寻的；而且，根据那些正确的答案所安排的生活，将会构成一个理想的社会，那也就是黄金时代，因为所谓人类有缺陷这一概念只有看作是完美状态的未能达成才是可以理解的。即便是我们在堕落的状态之中不能认识到完美状态的内容，我们也知道，只要把我们现在生活所依赖的那些片断的真理像七巧板一样拼合起来，合成一个整体，并且转化为实践，就将会构成完美的生活。假如反过来，这些问题在原则上就是不可能有答案的，或者，同一个问题不止一个答案是正确的，抑或更糟，有一些正确的答案被证明是彼此矛盾的，价值相互冲突，甚至于彼此原则上无法调和，那就另当别论了。不过，那也就涉及 223
到，宇宙在根本上是不合乎理性的，亦即这样一个结论：理性，以及希望依靠理性和平生活的信念，不得不丢弃。

我们所知的一切乌托邦，其建立的根基是一样的：客观真实的目标都是可以发现的，不同的目标彼此和谐共存，而且无论是在何时何地，对所有人都是同样真实的。这一点是所有理想世界都坚持的，从柏拉图的《理想国》和《法律篇》，到芝诺的无政府主义者的大同世界，以及亚姆布鲁斯的太阳城，到托马斯·莫尔、康帕内拉、培根、哈林顿和弗朗西斯·费奈隆的乌托邦，无一例外。马布利和摩莱里的共产主义社会，圣西门的国家资本主义，傅立叶的“法伦斯泰”(Phalanstère)，欧文、葛德文、卡贝、莫里斯、车尔尼雪夫斯基、贝拉米、赫茨卡等人——在19世纪不乏此类人——的无政府主义和集体主义的种种结合，其思想基础就是我上面提到的西方世界的乐观主义社会观的三条支柱：人们的核心问题（massimi problemi），最终来看，在整个人类历史上是一致的；而且，在原则上，是可以解决的；结果就将会是一个和谐的整体。人有其长远的利益，这些利益的特征是什么，可以通过正确的方法来搞清楚。这些利益也许会跟人们实际追寻的或以为自己在追寻的目标有所不同，后者或许应该归因于精神上的、思想上的愚盲或是惰性，或者应该责怪那些不择手段谋求一己私利的家伙们，像国王、牧师、冒险家等等形形色色的权力追逐者，他们欺骗愚众，最终也欺骗了自己。出现这些幻觉，也许跟一些社会制度（比如传统的等级制、劳动分工、资本主义体系）的破坏性影响的一面有关系，或者，又可以归之于客观因素、自然力，或是由于人的本性无意中所导致，而那是能够控制和消除的。

一旦清楚了哪些是人类的真正利益，体现这些利益的那些主张就可以通过建基于正确的道德导向之上的社会制度而得到
224 满足，而这样的社会制度或者是充分利用了技术的进步，或者是正相反，排斥技术进步而回归人类早期那田园牧歌一般的淳朴天真，回到一度失去的乐园，或是迎来一个终将会到来的黄金时代。从培根到现今，思想家们一直确信肯定有一种整体的解决方案，并因此而得到精神的鼓舞，也就是说：在适当的时候，也许是借助上帝的意志，也许是靠人类的努力，人们将不会再受非理性、不公正、苦难的欺压；人们将获得解放，不再充当野蛮的本性或自身的无知、愚蠢和罪恶等等他无法控制的力量的玩物；一旦克服了自然的和人为的障碍，人类事务就将会迎来明媚的春光，而后，人们将会终止彼此的征伐，团结起来，为了满足他们的需要而去改造自然——如那些伟大的唯物主义思想家（从伊壁鸠鲁到马克思）所提倡的，或是为了合乎自然而改造他们的需要——如斯多葛派和现代的环境主义者所要求的。这一点也就是各种各样的革命派和改革派——从培根到孔多塞，从《共产党宣言》到现代的技术统治论者、共产主义者、无政府主义者以及那些致力于建设不一样的社会的追求者——的乐观主义的共同之处。

到 18 世纪末，遭到攻击的正是这一伟大的神话（great myth，此处用的是索雷尔使用这个词的意义）。对它发动攻

击的思想运动，在德国最初被称为“狂飙突进运动”（Sturm und Drang），后来又有了各式各样的变体，如浪漫主义、民族主义、表现主义、情感主义、唯意志论，以及我们今天人人皆知的、左与右两方面的各种当代的非理性主义。19 世纪的先知们预言了很多事情，比如，国际垄断企业、社会主义的与资本主义的极权政府、军事—工业复合体、科学精英登上统治地位，为其先导的是危机（Krise）、军事冲突（Kriege）、灾难（Katastrophen），[1] 战争和屠杀；不过，就我所知，他们没有人预见到，在 20 世纪的最后三十年里，具有支配地位的是，民族主义在全世界范围之内的蓬勃发展，个人意志或阶级意志 225
的登峰造极，以及把理性和秩序当作精神的牢笼而加以拒斥。这一切又是如何开始的呢？

三

一般认为，在 18 世纪，多愁善感、自我反省与对情感的颂扬取代了理性的看法与对连贯的思想体系的重视；比如英国的布尔乔亚小说，法国的感伤喜剧（Comédie larmoyante），卢梭及其追随者对于自我暴露、自哀自怜的沉迷，还有卢梭对聪明机智而又道德空虚、腐化堕落的巴黎知识分子的猛烈抨击，批评他们不仅没有信仰、凡事作功利的计算，而且不重视未被扭曲的人类心灵对于爱、对于自我表达的需求；因此，那

[1]《危机，战争，灾难》（‘Crises, wars, disasters’），见考茨基《取得政权的道路》（Karl Kautsky, *Der Weg zur Macht*，柏林，1909），尤其是第九章。

个时代的狭隘的伪古典主义遭到怀疑，从而开启了无拘无束的情感主义（emotionalism）的大门。这种说法也有几分道理，不过，一方面卢梭像他所轻蔑的对象一样，把自然视同为理性，谴责纯粹的非理性的“激情”；而另一方面，在人类与艺术的关系之中，情感也从来不曾缺席过。《圣经》，荷马，古希腊的悲剧作家，卡图卢斯[1]，维吉尔，但丁，法国古典悲剧，无一不是感情浓厚。人心或人性本身在欧洲艺术传统的核心中并没有被忽视、被压抑，不过，与此同时，它的存在也未曾阻碍对于形式和结构的持续关注，以及对于规则的重视，而为了确定规则，就要求理性的论证。在艺术领域里，就像在哲学和政治中一样，几百年来就一直在有意识地追求客观的标准，所谓永恒原型说、永久不变的柏拉图式或基督教式的模式就是其最极端的表现，生活与思想、理论与实践均可依据这些模式得以评断。
226 美学上的摹拟说，用其 18 世纪的宏大风格将古典、中世纪、文艺复兴的世界整合在一起，假定普遍的原则和永恒的模式不仅存在，而且可以被整合为一体，或是可以被“模仿”。对这一观念的颠覆，至少是临时性的颠覆，不仅仅是导向了腐朽的形式主义以及冷冰冰且迂腐守旧的新古典主义的反面，甚至会走得更远，它否定了普遍真理的存在，否定了那些永恒不变的形式，而那些原本是求知与创造、学问与艺术以及生活为证明自己代表了人类理性和想象力最华贵的翱翔，必须学会去表现的形式。科学的、经验的方法之兴起——怀特海称之为“物质的反

[1] 卡图卢斯（Gaius Valerius Catullus，公元前 84—前 54），古罗马诗人，以其爱情诗篇而闻名。——译注

叛”（the revolt of matter）——只不过是用一套形式取代了另一套形式；它动摇了对于神学或亚里士多德的形而上学提供的先验公理和法则的信仰，取而代之的是经过经验科学，尤其是一种迅速增长的能力验证过的法则和规律，那就是实现培根规划目标（对自然以及作为自然存在物的人的预测和控制）的能力。

“物质的反叛”并非反抗法则与规律本身，也不是反抗过去的理想——理性、幸福与知识的统治；与之相反，数学的统治地位及其类推法至人类思想的其他领域，通过知识得到救赎的信念，在启蒙时代达到了顶点。然而，到了18世纪末、19世纪初，我们看到的是，对于规律与形式本身的极度蔑视，以及对于群体、运动、个人的自我表达的自由的热情召唤，而且完全不计后果。在德国的大学里，怀抱理想主义的学生们，受此浪漫的时代潮流之感染，丝毫不在乎什么幸福、安全、科学知识、政治经济的稳当和社会和平之类的目标，而且，实际上是带着轻蔑的眼光来看待这些东西。在新哲学的追随者看来，苦难要比快乐更为高贵，失败胜过俗世的成功，那种俗世的成功不干不
净，离不了投机取巧，而且想得到那种成功只能是以牺牲自己的 227
正直、独立、良知和理想为代价。他们相信，真理掌握在少数人手里，而不是在没头脑的大多数手里，最重要的是，少数人坚持他们的信念，为之百折不回；他们相信，无论出于何种原因，殉难都是神圣的；他们相信，诚挚、真实与热烈的感情，以及（尤为重要的）抗争——包括对于传统，对于教会、国家、世俗社会的压迫势力，对于玩世不恭、重商主义、自私自利的持久的抗争——是神圣的价值，即便这种抗争在这个主仆分明的

堕落世界里注定要遭遇失败，也许正因为注定要失败，它才显得神圣；去战斗，去赴死（在必要的时候），是勇敢、正确、光荣的事情，反之，妥协、苟活，是怯懦和背叛之举。

这些人并不是标举情感而贬低理性，他们提倡的是另一种人类精神能力，亦即无论是对个人还是集体而言，一切生命与行动、英勇与牺牲、高贵与理想主义的源泉：这就是自尊、不屈、自由的人类意志。如果说，人类意志之展开导致了苦难，造成了冲突，与安逸、和谐的生活，艺术的完美成就，或是免受疲于奔命的喧嚣袭扰的安谧和平静，不那么融洽；如果说，普罗米修斯反抗奥林匹斯众神，注定了他要受永恒的折磨的话，对奥林匹斯山来说结局更糟：只有给自由的独立的意志、给不羁的想象力、给肆意吹送的灵感之风套上牢笼，才会获得的这种十全十美的观念被推倒。独立自主，（个人、集体与民族）反抗和挑战，因目标是自己的（或我们的、我的文化的，而非普世的）才去追求——持这种观念的人即便在德国浪漫主义者之中也是少数派，在欧洲其他地方也鲜有同调：不过，无论如何，他们在自己的时代以及我们的时代都留下了印记。在19 世纪，没有哪个伟大的艺术家，没有哪个国家领袖，能够
228 完全不受他们的影响。让我们回到法国大革命之前的岁月，看一看这种思想的某些根源吧。

四

没有哪个思想家比康德对不加约束的热情、骚动的情感、狂想（Schwärmerei，暧昧不清、重点不明的狂热和渴望）的

反对更为强烈。康德本人是一个科学的倡导者，他想要给自然科学的方法做出理性的解释和论证，在他看来，自然科学是他那个时代的主要贡献，这一点非常正确。不管怎么说，在他的道德哲学里，他揭开了潘多拉魔盒的盖子，释放出了他本人就最早带着彻底的真诚与坚韧态度去否定和谴责的一些思想倾向。正如所有德国学生曾经熟知的，康德坚信，行动的道德价值取决于它是否是行动者的自由选择；如果某人在其不想控制或不能控制的因素影响之下采取了某种行动，无论这些因素是外在的（比如身体的强制），还是内在的（比如本能、愿望或是热情），那么，这一行动，无论结果如何，是好是坏，有益或有害，都没有道德价值可言，因为，它不是自由选择的行动，只不过是机械的因素导致的结果，是自然事件，和动物、植物的行为一样不适合于用伦理学的术语来评判。如果在自然界具有支配地位的决定论对一个人类的行动者的行为也起到了支配作用，那么，这个行动者就不能说是一个真正的行动者，因为行动就意味着能够在不同选项之间自由地选择；就这样一个例子来说，自由意志将成为一种幻觉而已。意志的自由不是幻觉，而是真实的存在，康德对此毫不怀疑。因此，对人的自律——自由评断理性选择的目标的能力——他给予了极高的重视。康德告诉我们，自我，必须“提升到高于自然需要”的地位，因为，假如人也受支配物质世界的那些规律统治的话，
“自由无从拯救”，失去了自由，也就没有道德可言。[1] 229

康德反复强调的是，使人成为人的就是相对于他的身体的

[1]《纯粹理性批判》（*Critique of Pure Reason*），A466/B494；A536/B564。

他律来说，他拥有道德的自律，因为他的肉体是由自然法则来支配的，而不是受命于他自己的内在自我。毫无疑问，康德的这一学说得益于卢梭之处相当多，在卢梭看来，所有的高贵和自尊都依赖于独立自主。被操纵就是被奴役。一个人要看别人的脸色行事，这样的世界是一个主与仆的世界，一方面是恃强凌弱、纡尊降贵、慷慨施恩；而另一方面是阿谀奉承、奴颜婢膝、口是心非、暗藏不满。不过，卢梭假定，只有依靠别人是可耻的，因为没有人会憎恨自然法则，只会恨恶意，[1] 而在这一点上德国人走得更远。康德认为，完全依赖于非人的自然——他律——是与选择、自由和道德相矛盾的。于是，我们就看到了一种新的对待自然的态度，或者，至少可以说它是古代的基督教对抗自然的观念的复活。启蒙运动的思想家们，跟他们在文艺复兴时代的前驱们（除了其中个别的反律法主义的神秘主义者）一样，倾向于把自然看作是神圣的和谐，或是一种宏大的有机的或有美感的统一体，或是由神圣的钟表匠精心创制的（抑或就是自存的、永恒的）一架精巧机械，总之，总是人们轻易离不开的一种模型。人类的一条基本需要就是要理解外部的世界，理解自身，以及他在万物的秩序中所占有的位置：假如他把握了这一点，他就不会再去追求什么跟他的本性需要不相容的目标，他之所以追随那些目标，只是因为在他对自己、对他跟其他人以及跟外部世界的关系的认识里面有一些错误的概念。就这一点来说，理性主义者和经验主义者，基

[1]《爱弥儿》（*Émile*），第二篇，见《全集》（*Oeuvres complètes*，Bernard Gagnebin 等编，巴黎，1959—1995），第 4 卷，第 320 页。

督教的自然主义者，以及异教徒和无神论者，在文艺复兴时期及其后，都是持同样的看法：像毕柯[1]和费西诺（Marsilio Ficino）[2]，像洛克，还有斯宾诺莎、莱布尼茨、伽桑狄[3]；对他们来说，上帝就是自然，自然就是上帝，而不是像奥古斯丁或 230
加尔文的看法，把自然视为精神的对立面、诱惑和堕落的源泉。这种世界观在18世纪的法国哲学家的著作里面得到了最为清晰的表达，比如爱尔维修和霍尔巴赫，达朗贝尔和孔多塞，他们自称是自然之友，在他们看来，人也要服从因果律，也要遵守通过观察和试验、测量和验证而建立的物理学和生物学的法则——就跟动物、植物和无机物一样；具体到人而言，还要遵守心理学、经济学的规律。诸如灵魂不朽、信仰人格神、意志自由之类的概念，在他们这里，统统都是形而上的虚构和幻觉。然而，康德可不这么看。

德国人对于法国人及其唯物主义思想的反抗既有社会根源，也有思想根源。在18世纪上半叶，在更早之前的一个世纪，甚至在三十年战争的破坏之前，德国就几乎没有参与到西方世界

[1] 毕柯（Giovanni Pico della Mirandola，1463—1494），意大利文艺复兴时期的人文主义哲学家，他短暂的一生充满了戏剧性的经历。最有名的事迹是在二十三岁的时候（1486年），他提出了九百个论题，跟参赛者们一一辩论，涉及宗教哲学、自然哲学和魔法等诸多领域，为此他留下了一篇著名的《论人之高贵的演说》。这篇演说辞成为文艺复兴时期人文主义的关键文献，被称为“文艺复兴的宣言书”。——译注

[2] 费西诺（Marsilio Ficino，1433—1499），意大利文艺复兴时期最有影响力的人文主义哲学家之一，还是一个星占家，柏拉图哲学的复兴者，首次将柏拉图的全部作品译成了拉丁文。他主持的佛罗伦萨学院是一所致力于复活柏拉图哲学的学校，对于意大利文艺复兴以及欧洲哲学的发展方向都产生了不可估量的重要影响。——译注

[3] 伽桑狄（Pierre Gassendi，1592—1655），法国哲学家、数学家，致力于调和伊壁鸠鲁的原子论和基督教的关系，并且发表了1631年水星凌日的正式观测记录。——译注

的伟大复兴之中来——她在宗教改革之后的文化成就无法跟15和16世纪的意大利相比，不如莎士比亚时代的英国和塞万提斯时代的西班牙，也不如17世纪的低地国家，法国就更不用说了，法兰西的诗人、士兵、政治家、思想家无论是文化上还是政治上都是欧洲的统治者，只有英国和荷兰可与之相提并论。那么，闭塞的德国宫廷和城市，甚至包括维也纳帝国，能够有何贡献呢？

与别人相比，自己在退步，而且要接受法国人带着傲慢的民族优越感和文化优越感给予的资助或轻蔑，这种感觉催生了一种集体的耻辱感——由于自尊心受到了伤害，耻辱感油然而生，并且随后又转化为愤慨和敌意。德国人最初的反应是以法国模式为榜样，然后又转向了她的对立面。让空虚而又不敬神
231 的法国人自己享受他们朝生暮死的生活，他们的物质利益，他们穷奢极欲、风光无限的追求，巴黎沙龙里风趣幽默的琐碎杂谈，还有凡尔赛宫廷里的溜须拍马吧。那些无神论者或是那些圆滑的俗世牧师们（abbés），一点都不懂真正的自然，不懂人类的真实目的所在，不理解什么是人的内在生活，什么是人最深刻的关怀——这是与人之存在及天命相关的最让人忧心的问题，亦即他与自己的灵魂、与自己的兄弟，以及（尤为重要的）与上帝的关系问题。那么，他们的哲学价值何在呢？返观内心的德国虔敬派放弃了法语和拉丁语，转向了他们自己的本土语言，并且在谈到法国文化的晕轮效应（Glittering generality），谈到伏尔泰及其效仿者渎神的格言警句时，语带轻蔑与憎恶。那些法国文化的虚弱的模仿者、法国风俗以及口味的效颦者，在德国小公国里，更是受到蔑视。在分裂为三百个宫廷和政府的德国，出身卑贱的人，尤其是其中一些最诚

实、最有天赋的人，受到专制而又常常是愚蠢、残暴的德国大小王公及其官员们的压榨和辱蔑，对于德国社会这种社会压迫和令人窒息的空气，德国文人的反抗极为强烈。

愤慨情绪的喷发形成了一场思想运动的核心，后来，这场运动以参加运动者创作的一出戏剧的名字来命名，称为“狂飙突进”。在他们的戏剧中，充斥着绝望的吼叫、野性的愤怒，怒气和憎恶猛烈喷发，激情不可遏止而破坏力强大，还有难以想象的犯罪行为，就连伊丽莎白时代戏剧中的暴力场面与之相比也会逊色。不惜任何代价，无论何种形势，他们为激情、个性、力量、天赋、自我表达而欢呼，而结尾，通常是流血和犯罪，这是他们反抗扭曲、可恶的社会秩序的唯一方式。因此，所有这些暴力的英雄人物——Kraftmenschen，Kraftschreiber，Kraftkerls，Kraflknaben[1]——在克林格[2]、舒巴特[3]、莱泽维茨[4]、伦茨[5]，甚至包括儒雅的莫里茨[6]的书里

[1]［这几个术语难以（妥帖地）译出。Kraft意指力量（power，strength，force），其余成分指“人”“作家”“伙伴”“男孩”。“狂飙突进”是“强力者”（Kraftmensch）运动的发展。］

[2] 克林格（Friedrich Maximilian von Klinger，1752—1831），德国剧作家、小说家，《狂飙突进》的作者。——译注

[3] 舒巴特（Christian Friedrich Daniel Schubart，1739—1791），德国诗人。——译注

[4] 莱泽维茨（Johann Anton Leisewitz，1752—1806），德国作家、法学家。——译注

[5] 伦茨（Jakob Michael Reinhold Lenz，1751—1792），德国剧作家，狂飙突进运动的代表人物之一，他的论文《论戏剧》（1774）可以说是狂飙突进戏剧的理论纲领。代表作是《家庭教师》（1773）和《士兵们》（1775）。——译注

[6] 莫里茨（Karl Philipp Moritz，1757—1793），德国作家，狂飙时代为下层人民所喜爱的小说家，他的四卷本自传体小说《安东·赖泽尔》（1785—1794）是当时最有代表性的作品之一。曾任柏林艺术学院古代文化教授。对德国古典美学的形成有重要影响。——译注

232 都有歇斯底里的表现；到后来，生活开始模仿艺术，出现了一位瑞士冒险家克里斯托弗·考夫曼——他自称是基督和卢梭的追随者，赫尔德、歌德、哈曼、维兰德、拉瓦特尔都曾深受其影响——有一队粗野的信徒，遍及德国各地，他们谴责高雅文化，鼓吹无政府的自由，狂野而又神秘地公开颂扬肉体和精神，难以自制。

对于这种无法无天的狂想，甚至可以说是情感的暴露癖和粗俗之举，康德十分厌恶。尽管他也谴责法国的百科全书派的机械论心理学，认为它是对道德的破坏，而他自己的意志概念就是行动中的理性。康德坚信，意志之真正的自由，恰恰因为它听从理性的指令，而理性所产生的普遍规则适用于所有有理性的人；由此，他就摆脱了主观主义，实际上是摆脱了非理性主义。正是当理性概念晦暗不明（这一点在实践中意味着什么，康德从来不曾说清楚过），唯有独立意志还葆有人的独特之处——使他区别于自然——的时候，新的学说开始沾染上了狂热（Stürmerisch）[1] 情绪。在康德的门徒、剧作家和诗人席勒那里，自由概念开始越出了理性的樊篱。在席勒的早期作品中，自由是核心概念。他谈到“立法者自己，上帝就在我们内心”，谈到“高高在上的，魔鬼般的自由”，“就在人心里，纯粹的魔鬼”。在人抵抗住自然的压力，展示出“在情感压力之下独立于自然法则的道德自觉”[2] 的时候，人是最崇高的。而

[1] 即 Turbulent。

[2]《席勒作品集（国家版）》（*Schillers Werke: Nationalausgabe*，魏玛，1943—2012），第 20 卷，第 303 页第 13 行；第 21 卷，第 46 页第 30 行；同上，第 52 页第 28 行；第 20 卷，第 196 页第 6 行。

将人提升到高于自然之上的地位的，是意志，而不是理性，当然也不是情感，那是人与动物一样共有的东西；而且，在自然与悲剧式的英雄人物之间或许会看起来不那么和谐，但完全不必为之哀叹，因为，人的独立意识恰恰由此而得以唤醒。

相对于卢梭对自然和永恒价值的召唤而言，这是一种明显的断裂——更不必说柏克、爱尔维修或是休谟了，他们的 233
观点也是大相径庭。在席勒早期的戏剧中，他所颂扬的，正是个人对于（社会的或是自然的）永恒力量的抵抗。在 18 世纪 60 年代的莱辛和 80 年代早期的席勒，这两位德国启蒙运动（Aufklärung）的领袖人物之间的对比之强烈，或许是最为鲜明的了。莱辛在其 1768 年创作的剧作《明娜·冯·巴恩赫姆》（*Minna von Barnhelm*）中刻画了一个骄傲的普鲁士官员，无辜被指控为罪犯，但他不屑于为自己辩护，宁可一贫如洗、声名扫地，也不为自己的权利抗争；他精神高贵，但又头脑顽固；他的高傲让他不愿屈尊跟诬告他的人争吵，而正是他的情妇明娜施展手腕，机智而体面地使他摆脱困境，并且恢复了名誉。主人公陆军少校台尔海姆，因其荒唐的幽默感，被莱辛描绘成一个带点儿傻气的英雄人物；恰恰是凭借了明娜的世俗心计，他才得以脱身，使得一个可能会出现的悲剧结局变成了惹人喜爱的喜剧。而在席勒笔下，《强盗》中的卡尔·穆尔——跟台尔海姆同样的角色——就被抬到了悲剧人物的顶点：人品卑劣的兄弟背叛了他，父亲又剥夺了他的继承权。因为感及个人的遭遇，并且目睹其他不公正的受害者，他决心要报复这个可憎的、伪善的社会。他组织了一帮强盗，杀人越货，把对他的情妇的爱抛到一边——他不得不轻装上阵，以便发泄心中怒火，要把那个让他变成一个罪犯的万恶社会打个粉碎。最后，穆尔到警察那里去自首，要求得到惩罚，不过，他是一个高贵的罪犯，品质远远超出那个以往漠视他的人格的堕落社会之上；席勒在他的墓碑上写下了一段感人的墓志铭。

在卡尔·穆尔和台尔海姆之间，有十八年的时间差距：正是在这段时间里，“狂飙突进”这一反叛性的思潮达到了它的
234 顶峰。席勒在他的后期作品中，像柯勒律治、华兹华斯、歌德一样，与世俗和解，转而鼓吹政治顺从而不是主张反叛。不过，甚至就在他的后期阶段，他仍然转向了这样一种概念：意志就是对于自然和习俗的纯粹的轻蔑。因而，在讨论高乃依[1]的《梅黛》（*Médée*）时，席勒说，当梅黛为了报复抛弃她的詹森，而杀死了他们两个人的孩子时，她是一个真正的悲剧式英雄人物，因为她凭借超人的意志力公然反抗环境与自然的力量，摧垮了自然的情感，不让自己变成一个单纯的动物，不让自己在无法抗拒的激情役使下到处驱驰，而是用她的犯罪行为，展示了一种自主的人格战胜自然的自由，即便这种自由转向了完全罪恶的目的。一个人最重要的，是自主行动，而不是被动行事；席勒告诉我们，法厄同强驾阿波罗的太阳车，终于送了命，不过，那是他在驾驶而不是被驱驾。[2] 一个人交出了

[1] 高乃依（Pierre Corneille，1606—1681），法国悲剧作家，最著名的四部悲剧是《熙德》《贺拉斯》《西拿》《波利厄克特》。《梅黛》是他在 1635 年发表的第一部悲剧。——译注

[2] 古希腊神话中，法厄同是太阳神的儿子，因鲁莽强驾太阳车，从天上掉下摔死。——译注

自己的自由，也就等于交出了他自己，失去了他的人性。

卢梭也这么说过，不过，他彻头彻尾是启蒙运动之子，相信铭刻在所有人心头的是永恒的真理，唯有腐化堕落的教化才会导致他们丧失解读这些真理的能力。席勒也同样假定，曾经有过思想、意志和情感的和谐统一，亦即，人曾经是完整的人，后来由于财富、文化和奢靡而造成了致命的伤害。这又是一种失乐园的神话：因为某种原因，我们与大自然灾难性地疏离，被赶出了乐园；跟希腊人比起来，他们要比我们离乐园更近。在自然和历史的法则与人的意志、天赋的自由以及为自己作主的天职之间，席勒也努力想做些调和；最终，他相信人类唯一可得到的救赎在艺术领域之中，在那里，人们可以摆脱因果循环的踏车——用康德的话来说，人只不过是踏车上的“转叉狗”[1]而已，受到外部力量的驱使。剥削别人就是罪恶，因为这是把人当作达到目的的工具来使用，为的不是这些人自己的目的，而是操纵者的目的，是把自由的生命当作好像他们是物品、工具一样来对待，是故意否定他们的人性。席勒也摆荡 235
不定，一方面是向自然唱赞歌，在其早年的古希腊时代，自然是与人类和谐一致的，另一方面，自然又是一个破坏者，是不祥之兆；“她把人们踩入泥土，不分高下贵贱，蚂蚁的世界她都保全；而对人，她最得意的创造物，她却将其漫不经心地揉捏在她巨大的臂膀之中”。[2]

[1]《康德全集》（*Kant's gesammelte Schriften*，1900— ），第5卷，第97页第19行。
[2]《席勒作品集》（*Schillers Werke*），前引书（第233页注释1），第21卷，第50页第11行。

东普鲁士是最让德国人的自尊心（amour propre）感到受伤害的地方，那里仍然是半封建的状态，仍然是深陷于因循守旧者的统治之下；没有哪个地方比那里对腓特烈大帝的现代化政策的抵触情绪更深，他引进了法国的官吏来推行这些政策，而他们对待他那些朴素、落后的臣民毫无耐心，给予公然的羞辱。因此，在这一地区出生的最有天赋、最为感性的孩子，像哈曼、赫尔德以及康德，对于这些缺乏道德判断力的人把外来的办法强行施加于德国这一虔诚的、内省的文化之上，以期求得文化水平的提高的活动，表现出尤为激烈的反对，这一点也就不足为奇了。康德和赫尔德至少还尊敬西方世界的科学成就，而哈曼，则连这些东西也一并拒斥。这样一种精神，一个世纪之后，托尔斯泰和陀思妥耶夫斯基曾经讲过，往往是西方人的一种自感丢脸之后的反应，是一种酸葡萄心理（或许是升华了的形式，不过终归是酸葡萄），亦即，假装自己得不到的东西是不值得去争取的。

赫尔德正是在这种苦楚的氛围之中写下了这样的话："我并不是在这里思考，而是在这里感受，在这里活着！"[1] 巴黎的哲人们把知识和生活都简化成人为制定的规则的一些体系，简化成对于外在事物的探求，人们为此而作贱自己，出卖他们的内在自由，出卖他们的诚实品质；人们，德国人，理应尝试为自己活着，而不是效法、模仿那些跟他们自己真正的本性、记忆以及生活方式毫无关系的异乡人。一个人的创造力要想得到充分发挥，只能是在他自己的出生地，跟那些与他在身体上、

[1] 见上引（第 42 页注释 1）。

精神上类似的人生活在一起，那些人跟他讲着同样的语言，让 236
他感觉像回到家一样自在，跟他们在一起让他有归属感。唯有如此，真正的文化才能产生出来，每一种文化都是独特的，都对人类文明做出自己特殊的贡献，而且都通过自己的方式去探求自己的价值，而不是被淹没在某种四海一家的大同世界里面；那种大同世界剥夺了所有土生土长的文化的独特内容和丰富色彩，剥夺了它们的民族精神和天赋，而这些文化只有在他们自己的土壤中，扎下自己的根系，并且可以远溯到某种共有的过往经历，才会枝繁叶茂。文明就像一个花园，只有百花齐放，草木繁盛，花园才会变得丰饶、美丽；而那些征服性的大帝国，像罗马、维也纳、伦敦，却是花花草草的践踏者，并将它们连根拔除。

这就是民族主义的——更是民粹主义的——开端。赫尔德肯定了多样性和自发性的价值，提倡差异，主张人们选择不同的道路，各有其独特的风格、表达和感受的不同方式，反对万事万物都用统一的永恒标准来衡量。实际上，就是反对用显赫一时的法国文化为标准，那时它正声称自己的价值是放之四海皆准的，永远有效，不可更改。一种文化跟另一种文化并非简单的接替关系。希腊不是罗马待客的前厅。莎士比亚的喜剧也不是拉辛和伏尔泰的悲剧的初级形式。这一点有着重大的意义。如果每一种文化表达了而且有权表达它自己的视域，而且，如果不同的社会和生活方式，其目标和价值不可比较，那么，也就是说，没有任何一套唯一的原则，没有什么普遍的真理，是无论何时何地对任何人都是适用的。一种文明的价值观有可能不同于另一种文明，而且，或许根本无法比较。假如，抛开了自命为裁判者却漠视历史的精英阶层那些教条宣教的束缚和压制，沿着自己的天赋路径自然地发展、自由地创造，可以被视为最高的价值；假如，真实性和多样化不被当作权威、
237 组织和集权的牺牲品，后者会冷酷无情地导向单调一致，同时却破坏了人们最珍爱的东西（他们的语言、他们的制度、他们的习俗、他们的生活形式，一切让他们成为自己的东西）；那么，建立起一个世界，根据普遍接受的理性法则来组织的世界，亦即理想社会，这一点就是无法为人所接受的。康德为道德自由的辩护以及赫尔德为文化独特性的呼吁——尽管前者坚持理性原则，后者相信民族差异未必导致冲突——动摇了我前面所说的西方主流传统的三大支柱，有人也许会称之为破坏。

颠覆了这一传统，将会对谁有利呢？不是情感的统治，而是意志的决断——在康德看来，是决定去做普遍正确之事的意志，而在赫尔德那里，表述更为尖锐：意志，就是在自己的地盘过自己的生活，发展自己的特有的（eigentümlich）[1] 价值，唱属于自己的歌，在自己的家里受自己的法律管辖，而不是被属于所有人同时也就是不属于任何人的某种生活方式所同化。黑格尔曾经说过，自由，就是自在自为（bey sich selbst seyn）[2]，亦即，无拘无束，不受什么不属于自己的东西，或是阻碍其自我实现的外在障碍影响——无论是来自个人还是来自文明。地上的天国，全人类的黄金时代，所有人和平共处、情

[1] 即 Characteristic。
[2] 即 “Being oneself”。黑格尔：《全集》（Georg Willhelm Friedrich Hegel, *Sämtliche Werke*, Hermann Glockner 编，斯图加特，1927—1951），第 11 卷，第 44 页。

同手足的一种生活，这些从柏拉图到 H.G. 威尔斯的历代思想家的乌托邦设想，都与此不相容。这种对于一元论的否定，在适当的时候，一方面会导致柏克和默泽尔的保守主义；另一方面，会是浪漫主义式的自负，民族主义，英雄和领袖崇拜，最终导向法西斯主义、残忍的非理性主义以及对于少数民族的压迫。然而，这一切尚未到来：对多样性的辩护，对普世主义的抵制，在 18 世纪仍然是文化、文雅、理想与人道的表现。 238

五

对于前述思想，费希特又往前有所推进。费希特是真正的浪漫主义思想之父，尤其因为他称颂意志胜过安稳平静、不着边际的思想；他的灵感来自康德和赫尔德（尽管受后者影响不甚明显），是法国革命的敬慕者，不过，革命的恐怖让他失望；同时，德国之不幸令他感到屈辱；言辞之间，为理性与和谐而辩护——如今这些词的意义已经越来越弱化和模糊难懂。人对于自身是什么的意识，意识到他自己跟别人、跟外部世界的不同——这意识靠的不是思维或沉思，因为思想越是纯粹，就会越是沉迷于它的对象，同时也就更少意识到自己的主体地位；遭遇抵抗的时候，自我意识才会突然冒出来。正是那些外在于我的东西对我所造成的影响以及抵抗它们的努力，才让我知道我是什么，意识到我的目标、我的本性、我的特质是什么，与那些不属于我的东西相对；而且，既然我在这个世界上不是孤单一人，而是如柏克所言，与他人有着万千联系，那么，恰恰是这些影响使得我理解了什么是我的文化、我的民族、我的语言、我的历史传统、我的真正家园，它们曾经如何，现在又如何。我为满足自己的需要而向外在的自然界开拓，我观察它的时候，带着我的需要、我的脾气、我的疑问，还有我的渴望：“我接受自然提供给我的东西，并不是因为我必须这么做，”费希特如此宣告，“因为我愿意，所以我相信”。[1]

笛卡尔和洛克显然搞错了——人的心灵不是自然想印什么就在上面印什么的一块蜡，它也不是一个物体，而是一种永久的运动，根据它的伦理需求而塑造它的世界。正是由于行动的需要而产生出了对现实世界的意识：“我们不是因为认识而行
239 动。我们认识，是因为我们被要求去行动。”[2] 我对于某物应该怎样的想法有了变化，也将会改变我的世界。诗人的世界——这可不是费希特的语言——跟银行家的世界是不一样的，富人的世界不同于穷人的世界，法西斯主义者的世界不同于自由主义者的世界，用德语思考和言说的那些人的世界也不同于法语的世界。费希特还更进了一步：价值、原则、道德和政治的目标，都不是客观既定的，不是自然或是超验的上帝施加于它的代理人的；不是我的目标决定了我，而是我决定了目标。[3] 食物不能产生饥饿，而是我的饥饿让它变成了食物。[4] 这是崭新的、革命性的思想。

[1]《费希特全集》(*Johann Gottlieb Fichte's Sämmtliche Werke*，I. H. Fichte 编，柏林，1845—1846)，第 1 卷，第 256 页。
[2] 同上，第 263 页。
[3] 同上，第 264—265 页。
[4] 同上，第 263 页。

在费希特那里，自我这一概念并不是十分清楚：它不可能是经验性的自我——受限于物质世界的因果必然性，而是一种永恒的、神圣的精神，超乎时空之外，经验性的自我只是其暂时的发散表现。在别的地方，费希特似乎是把它当作一种超越个人的自我——群体（the Group），比如文化、民族、教会——来谈论，我只是其中的一种构成成分。由此肇端的，就是政治上的拟人论，将国家、民族、进步、历史转化为超知觉的行动者（agent）；假如我想要理解自我，理解自身的意义所在，以及我尽我所能可以成为和应该成为什么样子的人，那么，我就必须用这些主体无限的意志来认同自己有限的愿望。而我唯有通过行动才能理解这点："人应该是什么，应该做什么"[1]，"我们一定要做生命之加速力量，而不能只是其回声，或是附属品"[2]。人的特质就是自由，尽管我们也说理性、和谐以及在一个理性化的有组织的社会里面一个人的目的要跟其他人的目的相调和，然而，自由终将是一种崇高而又危险的天赋："不是自然，而是自由，是自由本身造成了我们人类一族最激烈、最恐怖的混乱失序……人最残酷的敌人就是人自身。"[3] 自由是一把双刃剑；正是因为野人是自由的，他们才相
互吞噬。文明的民族都是自由的，既有和平生活的自由，彼此 240
争斗、制造战争的自由也是一点都不少；"文化不能震慑暴力，它是暴力的工具。"费希特提倡和平，不过，假如要在自由与

[1]《费希特全集》（*Johann Gottlieb Fichte's Sämmtliche Werke*，I. H. Fichte 编，柏林，1845—1846），第 6 卷，第 383 页。
[2] 同上，第 7 卷，第 374 页。
[3] 同上，第 2 卷，第 269 页。

其暴力的潜能或是屈服于自然力量之下的和平之间做选择的话，他毫无疑问会选择自由，而且的确会认为如此选择之不可逃避正是人的特质。创造亦属于人之特质；因而，劳动是高贵的——事实上这一学说就是由费希特提出的；由于有创造的需要，劳动就是将我的创造特性施加于物质之上，使其得以产生出来的过程；它是我的内在自我得以表达的一种方式——为了民族和文化而征服自然、获得自由正是意志的自我实现："崇高的、鲜活的意志！没有什么名字可以为它命名，没有什么思想可以为它做指引！"[1]

费希特的意志是一种动态的理性、行动中的理性。然而，在耶拿和柏林的演讲大厅里面，给他的听众们留下深刻印象的，似乎并不是理性，而是物力论（dynamism），是自我决断；人的神圣天职就是依靠他不可屈服的意志来改造他自己以及他的世界。这是新奇而又大胆的想法：利用某些特殊的才能可以在人的内部或是在某一个超验的领域之内发现的那些客观价值，其实并不是我们的目标，尽管两千多年来人们一直那么认为。目标根本就不是被发现的，而是被制造出来的——不是发现而是创造。后来，俄罗斯作家亚历山大·赫尔岑在19世纪曾经发问："在我起舞之前，舞蹈在哪里呢？在我绘画之前，图画在哪里呢？"的确，在哪里呢？约书亚·雷诺兹认为，它栖居在人无法感知的、永恒的柏拉图式的九重天之上，只有得到灵感的艺术家可以看清，并且选择他最适合的工作媒介（如

[1]《费希特全集》(*Johann Gottlieb Fichte's Sämmtliche Werke*, I. H. Fichte 编，柏林，1845—1846)，第2卷，第303页。

帆布、大理石、青铜等等）来加以体现。不过，俄罗斯作家隐含的答案是，在我们把艺术作品创造完成之前，其实它哪里都不在，创造就是创造没有的东西——一种有关纯粹创造的美学，费希特将其运用在伦理学领域，以及一切活动的领域。人 241
并不仅仅是诸种预先存在的元素的混合体；想象不是记忆，它实实在在就是创造，就像上帝创世一样的创造。没有什么客观的法则，有的只是我们制造的法则。

艺术不是反映自然的镜像，或是根据某些法则（比如和谐或是透视）来创造一个给人以愉悦的对象。按照黑格尔的教导，艺术就是个体精神的自我表达或是交流的一种手段。问题是这种活动的质量如何，确实性如何。如果我——创造者——不能控制我的所作所为的经验结果，那么，它们就不属于我，不能构成我的真实世界的一部分。我能够控制的唯有我自己的动机、我的目标，以及我对待人和事的态度。假如别的人让我受伤，我也许会遭受身体上的痛苦，但我不应该为此而忧伤（——除非伤害我的人是我所尊敬的），这在我控制能力之内的。"人是两个世界的居民"，一个是物理世界，这是我不能忽视的；另一个是精神世界，这是在我能力范围之内的。[1] 为何世俗的失败无关紧要，世俗的利益——财富、安全、成功、声誉——微不足道，无法与那唯一有价值的、我作为一个自由的生命的自尊，以及我的道德原则，还有我的艺术的、人性的目标相比拟？这就是原因所在。假如为了前者而放弃了后者，

[1]《费希特全集》(*Johann Gottlieb Fichte's Sämmtliche Werke*, I. H. Fichte 编，柏林，1845—1846)，第 2 卷，第 288 页。

就是牺牲了我的荣誉和独立，为了外在的东西、经验性的因果循环而牺牲了我真正的生活，这也就意味着扭曲我所知道的真理，作贱自己，对自己的背叛——对费希特及其追随者而言，这就是最大的罪。

这就与拜伦笔下那些阴郁的英雄人物的世界相去不远了。那是一些恶魔般的无家可归者，傲慢自大、桀骜不驯、邪恶可怕——比如曼弗雷德、贝波、康拉德、拉拉、该隐[1]；他们藐视社会，无视痛苦，而又破坏力强。从世俗的观念来看，他们或许应该被称为有罪之人，是人类之敌，是被诅咒的灵魂；但是，他们是自由的，他们不会口是心非，他们忠实于自己，哪怕为此付出高昂的代价，要忍受创痛，遭人仇视。就像半个世
242 纪之前，歌德的少年维特一样，拜伦主义席卷了欧洲；在贪婪、堕落、愚蠢之徒的统治之下，周遭充斥了卑鄙、腐化与伪善，在这种环境里面，空气令人窒息，拜伦主义就是对这种现实的或是想象中的精神窒息的抗争。真实就是一切："生命的伟大目标就是感受，"拜伦曾经这么说，"感受我们的存在，哪怕是在痛苦之中"。[2] 他笔下的英雄，一如费希特对他

[1] 曼弗雷德（Manfred）、贝波（Beppo）、拉拉（Lara）、该隐（Cain）都是拜伦诗作中的人物。——译注

[2] 他接着写道："正是这种'欲望的空虚'驱使我们去游戏——去战斗——去旅行——去追求那些没有节制却给人强烈刺激的东西，而它们的主要吸引力是与其成就感分不开的躁动。"《拜伦书信与日记》（*Byron's Letters and Journals*，Leslie Marchand 编，伦敦，1973—1794），第 3 卷，第 109 页。此语出自 1813 年的一封信（9 月 6 日致 Annabella Milbanke）。早在半个世纪之前，苏格兰作家亚当·弗格森将这种"欲望的空虚"（craving void），以及对于危险与战争的嗜好，对于倦怠的憎恶，作为他批评当时人的品行以及法国说理者（raisonneurs）的心理状态的要点。1767 年，弗格森发表著名的《文明社会史论》，其中将荷马时代的美德与现代社会的驯服特性加以对比，经过克里斯蒂安·加尔弗翻译之后，此说在德国风行一时。

本人的戏剧化评价，都是孤独的思想者；“他对所有人都是极度轻蔑的：[……] 在这个呼吸生活的世界里，他一直是个陌生人。”[1] 对一切包围我们、束缚我们的东西，一切说服我们相信脱离牢笼只是幻想而我们只是无法打破的某种宏大机器上的零部件的企图，统统要加以抨击——这就是浪漫主义的反叛常见的注解。当布莱克说“红腹知更鸟关在笼子里 / 极乐世界为之愤怒”[2] 的时候，这里的牢笼指的是牛顿的体系。洛克和牛顿都是魔鬼；“理性”就是“秘密杀手”；[3] 而“艺术是生命之树 [……] 科学是死亡之树”。[4] “知识之树抢走了我们的生命之树”，更早一辈的哈曼就这么说过，[5] 拜伦又一次复述了这句话。自由包括了打破规则，或许，还牵涉到犯罪行为。比较 243
早地述及这一注解的，是狄德罗（也许，还有弥尔顿的撒旦概念，以及莎士比亚的《特洛伊罗斯》[6]）；狄德罗把人构想为上演一场永不停息的内战的剧场，内在的部分，亦即自然人，努力要摆脱外在的人，亦即教化与习惯的产物。狄德罗将二者加以类比：罪犯与天才，孤独者与野蛮人，打破规则、蔑视传统、敢于冒险的人与头脑冷静、彬彬有礼、善于合作但过于驯服、没有激情的人。“行动——世界的灵魂是行动，而不是快

[1]《拉拉》(*Lara*)，第 1 章，第 18 节，第 313，315 行。
[2]《天真的预言》(‘Auguries of Innocence’)，第五行，《威廉·布莱克作品集》(*William Blake's Writings*, G. E. Bentley, Jr 编，牛津，1978)，第 2 卷，第 1312 页。
[3]《耶路撒冷》(‘Jerusalem’，图第 64 页第 20 行)，同上书，第 1 卷，第 555 页。
[4]《拉奥孔》(‘Laocoon’，格言 17，19)，同上书，第 2 卷，第 665，666 页。
[5]《哈曼书信集》(Johann Georg Hamann, *Briefwechsel*, Walther Ziesemer 和 Arthur Henkel 编，威斯巴登和法兰克福，1955—1979)，第 6 卷，第 492 页第 9 行。
[6] 此处应指莎士比亚剧作《特洛伊罗斯与克瑞西达》(*The History of Troilus and Cressida*)。——译注

乐［……］没有了行动，一切的感情和知识都只不过是推迟的死亡。”［……］“清场！上帝笼罩了虚空，一个世界诞生。破坏！某种东西将会出现！哦，神圣的情感！”[1] 比拜伦更早五十年，伦茨，狂飙突进运动真正的声音这样说道。重要的是创造性的冲动有多么强，以及本性（nature）——这种冲动的源泉——有多么深，还有一个人的信仰、为了原则而献身的准备（其价值要远远超过对原则的信奉是否正确）有多么真诚。

伏尔泰和卡莱尔都曾经在文章中谈到穆罕默德。伏尔泰的戏剧纯粹是对蒙昧主义、褊狭、宗教狂热的冲击；当伏尔泰说，穆罕默德是一个盲目的大搞破坏的野蛮人，他实际所指的（众所周知）是罗马教会，在他看来，对于正义、幸福、自由、理性这些满足无论何时何地所有人的最深层需要的普世目标来说，罗马教会是最大的障碍。一个世纪之后，当卡莱尔又谈到同一主题时，他关心的只是穆罕默德的个性，这个人是用什么材料做成的，而不是这个人的教义及其造成的影响：卡莱尔称之为“热情如火，一腔热诚”之人，具有“深刻、伟大、真正的诚挚感情”。[2]“真诚！热情！热血！博爱！生命！”[3] 这些是赫尔
244 德的用语。18 世纪的后三十年，对于伏尔泰以及法国人沙龙

[1] 伦茨：《关于戈茨·冯·贝利辛根》，（‘Über Götz von Berlichingen’），载三卷本《著作书信集》（Jakob Michael Reinhold Lenz, *Werke und Briefe in Drei Bänden*, Sigrid Dam 编，慕尼黑 / 维也纳，1987），第 2 卷，第 638 页［引语为意译］。

[2] 托马斯·卡莱尔：《先知英雄》（‘The Hero as Prophet’），载《论英雄、英雄崇拜和历史上的英雄业绩》（Thomas Carlyle, *On Heroes*, *Hero-Worship*, *& the Heroic in History*, Michael K. Goldberg 等编，伯克利等，1993），第 40，39 页。

[3] 前引书（第 42 页注释 1），第 5 卷，第 538 页。

里的“二流”[1]闲谈的抨击在德国颇为流行。又过了半个世纪，在欧洲大陆，理性的幸福这一目标——尤其是边沁所表述的那种理性的幸福——被新的、浪漫主义的一代人丢弃了，对他们来说，快乐只不过是“舌头上的温吞水”；这个短语，荷尔德林说过，[2]但也可以归之于缪塞或莱蒙托夫。歌德、华兹华斯、柯勒律治，甚至还有席勒都已经跟既存的秩序和平相处了。谢林与蒂克，弗里德里希·施莱格尔与阿尔尼姆[3]，还有其他的大批激进主义者到后来也是如此。不过，在他们的早期岁月，这些人也歌颂过自由意志、创造性的自我表达的意志力量，及其对于历史及后代的观念的关键影响。

他们那些思想的表现形式之一，就是有关艺术家的一种新的形象：艺术家之所以超迈于常人，不仅仅因为其天资卓越，尤其是因为他具有为了内心的神圣启示而将生死置之度外的英雄气概。也正是由于有这样一种理想，不惜一切代价去追求自由的民族、阶级或是少数人这一观念才被赋予了生命，得以塑造而变形。更让人不安的表现，是对领袖、对创造者的崇拜：就如同制造一件艺术作品一样，他们制造一种新的社会秩序；就像作曲家塑造声音、画家塑造色彩一样，他们塑造人——那些太贫弱而无法凭借自己的意志力得到拯救的人。非凡卓越之人，卡莱尔和费希特深表敬意的英雄和天才，是能够提升

[1] 卡莱尔：《文人英雄》（Carlyle，‘The Hero as Man of Letters’：前引书（第 244 页注释 2），第 161 页。

[2]《亥伯龙神》（*Hyperion*），第一卷，第一篇，荷尔德林《全集》（Hölderlin，*Sämtliche Werke*，Norbert v. Hellingrath 等编，柏林，1943），第 2 卷，第 118 页。

[3] 阿尔尼姆（Arnim，Ludwig Achim von，1781—1831），德国作家。——译注

其他人的，可以把他们提升到仅凭其自己之力达不到的境界，即使为达此目的，不得不付出的代价是群众遭受折磨和做出牺牲。

有一种观点，两千多年来一直在欧洲流行，亦即，现实世界有一种固定不变的结构，而且有一些伟大的人物，他们可以在理论上或是实践中正确地把握这一结构，他们是了解真理的智者，或是知道如何去实现他们目标的那些行动者、统治者和
245 征服者。某种意义上，是否伟大的评判标准，就在于能否成功获得正确的答案。不过，在我说的那个时代，英雄已经不再是发现者或是大赢家，而是创造者，甚或，更其是一种圣徒、烈士、牺牲者的世俗化身。而在精神生活中，并没有客观的原则或价值——原则及价值之所以成为客观的，靠的是坚定的意志，而一个人或一个民族的世界及其规范，也正是由坚定的意志来塑造的；行动决定思想，而不是思想决定行动。认识，就是强加上一种体系，而不是被动地登记在册，费希特这么说；而且，法律不是从事实中提取的，而是来自我们自身。如同意志发号施令一样，一个人会对现实加以分类。如果发现经验的事实难以分类，就必须把它们放在其自身的位置上，即在机械的因果链条之中，而这就与精神生活——与道德、宗教、艺术、哲学、目的而非手段的领域——没有关系了。

对这些思想家来说，日常的生活，对于现实的常识概念，尤其是自然科学与实用技术的那些人为建构——如经济的、政治的、社会学上的建构，以及一般意义上的那些人为建构，都是一种无根基的、功利主义的向壁虚构，后来被索雷尔称为

“小科学”(la petite science),[1] 亦即它们只是技术人员和普通人发明的方便法门，不具有实在性。在弗里德里希·施莱格尔和诺瓦利斯，瓦肯罗德、蒂克和莎米索，尤其是霍夫曼看来，日常生活的整饬有序只不过是笼罩在现实真相的可怖景观之上的一层纱幕而已，真正的现实没有结构，而是一个狂乱的漩涡，是创造性精神的永恒的漩涡（tourbillon），不受任何体系的拘束：生命与运动不可能用静止的、无生命的概念来表现，无限的、无边际的事物也不能用有限的、固定的东西来表现。一件完成的艺术作品，一篇系统化的论文，就是试图凝固流动的生命之流；而唯有碎片、暗示、惊鸿一瞥，才有可能传递出现实的永恒运动的信息。狂飙运动的预言家哈曼曾经说过，实 246
际生活中的人只是一个梦游者，他什么也看不到，所以才会有安全感和成就感；假如他看到的话，他就会发疯，因为自然是“一种狂野的舞蹈”，更接近自然的，不是法国哲学家、官员、科学家，不是那些通情达理之人，也不是启蒙之后的官僚体制中的中坚人才，而是那些生活不正常的人——逃犯、乞丐、流浪汉、空想家、病人、反常之人：“知识之树已经抢走了我们的生命之果。”[2] 在早期的德国浪漫主义戏剧和小说中，作家的灵感来自努力揭示这样一种概念只不过是骗局和错觉——现实有一种稳定的、可以理解的结构，冷静的观察者可以对其加以描述、归类、解剖和预测。那仅仅是表面的帘幕，用来保护那

[1] 乔治·索雷尔《论暴力》(Georges Sorel，*Réflexions sur la violence*)，1908，第4章第3节。

[2] 前引书（第243页注释6)，第6卷，第492页第9行。关于梦游者，参见同书，第1卷，第369—370页。

些感觉迟钝或是不敢面对真相的人逃避掩盖在资本主义虚伪秩序之下的可怕的混乱景象。宇宙的反讽把我们都玩弄于股掌之间，蒂克写道：“我们肉眼所见的部分就好像色彩斑斓、图形各异的挂毯［……］而在这些挂毯之外的部分，是由梦想和迷狂所主宰的领地，谁也不敢搬开挂毯，看看幕后是什么样子。”[1]

蒂克是新小说和荒诞派戏剧的创始人。在他的《威廉·罗维尔》（*William Lovell*）里，凡事都走到了它的反面：个人的变成了非个人的；活的被发现是死的；有机的变成了机械的；真实的变成了人工的；追求自由的人却陷入了最黑暗的奴役之中。在蒂克的戏剧中有一种刻意为之的混淆，亦即把想象与真实糅合在一起：剧中（或者剧中之剧）的人物会批评这部戏剧，抱怨情节的设计，甚至不满意剧场的布置；诸多观众忠告并且要求保留一些想象，因为想象是所有戏剧的基础；而舞台上的剧中人物严厉地回答他们，让真正的观众们困惑不解；在人物对话的过程中，不时会插入音乐伴奏和动感的节拍。在
247 《泽尔比诺王子》（*Prince Zerbino*）中，当王子灰心丧气，以为走不到旅途终点的时候，他命令这部戏回头重来——各个事件颠倒顺序，重新编排，宛如从未发生；意志是自由的，它可以随心所欲地安排。在阿尔尼姆的一部戏中有个老贵族，他抱怨自己的腿越长越长——这就是厌倦的后果。老人的精神状态被外化了；进一步说，他的厌倦本身就是老迈的德国行将就

[1] 蒂克：《威廉·洛维尔》（Johann Ludwig Tieck, *William Lovell*），第 6 篇，第 9 封信，William Lovell 致 Rosa。

木的象征。正如一位颇有见地的俄罗斯当代批评家所评论的那样，这是表现主义在百年后的魏玛时期大获成功之前一次的精彩绽放。

对于表象世界的抨击有时候采取的是超现实主义的形式：在阿尔尼姆的一部小说里，有个英雄人物发现他进入了一个漂亮妇人的梦里面，她给他安排座椅，邀请他入座，而他却想从别人的梦里逃出来，当看到那张椅子仍然空着的时候，他感到无比的轻松。霍夫曼将这种对客观世界的斗争，对客观性这一概念本身的斗争，发展到了其外在的极限：化身为黄铜门扣的老妇人，或者是跨进白兰地酒杯的国会议员们，都消散为酒精雾气，漂浮游荡，后来终于重新凝结回了自己，回到他们的扶手座椅上，或是又穿上了她们的晨衣——这些并非天真的奇思妙想，而是狂乱无稽的想象，在这种想象里，意志是不受控制的，真实的世界原来只是种种幻影。自此以后，发展脉络很清楚，有叔本华的世界，被盲目的、漫无目的的宇宙意志随意抛掷的世界；有陀思妥耶夫斯基的地下的人，以及卡夫卡的清晰的噩梦；还有尼采呼唤的超人（Kraftmenschen）——在柏拉图对话录中他们是被谴责的对象，像色拉叙马霍斯或是卡里克利斯[1]，假如他们追求权力的意志遭到阻碍的话，他们会毫无顾忌地将法律和习俗抛到一边；还有波德莱尔的“长醉不醒”（enivrez-vous sans cesse），[2] 让意志沉醉吧，麻药或是痛苦，

[1] 色拉叙马霍斯（Thrasymachus）和卡里克利斯（Callicles），古希腊诡辩家，分别是柏拉图在《理想国》和《高尔吉亚篇》中提到的人物。——译注

[2]《沉醉吧》（‘Enivrez-vous’，1864），波德莱尔《巴黎的忧郁》（*Petits poèmes en prose: Le Spleen de Paris*），第 33 首。

梦想或是悲伤，无论是因为什么，沉醉吧，不过，让它挣脱
248 锁链。

对科学，甚至常识，在其本身的层次上，亦即作为适合特定有限目的（医学的、技术的，或是商业的目的）的范畴，其真理性质，无论是霍夫曼还是蒂克，都不曾比帕斯卡、克尔凯郭尔或奈瓦尔[1]更多地加以否定。但这并不是那个重要的世界。在他们看来，真正的存在是与事物那不相干的表层相分离的。无论内部还是外部，那没有边界或障碍的世界，形成和表现它的是艺术、宗教、形而上的洞见、一切涉及人与人关系的东西；这个世界，意志的地位至高无上，那些绝对的价值彼此有着不可调和的冲突，它是属于精神的“夜的世界”，是一切富有想象力的经验、一切诗歌、一切理解力、人类生活真正凭借的一切之源泉所在。到了如下这样一种时刻，诗人、神秘主义者以及其他一切对于人类经验中个别的、难以分类的、不可转译的那些方面非常敏感的人就要起而反抗了，亦即具有科学思维的理性主义者宣称，运用其概念和范畴能够解释和控制这一层次的经验，并且断言，之所以会出现冲突和悲剧，那是因为对于事实的无知，方法的不完备，统治者的无能或是恶意，以及其子民的愚昧无知，因此，至少在原则上，这一切都有可能被恰当地归置到一个和谐的、合理组织起来的社会中去，而生活的阴暗面，就像一个久远、模糊、很少被记起的噩梦一样，将会被抛到脑后。对这些敏感的人来说，那些在他们看来

[1] 奈瓦尔（Gérard de Nerval，1808—1855），法国浪漫主义诗人、作家、翻译家。——译注

是令人恼火的教条主义，以及启蒙运动时代的说教者及其现代传人夸夸其谈的常识之见，正是他们要反抗的对象。尽管黑格尔和马克思有过天才的、豪迈的设想，想要把人类生活及思想中的紧张、悖论和冲突整合在一起，使之成为连续的危机与解决所达成的一种新的综合，亦即历史的辩证，或理性的（或生产过程的）狡计，它导向理性的最终胜利，人类潜能的最终实现——尽管如此，这些愤愤不平的批评者们所提出的可怕的怀疑从来也未曾停止过。

我的意思并不是说，这些怀疑实际上获得了胜利，至少在 249
意识形态的领域里。虽然对于我们最早的祖先——萨杜恩王国（Saturnia regna）幸福的纯真状态的信仰已经大部分衰退了，但是对于一个黄金时代终将有可能到来的信念仍然未曾稍减，并且，事实上还散播到了西方之外的世界。在过去的一百年里，自由主义者、社会主义者以及很多相信根本性的社会变革可以依靠制定理性的、科学的方法（激进的或渐进的方法）来实现的人，他们都抱有这种乐观主义的信念，而且日趋强烈。一旦最后的障碍——无知和非理性、异化和剥削，以及它们的个人的与社会的根源——被连根拔除，最终将会开始真正的人类历史，亦即普遍和谐的合作；对这一前景的信念，是人类显而易见的永恒需要的一种世俗的表现形式。不过，假如事实是并非所有的人类终极目标都必然能够相容，那么，或许就不可避免要做一些选择，而且这些选择并没有什么压倒一切的原则，有的选择会是痛苦的，不论对做选择的人还是其他人而言都是如此。由此推论，随之而来的将会是这样一种结论：假如有太多积极行动不应受压制，有太多有效的人类目标不应受挫折，那么，创造一种社会结构，至少能够避免那些道德上无法容忍的替代选择，而至多是在追求共同目标的时候，可以促进团结一致的一种社会结构，也许是人类可以预期实现的最佳方式。

不过，对大多数渴求一种一目了然、普遍适用、一劳永逸的万灵药的人而言，这一需要高超的技巧和实践智慧的过程，显然还不足以让他们动心——只不过是一个较好的世界的希望，要依赖于维持一种必然是不稳定的平衡，需要不断地关注和修补。或许，人们并不能做到面对太多的现实，或者说不能面对一个开放的未来，这样一个未来并不为人们担保有一个幸福的终点，比如天意、能够自我实现的精神、看不见的手、理性的或历史的狡计，或是一个富有成效、富有创造力的社会阶级。这一点似乎可以由那些在近期产生重要影响的社会与政治
250 学说而得到证明。不过，浪漫主义者对于建立体系者——那些宏大的历史戏剧的作者们——的抨击并不是完全无效的。不管那些政治理论家们有什么样的教导，19 世纪和我们这个时代想象力丰富的文学作品异乎寻常地未受乌托邦梦想的沾染（尽管也有陀思妥耶夫斯基或惠特曼悲天悯人的时刻），当然，这些作品在有意无意中也表露了一个时代的道德观。在托尔斯泰或屠格涅夫、巴尔扎克或福楼拜、波德莱尔或卡尔杜齐[1]那里，都没有展望过人类最终的完美状态。曼佐尼[2]也许是仍

[1] 卡尔杜齐（Giosuè Carducci，1835—1907），意大利诗人，曾获 1906 年诺贝尔文学奖。——译注

[2] 曼佐尼（Alessandro Manzoni，1785—1873），意大利作家、诗人。——译注

然活在基督教—自由主义的乐观末世论的落日余晖之中的最后一位重要作家。德国浪漫主义派，及其直接或间接影响下的人，如叔本华、尼采、瓦格纳、易卜生、乔伊斯、卡夫卡、贝克特、存在主义者，无论他们有过何种奇思妙想，并没有执着于所谓理想世界的迷思（myth）。弗洛伊德也没有提出什么完全不同的看法。难怪他们全都被马克思主义批评家们一笔勾销了——宣判他们为腐朽的反动分子。有的人的确如此，而对有的人，尤其是那些天资甚高、感觉敏锐的人，这些描述并不公平。还有的人曾经是——现在也是——与此恰恰相反：仁慈、慷慨，具有提升生命的力量，是高瞻远瞩的开拓者。

浪漫主义者揭示出，人们的目标是多种多样的，往往不可预知，而且有的目标还会跟其他目标相抵触，从而他们给予如下命题以致命的一击：跟表象正好相反，拼板游戏的可靠解决，至少在原则上是有可能的；由理性掌握的权力可以做到这一点；而且，合理化的组织能够造成种种价值或反价值的完美结合，比如个人自由与社会平等，自发的自我表达与有组织的、社会导向的效率，完美的知识与完美的幸福，对于个体生活的诉求与对于党派、阶级、民族、公共利益的诉求。假如你接受了上述认识，那么，对于浪漫主义者对非理性主义的过度张扬，你就大可不必再表示赞同，甚至表示容忍了。如果某些确认属于人类的目标既是终极的目标，同时又是相互矛盾、不 251
能并存的，那么，也就表明了，所谓黄金时代，所谓综合了人类生活所有核心问题的一切正确答案的这样一种完美的社会，从根本上说，其实是不圆融的。以上就是浪漫主义所做出的贡献，尤其是如下这一核心的学说，亦即道德是由意志来塑造的，目标是被创造出来的，而不是被发现的。

浪漫主义运动也有其怪诞的错误，如其提出，生活是一件艺术作品，或者可以被制作成艺术品；又如，美学的模式可以套用到政治上；又如，政治领袖，就其最高的能力而言，可以是一个崇高的艺术家，能够依据他的创造性设计来塑造人——在理论上，这种想法将会导致危险的荒谬，而在实践中，则会造成野蛮的暴行。当这一思想运动因为这些错误而受到应得的批判时，至少，还应给予其褒扬，因为它已经彻底地动摇了人们的如下信念，亦即相信关乎人类行为的普遍、客观的真理，相信有可能实现一个完美的和谐社会，那里完全消除了冲突、压迫和不公——假如人们还想创造一个孔多塞的时代，由真理、幸福、美德来主宰的、因“一条牢不可破的链条”结合为一体的时代，那样一种目标值得为之付出任何牺牲；[1] 在我们这个时代，为这一理想而牺牲的人，或许要比人类历史上为了
252 其他原因而牺牲的人为数更多。

[1]《人类精神进步史表纲要》，法文版，*Esquisse d'un tableau historique des progrès de l'esprit humain*（巴黎，1795），第 366 页；英文版，*Outlines of an Historical View of the Progress of the Human Mind*（伦敦，1795），第 355 页。

压弯的树枝：论民族主义的兴起

一

历史研究在19世纪的大发展改变了人们对于自身起源的看法，也改变了他们对于生长、发展以及时间之重要性的观感。这种新的历史意识之生成，导因众多，形形色色。最常见的解释是说，自文艺复兴以来，自然科学空前发展，在新兴技术，尤其是大工业的发展所造成的社会影响之下，西方人的生活和思想发生了快速而又深刻的变化；统一的基督教世界四分五裂，新的国家、阶级、社会以及政治形态纷纷出现，人们追寻自己的起源、谱系，与真实的或者想象的某个过去的关联，甚或想要回到过去。在变革最剧烈的事件——法国大革命中，所有这一切达到了顶点。法国大革命打破了或者至少是深深地改变了人们生活中某些最为根深蒂固的前提假设和观念。它使得人们清醒地意识到变革之巨，并且激起了人们对于变革背后的支配法则的兴趣。

这既不是什么逻辑上的推论，也不是什么陈腐庸言，这都是毋须重申的自明之理。同样烂熟而无需重复的是其推论：那些自称能够解释以往社会变革的理论，不应仅仅局限于过去，如果它们切实有效的话，应该同样应用于未来的问题。预言，
253 过去一直在宗教的畛域之内，是神秘主义者和星占家独占的地盘，然而现在它们的焦点已经不再只是《圣经》中的启示篇章——《但以理书》中的“四神兽”或是圣约翰的《启示录》，或是其他神秘之域了；如今，预言变成了历史哲学家和社会学创始人的领地。既然那些新式的强大武器已经以如此惊人的方

式解开了外部世界的秘密，历史变迁的领域应该也可以运用同样一种武器来处理；做出这样一种假设似乎是合情合理的。

上述假设并没有被证明全然是痴人说梦。18 世纪晚期和 19 世纪的一些具有历史地位的先知们——甚至包括其中的某些空想家——比起他们的神学前辈来，对于现实具有更为肯定的把握。在启蒙运动的思想家之中，有乐观派，也有不怎么乐观的思想家。伏尔泰和卢梭都清楚地知道，他们希望看到的世界将会是一个全然不同的世界，不过，对于它的实现是否会因为人类之愚蠢与罪恶而受到阻碍，他们的预想都较为悲观。在梅尔基奥·格林看来，人性的改善估计需要花费几个世纪的时间。杜尔哥和孔多塞却是极端自信的乐天派：孔多塞相信，在社会政策方面应用数学的方法，尤其是社会统计学的方法，将会迎来一个“真理、幸福与美德”主宰的世界，“一条牢不可破的链条”[1] 使其结合为一体；从而，一劳永逸地解决残酷、悲惨和压迫的统治，国王、牧师和他们卑劣的爪牙们长期以来正是借助这种统治来压制人民的。

这些思想家所相信的并非荒诞无稽之事。在那些知道应该如何组织新的社会、使其合理化的人手上，新的科学方法的确发挥了巨大的新效能。孔多塞在阴暗的囚室中设想出一个光明的新世界，这是一个“智者［比如孔多塞所说的理性人］、经济学家和精于计算的人”[2] 的世界；柏克也同样明确地察觉到

[1] 同前引书（第 252 页注释 1）。
[2] 埃德蒙·柏克《论法国大革命》（Edmund Burke，*Reflections on the Revolution in France*，1790），收入《埃德蒙·柏克著作与演说集》（*The Writings and Speeches of Edmund Burke*，Paul Langford 编，牛津，1981—2015），第 8 卷，《法国大革命》（*The French Revolution*，L. G. Mitchell 编，1989），第 127 页。

254 这个世界即将到来，并且就在三年前还曾为此而扼腕叹息。这一伟大的转变如期而至，尽管它所产生的结果跟孔多塞的梦想有很大不同。在19世纪之初，孔多塞的弟子圣西门也正确地预见到了科学、金融业和工业组织的联合体的应用将会发挥革命性的作用，更为准确的是，他还看出，宗教信仰将会被世俗的宣传取而代之，艺术家和诗人会被征调来为后者服务，就像他们过去为歌颂教会的荣耀效劳一样。而且，他还写下了热情洋溢而又具有强烈预言性的文章，论及社会化的人类力量（尤其是征服自然的力量）的巨大增长，这一点已经在逐步地实现过程之中。他的秘书和合作者，奥古斯特·孔德，也发现，为达此目的，需要有一种由一个威权主义的教会来领导的世俗宗教，这一教会所追求的目标是理性的理想，而非自由的或者民主的理想。

事实证明孔德是对的。在我们这个世纪，政治和社会运动越来越变得整体化，对其追随者施以统一的纪律，操纵者则是那些宣称在精神领域和世俗事务中都拥有绝对权威的俗世的祭司，其名义是他们掌握着关于人与物之本性的唯一科学的知识。这的确是已经发生的事实，而且其规模已经远远超过了哪怕是最狂热的系统组织者（systematiser）的想象。这一点在科幻小说的开创者——凡尔纳和威尔斯身上就有适时的反映。凡尔纳满足于做一个技术发现和发明的天才的预言家，而威尔斯却是启蒙运动道德观的最后一位传教士；他相信大多数的偏见、无知和迷信，及其表现形式——那些荒唐的、压迫人的制度，包括经济、政治、种族和性别等方面的制度，都将会被科学的筹划者、新的精英分子消灭和摧毁。对维多利亚时期的浪漫主义者（比如卡莱尔、狄斯累利或拉斯金）来说，这样一种思路简直是太粗俗，太不够人性化了。甚至连密尔这样一位理性的思想家也会为之感到惊恐，他虽然愿意信奉科学的方法，却感觉孔德的威权主义的设计，无论对个人自由还是对民主政 255
治都是一种威胁，于是陷入了价值观的冲突，而这正是他从未能解决的问题。

“针对人的统治将会被针对事物的管理所取代”[1]，圣西门的这一公式，孔德和马克思亦习以为常。马克思越来越深信，一切社会变革的真正原动力——社会生产力将会使这一公式变为现实；生产关系才是首要的因素，是它决定了社会关系的那些外在形式，即“上层建筑”，通常情况下它却总是伪装为由后者所决定。所谓上层建筑，除了法律和社会制度之外，还包括人们头脑之中的观念，以及那些有意或无意中在执行维护现状（维护统治阶级势力，而压制那些表现为盛行制度牺牲品的历史力量）之任务的意识形态；然而，历史终将证明这些被压制的历史力量才是获胜者。无论马克思错在哪里，今天没有人能否认，是他独具慧眼，识别出时代潮流的重心就是资本主义企业的集中化和集权化——就大企业来说（那时它还在萌芽阶段），就是企业规模的不断扩大这一不可改变的趋向——以及

[1]［这一准则源自恩格斯，他在《反杜林论》（1877—1878）中写道：“对人统治被对事物的管理所取代”。见《马克思恩格斯全集》（Karl Marx，Friedrich Engels，*Werke*，柏林，1956—1990），第 19 卷，第 195 页；《马克思恩格斯全集》（Karl Marx，Friedrich Engels，*Collected Works*，伦敦、纽约和莫斯科，1975—2004），第 25 卷，第 268 页。《圣西门致美国人的信》，第 8 封，见《工业》（*L'industrie*，1817），第 1 卷，收入《圣西门与安凡丹全集》（*Oeuvres de Saint-Simon et d'Enfantin*，巴黎，1865—1878），第 18 卷，第 182—191 页。］

由此会牵涉到的愈益尖锐的社会和政治斗争。这些斗争中一些最为残忍的表现，及其所造成的社会和思想的后果，却总是掩盖在一些保守的和自由的、爱国的和人道的、宗教的和伦理的假面之下；马克思给自己定的另一项任务，就是揭穿这些假面具。

他们是真正的预言式的思想家。除了上述几位，还有另外一些。难以归类、性格倔强的巴枯宁，就比他著名的敌手更准
256 确地预言了无产者的革命将会在什么情况下发生。巴枯宁看出，在那些经济发展处于上升趋势、工业化最发达的社会里，并不容易发生革命；与之相反，那些容易发生革命的地方，大多数人口的生活水准都接近于贫困线，社会剧变不会给他们造成什么损失，也就是说，革命会发生在世界上那些最落后的地区，那里是挣扎于令人绝望的贫困境地的原始农民生活的地方，也是资本主义发展最弱的地方，亦即西班牙和俄罗斯。后来的马克思主义者，像巴伏斯（即赫尔方德）[1] 和托洛茨基，对巴枯宁的这一学说重新加以阐明，不过他们从来没有承认得自无政府主义者的启发。

这些人都是乐天派。不过，到 19 世纪 30 年代初，第一个悲观主义者出现了。1832 年，诗人海涅向法国人发出警告说，其德国邻居们有一天会被一种可怕的情绪所点燃，其中混合了绝对论的形而上学，还有历史的记忆和怨恨，以及非理性的盲从、蛮力和狂暴；他们将会对法国人发动攻击，将会摧毁西方

[1] 巴伏斯（1867—1924），原名 Alexander Parvus，笔名赫尔方德（Helphand），俄罗斯革命家（孟什维克），参加德国社会民主党。——译注

文明那些伟大的丰碑：“不安分的康德派［……］带着斧子和剑，要把我们欧洲人的生活从土壤中连根拔起，切断我们与过去的联系。全副武装的费希特派也将会出现［……］他们不受恐惧和贪婪的束缚［……］，就像那些早期的基督徒一样，肉体上的痛苦或者快乐都不会影响他们”。[1] 最吓人的还要数谢林的追随者们，自然哲学家，他们以某些执迷的观念为壁垒与世人相隔绝，令人难以接近；他们以为自己就拥有“古日耳曼人泛神论的魔力”[2] 的自然力量。当这些陷入形而上迷狂的野蛮人开始行动的时候，就该提醒法国人小心了：与之相比，法国大革命看起来就好比是田园牧歌一样。

谁又能说，海涅所说的这一切没有以一种甚至比瓦格纳在
最险恶时刻所构想的更为恐怖的形式变成现实呢？几十年过 257
后，布克哈特预言了军事产业复合体将会不可避免地出现，而且，它们将会（至少有可能会）在西方世界那些衰弱的国家中占统治地位。随后就有了马克斯·韦伯的忧惧，以及扎米亚京、赫胥黎、奥威尔等人的黑色乌托邦，又有一系列让人血液骤冷的现代卡珊德拉[3]，他们既是讽刺作家，又是预言家。有些预言仅仅是预言而已，不过，另一些预言，像马克思主义者

[1] 海涅：《论德国宗教和哲学的历史》（*Zur Geschichte der Religion und Philosophie in Deutschland*），第 3 篇：海涅，《纪念版：著作、书信和生平资料》（*Säkularausgabe: Werke*，*Briefwechsel*，*Lebenszeugnisse*，柏林 / 巴黎，1970— ），第 8 卷，《论德国 1833—1836：艺术与德国论文》（*Über Deutschland 1833—1836: Aufsätze über Kunst und Philosophie*，Renate Francke 编），第 228 页第 16—24 行。
[2] 同上，第 228 页第 36—37 行。
[3] 卡珊德拉（Cassandras），希腊神话中特洛伊国王布莱姆的一个女儿，具有预知未来的禀赋，但被阿波罗神命中注定不为人所相信。——译注

的预言，以及那些让海涅为之恐慌的仇视法国的新异教徒的预言，可以说在某种程度上是能够自我应验的。

上述例子都是有关西方社会发展方向的真正成功的诊断和预测。除此之外，卷帙浩繁的社会主义学说史册之中还载有一些已经被自然遗忘了的多种乌托邦，从柏拉图到傅立叶、卡贝、贝拉米、赫茨卡。另一方面，还有一些自由主义的、技术统治论的或是新中世纪式的奇思妙想，其根基或是回归前资本主义的、前工业类型的那种礼俗社会[1]，或是建构一个独一无二的、专家治理的、圣西门式的世界。不过，在这一长串精心制作并能找出统计学意义上证据支持的严肃的未来学，与随心所欲的幻想的混合之中，确实有一种运动发生了，并且是19世纪的主流，还未有人预言过它未来的意义。我们今天对这一运动已经是如此熟悉，无论是在国家内部，还是国与国之间，它都具有如此决定性的作用，以至于要构想一个缺少了它的世界的话，就只有借助某种想象了。它的存在和力量（尤其是在说英语的世界之外）在今天看起来是如此不言自明，但我们这个时代之前的先知，以及我们时代的先知，竟然完全忽视了这一现象，这一点就颇为奇怪，不得不加以注意。就我们时代的先知而言，有时候，这种忽视所产生的
258 后果对他们自己及其追随者都是致命的。这一运动就是民族主义。

[1] 礼俗社会（Gemeinschaft）和法理社会（Gesellschaft）相对，是德国社会学家滕尼斯（Ferdinand Tönnies，1855—1936）系统阐述过的一对概念。乡村的农民社会是礼俗社会的典型。——译注

二

对于民族主义这一19世纪的重要运动，那个时代的社会思想家或政治思想家们，没有哪一位会对此不知不觉。然而，到19世纪后半叶，实际上直到第一次世界大战，民族主义还被认为是在逐渐衰弱之中。民族认同的意识也许就和社会意识本身一样古老。不过，民族主义不同于种族情绪或种族排外，虽然跟它们有些关系，但又不是一回事。在远古或古典时期，似乎就没有出现过什么民族主义。那时候有其他的集体忠诚的焦点。民族主义似乎是在西方中世纪末期出现的，尤其是在法国，其表现形式是，各地方、区域、自治机关，当然还有各国家以及民族本身捍卫其风俗和特权，起而反抗某种外来权威——比如罗马法或罗马教皇——的侵犯，或者是反对某种形式的普世思想，比如自然法和其他一些对于超越民族之上的权威的诉求。以一种系统学说的面目出现的民族主义，或许可以定位于18世纪晚期的德国，特别是见于拥有广泛影响的诗人和哲学家赫尔德的作品之中，“Volksgeist”（民族精神）和“Nationalgeist”（国家精神）的概念。

这一观念的源头还要回溯到18世纪初，而实际上在更早一些时候，它至少在东普鲁士就已存在了，那里是它的生长之地和扩散之源。在赫尔德的思想中，支配他的是一种他深信不疑的想法：人类的基本需要中，就像食物、繁衍、交流一样，归属于一个群体也是必需的要素。有关这一论断——每一个人类社会都有它自己独特的形态和模式，他的论证要比柏克更为热情洋溢、更有想象力，而且举出了丰富的历史例证和心理例证。每个人类社会中的每一个成员都是诞生在传统的巨流之中，正如他们的观念受到传统的影响一样，他们的情感发育和
259 身体成长也受其影响。实际上，在赫尔德看来，理性、想象、情感和感觉之间的差别，很大程度上是虚浮不实的。每一个可识别的社会以及（到赫尔德的时代）已形成民族的那种人类集团，它们的生活和行事方式，正是借由一种关键的、在历史中演进的模式而赋予其特征，对后者来说尤其如此。一个日耳曼人的家庭生活和他参与公共生活的方式，日耳曼歌谣和日耳曼法律——那不能归功于个人作者的，创作了神话、传说、叙事歌谣和编年历史的集体智慧，与塑造出马丁·路德的《圣经》风格，形成同时代日耳曼人的艺术、技艺、象征以及思想范畴的方式，是完全一致的。如果拿日耳曼人讲话、穿戴和行事的方式与中国人或秘鲁人的类似行为相比较的话，倒不如拿来跟他们建造自己的教堂或是组织自己的市民生活相比，有更多的一致之处——其中是日耳曼人的精华所在，可以说，能借此识别日耳曼人的一种模式和品质。

对人而言，人的习惯、行为、生活形式、艺术、理念，之所以有（而且必定有）其价值，并非像法国的启蒙思想家所教导的，是由无时间性的、适用于一切人和社会、超乎时空的标准来判断的，而是因为它们就属于人们自己，表现了他们当地的、地域的和民族的生活，只是说给他们自己听的，他们同样不能说给别的人类群体听。正因为如此，流放会使人憔悴，怀乡（“最高贵的痛苦”）会成为一种渴望。要理解《圣经》，读者就必须想象地进入原始时代犹太（Judaean）牧羊人的生

活；要理解史诗《埃达》，读者就必须想象原始人与野蛮的北方部落的斗争。每一种东西都有它独特的价值。

普世主义，把一切都简化成适用于无论何时何地所有人的最小的共性，也就让生活和理想抽干了唯一能给予它们以具体内容的东西。因此，赫尔德毫不留情地讨伐法国人的普世主义，提出他有关个别文化——印度文化、中国文化、挪威文 260
化、犹太文化——的概念以及对它们的赞颂，并且表露了他对平等派、恺撒、查理曼大帝、罗马人、基督徒骑士、大不列颠帝国的缔造者和传教士们的憎恨，因为他们消灭了地方的文化，而以他们自己的文化取而代之；这种文化的替换是历史性的，也是精神性的，对牺牲者来说是外来的压迫。赫尔德及其门徒们相信，丰富多样的民族生活方式和平共存，将会促进更加丰富的多样性和更美好的世界。但在法国革命和拿破仑入侵的影响下，赫尔德最早呼吁的文化或精神上的自治，却演变为怨愤和好斗的民族主义者所主张的民族自决。

文化变革以及民族心态从何处起源，是很难搞清楚的。民族主义是民族意识的一种“发炎红肿”的状态，这种情形是（有时也的确是）可以容忍，可以和平处理的。导致民族主义发生的通常是创伤感，是某种形式的集体耻辱。在日耳曼大地上发生的事情可能就是这么回事，因为他们一直处在西欧伟大复兴的边缘。16 世纪——一个具有伟大创造力的时代——的晚期，甚至在远离意大利的法国、英国、西班牙以及低地国家，其时代特征都已经是创造性活动的风起云涌了。意大利早在此前一百年就已经达到了一个无可比拟的文化高度。相比之下，此时的日耳曼，无论是在维也纳宫廷的势力范围之下的各处城镇和侯国，还是除此以外的地域，却依然不改其浓重的乡土气息。只有在建筑方面日耳曼人才有上佳的表现，也许还可以提一提新教徒的神学。“三十年战争”的战火蹂躏无疑加大了这一文化上的差距。成为骄傲的邻居们轻视或是屈尊俯就的对象，这无论对个人还是社会而言都是一种最具伤害性的体验了。因此而产生的反应，往往就会是对自己实有的或是想象的美德的夸大，而对别人的荣誉、快乐和成功则充满了怨愤和敌意。实际上，18 世纪的德国人对于西方人（尤其是法国人）
261 的感觉，就具有这一特征。

在政治、文化和军事上，法国人都是西方世界的主宰者。而蒙羞受辱、打了败仗的德国人，尤其是在因循守旧、宗教气氛浓厚、经济落后的东普鲁士地区，人们在弗雷德里克大帝派来的法国官员的威逼欺凌之下，他们的反应就像诗人席勒的理论[1]中所说的压弯的树枝一样，起而反击，拒不接受所谓的劣等人之称。他们发现自己的品质其实远远超过那些给他们带来痛苦的人。与富有、世俗、成功、肤浅、圆滑、冷酷、道德空虚的法国人相比，他们拥有更深沉、更内在的精神生活，更为谦卑，无私地去追求那些真正的价值——纯朴、高贵和崇高。在反抗拿破仑入侵的民族抵抗期间，这种情绪趋于狂热。实际上，这是一个落后社会、剥削社会或者至少是恩主社会通常会有的简单反应模式，当它因自己地位相形见绌而心生怨恨的时候，就会转而求助于它过去曾真正拥有的或者想象中的胜利与

[1]［这一比喻可能不是席勒的，而是以赛亚·伯林的。参见伯林在《浪漫主义的根源》中的注释：*The Roots of Romanticism*，第 2 版，普林斯顿，2013，1978。］

荣耀，以及它自己的民族或文化特性中的令人称羡的品质。而那些不愿意夸耀政治、军事或经济上的丰功伟绩，或者艺术或思想方面的辉煌传统的人，就转向了他们内心的自由和富有创造力的精神生活——这种生活是未曾被权力欲望或诡辩恶习污染过的——从中寻找他们的安慰和力量。

在德国浪漫主义者，以及其后的俄国泛斯拉夫主义者(Slavophils)，还有在中欧、波兰、巴尔干、亚洲、非洲等地的民族精神唤醒者那里，这种表述屡见不鲜。因而，对受自卑感折磨的人们来说，一段真正的或想象中的光辉历史，如其所承诺的，或许就意味着一种甚至更为辉煌的未来。假如没有这样一段历史可以调用，那么，它的缺失也可作为乐观的依据。今天的我们也许是原始的、贫穷的，甚至是粗鲁的，但是我们 262
的落后恰恰正是我们的青春的象征，意味着我们有无穷无尽的生机活力；那些古老、疲惫、腐败、没落的民族，尽管今天还在吹嘘他们的先进，已经不再有希望，未来的主人就是我们。对于德国人，此后的波兰人和俄国人，以及我们这个时代的许多国家和民族而言，这一救世主式的主题听起来是非常入情入理的，他们感到，在历史大舞台上，他们将要扮演的角色尚未上演（但不久即将上演）。

三

上述心态，在发展中的各民族中差不多是普遍存在的，今天即便是最幼稚的人也可以对此一清二楚。然而在 19 世纪，很显然，它绝非一清二楚的；尽管 19 世纪是堪称政治预言之渊薮的时代，借助许多历史的、社会学的和哲学方面的慧眼，未来早已经被看穿了。那些伟大的导师们并没有预言民族自尊心将会无限滋长，实际上，他们对此根本没有什么预见。当黑格尔强调“历史性的”民族——与“非历史性的”民族相对——是一往直前的宇宙精神（Geist）的承载者时，或许他是恭维了西欧人与北欧人的自尊，或是满足了那些追求日耳曼人或北欧人统一与强盛的人的雄心。不过，跟梅特涅一样，黑格尔也反对那些持反法、反犹论调的学者的激烈、狂暴、情绪化的民族主义，以及他们的沙文主义和焚书行为，在黑格尔看来这些都是野蛮的过分之举，歌德也是如此，他禁止自己的儿子与法国人为敌。如果把后来德国作家们的极端民族主义思想追溯到黑格尔那里，肯定是不公正的，尽管他们深受其著作的影响。即便是那些早期的狂热沙文主义者，像雅恩们、阿恩特们、格雷斯们[1]，还有费希特——他也该为这种情绪负有部分责任，因为他曾赞颂纯洁的日耳曼语言，认为它就是完成独一无二的日耳曼解放使命的工具——即便是这些人，也并未有意地把民族主义视为主宰欧洲未来的决定性力量，更不用说影响
263 全人类了。其奋斗目标仅仅是为了把他们的民族从腐败无能的统治王朝、外国势力或是怀疑主义思想的影响中解放出来。雅恩、阿恩特和克尔纳[2]都是日耳曼沙文主义者，不过，他们并

[1] 雅恩（Friedrich Ludwig Jahn，1778—1852），德国体操教育家，“德国体操之父”；阿恩特（Ernst Moritz Arndt，1769—1860），德国诗人、历史学家；格雷斯（Johann Joseph von Görres），德国作家。——译注

[2] 克尔纳（Karl Theodor Körner，1791—1813），德国爱国诗人，死在抗击拿破仑军队的战场上。——译注

非研究民族主义本身的理论家，更不是预言其普世影响的先知；实际上，他们认为劣等的民族根本不配称沙文主义。

事实上，理性主义者和自由主义者，当然还包括早期的社会主义者，他们都忽视了民族主义。在他们看来，民族主义只不过是一种不成熟的表现，是往昔野蛮历史的一种非理性的遗存，或者说是文明的倒退：直到布朗热运动和德雷福斯事件之前，像迈斯特（他坚持教皇权力至上论，却是自然的“整体论”的早期信奉者）、弗里斯、戈宾诺、张伯伦与瓦格纳，或是后来的莫拉斯、巴雷斯、德吕蒙等极端分子，不仅没有受到严肃的对待，反而被视为因战败之后的不正常情绪而导致的暂时的离经叛道，当人们重回明智、理性与进步之轨的时候，它们就该让道了。向往昔寻求力量的这些思想家们，并没有扮演社会预言家的角色：怀着不同程度的悲观情绪，他们努力复活一种被敌人（或许是灾难性地）破坏了的民族精神。自由主义者、共济会员、科学家、无神论者、怀疑论者，还有犹太人，都是这种敌人。付出艰苦的努力之后，或许还会拯救一些东西。不过，他们相信，是对民族精神造成破坏的另一些“毁灭性的”趋向，它们具有险恶的力量，占住了地盘，必须抵制这些趋向，哪怕只能保卫一些纯洁、有力、“完整的”生活的孤岛。戈宾诺在这些人里面是最悲观的一个，不管怎么说，他关注的是种族而不是民族，而特赖奇克[1]则表现得最怀希望——无疑，这也反映了他们各自的民族情绪。

[1] 特赖奇克（Heinrich Gotthard von Treitschke，1834—1896），德国历史学家、作家。——译注

至于马克思和恩格斯，我几乎不必在此重复：在他们看来，由于劳动的分化和资本的集中，从而在经济上决定了阶级的出现，正是阶级的出现以及阶级之间的斗争，为人类历史上的社会变迁提供了解释。民族主义，就像宗教一样，是一种暂
264 时性的现象，因为资产阶级占据统治地位才导致其发生，是他们用来对抗无产阶级、维护自身利益的一种精神武器。假如它渗透到了民众之中（这是经常发生的），它就会是一种“错误的意识”[1]，让民众受到蒙蔽，看不清自己的真实境况，并且滋生出幻觉，进而误导他们对自己的悲惨境地得到虚假的安慰。等到产生它的条件（即阶级斗争）终结之后，民族主义，也跟宗教一样，将会与其他政治性力量及历史性的幻觉一起烟消云散。如同生产力的演进所产生的其他副产品一样，民族主义也许会拥有一定的独立影响力，不过，离开了它的基本来源——资本主义体系——它就无法继续存在了。

以上这一原则成了每一个马克思主义派别的教条。不管在其他议题上有多大争议，这一点一直是共识，从主张和平渐进的伯恩斯坦到最左的布尔什维克，莫不如此。把民族主义看成是反动的资产阶级的一种意识形态，这一看法也就等同于宣判了它的命运。对反抗帝国主义统治者的殖民地人民来说，他们的民族起义，顶多可以说是历史决定的一种策略性的步骤，借此走向真正的社会主义革命，后者的到来已为期不远。尽管如

[1] 恩格斯，致梅林的信（Friedrich Engels, letter to Franz Mehring），1893 年 7 月 14 日：前引书（第 256 页注释 1），第 39 卷，第 97 页（‘falsche Bewußtsein’）；第 1 卷，第 164 页（‘a consciousness that is spurious’）。

此，民族起义是一回事，而民族主义是另外一回事。1914 年，交战各国的社会主义政党没有号召全体罢工以阻止世界大战，反而带上了民族色彩，参加了彼此敌对的战争，这时候，正是这一看法引发了人们对于列宁、卡尔·李卜克内西及其朋友们所领导的左翼国际主义者的失望和愤怒。也正是由于这一原因，罗莎·卢森堡在战争结束时要反对波兰人建立一个民族国家。公正地说，十月革命才真正具有反民族主义的特征。

列宁代表了俄罗斯人情感的真正声音，与托洛茨基、季诺维也夫、拉狄克等人主张的“无根的世界主义”相对。[1]—— 265
这种观点在一些地方阐述过，而现在看来是没有依据的。在列宁眼里，俄国革命是在资本主义链条中最薄弱的环节爆发的，其价值就在于促成世界革命，因为，正如马克思和恩格斯所坚信的，一个国家不能建成共产主义。固然，事实并没有这么发展，但只是到了斯大林那里，学说本身才发生了改变。在早期的布尔什维克那里，最初的情绪确实是反民族主义的：因此，

[1]［“无根的世界主义”是“bezrodnye kosmopolity”的通常译法。“bezrodnyi”字面意义是“与什么无关”或“没有故乡”，一般用来说苏联的犹太人。这一短语，据我所见，最早见于字面是出自《闪烁》（*Ogonek*）杂志编辑索弗罗诺夫发表在《真理报》的一篇文章，《为了苏联戏剧的进一步发展》（Anatoly Vladimirovich Sofronov，‘Za dal neishii pod′em sovetskoi dramaturgii’，*Pravda*，1948 年 12 月 23 日）。尽管“kosmopolit”（世界主义者）这个词本身肯定早在 20 世纪 30 年代（如果不是更早的话）就已经在使用了，是用于那些不遵守官方政治路线的人的一个负面标签；在 19 世纪，泛斯拉夫派也曾经拿这个词来贬损那些西化派。在《真理报》发表这篇文章之前，《消息报》的艺术记者安娜·贝格切娃（Anna Begicheva）曾给斯大林写过一封反犹太的信，谈到“敌人在艺术节的活动”（写于 1948 年 12 月 8 日，俄罗斯国家社会政治历史档案馆，藏品 17，清单 132，单元 237，卷宗 75—81，2003 年 11 月检索），不过信里面并没有出现这一表达方式。］

俄罗斯的布尔什维克批评家们争先恐后地贬低他们自己的民族文学的辉煌（比如普希金），以此来表现他们对于被资产阶级视为核心价值的民族传统的不屑一顾。

在匈牙利和慕尼黑发生的共产主义革命失败之后，那些革命领导人之间也有过类似的一种情绪。“民族—沙文主义”“社会—沙文主义”被滥用，成了战斗口号，曾经用来镇压发生在旧俄罗斯帝国境内的一些非俄罗斯人省区的自治运动。不过，在此之后，真正的国际主义阶段结束了。此后的每一次革命和起义都包含了一种民族主义的成分在里面。法西斯主义或国家社会主义在一些国家的兴起，就被马克思主义的理论家们解释为那里的资本主义势力为了抵制国家社会主义必将到来的胜利
266 而采取的最后的、极端的而且是绝望的反抗。之所以会出现普遍地低估极权主义或威权主义的民族主义运动力量的情况，低估了它们在欧洲的中部和东北部以及伊比利亚半岛等地的胜利，原因即在于意识形态引起的错误判断。

1931 年的大危机之后发生的经济独立现象，曾被言之成理地解释为资本主义体系中国际矛盾的激化。无论它还预示着什么别的东西，其实，这是一种表现在经济方面的激烈的民族主义，它的延续要比推断的它那些经济上的原因更为长久，而且给启蒙运动（无论是自由主义的，还是社会主义的）之进展造成了严重阻碍。1920 年以后，在战后的世界里，无论是社会主义运动还是别的什么政治运动，不仅要以反对帝国主义为号召，而且要高举民族主义，以此来建立团结，否则就不可能取得成功。在亚洲和非洲那些刚刚获得解放的地区所发生的事情，似乎就是这一看法的证据。

四

民族主义的兴起今天已经成为世界范围的现象，在一些新成立的国家里还可能是最为强大的一种要素，有时候对于更古老一点的国家里那些少数族群来说，也是如此。在19世纪，有谁会预见到，激烈的民族主义会出现在加拿大，出现在巴基斯坦（实际上，巴基斯坦本身之可能性在一百年前会遭到印度民族主义领袖们很大的怀疑），出现在威尔士、布列塔尼、苏格兰或是巴斯克地区呢？也许可以这么说：这是一种从外族统治下解放出来之后自发的心理伴生物，就像席勒的“压弯的树枝”理论所说的，是一个拥有自己的民族个性的社会受到压迫和屈辱时自然生出的反应。在以上所举的例子中，大多数情况下，民族独立的愿望跟反对剥削的社会性抵抗是纠缠在一起的。这种类型的民族主义或许也是一种社会抵抗或阶级抵抗，267
而不仅仅是一种民族自决，从而创造出一种情绪，在这种情绪里面，人们宁愿听从自己同信仰或是同民族、同阶级的人的命令，即便这会涉及不公正的对待，也不愿让一些终归是高人一等的统治者——来自外国或不同阶级、不同背景的统治者——来监护自己，无论其多么慈善。

也因此，或许没有哪个少数派，一方面珍视他们自己的文化传统、信仰或种族的特性；另一方面却又态度暧昧地容忍永远保持少数派地位的前景，宁愿让观念不同、习俗不同的多数派来统治自己。实际上，也许这就可以解释那种受屈辱的自尊心或集体的愤愤不平之反应，像犹太复国主义，还有它的镜像——巴勒斯坦阿拉伯人的运动，或者像美国的黑人、乌尔斯特（北爱尔兰）的爱尔兰天主教徒、印度的那加人（Nagas）之类的少数“族群”，正是受到了这种心态的推动。当然，今日的民族主义很少会像19世纪早期的意大利、波兰及匈牙利那样以纯粹的、浪漫主义的面目出现了，它跟社会、宗教、经济方面的不满情绪倒是有了越来越密切的联系。但是有一点似乎难以否认，亦即，其中居于关键地位的是深刻的民族主义情感。而在这种暴烈的集体情绪最为丑陋的表达形式中，最核心的似乎就是种族仇恨，这是更为不祥的兆头（而在一百年前更鲜有预见，如果的确有人预见过的话)：在印度、苏丹、尼日利亚和布隆迪发生的种族灭绝或近乎种族灭绝的屠杀已经表明，在那些一触即发的形势下，无论还牵涉到别的什么因素，其中的核心要素总是有关民族的或种族的；别的因素会使形势更加恶化，但不是导致其发生的原因。如果没有这一民族的或种族的核心要素，它们就不会结合成社会和政治方面一点就着的临界物质了。狂热的民族主义看起来好像已经成为当代革命的必要条件（sine qua non）。

这一现象本身自有其危险性，跟其他给人类造成阴影的威胁一样，比如环境污染、人口过度膨胀、核屠杀。无论对这一
268 现象如何解释，它的出现，与19世纪的一些概念相左，那时候种族、民族性，甚至文化的重要性相对来说是次要的（比如相对于阶级竞争或经济竞争而言)，或者说，心理学、人类学方面的因素与社会学、经济学方面的因素相比是次要的。然而，正是基于这一些假设概念，曾经有人预言了以自由主义的个人主义原则或专家治国的集权化为基础的理性社会的出现。在我

们这个时代，在共产主义社会里出人意料地发生了那些迥然不同，但又同样属于民族主义性质的运动——从1956年的匈牙利起义到在波兰以及苏联本身发生的反犹主义和民族主义，由此看起来，至少可以说，是对正统马克思主义学说的削弱。[1] 269

[1] 马克思主义的奠基人对于民族的或地方的爱国心，对于自治运动、小国的自决权等类似问题，其态度是毫无疑问的。除了他们的社会发展理论的直接应用之外，对于丹麦人抵抗普鲁士吞并石勒苏益格—荷尔斯泰因、意大利人为了统一和独立而战（当时马克思在其写给《纽约时报》的新闻稿中表达了完全不同于曾为意大利人的拉萨尔的看法）、捷克人努力捍卫他们自己的文化不受德国人的支配，甚至于普法战争的结果，他们的态度都十分清楚。至于瑞士无政府主义领袖詹姆士·季佑姆（James Guillaume）控告马克思，说他支持泛日耳曼主义，只不过是1914—1918年的世界大战期间发生的一项荒唐的宣传活动。跟其他相信线性发展的普世文明的历史学家一样，马克思也认为民族性的、地方性的忠诚是欠发达状态下的非理性抗争，将会被历史淘汰。在这种意义上，日耳曼文明（及其发达的工人组织）代表了一个更高级的（不可否认是资本主义的）发展阶段，比如说，比丹麦、波希米亚或其他割据的地方（Kleinstaaterei）更为高级。同样，从国际劳工运动的角度来说，应该赢得战争的是德国人（及其优秀的工人组织），而不是满脑子蒲鲁东主义和巴枯宁主义的法国人，这才是更值得期待的结果；在马克思有关朝向共产主义乃至其后社会的世界发展各阶段的思想里面，并没有民族主义的痕迹。因而，尽管是以马克思主义的学说为基础建立起来的国家却表示出了激烈的民族情感，这就显得尤为重要了。在齐奥塞斯库（Nicolae Ceausescu）于1972年7月19日提交给罗马尼亚共产党国家委员会的一份报告中，我们可以看到特别尖锐的表达："有些人认为，民族 / 国家（nation）是一个要被历史淘汰的概念，民族统一以及国家发展的政策，尤其是放在建设社会主义的背景下来看，代表的是一种心胸狭隘的民族主义。有时候甚至有这样的说法，这种政策是跟社会主义者的国际主义相对立的［……］。关于社会主义背景下的民族问题，我们必须指出，新秩序的胜利已经为实现真正的民族统一、使其在一个崭新的基础上得到巩固和发展开辟了道路……把（不同的）民族 / 国家团结到一起的辩证的过程预先已经假定了他们（对于自身民族 / 国家认同感的）强烈的肯定…… 在民族利益与国际利益之间不仅没有矛盾，相反，完全是辩证的统一。"（《火花》，罗马尼亚共产党中央委员会的机关报，1972年7月20日，第8版。）

应该说，齐奥塞斯库这个或许可以说是晚近所有共产主义国家的领袖之中最彻底的列宁—斯大林主义者，他选择把多年以来东西方很多共产主义国家的政府和党派实际上奉行的一个路线，以信条的形式表达出来，他这么做，本身肯定就有某些重要的含义。马克思主义信徒与民族主义力量之间的冲突在当代共产主义运动中是相当常见的因素——事实上，马克思主义和民族主义这整个话题，应该给予切近的研究，但实际所做的还远远不够。

然而，它们肯定不应该被描述为仅仅是一种更早一点的意识形态的遗存或延续，尽管有时候有些被它们触怒的人就是持这么一种说法的。无论是匈牙利的纳吉还是波兰的莫察尔将军，虽然他们各自的目的大有不同，但有一点是一致的，他们在任何意义上都不是资产阶级的民族主义者。

面对这一问题的时候，寄希望于那些与之相对抗的力量——跨国公司（无论它们跟阶级斗争和社会冲突有何种关系，在一定程度上它们的确跨越了国家边界），或者联合国，作为无约束的沙文主义的障碍——这看起来，至少就西欧以外的地方而言，就跟科布登[1]的信念一样现实：科布登相信，自由贸易在全世界的发展，将会成为国家之间和平相处与和谐合作的保证。有人还会记得诺曼·安吉尔[2]在1914年之后不久发表的一个似乎未有回应的论断：单单是现代资本主义国家的经济利益，就使得发生大规模的战争成了不可能的事情。

五

我认为，我们现在所看到的世界，是对19世纪自由理性主义的核心学说的抗拒，是企图回归到一种更为古老的道德的混乱努力。在18和19世纪，作战双方的队形或多或少是清楚的。其中一方是传统的支持者，坚持政治与社会的——或

[1] 科布登·理查德（Cobden Richard，1804—1865），英国政治家，自由贸易的领导者与支持者，反对贸易保护主义。——译注

[2] 诺曼·安吉尔（Norman Angell，1874—1967），英国作家、经济学家、新闻工作者和皇家国际事务研究所成员，获得1933年诺贝尔和平奖。——译注

是“自然的”或是历史形成的——等级制，或者信奉并且遵从 270
神圣的（或至少是超验的）权威。这些人相信，不受束缚的理性，其运作应该保持在一定界限之内，并且，最重要的是，应该制止对于法律、习俗以及古代的生活方式的怀疑，因为它们是不可解析的无形纽带，不仅维系着社会的团结，而且是国家及个人的道德品质的唯一保证。这就是对于“完整”社会的信念——持怀疑态度的知识分子们用理性主义的方法对此加以批判的检讨，只会在理论上使其遭到质疑，而在实践中使其逐渐削弱，乃至最终崩溃。另外一方则是理性的坚定不移的拥护者，他们对传统、直觉、权威的超验来源都持排斥态度，认为它们只不过是释放出来的烟雾，为了掩盖（理论方面的）非理性、无知、偏见、对于真理的恐惧，以及（实践中的）边沁所谓“邪恶的利益群体”的愚蠢、不公、压迫和权力腐败。

进步的党派——自由主义者或社会主义者——求助于理性的方法，尤其是在自然科学领域应用的方法；运用这些方法，任何一个理性的人都能够验证某一原理的真实性，或某种政策的有效性，或作为某些结论之基础的证据的可靠性。他可以利用无论何时何地的任何人都能够得到的技术来自行检验这些主张是否站得住脚，而不必乞灵于只有少数被选定的、具有神秘天赋的人才拥有的特殊技能或神秘直觉、那些经常被宣称是万无一失的神奇的认知方式。每一方都清楚它的对手是谁：一方是君主派和保守派，教权主义者和威权主义者，民族主义者和帝国主义者，是被对手称为反对派和蒙昧主义者的人；而另一方，是理性主义者，科学唯物主义者，富有怀疑精神的知识分子，形形色色的平等主义者和实证主义者。无论在每个群

体的内部其目标或手段有多大差异，双方之间的主要分界线还是清晰可辨的；尽管也会有含混的、居间的立场，每一方都清楚他
271 们属于哪里，都清楚谁是天然的盟友，谁是他们的敌手。

在某种意义上可以说，柏克说过的“智者、经济学家和精于计算的人”[1] 以及理性主义者、维多利亚时代的进步论者，在我们这个时代取得了胜利。孔多塞有过评论，未来一切真正的议题有可能都是在对其功利后果进行理性计算的基础上决定的。“Calculemus”[2] 将会成为新的口号，成为解决社会问题与个人问题的要诀。这一方法今天已经是双方共同享有的财产了。它强调系统分析、成本效益，偏好简化为统计学和定量的术语，依赖组织和专家们的权威性和力量。在人类的生产活动及有组织的生活中应用技术性的手段，这是资本主义国家里政府、工业企业以及其他一切类似的大规模经济（及文化）活动都会采取的措施。科学知识与科学化的组织，在揭示自然界的秘密方面已经取得了成功；假如由公正无私的专家来建立系统的话，它们肯定也可以应用在社会生活方面，使其更加合理化，从而最大限度地满足人们的需要。

各种专家，如物理学家与生物学家，地理学家与城市或乡村的设计师，心理学家与人类学家，数学家与工程师（包括斯大林[3] 的“人类灵魂的工程师”），都有可能——很大程度上已

[1] 同前引书（第 254 页注释 1）。

[2]“计算吧”：例如《莱布尼茨哲学著作集》（*Die philosophischen Schriften von Gottfried Wilhelm Leibniz*，C. I. Gerhardt 编，柏林，1875—1890）第 7 卷，第 200 页。[孔多塞也有同样的态度，而且更为典型。]

[3] [斯大林于 1932 年 12 月 26 日在高尔基的家里发表演说，论及苏联作家的角色，记录在高尔基档案中的一份未刊文稿里。见译林斯基，《斯大林与作家的（转下页）

经是——供人驱策，为那些决心要充分使用一切可得到的资源（包括自然的与人工的、人的与非人的）之人服务，而后者有 272
时是怀抱着纯洁的动机和狂热的献身精神，为了他们眼中的理性的与人类幸福的目标。马克思主义者，或是不发达国家的人们，也许会反对阶级敌人（国内的或国外的，资本家、"新殖民主义者"、帝国主义者）为了他们自己的利益而使用这些手段。不过，他们反对的并不是这些技术手段本身，实际上，他们还努力去接受并改进这些手段，为自己争取利益。已经拉开序幕的一场全球性的抗议活动正是这样一种性质。

现在难以预计这一反抗（表面上确实如此）的有效性会有多大，毕竟才刚刚开始。它来自这样一种情感：人类是作为具体的人而存在的，也就是说，是作为个体，作为拥有意志、情感、信仰、理想以及各自生活方式的人而存在的，在这一意义上生根的人权，当面对政府、企业以及各种各样相互勾结的精英们所致力的宏大的运作，政策制定者和执行者借以展开其计划的"全球的"谋算和大规模的推断时，已经消失不见、无从寻觅了。要进行定量的计算不得不忽视人类个体的个别愿望、希望、恐惧与目标。情况想必一直如此，无论什么样的政策，只能为大多数人考虑，不过，今天的情况的确是走得太远了。

我们今天的年轻人，有越来越多的人把他们的未来看作是

（接上页）座谈会》(K. L. Zelinsky，'Vstrecha pisatelei s I. V. Stalinym')。英文初次发表于肯普—韦尔奇：《斯大林与文艺知识分子（1928—1939 年）》(A. Kemp-Welch，*Stalin and the Literary Intelligentsia*，*1928—1939*，贝辛斯托克和伦敦，1991)，128—131，这一短语见 131 页以下。俄文版见，《人类灵魂的工程师》，斯大林《文集》('inzhenery chelovecheskikh dush'，I. V. Stalin，*Sochineniya*) 莫斯科，1946—1967，第 13 卷，第 410 页。]

一个过程，以有助于最大限度地产生出最多、最高的幸福为目的，将其生活期望、能力、实用性进行数据分类、计算并加以分析，然后填充进某些经过科学的精心设计的程序中去。这将会从一个民族、一个区域或是世界的层次上来考虑个人生活的安排，而对于他们个人的性格、生活方式、愿望、癖好、理想，却没有给予过多的关注或是表现出过多的兴趣（因为对于完成任务而言这些东西并不是必要的）。这就会让他们变得忧
273 郁、暴躁，或者失去希望。他们想要做某种人，干某些事，而不仅仅是奉命行事，为别人活着，或是作为别人的代表。他们要求自己作为人的尊严能够得到承认。他们并不愿意沦落为人类材料，不愿充当别人玩耍的游戏中的筹码，至少也要当为了自己的利益的筹码。一场反叛在各种层次上爆发了。

叛逆的年轻人排斥或是抨击高等院校、文化活动、系统教育，因为他们认为，这些就是巨大的、非人化的机器。他们自己或许知道，也或许不知道，他们所吁求的东西是某种自然法，或康德式的绝对律令，它禁止将人类当作实现目的的手段，无论其动机如何仁善。他们的抗议有时候采取了理性的形式，有时候又是暴力的、非理性的，通常喜欢用夸张的、往往是歇斯底里的方式去挑衅统治权力，以无礼的轻慢来使其意识到这些政策的极权主义后果。他们这么做，可能是有意为之的，也可能只是无意之举（在这些抗议里面，真正的马克思主义成分，亦即对于剥削和阶级压迫的谴责，一般来说，并不是重点所在）。他们抗议对于个人产生破坏性后果的全球性的规划：用数字和曲线替代了对活生生的人类的直接感触，而且还伪称这么做全都是为了对方着想；对于那些遥远地方的人们来

说尤其如此，这些设计师们试图（有时候甚至用极端残忍的手段）决定他们的生活，而又掩藏在平淡无味、含义难明的统计资料之下，让他们无法看懂。

在工业社会或后工业社会里，提出抗议的是那些不想被科学的进步车轮拖曳前行的个人或群体。所谓科学的进步，根据解释，就是物质财富与服务的积累，以及让他们变成废物的功利主义计划的增加。在贫困地区或前殖民地地区，占人口大多数的人希望被他们从前的统治者平等对待——当作完整的人看待，这一愿望经常表现为要求实现民族自决。对于个人自由和民族独立——要求不受别人的干涉、命令或安排——的呼唤，
同样源自这种受到侵犯的人的尊严。有时候，争取民族独立的 274
运动自身却导向了造成更大规模的联合，导向了中央集权，常常会导致一批新的精英对追随的公民的压迫，还可能会导致种族的、政治的和宗教方面的各种少数派遭到镇压——这也是事实。有时候，它又会受到与之对立的理想的激励，亦即从巨大的、非人化的、漠视种族、地区及信仰差异的权威之下逃脱出来，渴望实现以“人”为尺度的“自然”单位。

但是，这两种情况下，其原初的冲动，也就是希望“fare da se”[1]的愿望，显然是一样的；区别就在于这一种愿望和那一种愿望。追求行动自由、生活自主的自我，可能大小有别，有区域特征或语言特征；今天，它更可能是集体的、民族的或种族—宗教的自我，而不是个人的自我；它总是抗拒淡化、抗拒同化、抗拒非人化。在18世纪，将人们从迷信和无知之中，

[1] 即“自己做主”。

从国王、教士、政治寡头的自私与贪婪之中，尤其是从反复无常的自然力量之中解放出来的伟大运动，正是科学的理性主义所取得的胜利。反复无常的自然力量曾经是束缚人们的枷锁，但离奇吊诡的是，它反过来也唤醒了人们脱离它的统治而独立的渴求。这是人们呼唤属于自己的空间的一种渴求，借此人们可以实现自己的天性、癖好乃至其他一切东西，自由自在地生活，不受教师、征服者、恃强凌弱者、巧言令色者以及各种统治者的命令或胁迫。毫无疑问，一个人假如完全随心所欲的话，不仅会伤害到邻居，也会伤害到自己。自由仅仅是多种价值中的一种，不可能不受约束和限制。不过，在反叛的时候，
275 这一点不可避免地被遗忘了。

六

反律法主义（antinomianism）并非什么新事物。每一个长期存在的政府、教会和社会结构的历史上都发生过叛乱，反对兵营式的生活——令人窒息的“密闭”社会，反对那些法律和制度，它们让人感到不公、压抑或腐败，漠视了人们某些最深层次的渴望。这些制度，无论它们有什么样的官方表白和意识形态辩护，有时候就是让人感觉它们是以牺牲一部分人为代价来取悦某个特殊的阶级或群体，而那些牺牲品，是被他们有意或无意地用欺骗或胁迫的手段使其顺从的。还有的时候，整个系统给人的感觉是在机械地自我运转，而其存在的理由，即使曾经有效，现在似乎已不复存在了。其支持者们则迷惑人们相信（他们自己也被迷惑了）：人事的安排——原本也许就是

为了应对人们真正的需要而制定的——是客观的必然，是自然的法则（至少是人类本性的法则），而企图去改变自然法则是徒劳无益的非理性之举。狄德罗谈到过每个人内部的斗争，自然的人企图从人为的人那里把自己解放出来，人为的人身上混合了社会传统、非理性的压力以及统治阶级的“夹杂利益的谬误”[1]；理性的批评将会把这些谬误彻底驳倒，但是，当今的社会是建立在这些谬误之上的。

对上述制度与体系的反抗，有时表现为对于较早时代的一种怀乡式的渴望，那时候的人高尚、幸福而又自由；或是表现 276
为梦想着未来会出现一个黄金时代，或重新回到简单朴素、自动自发、本性天然的状态，回到自给自足的农村经济，届时人们不假外求，就可以恢复健康的道德（与身体）。大概，最后的结果将会是永恒的价值支配一切，那些差一点就无可救药地败坏掉的价值观，只需要返观自己的内心就可以轻易地辨认出来——这就是卢梭、托尔斯泰与很多和平的无政府主义者曾经相信，而其现代的追随者们仍然相信的看法。19 世纪的民粹

[1]［“interested error”，这一短语的来源，最有可能是以赛亚·伯林从霍尔巴赫的《自然的体系》那里取其大意。见该书第一章《论自然》，霍尔巴赫写到，“recourons à nos sens, que l'on nous a faussement fait regarder comme suspects”，萨缪尔·威尔金森在 1820 年的译文中处理为，“let us recover our senses, which interested error has taught us to suspect”（让我们恢复自己的感觉，有成见的谬误曾经让我们对其加以怀疑）。罗宾逊（H. D. Robinson）在他 1968 年的译文中借取了威尔金森的发明：“let us fall back on our senses, which errour, interested errour, has taught us to suspect”（让我们回到自己的感觉吧，是谬误，夹杂利益的谬误，让我们对它们加以怀疑）。不管英文表述如何有创造性，其中要表达的情绪完全是霍尔巴赫的，比如，他在第 12 章提到“erreurs utiles”（有用的错误），以及在《常识》（*Le Bon Sens*，§82）中提到“hommes fortement intéressés à l'erreur”（执迷于错误的人）。］

主义运动对农民、穷人或是“真正的”民族（区别于那些自封的官僚统治者）加以理想化的描述，它们所反映的，正是这样一种向“人民”回归的尝试，借此来逃离被错误的价值、“不可信的”生活、组织化的人、易卜生或契诃夫的被蹂躏与被压迫的生命充斥了的世界，在那里，人们恋爱与交友、追求公正、创造性的工作、享受乐趣、好奇探索、追求真理的能力不仅未能充分地发育，并且大受挫伤。有的人希望通过改革来促进当代社会的发展。而其他一些人，则就像16世纪的再洗礼派教徒所感受到的一样，认为现在的社会腐败已经太严重了，丑恶的东西必须连根拔除，寄希望于在废墟之上奇迹般地诞生一个崭新的、纯洁的社会。

这些是比较极端的例子，列举出来是为了说明最严重的困境是什么情况。与民族主义相关的就是这样一种情绪、这样一种困境。它也是谋求自我保护的抗争的一种病态表现。卢梭，这场全面反叛中最迷人的声音，曾经告诫波兰人要起来抵抗俄国人的侵略，决不放弃他们本民族的制度、服饰、习俗、生活方式——不要逆来顺受，不要被同化；就当时而言，对于普遍人性的诉求，就具体体现在他们的抵抗行动之中。在上个世纪的俄国民粹主义者那里，也可以看到同样的态度。在此前受压迫的人或是少数族群——感到被羞辱、被欺负的种族集
277 团——那里，我们也可以发现同样的态度。对那些少数族群来说，民族主义象征的是被压弯之后的挺直，是重获自由（也许他们自己从来不曾有过的自由，完全只是他们头脑中的观念），是为他们受侮辱的人格而复仇。

就那些已经长期拥有政治独立的社会而言，他们就不会有

这么强烈的感受。总的说来，对于承认的渴望，黑格尔曾经令人难忘地分析过的对于认可（Anerkennung）的欲求，西方人已经得到了满足；而似乎正是因为未得到满足，而不是因为其他什么原因，才导致了民族主义者的泛滥。对于西方世界的很多自由主义者和社会主义者来说，民族主义看起来纯粹就是沙文主义或帝国主义，是那帮掳夺了受害者与生俱来之权利的当权派所宣扬的意识形态的组成部分。就是这一恐怖的体系使他们降到了贫困与堕落的境地，难道他们还应该努力去实现这一体系的价值观吗？还有什么能比这更为自相矛盾、更为可悲的呢？马克思主义理论认为，统治阶级对它的子民犯下的最大过错之一，就是让其看不到他们真正的利益，用自己的意识形态去感染他们，为了自身的利益去驱使他们，却伪装自身的利益跟受压迫者的利益是一致的——而民族主义不正是马克思主义理论的一个最佳例证吗？

事实上，民族主义产生的影响并不一定都会对统治阶级有利，它也会激起针对统治阶级的反叛，因为它所表达的欲求，是没有受到足够重视者生出的愤怒的欲求，要在世界的文化之林中有点地位。生在一个饱受民族主义泛滥之苦的世界里，我们不需要对现代民族主义的残酷性、破坏性的一面多加强调。然而，应该认识它的本质：对于刚刚获得解放（“解殖”）的奴隶们某种深切的、本能的需要，产生的世界性反响——19世纪以欧洲为中心的世界未曾预料到的一个现象，其原因何在呢？过去人们又是为何忽视了这一发展的可能性呢？对这一问题，我给不出答案。 278

第二版附录

罗素的哲学史

《评罗素〈西方哲学史〉》,载《心灵》(*Mind*)第56卷,第222期，1947年4月，第151—166页。[1]

罗素爵士告诉我们，他撰写这部引人注目的长篇著作，目的是为了“展示哲学是社会和政治生活的一个组成部分：它不是优异之士的孤独思辨，而是不同体系在其中繁荣发展的各种社会共同体的特性所结之果，亦是其由来之因”。[2] 他认为，如此目标需要的是比哲学史家们通常所做的更为全面的历史叙述。舞台宽广，设计也相应雄心勃勃。此书分成三个主要部分：一是古代哲学，二是教会哲学，三是现代哲学。它并不属于一部原创性的历史研究或哲学研究——作者也没有如此宣称，它也不是写给哲学家阅读的，亦即那种披露以往研究传统之不足，系统地进行旧题新探的专著。这是一部通俗作品，为
279 普通读者而作。此书文字清晰、文雅、气韵生动，其中又有道德之确信与智识之丰富无穷的独特结合——罗素所有的作品（即便是只言片语）在某种程度上都有此特点——普通读者可

[1] “Review of Bertrand Russell, *A History of Western Philosophy*”, *Mind* 56 no.222, 1947年4月，第151—166页。

[2]［伯特兰·罗素，《西方哲学史及其与从古代到现代的政治、社会情况的联系》(Bertrand Russell, *A History of Western Philosophy: And Its Connection with Political and Social Circumstances from the Earliest Times to the Present Day*)，纽约，1945，前言，第ix页。下引页码均指此版本，遗憾的是，页码与英国版不一样。英国版的书名页省略了美国版标题的第一个词，但书脊上未省略（伦敦，1946）。］

称得上是有福了。

如上所述，这本书并非写给专业的哲学家看的，因此，此类读者的一些抱怨似乎就是吹毛求疵、无关紧要了，如：此书结构松散而缺乏系统，多见缺漏与闪烁其词，造成丰富与混沌并现，结论武断而无论证支撑，而恰恰在读者预期将要得出醒目而又关键的结论之际又放弃了论证；与此同时，作者的附言偶语点缀其间，常常是闪现才华与洞见，令人难忘，不过往往如汪洋中之珠玉，淹没在历史或社会方面的描述里。由此种种理由，不大可能对于读者自己的思考有很大帮助。

即便是在业余的哲学研究者或是见多识广的外行看来，这部书也不能说完全实现了它的承诺：作者的确提供了历史事实背景，但是对这些事实的选择有时看起来比较随意；而且这些事实也没有足够紧密地编织到叙述中来，从而起到引入它们时想要达成的解释作用。插入的历史性内容在很大程度上跟观念的历史是脱节的，除了关于中世纪的几章，那里解释变得有些单薄与机械，把故事的其余部分也搞模糊了。当我们读到文艺复兴之后的时期（于作者的天才更为相契），此类插入信息也越来越少，到了19世纪的部分几乎就没有了，我们看到的就只有哲学上的见解，诸如柏格森，或是逻辑分析派，完全没有那些社会性的或历史性的背景因素帮助。

不过，提出诸如此类的异议，完全可能是误会了此书的性 280
质和重点。它并不是，也从未自称是，一部系统的西方思想史。它的主要价值和意义所在——大体上这也就是它值得阅读的原因——是反映作者本人的观点。因为时至今日，很少有人会否认，罗素的作品对我们这个时代的哲学所产生的影响可能比当世其他任何学者都更为广泛。因为罗素所取得的成功或其失败，欧洲（和美国）哲学的内容和方向在根本上发生了改变，既包括受其吸引，也包括对其的排斥。罗素身上有第一流的伟大哲学家具有的基本特质：让那些在他的青年时代风行一时、影响广泛的推理方式和思想态度显得过时而陈旧，把那些看似悖论的东西变成了根深蒂固的寻常之见，发明了改变思想之历史的新方法。罗素作为一位逻辑学的伟大创新者的声誉是毋庸置疑的；仅凭其专业著作的重要性，就足以让他的任何一部作品引起哲学家的关注。本文评论的虽然是他写给普通读者看的著作，不过，如此杰出的思想家，哪怕是桌边闲谈也有其价值。

或许，罗素本可以尝试仿照德国或法国的模式来写一部系统的哲学史；他本可以选择一组特定的主题，从历史的角度来加以处理，审视它们在过去的各种思想家手下的起源和命运；或者，他也可以就某些特定理论或“态度”写出综合性的概论，加以历史性和批判性的检讨，同时陈述他自己推理的结论。不过，他并没有选择这么做。他更喜欢闲适地进展，从一个哲学家讲到另一个，从一个时期过渡到下一个；有时仅仅是讲故事，有时候，当他的目光被一些特别引起其兴趣或是招致其反感的东西吸引，就停下来给读者提供一些他的理由，为何要接受或是拒绝某个特定的论点或命题。有时他在这方面做
281 得轻松随意——如果不说是肤浅的话，有时他的洞察和敏锐又让人联想起他最好的作品。除非是按部就班地通览了全书的读者——这部书长达九百多页[1]——否则，你不可能知道，在经

[1]［第一版即美国版中，如前所引版本，正文有 835 页，而英国版是 864 页。］

历了一段冗长而枯燥的篇幅而感到有些倦怠的时候，会不会奖励你一片批评和讨论的绿洲。在我所能使用的空间里，要想对如此漫长的旅行作一番充分的描述是很难的。不过，我还是会尽力而为，给预期中的专业读者们提供一些引导。

一开篇，此书就对政治史、社会史和哲学思辨的交互作用做了简要的概述。哲学被描绘成一片介于中间的无人之地，一边是教条式的笃定，另一边是过度怀疑造成的智识和道德上的瘫痪。哲学被区分为：(a) 技术性的论证，其有效性在很大程度上不受社会环境的影响——因而，它主张，诸如本体论论证或是普遍性问题，其讨论就可以不考虑研究这些论题的哲学家的个性及其环境；(b) 作为对于世界的一般态度之表达的哲学。只是就 (b) 而言，在终极性的分析之中，理性的论证是不可能的，主要是在这种意义上说，哲学在很大程度上受到个性和环境的制约。

先是原初文明的速写，穿插着一些富有启发性的评论，涉及野蛮人的自发性因其“先见”和“习俗”而受到约束[1]，之后，我们就到了希腊人这里。叙述开始于俄耳甫斯主义、前苏格拉底学派，以及古典时期的希腊文化。关于爱奥尼亚人的描写尤为生动——似乎主要依据的是伯内特，也涉及米利都的经济集中，以及社会影响之于抽象思辨的作用。毕达哥拉斯被单 282
列出来，作为神秘主义和数学发生关键结合的代表，而这一点被认为是许多体现在传统的形而上学和神学领域里的基本错误的原因。“数学对于哲学的影响，”罗素评论道，“既意义深远，

[1] 第 15 页。

又是不幸的。”[1]说不幸，是因为它导致了在外部世界中寻找一种体系，亦即与几何和算术中的抽象体系一样确定和明晰的一种“世界的结构”[2]，这种类似于数学的普遍标准是错误的理念，原本不适用，也就无法达成，但是经验性的有效研究方法长期以来就是据此来判定和误判。

随后是有趣的看法：神学是超自然主义与数学的混合物，源自在上帝的精神中具有理想的数字这样一种概念。高级的或智识的知识区别于低级的或感性的知识，这种以往熟知的区分方式（在罗素看来是哲学的一大灾难）被追溯到柏拉图、罗马教会、17 世纪的理性主义者以及康德。在赫拉克利特的“流变”、20 世纪的物理学（它摒弃了形而上的实质）以及柏格森式的“连续体”之间，建立了巧妙的类比。不过，书里也有一些独创性的、有益的探索谈到了，前苏格拉底各家留下的往往是隐晦的说法中哪些是对的，哪些是错的。巴门尼德指出了逻辑上的难题，而罗素很恰当地利用这些难题，对他自己的学说加以简短的评论，例如他的摹状词理论（theory of descriptions），以及名称的指谓（denotation of names）。关于巴门尼德的讨论，大概是最能体现作者所使用的贯彻全书的方法之优势与局限的例子之一。尽管罗素说要尽可能地通过他
283 选来讨论的那些思想家之眼来看待世界——哪怕只是为了弄清楚归于某个思想家名下的一些较特殊观点是如何形成的——他实际上做的却并非如此。比如，他讨论巴门尼德的观点的时

[1] 第 29 页。
[2] 第 38 页。

候，用词那一种特别的新鲜感和想象力，仿佛在谈论一位貌似与他同时期的思想家，或是时代色彩模糊的思想家。这也许会让那些从历史角度来思考的人感到震惊，但在这里，一定程度上，它至少比采用忠实的“历史主义”方式更成功地阐明了所讨论的主题。

罗素的立场处于对立面的一端。另一端，比如说 R. G. 柯林伍德，甚至于认为，所谓真与假——我们所持的真假概念——并不适合用作过去的思想家的评判标准。毋宁说，我们的任务就是尽量通过努力想象，像他们自己那样来看待他们的问题，而且要永远记得，他们的答案是不能假定来解决我们这个时代的问题的，因而对我们时代的问题而言，也就无所谓真与假，甚至不具有清楚的意义。这种观点如果推到了它逻辑的极端，就成了自我窒息，因为这将导致过去时代和思想家的存在是我们完全无法认识到的，更不用说理解或检验其答案或问题的有效性或真实性，表述这些答案或问题的语言属于完全不同的经验，就像是，与我们自己的经验完全隔绝。另一方面，罗素的取径跟那些德国的博学之士也没有任何关联，比如像恩斯特·卡西尔，在他们流利的长句中，尽管随处可见最为严谨和发人深省的哲学研究，但是常常淡化、模糊了思想差异，消除了争议与分歧，导致莱布尼茨几乎就成了黑格尔，而康德有时候跟爱因斯坦难以区分。

罗素在气质上跟这两种历史主义是相反的。他自己的观点和态度从未存疑；他据此评判之前的哲学家，含蓄地或是明确地，从而就使得他的研究有了一定的统一性。不管他研究的是 284
政治思想还是形而上学，他始终是作为两种传统的传人——或许算是显赫家族的最后的杰出成员，亦即19世纪的百科全书派（他与伏尔泰和孔多塞最相似），还有同样荣耀的，英国的自由主义、理性主义和不信神的人文主义的传统。尽管他尽一切努力保持公正，甚至对于对手也表以同情，这样一种立场是如此肯定，因而要坚决用自己非常明确的真理标准和价值观念来衡量所有的观点和制度。这种立场并非观念史家理想的智力装备，但是至少拥有一种罕见而又极为重要的美德，那就是把过去的伟大思想家视为优异、睿智之人，他们提出的理性的命题具有足够的内在吸引力，仍然值得就其自身的优劣加以研讨。因而，巴门尼德的观点（以柏拉图那样的方式处理）就成了一个自然的挂钩，通过它，将那些后来在逻辑学方面的发现挂起来，产生令人耳目一新、有启发性的效果。

罗素似乎对有神秘性的神学没什么兴趣，他关于先验主义的哲学家的讨论，不管是古代的，还是中世纪的，往往是热情不足。但是，当他的好奇心被唤醒的时候，比如说，讨论早期的物理学和数学时，就会思想火花闪烁，照亮了这些主题：例如，关于绝对空间的问题，亚里士多德与希腊原子论者之间的争论，牛顿与莱布尼茨（随后是爱因斯坦）之间的争议，罗素抛出了一个具有提示性的想法，认为这两场争议之间有相似性。这一类讨论蜻蜓点水，完全值得展开，占到他（按此书规划所要求）认真描述的雅典的社会史、宗教史和艺术史那样的篇幅——那部分依据的是吉尔伯特·穆雷或是简·哈里森，尽管里面也包含着很多颇有他特点的文雅和机智。

在阐述了他希望给予更多关注的是那些在历史上有影响力，而不是那些或许十分真实或思想深刻的观点和人物之后，

罗素用了一章篇幅来讲斯巴达的历史，因为他觉得，关于斯巴 285
达的观念是一个持久存在的神话，不仅仅在希腊人那里有深刻影响；普鲁塔克所描绘的理想化的英雄社会的图景，对欧洲思想产生了广泛的而又是灾难性的影响，而且在普鲁塔克之前，柏拉图口中的苏格拉底也受其影响。苏格拉底被认为是无所畏惧，令人钦佩的，但是他在辩论中也是不诚实的，油滑，而且有道德偏见。“作为一个人来说，我们可以相信他有资格上通于圣者；但是作为一个哲学家来说，他可就需要长时期住在科学的炼狱里面了。”[1]

可以想见，柏拉图是个大魔头（理由太明显、太熟悉了，我们此处不必赘述）。罗素对他的天才勉强致以敬意。在《理想国》第一卷里，因为柏拉图认为伦理特质的客观性是理所当然的，所以他并没有认识到特拉西马库斯的论点所包含的全部力量，在表明这一看法之后，作者以此为契机，承认自己在伦理学的客观性问题上的困惑。他认为柏拉图由于明显的反经验主义而导致了数学与神秘主义的结合，《斐多篇》就是一个典型的例子。他在《美诺篇》驻足，为的是反驳柏拉图的助产术式、或者说记忆体式（anamnetic）的知识理论：所有的知识必定或者是经验的，或者是逻辑的；指望任何人“回忆起”那些在通常意义上说是他们所不能知道的经验事实，显然是荒谬的；至于“引导”奴隶男孩“回忆起”数学上的“绝对平等”，那一论证什么都不能说明，因为那种概念在任何情况下都不能应用于物质对象，或者说，从而在任何意义上都不会是对于其

[1] 第 143 页。

属性的某种发现。

柏拉图被视为也许是真正的哲学最可怕的敌人，自始至终受到猛烈的批驳，尽管这种批驳从未达到像最近的卡尔·波普尔所做的那样彻底。柯林伍德严厉谴责的时代倒错的方法之运
286 用，可能没人能想到比这更好的例子了。因此，我们毫不意外地看到，《蒂迈欧篇》被认为非常奇怪，因而仅仅是做了概括，显然作者觉得它无法讨论；任何过于坚定的形而上的东西，罗素似乎都要本能地避开。另一方面，《泰阿泰德篇》为讨论知识与知觉的关系提供了一个极佳的机会，作者对此加以充分利用。他的办法是，通过与柏拉图那些特别使他不满的看法加以对照，来揭示自己的观点。因而，他讨论了关于相似性的感知问题，并且提出，由于所有可感知的差异都是直接被感受到的（比如通过大脑皮层的运作），直接的感知并不局限于传统的五种感官（加上动感等）为媒介，这样就解答了古代理性论者的难题："我们是看到还是听到声音和颜色之间的区别？"与此类似，他把这篇对话中的"对于存在的感知"当作解释他的逻辑建构理论、并以此来反驳本体论论证的一个机会。不过，罗素采取的方式是如此浓缩和暗示性的，虽然在全书的最后一章里就这个最重要的论题有一些进一步的阐述，不仅很难指望普通读者能够完全抓住要害，而且，专业的柏拉图主义者在承认以如此形式完成的论证之适用性时也可能觉得有些为难。

在这一点上，人们也许会问，为什么罗素认为"我现在的知觉是存在的"（My present percept exists）[1] 这一命题具

[1] 第 155 页。

有经验意义，而“这是存在的”（This exists）就没有呢；在某种意义上，“这”（this）是一个专有名词，而“我的”（my）不是吗？这一问题，以及其他类似的问题，正是恰恰在开始引起同时代哲学家的兴趣之时，被罗素搁置下来。

仍然是在对柏拉图的批判的部分里，有一处关于数字和排 287
中律的讨论，是将现代的方法应用于古代论证的典范，其清晰与敏锐令人钦佩。正如所料，罗素非常清楚地表露了他对于德谟克利特和原子论者始终不变的同情，以及就此而言，对于那些多受诽谤的诡辩学派的同情；并且暗示说，这一派招致的敌意，其原因也许主要是因为他们对于真理的热爱，以及智识上的勇气。

在给哲学下了一个尝试性的定义——亦即“运用柏拉图的方法所能探讨的问题的总和”[1]之后，罗素提出，如果只是就衡量柏拉图对于后世哲学的影响而言，苏格拉底和柏拉图在目的论和伦理学上的执迷，以及在柏拉图传统、亚里士多德传统中各个流派——更不用说晚期希腊——都有的神秘主义、内省、自我批评等特征的发展，均为希腊社会衰退与失败的显著征兆，代表着由于社会、政治、经济的原因而导致的深刻的、无可挽回的溃败，其中，对于外部世界的好奇心的减弱总是最为致命的症状。作者给出的柏拉图的总体形象，现在日益成为——也许是恰如其分的——流行看法，亦即：他是一个才华横溢、有魅力但有害的文学天才，对于人生以及人物性格有深刻的洞察，艺术能力高超，擅长典雅的修辞，但在相当大程度

[1] 第 93 页。

上不够诚实，会因为道德偏见而压制真相，是自由的第一个也是最大的一个敌人，一切形式的极权主义的守护者。

对研究罗素著作的那些人而言，现在大概毋庸再说，对于亚里士多德采取了什么态度。他被称为“斯塔吉亚人”(Stagyrite)[1]，要谨慎加以对待，正因为他是一个影响力仅次于柏拉图的敌人，才被授予这个位置。亚里士多德的形而上学被给予了一种怪异的黑格尔式的解释。罗素谈到“神圣的灵
288 魂”或者理性的时候，其用词让人更多地联想到的是布拉德莱——也许这是罗素早年趣味留下的一处印迹——而不是中世纪和现代时期的那些更为正统的阐释者，对于后者的作品，罗素想必还有着新鲜的印象，即便不是心怀敬佩的话。《尼各马可伦理学》驱使他最直接地宣泄了一回他在整部著作中所寄予的信念。该书被描述为一部老书，“稍有情感深度的人都会感到厌恶”[2]:这种感觉，研究这部作品的多数学者也许都不会有。但有这种感觉者多于愿意承认者。这种情绪爆发——连带着还有他对于斯宾诺莎以及一定程度上对威廉·詹姆斯的温情脉脉——使其在此处区别于18世纪那些理性主义者，他们是更为冷静的亚里士多德支持者，不然的话，这些人其实与罗素有很多共同之处。

由亚里士多德《伦理学》的思考，罗素开始了对一般意义上的伦理学的考察。他提出了可以用来检验一般道德哲学的三个标准：(1) 内部的逻辑自洽，亚里士多德的作品在总体上满

[1] 亚里士多德出生于马其顿的斯塔吉亚。——译注
[2] 第173页。

足这一标准；(2) 与哲学家本人的其他观点（如形而上学的观点）的一致性，亚里士多德也通过了这一测试；(3) 对于有批判性的读者，或是其社会或团体的普遍情感的可接受度。正是运用这一休谟式的检测方式，亚里士多德作为一名伦理学家，就被认为是完全失败的。在对亚里士多德伦理学说的检验过程中，罗素运用了自己后来被证明是最为典型的批判方法。他对几个突出的要点加以快速的扫描，其间穿插着一些有趣问题的简短评论，用来批评这些要点的方式角度完全是现代的，辅以印象式的点评，不同程度的明确性、相关性和启发性。之后，用伏尔泰的方式收尾，给出简洁、清晰、略带讽刺意味的总结：《伦理学》被判定是一部平淡无味的汇编之作，因而，“缺乏内在的重要性”[1]——例如，亚里士多德的体系里并没有谈到，对强烈的情感，或是着迷于上帝或是魔鬼的状态，如何加 289
以严肃的对待。

亚里士多德关于精神活动的分析所做的贡献，比如对于智力的、情感的和“实践的”诸种性情独到而且重要的研究，就被不恰当地忽略了。我们倒是发现了一处关于高利贷的有趣的附注。亚里士多德和教会都对高利贷加以谴责，因为他们代表拥有土地的阶级发言，现代哲学家则对高利贷没有表现出类似的敌意，他们的“收入来自大学的投资”。[2]

亚里士多德的逻辑自然地激发出作者的好斗本能。罗素就其最出名的缺陷提供了极好的例子，不过，有价值的比较展示

[1] 第 284 页。
[2] 第 188 页。

（例如与康德对于分析命题的研究），经常是过于压缩，让普通的读者难以理解。论述逐步展开，口气也越来越严厉。亚里士多德的逻辑被描绘成了彻头彻尾的灾难。他关于实体和本质的观点是误导了人类思想两千年的言语混淆。他的逻辑学，除了对三段论的分析，以及其他一些琐屑的地方，整体上是错误的。

目的论遭到贬斥，称其为现代物理学理论久已拒绝的一个概念，但是没有给出反对它的正式的论证。既然罗素整个思想的核心是对目的论的否定，而且反对目的论的最有说服力的论证，是他本人以及其他人都曾经使用过的，对他来说肯定极为熟悉，所以，省略了这一点，对本书而言是一个令人遗憾的缺陷。此处的思想理路——像在别处一样——很快变得散漫而迂回，关于哲学一般特性的隽语警句开始以一种明显是随意的方式出现。尽管如此，或许当它们出现在相对枯燥的历史性论述的段落中间时，仍然是受人欢迎的。

例如，说到亚里士多德，罗素告诉我们，所有的哲学家实际上都抱有一种从根本上说是简单的世界图像，他们据此说出
290 自己不得不说的，而他们的理论继而用复杂的反驳来应对其对手实际提出的或可能提出的反驳；但是，这些精心设计的防御工程——知识分子的声誉常常依赖于此——并不能正面地证明任何东西。[1]

接下来，是对斯多葛派、伊壁鸠鲁派、怀疑论者和犬儒派的速写。尽管罗素抱怨说，亚里士多德缺乏情感方面的想象力，他自己或许也应该因为对于“道义”立场的性质完全在心

[1]［第 203 页。伯林在他后来的作品里经常提到罗素的这段文字，还会当成自己的。］

理上无感而承受同样的指责，这种道义立场是犹太人、斯多葛派、基督徒，以及克里希普斯、加尔文和康德所共有的，它强调权利本身值得追求，义务有无条件性质，美德本身就是回报。在所有的西方式的情感模式中，这是最深刻者之一，而在罗素看来，却不过是粗糙的清教主义。他把斯多葛主义视为在某种程度上源于一种挫败感和“酸葡萄心理”，萦绕其中的想法是：尽管我们不能永远幸福，我们至少可以永远善良；因而，如果我们是善良的，也许幸福并不那么重要。这的确是一种极度的非历史的理性主义。难怪罗素的批评者们会抱怨他本身缺少道德方面的洞察力。

罗素对于希腊化时期的逻辑学很少措意：他提到，希腊化时期发明了分离（disjunction），但没有实质性影响。根据罗素的说法，罗马人根本就没有出产哲学家，所以，他们同样也甚少受到关注，尽管还没有少到拜占庭那种程度。另一方面，普罗提诺对罗素来说很有吸引力，尽管他喜欢他的原因有点儿含糊。纯粹的神秘主义，其中不掺杂玄学（亦即伪哲学）的论证，作为一种真实的个人体验的强烈形式，对罗素也有吸引力。

在全书第二卷中，罗素开始勇敢坚定地认真对付他所深为厌恶的中世纪。他尽职尽责地对待每个人物，诚心努力给予其 291
应有的待遇，叙述了教皇与皇帝，圣徒与异端君主，教父与博士，并且尝试对其奇怪的信仰以及更奇怪的争议加以描述。这种描写是抽丝剥茧却又不表同情的，像是爱尔维修或是孔多塞可能会采取的做法，抑或像是后期的海涅，而且几乎过于明显地受到了吉本的影响。其姿态是一个文质彬彬、超然而又带有反讽意味的观察者，在无比阴暗、寒冷、密闭的大教堂里，上下穿行于黑暗、陌生、极度曲折的迷宫，手持他的理性主义之灯，用温和甚至微弱的灯火，照亮或此或彼的某个黑暗角落。这是衰落中的自由主义文化的最后的清明、开化、理性的声音，在这个充斥着狂热信仰和野蛮迷信的世界里，显然是格格不入的。每一种信仰和立场都需要在理性面前证明自己：有批判能力的才智不会被那些以信仰或是玄机为基础并受其控制的思想体系欺骗。——这样一种进入中世纪的途径，作者们由于受到圣西门和黑格尔的“历史主义”范畴的影响，已经让人们生疏已久了。因其前后一致、坦白公开和智识上的正直，今天尤为受欢迎；不过，它会把问题过度简化到惊人的程度。

写到阿奎那这里，罗素大概是到达了他的最低谷。只是乏味地罗列了托马斯的观点，驳斥了一些随机选择的要点，在论证中丝毫不遮掩其强烈的敌意。其描述过于机械，毫无生气，既不能驳倒阿奎那的信徒，也不能为其反对者提供有效的武器。假如罗素把焦点从阿奎那本人身上移开，转而提炼出他自己反对托马斯主义核心学说的具体论证，那肯定会更有效用。或者，他可以忠实于自己的承诺，尝试描绘出 13 世纪一个学哲学的学生所身处的知识氛围的一幅图景，并且强调其中比较
292 而言（如相对于我们自己的时代）最重要和最有趣的差异。然而，这两条路他都不走，而是选择了追随吉本。

像吉本一样，他也瞧不起拜占庭（其文化不是文学性的），认为它除了其艺术风格和查士丁尼法典之外，对世界没有任何贡献。不过，无论是好是坏，拜占庭创造了一种东欧文明，在精神上和物质上的影响力（而我们被告知，历史性的影响是选择标准），借由其俄罗斯形式，让今天的我们所感受到的只能

说是无比强烈。关于这一点，他不置一词。在各种历史神学的重重迷雾中，突然之间，我们走出了中世纪的森林，遇到一处关于个性化原则的富有启发性的段落。邓斯·斯考图斯的哲学提供了这个契机，但讨论本身也非常有趣。而在另一方面，奥卡姆的威廉，却被托词说他让其他人解释得过于现代了，实际上是一个相当正统的逍遥学派，从而没有给予其现代唯名论的直接始祖这一恰当名分；塞克斯都·恩披里克也不例外。毕竟，在中世纪的所有学说中，唯名论是现今最活跃的议题，而对此起了最直接作用的就是罗素本人；然而，对唯名论早期这些支持者中最显眼的人物，罗素却没有给予什么荣誉。

文艺复兴为何会兴起，几乎没给出什么“解释”。它突然就爆发了，像一股光的洪流，这是光明势力压倒黑暗势力的不可避免的胜利的开始，这一看法像极了麦考莱，后者肯定也这么认为。此处的历史性背景描述不太生动，没有经过细心选择，也没有多花精力去追随思想文化的发展历程。一再重申的唯一主题是，意见的自由表达持续地被压制，那些危及正统观念或是触及某些既得利益者地位的思想家们一再被惩罚（现代而且高度相关的美国情况作类比）。在这个阶段结束的一开始，即15世纪，就是热情洋溢的迎迓，它直接对应的是，告别了要努力公正描述难以理喻、令人生厌的中世纪这个任务之后，那种解脱了压力的轻松。

关于马基雅维利的观点，罗素的描述有趣而又生动，不 293
过，涉及马基雅维利对恺撒·博尔吉亚的态度，似乎就有点儿莫名的歪曲，会造成误导。马基雅维利重视政治方面的统一和组织的必要性，但是这一点并没有得到应有的对待；就此而言，马基雅维利是黑格尔、拉萨尔、马克思、列宁等人早期的先驱。作为一部哲学史，不该如此忽视对于后世影响的复杂模式的追踪。不过，从另一方面来说，这书也有一个极大的补偿性的优势，亦即，它没有一些现代学者不时用来刺激、误导读者的那种时代错置的归认；正如柏拉图幸运地没有被描述成一位“有机的”政治哲学家，文艺复兴及其之后时期的哲学家们，虽然要被迫回答一些现代的问题，应对很多现代的批评，好在并没有被要求用准现代的方式说话，或那么恰当和准确得出奇地提前说出维多利亚时代的思想。

罗素对17世纪的整体上的处理，在反映智识倾向的变化方面有其价值，这恰恰是因为他没有做什么夸张。因此，在开普勒及其同代人那里仍然保留的中世纪思想残余，不仅得到承认，而且还允许其存在。至于最近时期量子力学和相对论之于牛顿物理学的巨大差异（比如在时空概念方面），他也稍有提及。这不过是挑逗了一下对罗素这种有科学头脑（而且通俗易懂）的学者抱有期待的读者，这些新发展已经被那些带着形而上或是神学思维的普通科学家或哲学家解释错了，读者正希望他来说明实际上应该是怎么回事儿。但是，什么也没有仔细说——作者的呼吸看起来是出奇的短促。他所做的评论似乎是，越是有趣的地方越是简短。最为简明扼要的地方之一，就
294 是罗素对 E. A. 伯特提出论点的回应。伯特认为，17世纪的科学家脑袋里的各种想法，与中世纪相比，偏见和幻想一点都不少，不过他们提出的假设所产生的成效更多，可以说，这靠的是运气，而不是高明的洞见。罗素的要点在于，科学和教条的区别仅仅在于以下这一事实：前者是试验性的（而后者不

是），满足于可以通过经验检测而得到支持，无论其观念源自何处——最初的假设也许是以某种古怪的、非理性的方式冒出来，其重要性取决于它跟经验相联系的能力，而不管它的来源从心理上来看是多么的荒诞不经。

关于霍布斯的描述，看起来有趣而且细致。罗素批评霍布斯无视不同经济阶级之间的斗争，也看不到国际安全的必要性一点不亚于国内安全。至于理性主义的哲学家，在罗素这里，他们要比经验主义的哲学家得到了更多的同情和理解，这可能是因为罗素虽然接受了后者的前提，但是就他自己的思想道路来说，相较于洛克和贝克莱那种不连贯的、内省式的描述，他与笛卡尔和莱布尼茨这种结构更为严整的体系有更多的亲缘关系。他很欣赏斯宾诺莎，表示对其伦理思想极为尊重，不过，说来也奇怪，他又觉得其中少了激情。斯宾诺莎属于殉道者和少数派——一个好人，因此被指控为不道德，罗素深有感触地说。罗素对斯宾诺莎的体系的阐述，虽然很可能是无法让斯宾诺莎主义者满意的，却称得上是细致入微而且往往使人感动的一次尝试，重建了理性主义所能提供的最为纯粹的关于宇宙与人生的看法。

罗素大概是当世最著名的莱布尼茨研究权威了——他认为莱布尼茨关于本体论的表述是最佳的，而且对于整个的现代反形而上学的经验主义的反驳，正是依靠这一本体论论证而得以牢固地确立。因此，在关心形而上学的一般读者看起来，罗素竟然对本体论的论证考虑如此之少，这可能是个遗憾，更不用说，他关于这一论证的处理并没有经过周全的设计。关于洛克的部分，对其影响力达到何种程度、何种范围是加以承认的，

295 描述也相应宽泛，不过有些地方意见不明确。关于洛克的政治学说，这一部分无疑是最好的。

有点儿让人费解的是，贝克莱的观点并没有得到清晰的描述。在这里，又是因为罗素对自己的各种理论的阐释过于简略而难以有所作为。那些支持实在论、中性一元论、物理实体的非现象主义分析、共相存在于现象之中（universalia in rebus）等问题的论证，对于学过现代哲学的人来说是可识别的，而对于哲学门外汉而言，就过于压缩而难以理解，对于职业的哲学家而言，这样的描述又过于简单。贝克莱对于“物质”（matter）的否定得到了认可，但是，我们更为熟悉的，他关于错觉的论证，比如冰冷的或温暖的手放入同样温度的水里面产生的不同感觉，则被描述为没有说服力。水可能比我的左手冷，比我的右手热，但是，这样并不能说明它自己具有这样的性质（此处我猜测罗素的看法，就是贝克莱的论证犯了跟柏拉图一样的错误，后者没有搞明白，一个给定的长度怎么可能同时既是一半，又是两倍）。虽然罗素的论证也许本身足以成立，但是，关于错觉的论证其力度何在，问题一旦提出，就值得更为详尽和深入的讨论；这儿只是悬而未决地将其搁置了。

贝克莱的唯名论被认为是失败的，因为即便是符号的使用，也要以某种意义上“真实的”普遍为前提，比如在纸上留下的标记，只有当它是一种类型的标记时（尽管罗素并没有使用这个术语），才发挥其作为符号的功能。这是罗素长期坚持的看法的一种表述方式，在近期著作中他又回到了这一点，并且似乎是以某种可以追溯到柏拉图的看法为基础，亦即，意识到可以感知的相似性，即便是在最为初级的层次上，也不仅仅是感觉行为，而是认知行为，也就是涉及有意识地对普遍中的特殊加以分类的认知行为，普遍性本身如果没有发生恶行回退（vicious regress），并不会简化为一些特殊的（亦即可感知到的）相似性。

在我看来，这似乎是对相似性如何被认识到的一种经院性的，并且在心理学上是错误的解释，也是关于事实（matters 296
of fact）的先验推理的一种奇怪的残余。不过，在此处不宜争议这一问题。无论如何，罗素完全可以在他的作品里抛开很多僵死的哲学朽木不谈，留出余地来展开他关于这一关键议题的原创性的想法。关于现象主义，罗素斥之为“奇怪的”东西。他几乎不谈在观察者缺席条件下的物质对象的问题，于是我们就遇到了貌似是一种隐含的、无论据证实的“不可感的可感物”（unsensed sensibilia or sensa）理论。关于贝克莱在经验命题和逻辑命题之间的混淆，罗素有一些有趣而又非常适时的评论，不过，他本人是否在这一点就完全清白，还不宜轻下定论。

至于休谟，即便是仅仅考虑他对于作者自己的思想起源所具有的重要性，也不应该受到那么漫不经心的对待。罗素认为休谟的怀疑论与其对于归纳法合理性的肯定是不相容的，这一点我觉得他的看法过于消极。但是，接下来，他没有付出任何努力去澄清休谟关于“理性的”和“非理性的”这一对术语应该有何意味的看法。如果考虑到事实上关于这一题目最有价值的原创性作品出自罗素自己最有天赋的学生之手，例如拉姆齐和尼科德，那么，在这一主题上竟然没有参考当代的学说就让人有些费解了。写一部哲学史，也许不适合详细分析休谟式的或者其他任何一种归纳理论，但是，如果提出休谟的怀疑论导致科学的归纳法完全成为非理性的，这一点绝对是误导性的，因为它暗含着罗素认为，尽管休谟的观点错误地导向了相反的结论，在“理性的”这一术语中有一些公认的意义使得归纳法可以被证明是理性的；这一看法似乎是基于如下的一种观点（尽管没有给出任何理由），亦即，如果“理性的”，就像后来的经验主义者尝试的做法一样，是根据诸如“规律性”或“可靠性”这样的休谟式的概念来定义的，这就不能满足归纳法的要求。归纳，理性推理，等等，其“地位”或许确实很有必要加以澄清，但是，如果像他在这里所暗示的，尼科德或是拉姆
297 齐关于归纳法的观点在原则上是有错误的，那么，罗素在哲学上的总体贡献会被严重地削弱。罗素关于休谟的处理还有一处缺陷，就是他忽视了休谟对于记忆的看法，其实他自己的研究也从记忆问题上引出了累累硕果。休谟把原因和必然从外部世界中驱逐之后，似乎又将它们重新引入了其关于心理学的解释，罗素对这一不正当的方式适时地、理所应当地加以揭露之后，也没有给出什么补偿性的讨论。

书中对康德的论述相当详细，罗素又一次采用了他所偏爱的、有点儿像拿破仑的方法，集中火力对准他认为是最强大的敌人的位置，其余的敌人会不攻自破，自行消失。在这种情况下，关于空间和时间的学说被选定为主要标靶，首先抱怨康德并没有给出充分的解释，以便说明具体的物质对象在时间和空间上的特定秩序或是特征（康德可能认为这是一个形而上学的问题，也就是说，在某种意义上是不合理的）；然后，罗素似乎假定，在康德的体系中，空间和时间或者应该是主观的，亦

即从某种意义上说，是由经验给出的，或者，否则的话，它们必然在某种意义上源自或属于事物本身。这与其说是在反驳，不如说是忽视了《纯粹理性批判》的核心学说，也就是：（在空间与时间中的）物质对象既不是事物本身（根据罗素的看法，它最终将等同于一种新柏拉图类型的形而上的超验主义），也不是一整套感觉材料（或是感觉材料的逻辑建构），至少在一般的现象学意义上并非如此。

假定为对象之“前提”的“知性的诸范畴”或“直觉的诸形式”，究竟该如何描述，这一点极其模糊不明，而且，第一类比的证明（罗素没有提及）也无助于完全澄清这一点。但是，任何康德派——无论受到实在论的影响如何之少——都不会看不到罗素对其导师的批判是从未经证明、未加讨论的假设开始的，亦即：在贝克莱式的现象主义或“证实主义”（无论是何等的“微弱”）之外唯一的替代选择，要么是某种直接的实在论，比如像里德（Reid），要么是假定事物本身具有被认 298
知的可能性的一种理论，像是莱布尼茨或者沃尔夫的想法——恰恰是在康德认为他已经否定了全部三种可能性的那种意义上的可能性。

康德当然既不用归纳方法来推导（比如物理学的）实体，也不是“从逻辑加以构造”它们，亦不会感官上认识它们或者是它们的某些部分，而是宣称“预先假定”或是“演绎”出它们的性质；这可能是一个让人迷惑或没有意义的主张，但是，在此处并没有遭到反驳。无论“先验的演绎”可能被认为是哪一种过程或逻辑关系的系统，它并非依靠“逻辑语法的规则”从定义中得出的正式推论，也不是归纳，更不是对于经验特征或“非感官的”特征的直接考察，像现代的现象学家归因于它的那样（尽管曾受惠于麦农，罗素忽视了现象学家的存在）；而可能是发明或阐述一种新的哲学技巧的尝试。无论如何，康德在描述这种非演绎的准蕴涵的时候所做的努力，并非枯燥无味，而是一种奇妙的智识成就，它受到的对待并不公正。综合的先验判断及其批评者的历史，归根结底，在相当大的程度上也就是 19 世纪的知识理论的历史，以及，在更小一点的程度上，就是我们这个时代的历史。这一概念对于现代西方哲学有非同寻常的影响，而罗素自已的原创作品对此所造成的削弱，不亚于其他任何因素。因此，令人遗憾的是，他没有抓住这个机会，在这个最关键、最迷人的议题上，用严肃的方式亲自为读者理清思路。

余下的反对康德的论证，罗素做得更为扎实。他否认在原则上真空是可以想象的指出除非基于绝对空间的观念，否则部
299 分空间的概念是没有意义的，而出于现在大家熟悉的理由，绝对空间也没有根据再坚持了。许多重要而又有趣的话题都被以这样一种方式触及，但是没有进一步探究，只是被无限期地悬置。至于对康德有原创性的伦理学理论的处理，也不够公正，它打破了希腊人观点的统治地位，其影响无疑是相当深刻而且持久的。至于美学，罗素在任何阶段都不曾将其纳入自己的兴趣范围。迄今还陷于（无论是前康德的，还是后康德的）教条主义的沉睡之中的读者，是否有可能被这些相当散漫而又未作结论的论述所唤醒，这一点很值得怀疑。

专门讨论 18 世纪启蒙运动的部分，给予爱尔维修、孔多塞等人的关注非常简短，让人对这群与罗素有很多共通之处的

杰出学者印象寥寥。他们的学说，与卢梭恰好相对，构成了欧洲自由主义的基础，而且可以肯定，影响思想与事件的程度至少是和拜伦一样的重大——罗素专门拿一节来写拜伦，文字漂亮，妙趣横生。对于法国的乌托邦主义者，书中也并未措意，比如像圣西门、傅立叶以及他们的门徒，虽然诸如社会和经济的计划、技术统治、历史学的经济解释、自然权利和个体自由的否认等等概念，主要应归之于这些人，而不是葛德文或功利主义者。如果以影响而不是内在的思想价值为选择标准，那么，美国和俄国的社会改革家顶礼膜拜的傅立叶，至少与本书巡览式的中间部分错杂陈列的那些中世纪小人物一样有影响力。

在19世纪后期这一部分，罗素优先处理的是叔本华、尼采和马克思，而不是罗茨、西格鲁茨和罗诺维（就此而言，还包括英国的唯心论者），前者的理论就其内在的趣味、独创性和影响力而言明显超过那个时期的学院派哲学家的实践。这一决定表现出罗素极有想象力，不受学究气的约束。然而，如果是因为浪漫主义的强烈冲击不容忽视，拜伦和尼采就被认为值得 300
包括在内，柏克、托尔斯泰或弗洛伊德难道不能同样公正地得到如此或更多的关注吗？毫无疑问，任何历史性的概览并不宣称巨细无遗，必定会在一定程度上有或多或少的任意择取和压缩，诚然，最终这还是一个个人判断的问题，但是罗素的选择，有时候似乎就是太随心所欲，甚至在讨论最有趣的地方也是如此。

至于具体人物，罗素对边沁和马克思的处理就非常生动，在把解释其观点的任务留给更学术化的观念史研究之后（在他自己的《自由与组织》[1] 一书中有关于这一问题的精彩叙述），给出了词锋犀利的概括，以及机智而有讽刺意味的警句，在这方面，罗素是当世最厉害的大师。关于尼采以及他的人生观（在罗素看来毫无吸引力）的描述，倒是一篇杰出的文章。对于柏格森的攻击，似乎照搬自罗素早期就这一题目写过的文章（见 1912 年的《一元论者》杂志，罗素自己也有说明）[2]，这一部分是作者论辩技巧的绝佳展示。尽管这篇文章很可能在 1912 年已经为理性发出了高尚的一击，由此阻止了许多似是而非的言论进一步传播，可惜这里忽略了柏格森的晚期作品，比如《道德与信仰的两种来源》[3]，关于其伦理学观点的叙述质量也由此减弱了。此外，关于柏格森一度曾经拥有的巨大影响，罗素也没有试图解释其原因，或是提供历史性的背景（朱利安·本达那篇极具杀伤力的文章，《柏格森的成功》[4]，已经令人信服地处理了这一问题）。

301 威廉·詹姆斯自然会得到更多的同情。“彻底的经验主义”[5] 在书中总体上是得到了支持，尽管也针对如下结论提出了反对意见：(1) 拒绝“经验”与构成一切事物的“材料”不

[1]《自由与组织》（*Freedom and Organization*，*1814—1914*，伦敦，[1934]）。

[2]《伯格森的哲学》，《一元论者》（‘The Philosophy of Bergson’，*Monist*）22 (1912) 第 321—347 页。

[3] Henri Bergson，*Les deux sources de la morale et de la religion*（巴黎，1932）：*The Two Sources of Morality and Religion*，R. Ashley Audra 和 Cloudesley Brereton 英译，W. Horsfall Carter 协助（伦敦，1935）。

[4] *Sur le succés du Bergsonisme: précédé d'une réponse aux défenseurs de la doctrine*（巴黎，1904）。

[5] 第 811—814 页。

可分割或者是同一回事这一主张；(2) 以实用主义的态度来解释相信道德和宗教的命题具有何种意味，这被否定为代之以“心理主义”，作为一个分析概念无法令人满意，亦即，它不能充分地说明使用伦理或宗教术语的人通常想表达的意思；(3) 对于真理的实用主义的定义，这被贬称为恶性的无限回归 (infinite regress)，因为如果说“X 是真的”等于“相信 X 是好的（对我而言）”，只有当“我认为 X（对我而言）是好的”这一信念是正确的，也就是真的，这一点才成立（不知道我对罗素的论证把握得是否准确）。

关于杜威博士的立场，罗素的描述是礼貌而公平的，不过，完全公正地对待工具主义的学说也许并没有做到。至于罗素自己晚期以及他的追随者们在哲学领域里提出的学说（比如逻辑实证主义），以及“语义学”，还有数理逻辑，他都没有给予充分的讨论——本书的读者们并不能从这里了解到，罗素本人在发现和传播这些崭新的、革命性的学说方面所起到的作用有多么重大，更不用说他的弟子们已经（并且还会持续）在许多知识领域而不只是在技术哲学方面造成的深远的影响，他们对罗素的学说加以调适或是攻击，而罗素本人也是最先以现代形式提供他们所用的武器的人之一。

在此总结一下本文这一已经过于冗长的提示：这部作品具有突出的优点，通篇文字优美而明晰，罗素不愧为个中高手；阐述和论证不仅保持了经典般的清晰，而且从头至尾严守诚实。重要的问题有时会被忽略，或是仅仅一带而过，但它们从 302
来都不会被遮掩或是模糊，从来都不会出现作者和读者都觉得不是任何真正问题之答案的解决办法。作者的偏见是公开并承认的，源于自由的理性主义，对于凭借智力来解决所有理论问题的信仰，以及相信合理的妥协可以解决所有实际的困难——在人力所及范围之内，这也是他一生所坚持并且为之战斗的一种观点。

相对于其他的人类行为，罗素表露了他对于愚民和专政更深的厌恶，尤其是由教士群体或是个体所推行的此类行为，而他自己的著作，相对来说更多强调的是，理性所能自由发挥作用的那些清醒的间隔时段是多么少，相距有多么遥远，而当它摆脱枷锁的时候，它的成果是多么丰硕，它所起的作用多么美好。罗素本人取得的学术成就卓越如斯，未来的思想史家当会在适当的时候将其思想和人格录入审慎的历史与哲学学术经典，就像他的前辈中那些最为杰出的人所享待遇一样。罗素对待其他人的的哲学思想的态度如何，本书提供了丰富的证据来源，此外，普通读者可以从这里收获干纯的光（dry light）[1]和持久的思想刺激，本书的价值以及其趣味正在于此。

[1]“干纯的光是最好的。”（Dry light is ever the best.）一般说此语出自古希腊哲学家赫拉克利特。——译者注

回应罗伯特·科西斯

《政治研究》(*Political Studies*)31卷3期(1983年9月),第388—393页。

我的印象主要来自阅读罗伯特·科西斯文章[1]的最后几页,在文中他表示,整体上不能同意他认为我试图表达的意 303
见,他相信我的论证因为一些严重的错误和一定程度上的不连贯而不成功;然而,在他看来,这些缺点是可以避免的,而且并不会牺牲掉他认为是我主要的(而且是站得住脚的)那些论点的核心。接着,他试图证明这一主张。我一点都不怀疑,他尝试采取的营救行动是诚意满满的,而且他非常仔细地阅读了我的作品,给予最有同情心的关注。因此,他竟然会产生误解,进而曲解我的许多想法,就实在是令人吃惊了。这很可能是因为我自己未能足够清晰地阐明我的一些观点;不过,科西斯对我的部分观点的误解确实很深,而编辑提供了机会,让我就我的批评者提出的观点发表评论,对此我甚为感激。如果科西斯都被如此严重地误导了,其他人很可能也是如此。我不想过分考验读者的耐性,所以,在此只讲一些基本的要点。

[1] 罗伯特·A. 科西斯,《走向圆融的道德发展理论:超越伯林爵士的人性观》(Robert A. Kocis,'Towards a Coherent Theory of Moral Development: Beyond Sir Isaiah Berlin's Vision of Human Nature'),《政治学研究》(*Political Studies*) 31 no.3,1983年9月,第370—387页;以下简称'K'。

以下按科西斯的顺序来谈他的看法。他认为，我受到两种互不相容的学说的影响，亦即康德的道德普遍主义和赫尔德的社会历史多元主义。我确实深受这些思想家的一些学说的影响，但是，我没有看出在我从他们那里吸收的一些具体的观点之间有什么是不可兼容的。从赫尔德那里，我学习到这样一种概念：人类的最终目的千差万别，困扰人类的种种问题可能有不止一个有效的答案。这使得我相信，认为每个真正的问题有一个而且只有一个正确的答案，因此那些掌握这一真理的人也就有权控制不掌握它的人的生活，这样一种看法，有时候，会被用来为道德和政治上的专制做辩护。科西斯说，我相信浪漫主义、存在主义和“很大程度的经验主义”都坚持这样一个命题，亦即关于人类和社会的许多问题都是有一个而且只有一个答案。[1] 我不知道“很大程度的经验主义”是怎么回事，但是我已经尽我最大的努力表明，就浪漫主义（及其继承者——存在
304 主义）而言，情况恰恰相反；它们导向了一元论的对立面，也就是一种多元主义，有时候属于那种过分的非理性主义的类型。

至于康德，我对他关于选择的能力（科西斯称之为“能动性与创造性”）[2] 属于人本身的观点是完全接受的。科西斯谈到了我关于“人性永恒而普遍的本质”[3] 的概念，如果他所说的仅仅是一种具体特征——此处即选择的能力，在我看来，这确实是成为一个全面发展的人的必要条件，而康德关于自由意志

[1] K 371.
[2] K 373.
[3] 同上。

的学说与这一概念有直接的关联。我刚刚使用了“全面发展”这个词；然而，科西斯认为我把目的论和他所谓“唯发展主义”（developmentalism）弄混淆了。[1] 他的文章通篇都在批评我忽视了人的发展能力，以及这一能力的实现，并且拿卡明的意见来支持他自己的看法[2]；同时，也批评我希望将浪漫主义和理性主义融合在一起。[3] 我并不明白为什么他要将这个缺陷归在我身上。我很怀疑有任何脑子清醒的思想家会否认人类发展的可能性，以及个体走向成熟或是社会从野蛮走向文明的成长过程。据我所知，我的作品里没有丝毫迹象可以表明我不相信这一点。当然，科西斯的如下假设是完全正确的：如果发展被解释为一种朝着一个单一的、普遍的目标的不可阻挡的运动（他正确地将这一点归于黑格尔），那么，我实际上对此是拒绝的，类似于赫尔德，他至少在比较年轻的时代也是如此态度（而他晚期的学说在这一点上就有点儿含糊）。当然，我也不认为浪漫主义和理性主义是可以结合的，我也不知道有任何理性主义者或浪漫主义者或其他什么人相信这一点。在密尔那里，可能有同时通往这两种立场的一些倾向，但那是另一回事。

更令人惊讶的是，我被认为，我相信所有的人都需要同时 305
成为狐狸和刺猬。[4] 我试图用刺猬和狐狸的比喻来解释托尔斯泰的历史理论，这并没有假装是一种深刻的心理学或形而上学的人物品鉴法，更不是什么二分法。我并不想收回这一说

[1] K 371 及以下。
[2] K 383.
[3] K 372，378.
[4] K 373.

法——在讨论托尔斯泰的时候它还是对我挺有用的，不过这只是一个比喻而已，没有想成为一种严肃的类型学。当然，我也不相信所有的人不是狐狸就是刺猬，而不可能两者都不是，或两者都是；我必须坦白说，在我看来，这一切似乎都是平白无故地扯进来的。更令我震惊的是这一指责："根据伯林的看法，无法让这些竞争性的力量达到某种理性的平衡，是一种病态的不成熟"。[1] 即便去掉了"病态的"这一限定，托尔斯泰也不是一个不成熟的恰当例子。我也不认为，"我们"（大概是指所有人）"被普遍性和多样性之间的内在冲突撕裂了"[2]：我在哪里说过或者暗示过这一点呢？我的观点截然不同：那正是科西斯正确地称之为"多元主义"的东西，并且有必要与相对主义或主观主义加以仔细的区分。[3]

科西斯继续他的讨论。他说，如果我的多元主义是有效的——如果所有的目标对所有的人都具有同等的价值——那为什么有些人把他们的偏好强加给他人会对其造成伤害呢？[4] 但是，这又是一种根本性的误解。不同的人、不同的社会曾经追求和正在追求着许多的目标，数量虽然很多，并不是无限的。它们可能多种多样，不断变化，但它们的范围是有限的，受限于人的本性之中包含了他们彼此交流的可能性（实际

[1] K 373.
[2] K 374.
[3] 这儿并不适合展开这一议题，感兴趣的读者可以参考我的文章《18 世纪欧洲思想中所谓的相对主义》载《英国 18 世纪研究杂志》，（'Note on Alleged Relativism in Eighteenth Century European Thought', *British Journal for Eighteenth-Century Studies*）3 no. 2，1980 年 6 月，第 89—106 页［已收入本文集］。
[4] K 374.

上是必要性）这一事实。每个人或每个社会都把某些生命的目标看得比别人的价值更高，尽管如此，这种价值是就连与他们 306
不共戴天的死敌也能够认识到的——这也就是当我们说这些目标是客观的人类目标时，这句话的意味所在，也就是说，任何一个人，如果肯努力去想象的话，都可以明白，像这样的一些目标，不管在他自己的价值观等级中有多低，是可以成为人们追求的对象的，也许其所处社会和局势以及所带倾向跟他自己的有极大差异，但毫无疑问仍然是人类——亦即在原则上是他可以与之交流的生物，其所持观点，经必要修改后（mutatis mutandis），他自己也能够持有。

也许以上所论不过是，人们所追求的是能被承认的人类目标。科西斯说，我相信人类就是要寻求目的。是的，的确如此——毕竟要求的并不多：毫无目的的人是一种奇怪的想法；相信我有权把我自己的目的强加于那些与我观念不同的人，这不属于我的观点。多元主义是对威权主义和家长制做法最好的解药（即便有人觉得这些做法的目的完全合理）：对于这种普遍的自我指导权利，康德是最强有力的维护者。

科西斯不断回到我的思想中所谓的康德和赫尔德之间的矛盾。[1] 我必须重复指出，在我看来，在康德的观点（目的性是人类的普遍特征，追求理性的目的需要选择的自由）和赫尔德的观点之间并没有矛盾；赫尔德所谓“二元和多元的张力”[2]，允许人们所追求的计划或目标可以有种种差别——这些计划恰

[1] K 374—375.

[2] K 375.

当地被描述成是人的计划，而非如科西斯所说，仅仅是不必带有“任何特殊特征”的不同的生活方式。[1] 我必须重申，考虑到人的本性的局限性，这些计划和目标在数量上不可能是无限的，而必须可以承认是人类的目的，具有丰富的但不是无限的多样性。当然，要想社会生活还算过得去，首先必须满足一定
307 的最低限度条件；一旦达到了这一最低限度，各个社会就可以在不同的方向上追求他们自己的生活方式，这些方式也许对他们自己、他们所处的时代和所处地域而言，都是独一无二的。

现在我要讲到的这条，被科西斯恰当地认为是一条非常基本的指责[2]，亦即对我来说，“选择一种价值［……］而不是其他的价值，其中并没有什么理性的基础”。[3] 这将会导致一种狂乱的无政府状况，我承认，在其中我认不出我自己。的确，我反对这样一种观点：至少在原则上，应该有可能设想出一种人类所有问题都能得到彻底解决的状态，即人类全面的、普遍的完善理想。我认为这样的概念是逻辑上不圆融的，因为它以不同价值之间的完美和谐为前提，在我看来，各种价值在原则上是不相容的，其中任何一种（或任何一种组合）也许就是特定个人或社会的最终目标。但是，这么说跟人们选择一种价值而不选择另一种价值的时候没有理性基础，还是相去甚远的。

当然，有人可以给出很好的**理由**(也就是我认为合乎理性的论据)——拿休谟的著名例子来说——来拒绝那种为了解除

[1] K 375.
[2] K 375，387.
[3] K 375.

我小手指的疼痛而去毁灭宇宙的行为。这些理由的基础，可能既有经验的知识，又有人类大多数所共有的道德信念。我可以给出同样充分的理由来解释，为什么我不愿意为了让自己过得更舒适而夺取别人的生命，或者，为什么我选择反抗那些想要摧毁我的家庭、我的朋友、我的国家的人，而不是贪图我个人的安全，等等。

合乎理性，在这里的意思是，我的选择不是任意的，不是无法进行合理辩护的，而是可以用我的价值观加以解释，这些价值观中包括我的计划或是我的生活方式，一种整体的生活观，它必定是与其他人的生活观有着高度的关联，而他们和我共同属于一个社会、民族、党派、教会、阶级、物种。当然， 308
就整体的生活观而言，有些价值要高于其他价值，因此“低”的价值会被“高”的价值所取代；在发生严重冲突的情况下，“权衡”或妥协可以形成合理的解决方案。但是，这并不意味着我们必须相信，除了对所有人都有效的单一生活模式所包含的目标之外，不可能有对其他目标的理性选择。

人皆为人，故而在生理上、心理上、社会上有诸多共通之处，使得社会生活和社会道德成为可能，无论这些共通是怎么形成的。不过，这并不意味着，需要有一个单一的普遍有效的目标等级结构，哪怕仅仅是作为一种理想；与这种目标等级相对应的，是不同的地位，或不同的权力、责任、特权，或是允许有的不同生活方式。诸如此类在我看来是真正的道德或政治方面的一元论者要致力的东西。

当然，不同的个人或是社会，都拥有选择目标的基本自由，某些目标被认为优于其他的目标（其理由归根结底基于一个人对于人性的基本理解），这一点无论在哪一种值得一提的伦理学说中，均是以我为之辩护的——科西斯也相信的——多元主义为前提的。但是，请科西斯容许我有不同意见，这里所说的完全不同于我在演讲中提到的“消极自由”概念[1]——甚至毫无联系，后者只适用于政治生活。无论何种社会自由、政治自由，当危急时刻，或许都不得不被牺牲，以求满足其他更为迫切的个体或者集体的需要——比如说，为了拯救他人免于凶杀、饥饿、不公或堕落，或者，为了阻止人的基本需求遭遇其他灾难性的打击。但是，以上这一切都与一个道德主体的选择自由无关：正如康德的教导所示，自由意志的行使是一切道德的基础。“自由”的这两种意义并非无关，但截然不同，这两者之间的混淆是根本性的。在我看来，科西斯对这一点还很不清楚。

309 接下来，他仍然让人惊讶。他说，我认为“古代共和国理想是现代性的一种可行的替代选择”，这一点上我不同于黑格尔，后者并没有犯这个错误。[2] 我从来没有认为自己是黑格尔的追随者，但在这一点上，我不能不接受其观点。当然，选择受到人们所处状况及其周边环境的限制——试图转向某些古典理想是不切实际的，甚至是荒谬的。个中缘由，赫尔德已经做了出色的阐述。我们就是我们现在所是的样子，虽然在变化和发展，但人类并不是无限可塑的：回到过去是不可能的，这是一种乌托邦的、虚假的理想；给人规定条件的策略最终是行不

[1] K 375.
[2] K 376.

通的，也是不道德的。

我的批评者似乎不赞同维柯或赫尔德的“唯发展主义”[1]，但是，原因何在呢？为什么他说，在我的眼里，“改变是人的天性；但是我们不能在**被改变**的同时保持我们的人性”（强调字体是科西斯加的）？[2] 有谁曾否认人类可以通过受教育、通过文明的进程、通过各种原因、信仰、理想而有所改变呢？的确，我们不可能既是完全受条件限制，又被当作自由的存在；但是这完全不同于说我们已经不再是人了，哪怕是在最残酷的压迫之下。这些话放进我的嘴里确实很奇怪，但我可以肯定，科西斯真诚地相信这些是我的想法——我一点也不怀疑，他想要做的是，在批评我的观点之前，证实我的观点的真实性。我可以确信，他把某种静止不变的东西作为我关于人的看法的一部分，是完全真诚的；假如我确实持有这种奇怪的观点的话，他的指责当然是正当的。不仅如此，我还被认为将目的论与“成长和变化中合法的规律性”混为一谈[3]（至于目的论，我们都认为它可能导向专制）。即使是思想史上最坚定的一元论者，比如柏拉图，也没有被指控犯过这种奇怪的错觉。为什么只有
我一个人被如此指责呢？科西斯引用了 J. 查普曼和 J.R. 彭诺 310
克对我的观点的批评[4]，但是从这些作者那里引用的任何观点，都不是我能梦想到有朝一日会为之争论的。再说一遍，我只能申诉说，我被不可思议地歪曲了。我最深的信仰之一是，人类

[1] K 378.
[2] 同上。
[3] K 379，381，383.
[4] K 380—381.

历史上发生的持续变化，其原因之一在于这一事实——正是部分人的抱负的实现（或部分实现），又转化了有抱负者，适时孕育出新的需求、新的目标、新的前景，根据假定这将是变化莫测的。而这一点正是我针对如下观点的主要反对意见之一：关于社会变化的严格的规律是有可能发现的，还有它的推论——因果决定论是可以认知的。事实上，由于人的本来理想的实现（或者是它们受到的挫折）而创造出的新奇的形势，以及由此涌现出的新前景，就对人类只有一个最终的、不变的普遍目标的学说构成了反驳——如果（用科西斯的话来说）这就会导致经验主义和自由主义，那就这样吧；确实，这肯定是一切关于此类自由主义的论证中最有力的之一，而且是依赖于对日常经验的谨慎评估。因为在我看来，归根结底，我们所能知道的，只是具体的人在现实中的希望和恐惧，爱和恨，追求与拒绝，而不是他们或其后代在将来某一天生活的追求或是试图避免的东西。相信一个开放的未来，这一点本身就包含了对于变化乃至发展的预期，尽管不一定是朝向完全可预测的方向。指责我忽视了这一点，在我看来是最奇怪的。

相对而言不那么重要，但同样错误的一点是，科西斯认为我相信，查尔斯·泰勒和我所谈到的赫尔德的“表现主义”（expressivism，要比我早期使用的 expressionism 更少一些误导）会导向一元论。无论黑格尔是怎么想的，科西斯引述的这段话[1]所表达的恰恰与其所认为的意思相反。“所有的生物

[1]《启蒙的三个批评者：维柯、哈曼、赫尔德》（*Three Critics of the Enlightenment: Vico*，*Hamann*，*Herder*），Henry Hardy 编（伦敦，2000），第 176 页，引用于 K 381—382。

[……] 为了自我实现 [……] 而活着”，并不是为了一个单 311
一的普遍目标而奋斗：生活的形式和目标的丰富多样，是赫尔德不断强调的，他的论述很有说服力，而且在我看来，也是名副其实地声名远扬。所以，我对于赫尔德的多元主义和表现主义非但不是“深深地不信任”[1],而是完全接受。但让我真正感到困惑的并不是反复地说这样一些表述：在我看来，没有办法“按照价值（和生活方式）的重要性来评估排序”[2]——这我已经说过了；而是下面这种表述（没有归到我头上）：“非目的论的唯发展主义 [……] 可能是这样一种主张：因为我们是这样成长的，所以我们需要一定的道德义务为根据，作为我们成长的基础”。[3]——这意味着什么呢？成长是一个事实，是一个过程——而一定的义务怎么可能成为一个自然过程的基础呢？

我愿意在结束时这么说：我充分认识到。科西斯的看法，关于我的学说之要害所在，基本上和我是一致的，除了我本人的，还有赫尔德的学说，他的“表现主义”或许是其所有的洞见中价值最大的，这也是他在 1774 年撰写的早期论著《另一种历史哲学》中否认绝对的最终解决方案的原因之所在。赫尔德做的经典性的阐述，所揭示出的这种立场不仅启发了洪堡，而且通过洪堡又启发了 J.S. 密尔，后者做出了最为丰富的、自由主义的论述，进而有这种观点的上述的发展——科西斯和我对此都表示赞同，不过在当代的政治理论家里面仍然是少数派。

[1] K 381.
[2] K 387.
[3] 同上。

假如科西斯想称我为非目的论的唯发展主义者（虽然我不确定这个短语的意思），我也很乐意接受这个绰号，如果这仅仅意味着相信目标必然与社会变化或发展有关，与社会规则和生活方式的形成有关，而这些规则和生活方式本身在很大程度上是由于环境和社会变化的影响。这话读起来太像是不言自明的道理：也许正是如此吧。把我所写的任何东西解读为与之不
312 相容（我愿意以最为友好的方式对科西斯声明），是基于一种严重的误解，这对于一个如此明智、严谨、博学而且从根本上说抱有同情心的批评者而言，尤为让人感到惊讶。这种情况发生在任何一个写作者身上，他都应该问问自己，是否他的责任就比他的读者更少。否认这一点，在我看来是不可原谅的虚荣心作祟。

回应罗纳德·H. 麦金尼

《价值探索杂志》(*Journal of Value Inquiry*)，1992年26卷3期，第557—560页。

罗纳德·麦金尼宣称，“相对主义，对于［伯林］来说，意味着人类的两种文化，彼此根本上没有任何共同点，所以无法理解对方。”[1] 我并不想说所有的相对主义都是如此的极端。相对主义，对我来说，是这样一种学说：体现在某种生活观或生活形式中，尤其是整个社会之中的价值观念，不仅仅是不相容的，而且，坚持如此的价值、按照它们来生活的动机看起来是全然任意的，或者往好里说也是暧昧难懂的，虽然并不一定就不可理解。与之相反，多元主义对我来说意味着，那些社会中的局势、前景，各种的动机、价值观、生活方式，虽然与我的不同，但是能够想象地进入其中。

每一个社会，每一个个体，都生活在价值观念的等级之中，或者，生活在有时相容而有时又不相容的一些价值观念的各种同等要求中；当然，归根结底，它们是属于那些社会、那些个体的个人之事。从我一般的观点出发，我必然要否认存在某些总体性标准的可能性，亦即，这些标准客观地决定了

[1]《走向后现代伦理学：伯林爵士与约翰·卡普托》，载《价值探索杂志》(‘Towards a Postmodern Ethics: Sir Isaiah Berlin and John Caputo’, *Journal of Value Inquiry*) 26 (1992) no.3，第395—407页（以下简称为M），见第400页。

在特定情况下，所有人无论在何时何地都要追求某种东西。在这一意义上，我既不是一个柏拉图主义者，也不是17世纪的
313 理想主义者，不是法国哲人，不是康德主义者，不是功利主义者，不是其他任何一种客观主义学说的信徒。但我相信，有许多终极价值是在很长一段时间里，被很多地方的很多人共同追求的；唯有这些才是我们所说的人类价值。不过，这仍然是一个经验的事实——是基本的事实，但仍然只是经验的。

承认这些终极价值（也许是我自己的，也许是其他文化的，或其他人的），前提条件是，我必须能够想象自己身处在某一种局势之中时，这些价值也是我自己会追求的，尽管在实际上它们可能是令我反感的，而我可能准备用我所掌握的一切手段来抵抗它们。换一种说法，我能够理解一个人可能会处在这样一种心境之中，或者是属于这样一种文明的成员，或者追求着这样一套终极价值或目标，而且很可能，这些价值或目标被这些人或这些社群设想为绝对的、永恒的东西；对此观念，无论我或者我们（即我自己与它及其概念框架紧密相连的社会）是否抱有同情，我都能够予以理解。

接着，我又被问到，我是否能理解“宣扬施虐、受虐生活方式的人”，或者我是否认为这超出了“人类的视域”。[1] 这可以归入认为我还是柏拉图主义者的指责：我仍然是（也许是不自觉的）柏拉图主义者，接受客观的标准。对此，我的回答是：当然，我理解——我有足够的想象力去理解——有的人是可以从残酷的行为、从给他自己或是其他人施加的痛苦中得

[1] M 401.

到快乐的。拜伦式的英雄就是这样一种人。同样的还有亡命之徒，他们拒绝社会的传统道德，放任自己从事暴力犯罪，对此他也许会、也许不会称之为犯罪，但无论如何，他拒绝按照他所拒绝的那个社会的价值体系来评判这些行为是否犯罪，也拒 314
绝提出其他的价值体系来证明这些行为是正当的，进而就连“正当”（justification）这一概念也抛弃了。

你可以想象那种极端的浪漫主义者，他们比尼采走得更远，像他们那样的生活和行动不受任何条理清晰的价值体系的约束。对于人类所采用的多种生活方式（我和我的社会所追求的就是其中之一），很显然，这样的人可能会造成危害，并且有可能引起巨大的伤害。出于这一理由，从我自己的价值观和其他大多数文化（但不一定是所有文化）的价值观来看，我有理由抵制这种做法。我可能会试图治愈这些——对我来说，在心理上有点儿错乱的人，或者只是阻止他们如此行事，必要时可以使用武力。但是，这并不意味着，我不能理解在那种情况下会是什么样子；否则，我将无法理解那些描写它们的文学作品，也无法理解那些描述甚至美化它们的作家之中的那些天才人物。

在前一页中，我不认为我相信这一点：“对任何问题提出的每一个解决方案必然会引发新的问题。”[1] 我想它们会引发。我认为，它们不产生这样的问题是不大可能的——人类为了解决已经产生的问题而提出的方案，其历史的确就是这样子的。但是，我并不认为这是**必然**的。有些可能会引发新问题，有些

[1] M 400.

可能不会。但这一点是次要的；总的来说，这段话是对我的观点的合理总结。

在下一段中，对我或任何接受我的一般性前提的人来说，有一个更尖锐的问题。我确实认为“我们的首要责任是避免‘极端的苦难’”，并促进妥协，以防止不可容忍的选择的发生。但是，如果有人持尼采式的、悲情浪漫的人生观，并且说，“我不介意我的社会是否能够存续，我也不介意是否会有痛苦
315 或无法忍受的苦难发生，但我更喜欢一个有英雄、暴力、不平等、不公平、战争、傲慢、无情、自负的社会，而不是一个和平、和谐、惯于妥协的‘体面’社会，在我看来，这样的社会灰暗、乏味、难以忍受”，我对这样的人并没什么话可说，只是他的价值观（我再说一遍，我能予以理解，即便是我有可能憎恶的价值观），我将加以抵制，用一切可能的手段来阻止他颠覆我的社会的企图。

如果你问：这么做，是不是一种客观的责任呢？——这并不是在柏拉图或康德的意义上客观的，而是源于我对人类生活应该保持的最低程度的体面之理解，而且，实际上，我希望维持这样的人类社会，因为我相信，如果接受了持续的冲突或是促成了让人难以容忍的选择，并不能长久维持一个社会。——如果你这么问，那么我的回答就是：是的，这的确就是一种责任，我愿意宣扬，并且（我希望去）实践的一种责任。这是我的观点，是我的信念，也是和我生活在一起的人们的信念。在我看来，这是世界上已知的绝大多数文化的信念。当然，我不能说所有的文化都是这样。

我说“人类的视域”，其含义指的是这样一种视域：在大

多数时候，在很多时候，在很多地方，人类有意或无意地生活在这种视域之下，价值观、行为和生活的各个方面都通过它显现出来。但我不能保证这种情况会永远持续下去，或者在过去从未消失或改变过。我只能说，不仅我支持它，而且绝大多数人，无论其分歧和冲突如何，实际上都承认这是人类团结所要求的最低限度，在这一点上，人类倾向于相互认可对方。

这并非柏拉图主义；这实际上是一种经验的、难以证明的接受，亦即，在我看来，对人类经验所产生的东西加以接受。当我说到，人们能够追求、已经在追求以及有可能去追求的价值观，其多样性是有限的，甚至在理论上也不是无限众多的，我的理由是：我相信这就是一个经验的事实：只要人类之间的 316
交流是可能的，既能够跨越时间和空间，也有可能在同一个社群之内交流，那么，其基础是存在使之成为可能的共同的人性（或者说观念）。在我看来，这是对使得人类交流成为可能的各种因素的一种经验的概括。这并非一种先验的、形而上的柏拉图式的真理。由于这个原因，我并不认为我的经验论多元主义中有潜在的柏拉图主义——正如在这篇文章中所指责的，我没有看到在我这被称为“后现代伦理学纲要”的学说中有什么“深刻的含糊之处”。[1]

我确实说过，“此类价值观有‘最小值’，达不到的话，社会就可能无法存续”。[2] 这是一个经验的事实：如果允许人们任意地互相残杀，或者如果人们的言论真假不分，或者如果人

[1] M 401—402.

[2] M 401.

类的生存手段或安全保障被破坏，诸如此类，那么人类社会将无法生存下去。这也是一个应用非常广泛的经验事实。但这并不意味着，就不会有人拒绝这些价值观，驱使人类社会走向灭亡，或者至少是试图那样做：**那样**肯定会越出人类共同价值观的视域。休谟举过一个例子，谈到有人为了终止他小手指的疼痛，宁愿毁灭整个世界，我们发现此人的动机几乎是无法理解的。因此，他就站在我所说的视域之外。因此，我希望尽可能礼貌地反驳“自反式前后矛盾”这一指控。[1] 我也一定会承认如下概念：一个文明有可能被另一种文明激怒，也有可能摧毁另一种文明（这一观点出自约翰·卡普托），在我看来，并不符合世界最低的共同的价值观，因而，也就是越出了人类社会
317 为了能够存续应遵循的所谓的正常选择范围。

让我举最后一个例子（因为我没有更多要说的了），来说明，我认为是什么行为将人置于不可理喻之地，也就是说，超出了可得到的、可选择的最终价值的视域之外。假设我遇到一个把大头针扎进人体内的人，我问他为什么这样做：是为了引起痛苦吗（这是一种完全可以理解的人类的倾向，尽管让人遗憾）？如果他回答说，“不是”——这并非他的动机，他就是喜欢这么干；那么，我就问他，既然人们会因此遭受痛苦，他们是否会反抗，为了报复，也想要用针来刺他？他的回答是：“我不喜欢那样，但是既然我比他们强壮，我有能力阻止他们。”然后，如果我带着一些困惑，问他：“你为什么喜欢扎针？”他回答：“我喜欢把针戳到有弹性的表面上。”然后我又

[1] M401.

问：“但是网球就不能同样满足你的需要吗？”他回答说：“是的，当然，网球也一样好。”然后我问：“你看不出，在网球上和在人体上扎针有什么区别吗？”他回答说：“我简直不知道你想干什么：这对我来说都是一样的。”那么，我想我会把他看作是“超出了视域之外”。他的思维过程，如果可以称之为思维过程的话，是不可理解的，无法进行交流。因此，这就辨识出了一切可以称为属于人类的多元价值的边界所在。这就是为什么我们称某些人疯了，把他们送进疯人院，而不是监狱，因为后者是出于可以理解的动机而实施犯罪的。

我真心希望我比以前更清晰地阐述了我的立场。 318

通　信

致贝阿塔·波兰诺夫斯卡–塞古尔斯卡[1]
（1986年2月24日）

［海丁顿宅］

尊敬的波兰诺夫斯卡–塞古尔斯卡女士，

多谢来信，内容很有意思，我读得很愉快，很专心［……］

那么，首先，让我谈谈“人性”这个难题吧。我相信人性是固定不变的吗？你正确地引用了我说过的话——我不相信，然后又正确地引用了我所说的——我把它视为人类交流的基础。那么，我相信什么呢？我希望我能极其准确地回答这个问题，但在我看来，这似乎是做不到的。我想，我所相信的是，有一些思想家（主要是自然法的信徒）提出，所有的人都是由上帝或自然创造的，被赋予了关于某些真理——有些是“事实”的、有些是规范的——的先天知识。在亚里士多德、斯多葛派、塞维利亚的伊西多尔、格拉提安、格老秀斯等人那里，这个知识的清单是不一样的，但大多数都包括上帝的存在，关于善与恶、对与错的知识，还有各种义务，如说出真相、偿还

[1] 波兰诺夫斯卡–塞古尔斯卡博士当时是波兰克拉科夫的加格罗林大学的研究员，正在就伯林的自由哲学撰写博士论文，曾写信给伯林，讨教其观点。她后来发表了同题著作，《以赛亚·伯林的自由哲学》（*Filozofia wolnosci Isaiaha Berlina*，克拉科夫，1998）。这封信的删节版发表于《纽约书评》（*New York Review of Books*，2004年9月23日，第26页），未删节版发表于《未完的对话》（Isaiah Berlin and Beata Polanowska-Sygulska，*Unfinished Dialogue*，安姆斯特，2006，第39—44页）。

债务、信守诺言（pacta sunt servanda），遵循部分或全部的《圣经》十诫，等等。

我不知道最初对这一点提出质疑的是谁——我大胆猜想是伊壁鸠鲁或者卢克莱修，但是，在现代，发动主要攻击的是维 319
柯、赫尔德和马克思等思想家（事实上，还有黑格尔及其追随者），此外，当然还有经验主义者，不是洛克，而是休谟及其追随者：在他们看来，无论这些自然法则的地位如何，原始的人类并不掌握自然法，甚至对此毫无意识，人们在进化的过程中，可能是受到物质环境的变化的影响，随着文化的成长（无论加入的因素是什么），才开始意识到或事实上形成了信仰的目标，或者说确定性。这也就意味着，人类经历了一个在道德或形而上方面的成长、发展的过程；这一点是言之成理的，这就像经验性的知识有一个不断前进的过程一样，无论我们相信它趋向于逐步发展到某种完美的状态（也许永远不能实现），还是不然——它是一种累积，但是并不具有某种可以识别的结构或者是目的趋向。

这无疑是维柯和马克思所相信的。也就是说，他们相信，被称为人性的东西，在不同的文化之间，甚至在同一文化内部，会有种种差异和区别——有各种不同的因素影响到了人类对于自然的反应，以及人与人之间的反应之调适，因此，认为在任何时间、任何地点的所有人都赋有关于普遍的、永恒的、不可改变的真理（无论这些真理是否存在，尽管大多数情况下这类人并不相信它们存在）的实际或潜在知识，那种想法是完全错误的。

对于此类先验知识和不可改变的真理的信仰，确实构成了欧洲传统的核心所在，从柏拉图和斯多葛派一直到中世纪，也许在启蒙运动时期也是如此，一直到我们今天。但是，如果维柯和马克思等人是对的——我认为他们是对的，那么，这种概念就没有根据了。人与人不同，他们的价值观有差异，他们对世界的理解也不一样；对于这些差异产生的原因，提出某种历史的或人类学的解释在原则上是可能的，尽管这种解释本身也许在某种程度上反映了某些特定的概念和范畴，也就是研究这
320 一主题的学者自身所属的特定文化的产物。我并不认为这就会导致某种相对主义：事实上，我写过一篇文章，讨论 18 世纪所谓的相对主义，随信附上了副本。[1]

［……］并不存在以下这种意义上的基本的人性：比如，卢梭相信，如果你去掉了由社会和文明而产生的（卢梭认为是如此）所有增量，所有修饰、腐败、扭曲等等，然后就会发现一个基本的自然的人——据说红皮肤的印第安人有时候就被认为是这样的人，他们并没有遭遇其本性被欧洲文化扭曲的不幸经历。

这种观点已有人抨击，比如埃德蒙·柏克，他认为，存在自然的人这一概念是错误的，根本没有这种生物——在他看来法国的革命者就是谈论了这种人，并且他们还希望恢复自然人的权利。根据卢梭的说法，艺术是后来的，而且可能是灾难性的发展，而在柏克看来，艺术属于人的本性的一部分；一切人为的信仰、习惯、价值、生活和行为的各种方式，那些仿佛是叠加于这种纯粹的自然存在之上的东西，你将其统统去除之

[1] 参见第 306 页注释 4。

后，位于中心的、纯粹的、自然的存在并不会浮现出来。我否认有一种固定不变的人性，意义就在于此：我不相信“肌肤之下”，所有的人在各方面都是一样的，也就是说，我认为多样性属于人类存在的一部分，实际上我还认为（虽然这点关系不大），这是一种有价值的属性，尽管这是很晚才有的想法，在18世纪之前不大可能遇到。

那么，我说凡人皆有共同的本性，此语何意呢？嗯，我想，如果从根本上讲人这一概念有某种意义的话，人与人之间的共同基础就是必然存在的。我想，确实可以说，人是有某些基本的需求，比如食物、住所、安全、在某一群体中的归属感（如果我们接受赫尔德的主张），这些是有资格称为人的任何人都被认为该拥有的东西。这些还仅仅是最基本的属性，也许 321
还可以补充，需要最低限度的自由，需要追求幸福的机会，或是需要实现自我表达的潜能，需要创造（无论是多么初级的创造），需要爱，需要崇拜（正如宗教思想家所一贯坚持的），需要交流，需要某些手段来想象和描述他们自己及其与（自然的和人造的）生活环境之间的关系，也许是采用高度象征性的、神话性的形式。

如果没有这一切，人与人之间的交流，甚至在同一个社会内部的交流，就不可能进行了，更不用说想要与不同时代、不同文化的人加以交流的话，如何理解对方了。我相信，变化、调适、多样性的可能是永远都有的，但我不能说有一些核心的东西也发生了修正或改变。在正经历各种调适的所有个体和群体之间，必然存在足够多的共同之处，使得交流成为可能；这一点可以用列举各种基本需求的方式来表达——虽然有些机械。正因为“基本”才可以列举，它们属于不同的人、不同的文化、不同的社会，有各种形式和变化。对食物的需要是普遍的，但是我满足这一需要的方式，我喜欢的具体的食物，我获取食物的步骤，这些则是变化的。其他所有的基本需求也是如此：我的神话、形而上学、宗教、语言、手势，都会有很大的变化，而不变的是这一事实：这些都是试图向我自己做出解释的方式，让我自己在一个令人困惑，抑或不太友善的环境——或者干脆说就是世界——中感到安心。

维特根斯坦曾经解释过“家族面孔”[1] 这一概念，亦即，在祖先的肖像中，脸 A 像脸 B，脸 B 像脸 C，脸 C 像脸 D，以此类推，但是并没有哪一张脸是核心的脸，即“家族面孔”，
322 而其他的脸都可以分辨出来是对它的修改。不过，当我说“家族面孔”的时候并非没有所指，我的意思就是，在各个方面，A 像 B，B 像 C，以此类推，进而构成了一种连续的统一体，一个序列，它们属于家族 X，而不是家族 Y。不同的文化，不同的社会，或不同的群体，其性质各有不同，也当作此解。这就是我说没有一种固定不变的人性，但有一种共同的人性，这句话的含义所在。离开了这种共同的人性，实际上也就没有可能谈什么人与人之间的交流——一切的思想都依赖于交流，而且不只是思想，情感、想象和行动，莫不如此。

我不知道是否已经表述清楚了，不过，我想，以上就是我所相信的东西。的确，这可能会令人困惑，或者招来批评，假

[1] 维特根斯坦用的词是“Familienähnlichkeit”，通常翻译成“家族相似性”（family resemblance）。

如你想提出批评，或者已经有批评意见，请随意发表——我将只会感激。我从不认为自己的任何想法是正确无误的，不会或早或晚被彻底地证伪——当然我的希望是不被证伪。[……]

您诚挚的，

以赛亚·伯林

[……]

致阿兰·贝桑松
（1990年10月12日，复写纸）

［海丁顿宅］

亲爱的同仁，

［……］您［关于迈斯特的那篇文章］的溢美之言让我深为感动。我想，对于那位才华杰出、令人难忘、同时（在我看来）也是冷酷阴险的作家，我在某些方面与您意见相左，这一点是不可否认的。

让我先把您的观点整理一下。

1. 反讽。当然他是极具讽刺特色的；但是，您真的认为，当他为宗教裁判所辩护的时候，他不是想让他的辩护按字面意义理解（an pied de la lettre）？当然，迈斯特相信镇压，他给亚历山大以及其他俄国人提的建议，全部主旨就是要阻止、压
323 制、抵御科学家、外国人，尤其是自由派的难民，等等。——他想必认为教会在消灭所有的异端、犹太人、摩尔人方面做得很好吧？有人说，碾碎了拉罗谢尔的路易十四，死在了床上，和自由主义者调情的路易十六，他是怎么死的众所周知。这话说的就是这意思。所以我不认为这封信具有讽刺意味——我认为他的每一个字都是认真的。但是我们该如何解决这个分歧呢？没有办法：您的迈斯特和我的迈斯特有重合之处，但也有不一致的地方。教会的一些支持者，甚至梵蒂冈的一些官员，对他感到左右为难，原因必定是源于他为宗教裁判所的这种辩护，而教会总的来说并没有坚持要把宗教裁判所合法化。

2. 您否认了您所说的东西有积极的一面。当然，有些重要的事情往往是无法用理性来解释的——就像你说的，权力、爱（至于金钱，我不能肯定）、法国大革命，以及俄国人。当然，没有人知道它们为什么发生，没有任何解释是令人彻底信服的；我们生活的这样一个时代，这些无法解释的重大事件越来越多，不断地改变着我们的世界。对此，我完全没有异议。如果迈斯特想说的是，在人类的困境或者事件，或者整个的历史进程中，那些核心的要素，并不能用一种科学的假说或一种理智的模式（比如圣西门、黑格尔、马克思的）来加以解释，那么我会表示同意，实际上我在文章里也是这么写的。

不过，他走得更远，这一点可以肯定：假如可以避开的话，他根本不想要理性的解释；那些可恶的知识分子提出的各种自然科学、诸如此类的理论、普遍原理都遭到了贬斥，这一点跟我看重的另一位英雄哈曼的学说极为相似。哈曼认为，每一个事件都是奇迹，因果律是不存在的，解释会扭曲一切，科学和普遍原理跟活生生的现实没有关系。他这就是走得过远了——这么说您不会不同意吧？您真的认为医学、化学、地理学（我可否大胆地加上心理学？）什么也没发现，什么也没解 324
释吗？甚至没有激起人们探究的兴趣，产生出人们不得不去寻求答案的问题吗？

我愿意接受的是，必须允许科学去做它能做的事，但是，它不能为生命最核心的那些问题提供答案。然而，迈斯特并没有止步于此。他认为理性的东西会崩溃，非理性的东西会幸存，幸存的东西都有神秘的根源，崩溃的东西都是人类的作品。黑死病、里斯本的地震，以及据说造成希腊人口减少的虱子不是人类的作品吗？甚至于，比如说核能——尽管使用科学的、合理的方法等等对它进行干预时，可能会造成毁灭，但裂变、聚变等现象本身是可以解释的；它们不是漆黑一团、不可穿透的秘密。我只是认为，迈斯特走得太远了，过于刻意，过于兴奋；他想使他的读者不寒而栗，上帝保佑，他成功了。肤浅的乐观主义、所有的“科学主义”必须在他面前崩溃。但是您走得更远，认为一切重要的东西都有幽暗的、不可穿透的根源。正如您看到的，我并不同意。

3. 俄国。在我的文章的最后，关于他对俄罗斯的分析，我的态度应该是公允的吧？有什么是我没有注意到的吗？那些因为他而皈依罗马信仰的女士们是否传达出“惊人的直觉”？我猜您是对的，我猜这只是由于我的无知；但我很想学习——请告诉我。我不想用这种令人生厌的祈求方式来给您增加负担，不过，哪天有空的话，请告诉我，在您看来，什么地方他是对的而我没有提到。

至于法西斯主义，这让您很恼火。要是生活在贝尼托或阿道夫的社会里，他是不会快乐的——［此处复写纸有缺损］和无赖不在他的视界之内。但是想想吧：他认为，罗伯斯庇尔，这个满身是血的怪物，却拯救了法国的边疆；拿破仑，一个科西嘉的怪物，让他着迷，只是因为撒丁岛国王的禁令他才没有去探望。很难坚持说，吸引他的不是权力——无论是何种权力，以及权威，
325 铁的纪律，对所有自由意志的本能加以压制，凡涉及个体进行思考、行动乃至按自己愿望（哪怕是有限的）生活——而非按神圣教会的权威规定生活，一切举措均被加以抑制。

俄国人尽管认为斯大林很可怕，还是接受了他，因为他使

俄国强大，并以他们应该得到的方式来对待学生、知识分子、自由主义者、犹太人，以及其他教会和国家的敌人。——就此而言，俄国人似乎遵循了迈斯特的传统。任何人，像他一样，谈论“永不消停的持异议派”（la secte qui ne dort jamais），在我看来都是极权主义镇压的先驱，是贡斯当的敌人；恕我妄言，也是我所钟爱而您不赞成的赫尔岑的敌人，后者反对以人为牺牲，不再是献给宗教的偶像，而是献给抽象事物——自由、平等、博爱、社会主义、共产主义、进步、历史、国家、阶级、政党、教会。他曾谈到烧死佛拉芒人的西班牙人，他们心满意足地躺在床上，闻到人肉烧焦的气味，以为他们做的是上帝分派的工作。毋庸讳言，我站在蒙田、伊拉斯谟、赫尔岑一边，反对波舒哀、迈斯特、莫拉斯、萨拉查、佛朗哥。我喜欢的歌剧是《唐·卡洛》（*Don Carlo*）、《霍万希纳》（*Khovanshchina*）、《加尔默罗会修女》（*Les carmelites*）。[1]［……］

您诚挚的，

伯林

附记［……］

难道您不觉得马丁·马利亚（Martin Malia）用笔名“Z”在《代达罗斯》上发表的“臭名远扬”的文章[2]写得很不错，那不是正在东欧一天天变成现实吗？ 326

[1] 弗朗西·普朗克（Francis Poulenc）的《加尔默罗会修女的对话》（*Dialogues des carmélites*）。

[2] Z［马丁·马里亚］，《通向斯大林墓》（Martin Malia，‘To the Stalin Mausoleum’，*Daedalus*）119 no. 1［《东欧……中欧……欧洲》（*Eastern Europe ... Central Europe ... Europe*）］，1990 年冬，第 295—344 页。

致皮耶罗·加斯塔尔多

（1990 年 11 月 12 日）

［海丁顿宅］

尊敬的加斯塔尔多博士，

［……］当然，您的看法很对：意大利的法西斯主义肯定是由迈斯特式的威权主义构成的，德国的纳粹主义在一定程度上也是如此，他们憎恶科学、自由等等运动，并且决心加以冷酷镇压（我想，您可能会自己联想到共产主义）。不过，当然，其中也显著地灌输了赫尔德式的平民主义或者社群主义。赫尔德倡导宽容——毛泽东称之为百花齐放，不过，恐怕“血与土”（Blut und Boden，尽管在赫尔德那里并没有提到“血”）在一定程度上也是从赫尔德那里，经由费希特传下来的——19 世纪早期恐法的日耳曼沙文主义者尚无需借助戈宾诺。毫无疑问，对意大利未来主义有明显影响的利己主义的物力论（egomaniacal dynamism）发挥了作用——在某种意义上，甚至在德国也是如此，虽然在希特勒统治下，未来主义绘画不受鼓励。这是一个漫长而又复杂的故事，追溯起源终归是一种极其困难、难做定论而颇具风险的研究。尽管如此，现代恐怖的根源还是相当清楚的，无论它们的表现形式是多么扭曲。［……］

您诚挚的，

以赛亚·伯林

致基尔特·范·克里姆普特

（1996 年 4 月 22 日）

［海丁顿宅］

尊敬的范·克里姆普特博士，

我已经拜读了您的文章和关于民族主义的评论，非常有
趣。在下面的评论中，您会看到，我认为您在哪些方面没有把 327
我的立场说得足够清楚，至少是不符合我的口味。［……］

我首先要说的是，我非常赞同您的基本立场。异族的统治是很可怕的事，您说的完全正确，强调公民身份和国家在政治上的统一，会导致对于政治上有领导地位的群体以外其他群体的压迫，造成一种使人痛苦、让人生厌的暴政。关于这个问题，让我谈几点看法吧。

帝国主义，或者不受被统治者欢迎的异族统治，必然会对这些臣民造成损害，这么说并不是完全正确的。我想到的是卡尔·马克思非常敏锐的评论，他说，英国人在印度，通过他们的统治，使得印度人经历了三四个世纪的常态发展阶段，从一个完全的农业社会发展到了一个相对现代的社会。当然，他补充说，英国人这样做并不是为了印度人的利益，而是为了他们自己的利益。无论如何，他说，所谓从前有一个时代，在祥和宁静的农村社会中，农民心满意足，没有工业化和现代化的种种恐怖，这是个神话。——英国管辖之前的印度统治者是非常残暴的。不管英国人的动机是什么，普通印度人的命运在

某种意义上是得到了很大的改善。当然，这符合马克思的一般观点，亦即从最原始的阶段到工业最发达的阶段，最后是无阶级的共产主义阶段，这是一个客观的连续过程。然而，即使这种具体的阶梯是错误的（当然是错误的），亦即即使历史不是一场戏剧，一幕接着一幕，按照某种不可改变的顺序展开，如黑格尔和马克思所相信的那样；即使是这样（我相信这一点），实际情况仍然是，无论外来统治者的动机如何，他们经常使不同阶级、不同社群的被统治者受益。甚至，苏联统治下的中亚也是如此。

328 现在让我进入核心的主题——民族主义、沙文主义，等等。我的看法有点儿像赫尔德：如果您读了我在《维柯与赫尔德》中关于他的讨论，我想您会对我所说的民族意识有更恰当的理解，甚至比您从约翰·格雷那本有趣的而且整体上也十分公道的书中得到的还要准确。[1] 我的立场比较简单。我认为，对人类来说，想要成为一个群体的一员这种愿望，是很自然的，就如同吃饭、睡觉、喝水、运动一样，都属于基本的人类需求。尽管霍布斯说，人类是孤独的、残忍的等等，我并不这么认为；相反，[他们]一直生活在某种类型的社群之中，因为渴望和能够听懂其语言的人生活在一起，身处其中有家的感觉（无论个人之间的感情如何），可以说形成一个自然单位，这种渴望是永久的。就民族而言——无论它们是如何产生的，我认为民族意识是一种正常的人类情感，它根本不应受到谴责，它产生了团

[1]《以赛亚·伯林》（*Isaiah Berlin*，伦敦，1995）；平装本书名改为《伯林》（*Berlin*，伦敦，1995）。

结、忠诚、爱国以及其他的情感，这些情感使人类彼此团结起来，使合作成为可能并且具有价值。我并不称之为民族主义。

我的看法是，当民族意识发展到一种病态的状况——变得愤怒激动，那么，就可以恰当地说，这就是民族主义，当其发展到极端的情况，就是沙文主义；亦即，一国之中的部分成员认为他们自己是高于其他人的，蒙受上帝选择或是天意眷顾，在人类的发展过程中角色非同一般，要受命统治其他人，原因在于他们拥有其他人所不及的某些能力，比如政治上的智慧、对于历史的正确解释、种族的纯洁性（由此才产生真正的创造力）等等——这一切使得这些幸运儿有资格统治那些低级的社会，需要的话还可攻击或征服他们。这些观点建立在一个极其伪善的假定事实之上，亦即，这种统治对于被统治者而言，只会带来好处。 329

所以，我在民族意识和民族主义之间划了一条清晰的界线，前者可以说是没问题的，而后者则不是。我想，当您谈到我对民族主义的看法时，您并没有提到这一点。我承认这只是我自己的说法，民族主义一般来说并不意味着我所谴责的那种病态的状态。但是爱国主义和民族主义的区别恰恰在于这里，也就是自负的自豪感、仇外心理、使命感、被选择来改变世界——而这正是您和我所谴责的罪恶的根源。

在原则上，我跟您是一致的。理想的状况可能是这样：由于一样的语言、风俗、共同的记忆（无论是真正的还是神话的记忆），或许还有在一块地方长期的生活——尤为重要的是语言和共同记忆——从而形成的社群，如果是实现完全的自治，而不是被其他人统治，对他们来说是最好的；以往所有将这些社群整合进国家或帝国的做法，诸如俄国人、奥地利人、法国人、英国人、中国人以及此外的很多人的做法，所导致的都是压迫，本质上是破坏性的。最重要的是，他们是个人自由的敌人，而从根本上说，个人自由是每个良好社会的基础。我必须承认，即使是人种方面单一的纯粹民主也可能对其中的不同个人组成的群体造成压迫——压迫性民主在历史上并不少见。

但我不得不照搬丘吉尔的公式——民主并不是一种特别好的政府形式，但其他任何一种政府形式都要比它糟糕得多。任何政府，只要个人能够在某种程度上控制自己和同伴的生活方式（通过投票、影响、说服、新闻自由或其他方式），就比其他任何政府都好。在我看来，真正的民主是政府感觉不太安全的民主——
330 他们觉得如果不想被赶下台，就必须取悦于人民；假如一个政府不担心在某个时候它有可能被开除掉，那么，它很可能变成了暴政。它可能是一种仁慈而明智的暴政，就像柏拉图所希望的那种，但无论如何，它是一种暴政。而且，无论暴政一开始多么开明，它几乎注定会退化为一种无法令人满意的东西。

我想到巴尔干人——我可以肯定，塞尔维亚人、克罗地亚人、斯洛文尼亚人、波斯尼亚人拥挤在一起，导致了大量的压迫和恶政。如果这些小社会每一个实现了自治，结果会更好——假如威尔逊的民族自决原则（或者是您自己使用的术语）发挥了作用，就可以让我们设想：世界分裂成许多小型的、均衡的或者适度均衡的社会，它们要比那些巨大的整合为一体的国家或帝国更有利于人类自由和幸福。赫尔德相信他自己是一个文化上的民族主义者，而不是一个政治上的民族主义者，他讨厌奥匈帝国，也讨厌所有的征服者，例如亚历山大大帝，因其消灭了小亚细亚的各种地方文化——基于同样的原因，他也讨厌尤利乌斯·恺撒。

到目前为止，一切还不错。在这一点上，我必须作出一个限定。如果您允许少数民族的存在之可能性——要求完全是单一民族组成国家，像柏拉图和T. S. 艾略特所希望的那样，是十分困难的（实际上可能是错误的）——就必须为少数群体留出空间，无论是在民族、宗教还是其他任何方面：自由民主的第一个特征是容忍一定程度上的文化多样性。尽管如此，我不得不说，我认为，考虑到国家的存在是必要的（无论无政府主义者怎么说，废除国家都不是一个很实际的主张），必须有一种中心文化和中心语言，少数民族必须据此加以调整和适应，而不是与之隔绝——否则就会四分五裂，仇恨就会滋生。

我现在考虑的是美国，毕竟一开始它是最纯粹的民主；事
实上，说西班牙语的部分人有时宣称他们不想学习英语，他们 331
有自己的文化，他们希望保持伊比利亚身份等等——如果推得太远，就会导致分裂，一个国家分成相互敌对的团体，这对每个人都不好。因此，我不认为，在不止由一个统一的种族、宗教或文化团体组成的一个国家中，少数民族可以完全自决。我想，在英国的巴基斯坦人的做法——当然大部分时间说的是英语，并且其中大部分人努力想要做到与其他人口同化——是正确的，而偏狭的穆斯林少数群体，他们抨击英国的学校不讲授伊斯兰教，最后他们成为遭到谴责的麻烦制造者。我预料您是不会同意这种做法的——至少，我想，如果您的论点完全展开的话，是不会同意的。

英国的犹太人是少数群体成功融入整个国家的一个非常好的例子。他们讲授犹太教信仰，他们在阅读《圣经》和做祷告

的时候使用希伯来语，但是他们也去英语学校——他们不参加基督徒的祷告，但是他们并不要专门为他们自己提供仪式服务。他们的行事，是作为希望过和平生活的少数派，而对于每一个政治国家基本上都有的核心文化，他们表示尊重。

还有其他一些少数群体也是如此行事，比如说，在美国的日耳曼人和斯堪的纳维亚人，以及大多数的意大利人、犹太人，还有希腊人。在尼克松时代，有一个希腊人当选了副总统（后来发现他是一个骗子）[1]；他并没有觉得自己有义务鼓励任何形式的希腊分离主义。约翰逊总统为墨西哥和波多黎各移民做了那么多事情，不管他有什么过错，他并没有采取——也没有人期望他采
332 取——任何行动去为这些人创造独立的社区，从而造成在某种程度上与大多数人相隔绝，除了遵守国家的法律以外，在其他方面与大多数人没有联系的一种局面。这一点我确实有强烈的感觉。跟你一样，我也相信，哪儿有无法忍受的摩擦，哪儿就应该有分隔；就像在挪威和瑞典之间，又如在塞浦路斯（无论双方怎么说），以及在巴勒斯坦——那些选择跟以色列人生活在一起的阿拉伯人确实倾向于学习希伯来语，而且不会袭击犹太人，而那些袭击犹太人的阿拉伯人，以及觉得外来入侵者的统治无法容忍的人，肯定必须与之分离，因此切断西岸是正当的。[……]

您诚挚的，

333 以赛亚·伯林

[1] 斯皮罗·阿格纽（Spiro Agnew，1918—1996），1969—1973 年任美国副总统，因被控腐败而辞职。

索　引* 道格拉斯·马修斯 编

*条目后的数字为原书页码，见本书边码。

- C -

- D -

- E -

- F -

- G -

- H -

- I -

- J -

- K -

- L -

- M -

- O -

- P -

- Q -

- R -

- S -

- T -

- U -

- V -

- W -

- Z -